上海档案史料研究

第十三辑

上海市档案馆 编

上海三联书店

《上海档案史料研究》编辑委员会

目　录

特稿

专题研究

访谈录

读档随笔

档案指南

档案架

报刊资料

学术动态

Contents

Special Article

Monograph

Interview

Archival Jotting

Guide to Archival Materials

Archive Library

Old Newspaper and Journal

Academic Activity

特　稿

上海城市记忆与文化传承*

上海市档案局局长
上海市档案馆馆长 朱纪华

上海，是中国最大的工商业城市，也是国际著名的港口城市。1292年设立上海县，标志着上海建城之始，迄今已有700多年历史。从1843年开埠，到20世纪30年代，上海成为当时中国的经济文化中心及亚洲的金融贸易中心。1949年解放后，上海进入了新的发展阶段。

上海在中国近现代史上具有重要的地位和作用。在上海的发展进程中，留下了许多颇具特色、数量浩瀚的档案史料，主要收藏在上海市档案馆。这些馆藏档案现有309万卷，长度60多公里。

世界上每一座城市都各有自己建设发展的历史过程，所不同的是这个历史过程有长有短，而且这个历史过程必然存在着延续性。而档案则是维系和承载这一延续性最主要的形式与手段，通过法律文书、契约、政府公文乃至私人文件等种类繁多的档案资料，城市的历史得以从空泛、抽象的状态中摆脱出来，转变为一个个生动而鲜活的实例，织成一张张时空交错的历史之网。由此可见，城市的历史需要档案等实物的支撑和客观印证。这些档案我们可以称之为城市记忆的重要载体。同时，城市记忆与文化传承息息相关，城市记忆的核心是城市文化的传承。下面我从档案的角度来谈谈城市记忆的留存，以及如何做好档案文化的传播工作，以促进我们的文化传承。

---

* 此文系根据作者在中国浦东干部学院亚洲国家“城市发展规划与管理”培训班上的讲话稿整理而成。

一、以档案为载体,留存城市记忆

19世纪下半叶始,上海在对外开放的格局中,与世界经济、文化的互动日益密切,摆脱了元明清时期以港兴市的单纯贸易格局。外来的物质文明如城市的供电供水、交通路政、邮电通讯等基础设施和公用事业的飞速进步,为上海的近代化奠定了物质基础。上海首先成为中国的工业制造中心,与制造业相关的冶金、机电、造船、纺织、面粉等行业在上海飞快发展;进入到20世纪30年代,上海成为名符其实的全国经济中心。

西学东渐,新思潮和新文化源源不断地进入上海,又通过上海传播到全国。1861年,《上海新报》问世,标志着中文报纸业的开端,后来最有名的是《申报》,至于外文报纸也很多。应运而生的一大批现代文化机构和传播媒介,与日益扩大的公众阅读群体,奠定了上海作为近代中国文化与舆论中心的地位,也使上海人具有了比较开阔的眼光。

上海的历史发展,由传统逐渐走向现代化的过程,也就是"城市记忆"形成的过程。这样的上海城市记忆与文化传承或传播,在很大程度上,就是得力于大量珍贵档案在艰难岁月中的得以保护和留存。

什么是城市记忆?城市记忆即是城市形成、变迁和发展过程中具有保存价值的历史记录,也是人们对这些历史记录信息加以编码、储存、提取和利用的一种过程再现。档案用文字和图像等记录工具,直接将人们社会活动的信息记录在特定的载体——如纸张、胶片、磁盘、光盘等上面,使得无形的记忆转化为有形的历史记录,并进一步成为留存记忆与历史最直接也最准确的方式和方法。

记忆——档案——历史的转化过程告诉我们,档案是蕴涵着城市变迁印迹的文化符号和历史见证。有形的档案与无形的文化,在人们错综复杂的记忆中交织形成了一种无形的精神力量。这就是上海城市的历史和文化底蕴,是一种不可磨灭的印象,也是上海城市发展的灵魂。城市记忆的重要意义由此得以进一步凸显。

随着现代化步伐的逐渐加快,上海城市的改造调整了城市的整体风貌,这固然促进了上海城市的发展,但同时也使上海城市失去了不少各自的记忆，穿上了面目相似的格式化外衣。为此，如何提高上海城市综合竞争力，以及传承上海城市经济、文化发展，就成为我们不得不考虑的问题。

上海城市记忆载体种类繁多，除了档案，也包括历史建筑遗产以及非物质文化形成的历史记录等。如上海的黄浦江、苏州河两岸至今还留有大批百年老厂房、老码头、旧仓库。经过多年的产业结构调整，这些老建筑物多已成功转型成为上海新兴的创意产业基地。在此过程中，惟有档案和建筑原貌，才能展现出当年这些百年建筑的历史原态和文化风貌。

二、研究档案内容，推出档案文化精品

为了更好地向全社会展示上海深厚的历史文化底蕴，上海市档案馆结合自身研究优势，激活城市记忆资源，以“红色记忆”、“城市记忆”等特色项目为基础，努力对这些珍贵的档案进行研究、整理和开发。

上海是一座光荣的革命的历史名城。1919 年以后，马克思主义开始在中国大地上传播。《新青年》杂志在上海创刊，中国共产党在上海诞生，五卅运动，八一三抗战……这一切留下了我们今天所说的“红色记忆”。

上海市档案馆举办了有关红色记忆系列的各种重要展览，如“前进中的上海文化艺术——文化艺术档案成果暨革命文化史料展”、“毛泽东在上海——纪念毛泽东同志 100 周年诞辰图片史料展览”、“抗日战争与上海档案图片实物展”等。2011 年，为庆祝建党 90 周年所举办的“上海·红色记忆——纪念中国共产党成立 90 周年档案展”，再现了中国共产党在上海诞生的历史事实，见证了中国革命的红色起点在上海；“辛亥革命在上海文献文物展”则揭示了一百年前这场伟大的革命与上海的历史渊源。今年，为迎接党的十八大胜利召开，我们还推出了“红星照耀中国——外国记者眼中的中国共产党人”图片展，并与《城市导报》合作，开辟了“城市记忆红色之旅”系列专版，取得了良好的社会效应。

除了办展览，上海市档案馆还编辑出版了有关红色记忆的丰富出

版物,比如《上海工人三次武装起义》、《上海解放》、《上海工会联合会》、《上海市各界抗敌后援会》、《五卅运动》、《中国资本主义工商业的社会主义改造》、《上海资本主义工商业的社会主义改造》、《南下服务团》、《上海市党代会、人代会文件选编》、《上海解放档案文献图集》、《上海纪念中国共产党成立八十周年图片集》、《上海党建史料选编》等等。

至于上海城市记忆的内容则更为丰富。上海市档案馆外滩新馆拥有常设主题展"城市记忆——上海近现代历史发展档案陈列",比较系统地展现了上海历史发展的轨迹。除此之外,还举办了诸多历史文化方面的展览,如"旧上海掠影照片档案展"、"上海的变迁"、"母亲河——黄浦江的昨天、今天和明天"、"近代上海工商业同业公会史料展"、"李约瑟在上海"、"邬达克的上海故事"、"世博档案·中国记忆展"等。围绕上海加快推进国际金融中心建设,上海市档案馆也在积极筹建上海金融档案史料研究中心,并将推出以"百年外滩·百年金融"为主题的档案史料展。

反映上海城市记忆的出版物有:《清代上海房地契档案汇编》、《旧中国的股份制》、《工部局董事会会议录》、《上海解放初期金融、贸易、商业概况》、《清末民初的禁烟运动和万国禁烟会》、《上海古镇记忆》、《陈光甫日记》、《上海银行家书信集》、《近代中国百货业先驱——上海四大公司档案汇编》、《日本在华中经济掠夺史料》、《日军占领时期的上海》、《上海老工业》、《辛亥革命与上海——上海公共租界工部局档案选译》等等。

在举办中国2010年上海世博会的世博园区,我们看到上海现代建筑设计集团对世博园区工业遗产的有效保护利用,这为上海老建筑、老厂房的功能拓展,展现了更为宽广的利用前景。目前,31.7万多件(卷)世博档案入藏上海市档案馆,它们将延续与传播上海的城市记忆,促进城市的文化传承。

"十二五"期间,上海市档案馆旨在利用信息化、数字化手段和工具,全面记载和保存城市建设和发展完整记忆的"城市数字记忆工程"也正在全面有序的推进之中。

三、传承城市文化，档案人义不容辞

城市文化是现代城市的灵魂，它影响着城市经济和社会的发展，传播着建构城市内蕴的人文精神；文化对于塑造城市形象发挥着重要的作用，当一个城市有了自己独特的城市文化，又会反过来影响生活在这座城市的人，影响到城市经济元素的聚集。而城市记忆的传承与城市文化的延续息息相关。城市记忆就是一个城市历史的记忆，它是城市文明的重要组成部分，其核心是文化的传承。我们看到，在经济社会快速发展的今天，城市面貌每天都在改变，生活在这个城市中的人们，时时会有迷失自我的感觉，好像突然之间对自己生活中的这片土地感到陌生了。一座城市如何在翻天覆地的变化中，保留历史的记忆，留下美好的回忆，不是简单地把老的旧的一砖一瓦留下来就够了，而要让人铭记于心的是这座城市的历史文化。

上海城市记忆的传承不是要复旧，不是简单的文化回归，而是要让优秀传统文化和新文化和谐相处，并得以延续、传承下去。传承的前提首先是保护。保护档案、保护文物。只有保护好这种文化，才能传承这种文化。要不文化传承就会断裂，就会失落，上海城市记忆就会流失。

在保存城市记忆、传承历史文化方面，上海市档案馆也做了很多有益的探索和尝试。如2011年在印度新德里举办的“泰戈尔的中国之旅”、2012年在德国法兰克福举办的“上海的德国记忆”档案展等；编著出版了《泰戈尔与上海》、《追忆——上海近代图史》、《上海的外国文化地图》、《车影行踪》、《外滩传奇》、《学堂春秋》、《石库门前》、《职场丽人》等，以档案文献和照片资料为载体，记载了上海自开埠以来所经历的磨难和变迁，印证了上海城市的历史记忆，展现了正在走向现代化国际大都市的上海城市记忆。其他还包括：《档案里的金融春秋》、《当年那些人》、《当年那些事》等一批既有较高史料研究价值又深受读者喜爱的档案文化传播精品图书。同时我们还拍摄了一些专题片，如《追忆——上海历史档案里的故事》、《外滩万国建筑群·装饰艺术派建筑在上海》等，放映后都得到社会各界的好评。

今后上海市档案馆还将加大档案文化的宣传力度，并通过各种方式不断提高社会公众参与保护档案的意识,关键是爱护我们的城市档案文化遗产,并努力使其成为全体公民的文化自觉,使历史文化积淀形成的上海城市脉络得以传承;采取各种措施抢救保护、开发利用档案信息资源,充分发挥档案的历史和社会价值,努力把档案文化融入到上海城市的文化产业中去,通过创意,将丰富的档案文化遗产转化为创意资源和文化产品,将其整合进当代上海城市的文化发展体系,使其成为新的上海城市文化符号的重要内容。

目前我们正在开展经典档案文献遗产评审和优秀档案文化传播项目,深入研究档案内容,进一步挖掘开发档案文化,制作档案文化精品,着力把档案馆建设成为富有地域文化特色和档案文化元素的城市文化地标,以此留存上海城市记忆,接续文化传承,构建起城市的文化新形象。这是我们未来的工作目标和努力方向。

上海是一座极具魅力的城市,一个多元多样、富有动力、与时俱进的城市。为使上海在21世纪朝着更精致更美好的方向科学发展,肩负留存城市记忆、传承文化使命的上海档案人任重道远,还应付出更大更多的努力,为推动社会主义文化大发展大繁荣作出新的贡献。

专题研究

近代上海营造业群体研究

王　琨　高红霞

本文所述近代上海的"营造业"，专指近代上海的建筑施工行业，以区别于建筑设计行业。它包括木工、泥工、雕锯工、石工、竹工、瓦工等职业类型和一些从事建筑营造的投资厂商。从晚清到民国，"营造"一词的内涵有一个历史变化过程。中国古代建造房屋不用"施工"来表达，而专用"营造"、"营建"、"考工"等词汇，其中"营造"一词使用频率较高。北宋时期，李诫编修的《营造法式》，被誉为中国古代建筑宝典，其内容多来自当时熟练工匠的经验，成为当时中原地区官式建筑的规范。[①] 正是由于此书对后世影响深远，故在其成书之后，"营造"一词专指中国传统建筑及其建筑技法和规范，一直沿用到 20 世纪初期。[②] 而在中国传统建筑营造方式中，工匠群体承担了从设计、施工到装修的全套工作。

目前学术界比较多地把研究视角投向那些近代上海的建筑物及建筑设计师，而对营造业与营造业群体在上海城市建设中所作贡献的研究则为数不多。实际上，营造业是将设计图纸变为实体的重要环节，他们的职业水平直接关系到图纸上的意念落实到实体的程度，而且这一营造群体也是近代上海数量可观的一个重要职业群体，若要对近代上海城市建筑作一番考察，缺少了对于营造业与营造业群体的分析，应该是不甚完整的。所以，深入剖析近代上海的营造业群体的发展概况、来

---

① 夏征农主编，《辞海》编辑委员会编：《辞海》（音序版缩印本），上海辞书出版社 2002 年版，第 2048 页。

② 郑卉：《上海里弄住宅营造技艺研究》，复旦大学 2009 年硕士学位论文，第 3 页。

源与结构、生存空间以及与城市建设发展的相互作用,不仅可以填补近代上海社会群体研究的缺漏,而且对推进整个上海史研究的深入都具有一定的学术价值和理论意义。

19 世纪末至 20 世纪 40 年代是上海建筑业从起步走向兴盛的快速发展时期,许多著名建筑纷纷拔地而起,特别是在 20 世纪二三十年代,上海建造 10 层以上的高层建筑就有 30 余幢。这些著名建筑不仅在层高和气势上跨越了一大步,而且在结构、用材和装饰上也有质的飞跃,而这些建筑领域的辉煌成就自始至终都与上海的营造业息息相关。营造业已成为上海不可或缺的一个行业,那些反映西方近代建筑的新结构、新材料、新设备和新技术的设计概念,是依靠了营造工匠们的勤劳双手和聪明才智,才能使它们一个个从平面的设计图纸变成一幢幢宏伟的建筑。而且在这一过程中营造工匠们所进行的并非是一种简单复制,他们在营造中根据上海的土壤特质、上海的文化习俗所表现出的创造性劳动,值得学术界好好加以研究。

一、上海营造业发展概述

明代以前,上海有以分散、个体、小规模施工为主要特征的水木工匠。[①] 与此同时,这些工匠多为官府征用,编入“匠籍”,主要为官府修筑宫室、官署、寺庙等设施和海塘堤坝等。明朝中后期始,匠役制度遭到“以银代役”政策的冲击,匠役的人身依附关系得到很大改善,相应地从事营造业的人数也逐渐增多,为近代上海营造业的繁荣发展创造了良好的条件。明朝嘉靖年间(1522—1566 年),独立专职从事营造业的建筑施工机构即水木作坊,开始出现。这种以师徒或家族、同乡为主体的施工组织者称为“作头”。[②] “在明万历至崇祯年间(1573—1628 年),上海县城内具有相当人身自由的纳税建筑工匠已达 520 名。”[③]

---

① 《上海建筑施工志》编纂委员会编:《上海建筑施工志》,上海社会科学院出版社 1997 年版,第 77 页。

② 《上海建筑施工志》,第 78 页。

③ 何重建:《上海近代营造业的形成及特征》,汪坦主编:《第三次中国近代建筑史研究讨论会论文集》,中国建筑工业出版社 1991 年版,第 119 页。

到了清朝，匠役制度仍在延续，无偿役用建筑工匠的事时有发生。直到清康熙三十九年（1700年），松江府再颁《为禁铺商当官告示》，明令禁止官府无偿役用建筑工匠，匠役制度才最终逐渐废止。据目前资料所示，历史上第一次有文字记载的"水木作"出现在清道光二十五年（1845年），记载作坊中有木工、泥工、雕锯工、石工、竹工等。城镇里的水木作以乡土地域为主各立帮派，进入上海的外埠工匠则以江苏、绍兴、宁波等帮为主。除此以外，古代上海地区另一支营造队伍是分布在农村的泥木工匠，他们农闲务工，分散施工，承揽民居修造，工竣即散。①

鸦片战争后，随着西方列强的入侵和资本输入，西方建筑理论与技术也随之传入中国，上海传统营造业发生较大变化。首先，施工组织出现以资本经营为主的营造厂或建筑公司，与水木作坊、农村个体工匠形成三足鼎立的局面。其次，上海周边地区工匠来沪，形成以乡缘为基础的帮派。同时，经营地域从上海本地转变为向全国辐射、全方位开放。再次，营造工匠通过入校学习，从掌握传统营造工艺，转变为迅速接受西方建筑新技术。最后，营造工匠在观念上也发生改变，要求社会承认本行业地位的思想日趋强烈。②

综观近代上海营造业的发展，大致可分为四个阶段：（一）营造业的雏形时期；（二）营造业的黄金时代；（三）敌伪时期的营造业；（四）上海光复后的营造业。

1916—1949年上海营造厂数量变化表

年份	户数	简　况	统计依据
1916年	53	外商22户、华商31户	《上海商行录》
1930年	124	外商20户、华商104户	《上海工商汇编》
1934年	约2000	营造厂、水木作、水电安装行、石料厂、油漆厂、外商	档案汇总
1944年	87	日商53户、华商34户	《日华商工信录》

① 《上海建筑施工志》，第78页。

② 中国传统社会一直持有"只重文学，鄙薄工艺"的看法。西方建筑理论与技术传入中国后，营造工匠们对此观点表示极为不满，呼吁"树全力奋斗之帜，冀将数千年积瘤，一扫而空"。参见何重建：《上海近代营造业的形成及特征》。

续 表

年份	户数	简　况	统计依据
1946 年底	924	甲级 390 户、乙级 160 户、丙级 233 户、丁级 141 户	营造工业同业公会档案
1947 年底	约 1350	甲级 498 户、乙级 190 户、丙级 268 户、丁级 233 户,未加入同业公会约 157 户	营造工业同业公会档案
1948 年	约 1000		《老上海营造业及建筑师》
1949 年	约 2000	甲级 155 户	《上海市营造业同业公会纪念手册》

资料来源:《上海建筑施工志》编纂委员会编:《上海建筑施工志》,上海社会科学院出版社 1997 年版;《上海市营造工业同业公会会员名册及非会员名册》,上海市档案馆藏档,档号 S133－1－35。

上表显示,近代上海营造业发展一波三折。清道光年间,水木作坊已形成一支主要的社会职业队伍。至 19 世纪末 20 世纪初,作坊式的营造工匠被具有一定规模的营造厂商所代替。自此,营造工人在管理能力和技术水平较为成熟的营造厂的组织下,步入近代上海营造业发展的黄金期,一座座著名建筑在他们手中拔地而起。从 19 世纪末 20 世纪初的刚刚起步,到 20 世纪二三十年代的鼎盛时期,再到抗战期间的跌入低谷。抗日战争胜利后,全市经济有所恢复,各行各业百废待兴,营造业也不例外。1946 年 4 月,上海市营造工业同业公会宣告成立。根据公会 1946 年编订的会员名录可知,1946 年上海有甲等营造厂 390 家,乙等营造厂 160 家,丙等营造厂 233 家,丁等营造厂 141 家,四等共计 924 家。① 其中"外籍营造厂只剩下一家,是由白俄籍人赤金开设的谦耕营造厂,且在营造事业上没有什么作为"。② 到 1947 年冬公会第二次编订会员名录时统计,上海共有大小营造厂 1179 家,其中具有一定实力的甲等营造厂 498 家。③ 由此可见,战后上海营造业日

① 《上海市营造工业同业公会会员名册及非会员名册》,上海市档案馆藏档,档号 S133－1－35。

② 何重建:《上海近代营造业的形成及特征》,《第三次中国近代建筑史研究讨论会论文集》,第 119—120 页。

③ 这一数字还未包括没有加入同业公会的百余家营造厂。参见《上海市营造工业同业公会会员名册及非会员名册》,上海市档案馆藏档,档号 S133－1－35。

渐恢复发展,使得原本凋敝的营造市场重新振作起来。“但很快由于内战,经济又陷入危机,至解放前夕上海营造厂不满 1000 家。”①

二、上海营造业群体构成

伴随营造业的不断兴盛,也聚集起了一个行业群体,这一群体由营造工匠、营造厂商组成,并以乡缘地域各立帮派。“民国 23 年,上海的注册营造厂已发展到 2000 多户,拥有建筑工人 10 万多人,营造队伍素质提高也比较快。”②他们来自于不同的地域,有着自己的同业组织,反映了上海移民社会的某些特点,亦可成为研究近代上海社会的一个重要切入点。

近代上海营造业群体大致分为两个层次,一为厂主群体,一为营造工人。

厂主(或经理),指民国时期开办及经营一家营造厂(或建筑公司)的首要负责人或法人代表。他们属于营造业群体中的上层,一般均不参加具体建筑劳动。然而,大部分营造厂老板都是穷苦出身,皆是从行业最底层一步步爬上来的。他们早年都跟随自己的父辈或独自一人来沪学习泥水匠、木匠等技艺,学成后便投身水木作,通过实践劳动,日益磨练手艺与积累施工经验。经过若干年的辛勤劳作及刻苦学习,并始终心怀“手捏泥刀砌高楼,泥刀之中出老板”的理想,他们技艺出众,脱颖而出,成为了营造工匠中的佼佼者。于是,凭借精湛的营建技法与在以往所承接的工程中建立的人缘关系,他们开始纷纷创办自己的营造厂,不再为他人打工。当然,并非所有营造厂老板都有着辛酸艰难的过去,也有一些属子承父业,或协助父亲、叔父一同经营,在多年参与经营的过程中,逐渐积累经验,最终从父辈手中接过企业,独自挑起大梁。相比靠自己学艺和闯荡的大多数营造厂老板来说,这些“营造业第二代”则要轻松省力得多,但他们在上海营造厂老板中只是少数,不占有

① 娄承浩、薛顺生编著:《老上海营造业及建筑师》,同济大学出版社 2004 年版,第 21 页。

② 《老上海营造业及建筑师》,第 5 页。

绝对优势。厂主的数量与营造厂的数量具有一致性，前文已有论及，此处不再重复。

民国时期上海营造业工人的数量有一个变化发展的过程。李晓华在《鲁班的兄弟们》中提到，20 世纪初，“建筑工人已有二万多，大的包工头就有七八百人，工匠们已有了行业团体”。[①] 罗志如在《统计表中之上海》中则记载，1927 年上海有从事砖瓦、油漆等建筑行业者 8383 人，这一数字在所统计的 83 种行业中名列第五，仅次于码头业、纸烟业、履业、杂粮业。[②] 李晓华的数据与罗志如的数据虽相差一半，但两者应当都是合理的。李的数据主要揭示出 19 世纪末 20 世纪初上海的建筑工人总数，而罗的数据则偏重于反映在 1927 年上海的各业工人数量中，建筑业工人数量是不少的、名列前茅的。并且，由于营造业中还存在大量工人无工可做、常年等待做工的情况，故而 8383 人这一具体数字肯定偏小，但仅就行业排名来看，罗的数据还是比较可信的。

之所以说罗的数据偏小，笔者还有另一理由：20 世纪二三十年代是上海建筑施工队伍发展的鼎盛时期，大小建筑公司、营造厂、水木作最多的年份达到 3000 多家，从业人员 10 多万，各类工种 20 多个。[③] 又随国民党南京政权与上海市政府的建立，以及租界的繁荣发展，大批新式建筑拔地而起，这些新的规划和工程都需要大量的人力去建设实施，而 1927 年又恰好处于这一时段。故笔者认为罗的数据恐怕言少了，当以参考同时期其他文献所载数据为准，只是笔者未能找到精确记载，每一年份确切数字不得而知。但“二三十年代，营造行业工人达十多万，加上相关行业达二十多万”[④]的总体估算数量应出入不大。且娄承浩与薛顺生共同编著的《老上海营造业及建筑师》中提到，“民国二十三年，上海登记注册的营造厂达 2000 多户，拥有建筑工人达 10 万多

① 李晓华：《鲁班的兄弟们》，上海建筑施工志编委会编写办公室编著：《东方“巴黎”：近代上海建筑史话》，上海文化出版社 1991 年版，第 201—202 页。

② 其中，从事履业人数为 10981 人，从事杂粮业人数为 9329 人，海员业人数略少于营造业人数，为 8375 人。详情参见罗志如编：《统计表中之上海》(国立中央研究院社会科学研究所集刊第四号)，国立中央研究院社会科学研究所 1932 年版，第 82 页。

③ 《上海建筑施工志》，第 76 页。

④ 李晓华：《鲁班的兄弟们》，《东方“巴黎”：近代上海建筑史话》，第 202 页。

人”。① “其中常年受雇营造厂的约 2.5 万人，辅助工种和经常有零星建筑活动的有 2 万余人。”②由此可见，20 世纪二三十年代是上海建筑施工队伍发展的黄金期则是毫无疑问的了。

1937 年 8 月 13 日，日本侵略军开始进攻上海，对上海地区进行大面积的狂轰滥炸。战火对上海百姓的日常生活产生了巨大影响，致使各行各业都遭到了不同程度的经济损失，营造业当然也不能幸免。战争打响后，一大批营造厂或迁往内地或关门歇业，“留在上海只剩下 34 家”。③ 相应地，营造工人大都相继失业，有的跟随厂方迁往后方，有的另觅他业，有的回乡避难，还有的则被日军抓去修筑战事工程。据老工人亲身经历回忆，“约有一千多人被骗到虬江码头，强行脱去便装换上工兵旧服装，押上军舰运往外地。这批人去了舟山，海南岛等处。抗战后，多数人未能生还”。④ 然而，与华商营造厂的颓势形成对比的是，上海沦陷期间，日商新开营造厂随着日本在沪势力的扩张而迅速增长。“1944 年达 53 家，超过华商营造厂总数。”⑤再加上在日伪政权的支持下，伪上海特别市营造厂同业公会成立。至 1942 年 9 月，“已登记注册的营造厂中甲级 18 家、乙级 19 家、丙级 53 家”，⑥总共 90 家营造厂。因此，笔者在参照往年数据统计之比值，同时结合这一时段上海新建楼房的数量状况后推算，沦陷期间，上海实际从事建筑业者应在一万人左右。直至日军投降，上海光复，各华商营造厂才渐渐恢复开业。1946 年 4 月，上海市木工业职业工会成立，工友人数为一万五千人。⑦ 同年 5 月，上海市泥水业职业工会成立，工友人数为 5133 人。因此，水木作两数相加，便可得知 1946 年上海的建筑工人大体为 20133 人。⑧

---

① 《老上海营造业及建筑师》，第 27 页。

② 《上海建筑施工志》，第 87 页。

③ 《老上海营造业及建筑师》，第 21 页。

④ 李晓华：《鲁班的兄弟们》，《东方“巴黎”：近代上海建筑史话》，第 203 页。

⑤ 《老上海营造业及建筑师》，第 21 页。

⑥ 《上海建筑施工志》，第 42 页。

⑦ 《辛瑞庭申请组织木工业职业工会与上海市社会局来往文书》，上海市档案馆藏档，档号 Q6－6－350。

⑧ 这一数字不包括竹工、石工、油漆工等其他各种辅助工种。如一并计算在内，则全行业共有 3 万余名建筑工人。参见《上海市泥水业职业工会 1946 年工作总报告》，上海市档案馆藏档，档号 Q6－6－355。

1947年12月底,上海有木作工人21500人,水作工人12300人。① 较之1946年统计数据,水木作工人数略有上升。到1948年8月,上海的木作工人和水作工人分别回落到20420人和8870人,共计29290人。② 从20世纪初年的不足三万人,到二三十年代的鼎盛期十多万人,再到抗日战争时期锐减至一万人,最后到解放前又重新回归到原点近三万余人。短短四十余年,上海营造业工人的数量一波三折,峰回路转,其间既攀登过顶峰,也跌落过谷底。

按工作性质及种类的不同,营造工人可分为泥工、木工、油漆工、石工、打桩工及其他建筑业附属行当工人。事实上,除上述五个营造业中比较重要的工作种类外,其他建筑业辅助工种如竹工、混凝土工、起重工、水管工、敲拆工等,都是建造一栋房屋中不可或缺的人力因素。上海营造业工人按照工作性质及种类,分为上述各类建筑工人的组织形式,是随着营造业务的开始和逐步发展而自发形成的,到宋代便渐渐固定成为惯例,至民国时期,由于西方建筑理论和技术的东来,营造业分工更加明确、细致,并一直沿袭到解放以后。

按身份等级,营造工人中还可分为看工、正式工人、临时工、学徒四种。账房虽名为营造厂内工人,但其实际上并不参加劳动,不能算真正的营造工人。

看工,后称"监工",是营造厂的技术负责人,同账房一样是营造厂的主要管理人员、厂主的主要助手,一般多由建筑经验丰富且与厂主关系密切的人担任。看工虽不用从事具体的建筑劳动,但却必须每日到工地察看,如在施工过程中遇到技术困难或障碍,看工则须设法解决,以保证工程能够顺利进行。因此实际上,看工属于沪上营造业群体中的高级技术人员。他们均受过良好的专业教育,实践经验也相当丰富,并且能看懂用英语书写的建筑图纸及与外国人进行直接交流。20世纪30年代,上海滩的营造界曾经有过"两个半看工"的说法。所谓"两

① 《上海市水木业职业工会公文及所属单位工作汇报》,上海市档案馆藏档,档号Q7-1-252。

② 《上海市木工业工会理监事及会员名册、上海市茶箱锡罐业、修造民船业工会及木工业工会会员代表名册、茶箱支部会员名册》,上海市档案馆藏档,档号Q6-6-350;《上海市泥水木工业职业工会第一届工作报告》,上海市档案馆藏档,档号Q7-1-196。

个半看工”，是指当时上海营造业领域中最负盛名的看工。一个是新仁记营造厂的竺泉通，另一个是余洪记营造厂的孙德水，还有半个则是江裕记营造厂的孙瑞珊。① 业内人士用此名号来褒奖与肯定他们的技术和能力，把能够请到他们担任自己营造厂的看工作为骄傲和荣耀。由此可见，看工对一家营造厂的重要性非同一般。看工的身份与地位都要比普通的营造工人高，收入也要远远高于普通工人。

正式工人，指常年受雇于营造厂的建筑工人，即使营造厂暂时没有工程可包，也要把这批人给养起来。一般而言，近代上海营造业的经营方式是，营造厂老板在接到工程项目后，根据工程的规模、进度及所需工料情况，开始对外招工。只有在具有一定规模的营造厂中，才雇有固定职工。大多数中小型营造厂都采用临时招工方式，有工程就聚集起来，工程完竣便作鸟兽散，工人们会等待下一次招工的机会。因而，固定职工的工作相较于临时工要稳定牢固得多，其收入也相对略高，生活也相对比较平稳。出于同样原因，营造业中属于固定职工的人数就有所限定。即使在 20 世纪 30 年代上海营造业队伍发展的黄金期，全市十多万建筑工人中也只有 2.5 万人是固定职工，其余 7 万余人皆为临时工，常年处于等工状态。② 若是在烽火连天的战争年代，营造厂中的固定职工就更屈指可数了。

临时工，是指没有固定雇主的建筑工人。他们是近代上海营造业群体中的主体，不仅人数最多，身份与地位也最低。临时工一般都会按照各自的工种、所属地域帮派，分散聚集在全市各处较低档的茶馆里，等候召唤做工，俗称“孵豆芽”。比较有名的等工茶楼，有新闸路大王庙西安茶园、甘世东路（今嘉善路）永嘉路康兴园、老西门中华楼、徐家汇彩云楼等。③ 临时工被召用后，随工程的进度时进时出。临时工的待遇相比正式工人低，且缺乏稳定性，在面对工伤、福利等问题上，临时工也相较正式工人缺乏保障，没有任何福利可言。

至于学徒，旧上海有许多行业都规定了学徒制度，营造业也不例

① 《上海建筑施工志》，第 483 页。

② 《上海建筑施工志》，第 87 页。

③ 《上海建筑施工志》，第 295 页。

外,也形成师傅带徒弟传授营建技法的形式。凡是水木作工匠都要经过学徒阶段。一般学徒的年龄多在十四五岁到十八九岁左右,年轻的甚至十二三岁就入行学艺。进营造厂当学徒的人,绝大多数只受了一些私塾教育或初小教育,受过高小教育的人几乎没有。[①] 一般学徒要三年才满师,但也有延长至四年、五年的。学徒在学习营造技艺期间没有薪水,只有"月规"钱,生活相当贫苦,但属营造厂的固定工,工作稳定,毋需四处打探招工消息,只不过每月所得勉强能够维持生计。三年满师后,他们中有的继续跟随师傅承接工程作业,慢慢由小包升至木、泥工挡手,然后自己当上师傅,再教授他人;有的则另树旗帜。

总而言之,在近代上海营造业群体中,身份和地位最高的当属营造厂厂主(或经理),其次是掌握精湛营造技术的看工,再次则为营造厂雇用的固定职工及随聚随散的临时工,最后是尚处于习艺阶段的学徒工。由工人上升为厂主并不容易,只有技艺超群、手艺出众,同时又懂得外文和西方建筑技术及理念的新型优秀学徒,才能够在几万名建筑工人中脱颖而出,成为行业内的领军人物或营造家。临时工的社会流动性很大,客观上是由于民国时期的建筑行业并不稳定,往往受制于各种社会因素,诸如战争、政府规划、经济发展等;主观上则是临时工自身体力、健康状况、家庭因素等等的变化。工程项目时多时少,多的时候正式工人做不完,会大量雇用临时工,少的时候正式工人都做不足,临时工就无以维生,自然就得另觅他业,寻找别的出路。

三、上海营造业群体的年龄与学历分布

受行业性质限制,营造业群体全属男性,且年龄从不满 10 岁至 60 余岁不等,平均以 30 岁至 50 岁为最多,约占 80%。以 1941 年 10 月至 1948 年 11 月加入上海市营造工业同业公会的 91 家营造厂为例,沪上营造厂老板的平均年龄为 40.5 岁,其中年龄最大的 66 岁,年龄最小的 18 岁。各年龄段的营造厂厂主分布情况是:20 岁以下 2 人,20—29 岁

---

① 《上海市木工业职业工会会员名册及会员统计表呈送上海市社会局》,上海市档案馆藏档,档号 Q6-6-350。

6 人，30—39 岁 30 人，40—49 岁 43 人，50—59 岁 9 人，60—69 岁 1 人。① 显然，30—39 岁和 40—49 岁这两个年龄段的人员相对比较集中。再以 1947 年 5 月至 10 月呈送上海市社会局的木工业职业工会会员名册为例，在所有 17686 名普通木作工人当中，年龄最小的仅 13 岁，最大的 64 岁。经粗略计算，处于底层的普通建筑工人以 30—40 岁为绝大多数，平均年龄与营造厂厂主相差无几。②

近代上海营造业群体的学历大都不高，群体内占绝大多数的营造工人（包括学徒）大多只受过一些私塾或小学教育，高小毕业的寥寥无几，接受过高等教育者更是屈指可数。原因主要有三种：其一，因家境贫困，读不起书。在《上海建筑施工志》中罗列的 73 位对近代上海建筑施工行业有突出贡献者中，就有 27 位被明确记载为"家境贫困"或"幼年家贫"，占总数的 37%。③ 如若把"祖上务农"、"祖上以打渔为业"等一并理解为家境贫困者，所占比例则更高。其二，因家中世代从事水木作，故一部分营造工人便从小跟随祖父、父亲、叔父习艺，以便尽早协助长辈经营建筑事业或养家糊口，从而忽略了上学求知。笔者仍以《上海建筑施工志》中的 73 位营造家为例，有 14 人属于此种情况，占总数的 19%。④ 第三，由营造行业本身的特点所决定。包括水木作在内的所有建筑施工工种，都非常重视工人的实际操作水平和做工经验，而在读书识字方面则并不讲究。一般的营造工人只要粗识几个字，具体掌握一门营造手艺，便能四处寻找工作。上述三种原因中仍以第一种为主因，受其影响的营造业群体人数也最多。

不过，据资料显示，营造工人们出于生存和同业竞争的需要，往往都乐于参加与自己职业相关的专业技术培训，以此巩固和提高他们的建筑知识与技术。在若干营造行业培训学校中，"正基夜校"无疑最为出名。"正基夜校"全称"正基建筑工业补习专门学校"，初名"上海市建

---

① 《上海市营造工业同业公会会员入会志愿书(一)》，上海市档案馆藏档，档号 S133-1-21。

② 《上海市木工业职业工会会员名册及会员统计表呈送上海市社会局》，上海市档案馆藏档，档号 Q6-6-350。

③ 《上海建筑施工志》，第 450—504 页。

④ 这 14 人当中同时也有 4 人是家境贫困者。参见《上海建筑施工志》，第 450—504 页。

筑协会附设职业补习夜校”,[1]由沪上著名营造家杜彦耿、汤景贤等发起创办,旨在培养具有较高文化素质且精通建筑技术的营造专才。1934年春,在校学生人数达到111人之最高峰。[2]“正基”历时七年,共有三届五十多位学员正式毕业,他们在上海乃至全国的营造界发挥了重要作用。除了“正基夜校”外,当时还有招生规模稍有扩大的“通惠业余夜校”、上海营造工程补习学校等其他专门培训学校。这些学校的开办都影响到上海营造业群体的整体素质,尽管不能直接提升营造工人的学历水平,但对他们业务能力的提高有着莫大的帮助。

沪上营造业群体中真正受过高等教育、具有高学历的,当然得属处于上层的营造厂老板和看工,他们中一部分人毕业于国内各个大学的土木工程或建筑类专业。例如:泰康行老板、“正基夜校”校长汤景贤毕业于上海南洋路矿学校土木科;建筑专家汪季琦毕业于南京中央大学土木工程系;建筑专家高鉴毕业于天津北洋大学土木系等等。[3]此外,还有少数几位拥有海外留学经历,比如著名营造家李祖贤毕业于清华学校(清华大学前身),后被保送到美国纽约州特洛伊城兰思勒工学院攻读土木工程,毕业后回沪创办六合贸易工程公司,“成为中国第一位国外留学归来从事建筑业的营造家”;[4]工程学教授施嘉幹毕业于唐山交大结构专业,后赴美国留学三年,在麻省理工学院土木工程科研系毕业,获硕士学位等等。[5]与此同时,还有一些人虽然不曾真正负笈海外,但是他们都在当时上海公共租界内开办的美国万国函授学校建筑专业里求学念书,毕(结)业后也纷纷踏入营造界,从事建筑施工行业。

整体而言,近代上海营造业群体的文化水平参差不齐,绝大多数营造工人都只有小学水平,受过高等教育的凤毛麟角。即便是念过几年专业培训学校或继续深造者,也都是半工半读。

---

① 《建筑月报》,1934年2月。

② 李海清:《中国建筑现代转型》,东南大学出版社2004年版,第263页。

③ 《上海建筑施工志》,第482、494、496页。

④ 《上海建筑施工志》,第489页。

⑤ 《上海建筑施工志》,第484页。

四、近代上海营造业群体的籍贯构成

总体而言，本埠浦东籍较多，外埠工匠则以江苏、绍兴、宁波等帮为主。① 自清朝道光年间开始发展至民国初年，逐渐形成了本帮、川沙帮、宁绍帮、香山帮等多个地域帮派。起先各自为政、互不干涉，后又共同组织成立同业公所，以保护本行业利益。

根据《上海建筑施工志》及上海市档案馆所藏档案记载，民国时期上海主要营造厂厂主的籍贯构成情况如下：

近代上海部分营造厂厂主籍贯统计表

籍贯	上海市	江苏省			浙江省			广东省	四川省	河北省	山东省	辽宁省
		川沙	吴县	其他	宁波	绍兴	其他					
人数	45	33	4	34	6	1	33	4	1	1	1	1
%	27.4	20.1	2.4	20.7	3.7	0.6	20.1	2.4	0.6	0.6	0.6	0.6
合计	164 人											

资料来源：根据《上海建筑施工志》及《上海市营造工业同业公会会员入会志愿书(一)》(上海市档案馆藏档，档号 S133-1-21)制作。

如上表所示，近代沪上营造厂厂主大多为江苏、浙江人士和上海本地人，占所统计人数的 95.1%，处于绝对的优势地位；其他来自广东、四川、河北、山东、辽宁等 5 个省份的营造厂厂主仅占总数的 4.8%。此外，值得关注的是，具有江苏省籍贯的厂主多为川沙②人和吴县人；具有浙江省籍贯的厂主则有宁波人和绍兴人，其人数虽不像川沙人那样如此集中，但也稍占一定比重。另据 1946 年资料统计，“上海营造行业中，上海籍的营造厂只占一半略强，为 53.2%，浙江籍(以宁绍帮为主)占 25.2%，江苏籍(以香山帮为主)占 18.9%，其余各省籍的占 2.7%”。③ 由这两组数据可知，当时上海滩上的营造厂基本上被本帮、

① 《上海建筑施工志》，第 78 页。

② 川沙县境多有变更，1912 年川沙由厅改置为县，隶属江苏省管辖，至 1958 年划归上海市，并于 1992 年撤销，并入浦东新区。所以，民国时期川沙人应属江苏省籍贯。

③ 何重建：《上海近代营造业的形成及特征》，《第三次中国近代建筑史研究讨论会论文集》，第 121 页。

川沙帮、宁绍帮与香山帮所垄断,他们各自占据着特定的市场。

营造厂厂主多由上海本地人与江浙两省人士构成,这与上海移民群体的籍贯构成具有一致性。鸦片战争后,上海被迫对外开放,多国外商、各省绅商云集沪上,使上海本地的传统建筑工匠一时难以满足城市建筑事业的发展。与此同时,川沙、宁波等地人士因"土狭人稠",距离上海又不是很远,故而纷纷选择"就业上海"。再加上这些地方原本营造业的发展已相当成熟,例如,苏州府治理下的吴县,有记载云"木作出吴县香山,泥水作亦出香山"①,还有《川沙县志》中提到的"川邑工业,水木两工"②等,皆表明当地都拥有成熟的营造业和众多的水木工匠。开埠后上海城市发展提供了较多的就业机会,使川沙、宁波、绍兴等地大量的剩余劳动力涌向上海。据史料记载,"1935 年,川沙县有户籍 30618 户,在上海从事泥水工和木工的有 1.5 万人左右,平均每两户中有一名建筑工人"。③ 他们中绝大部分人都会投奔同籍的营造厂厂主。逐渐地,沪上营造业便形成了以营造厂为核心、同籍水木作工人为主体的营造小团体。其中,川沙帮、宁绍帮掌握着上海软土地基条件下的深基础打桩技术、钢筋混凝土短桩加固技术等外来的新技术,而苏北和山东籍营造工人多为扎铁、打桩、土方和混凝土工人。④ 相比较而言,后者的营建技术没有前者复杂和难以掌握。当然,除上海本地和江浙两省的工人外,还有来自广东、四川、湖南、江西、河北、安徽、山东、天津、辽宁、黑龙江等省的营造工人,只是人数相较川沙帮、宁绍帮与香山帮而言少得可怜。

五、上海营造工人的收入和生活

营造工人的收入因行业内等级地位、工种、技术水平以及单位工程

---

① 彭泽益编:《中国近代手工业史资料(1840—1949)》第一卷,中华书局 1984 年版,第 168 页。

② 《川沙县志》(1937 年版),卷五"实业志"。转引自高红霞、贾玲:《近代上海营造业中的"川沙帮"》,上海市档案馆编:《上海档案史料研究》第八辑,上海三联书店 2010 年版,第 20 页。

③ 张银根:《浦东泥刀的领军人物杨斯盛》,唐国良主编:《百年浦东同乡会》,上海社会科学院出版社 2005 年版,第 161 页。

④ 《上海建筑施工志》,第 87 页。

量的不同而各不相同。营造厂老板的收入比较高，一人所得便可养活一大家子尚有盈余；作头（即包工头）和看工的收入也不少，足以维持日常生活开销；而普通的水木作工人收入较低，大都只够基本生活开支。有技术的营造工人收入则要高于无技术的营造工人。

一般而言，营造工人中泥工和木工的工资收入也不尽相同。泥工工资由小包根据当天完成的工作量计付，而木工的工资算法则略有不同，它是根据单位工程量来计算，有点类似今天的劳动定额，如地板以面积计算，门窗以樘计算，层架以榀计算。1919 年，泥工砌墙每英方 8—10 工，每工制钱 340 文，合银元 2 角 5 分；木工每樘门 10 工左右，每工工资与泥工相同。

1919 年前后部分建筑工程工效及工人报酬情况

工种	作头向业主收的价格	作头发给工人的人均日工资
泥工	每英方需 8—10 人工，合银元 2.50 元	（要求 3 工完成）0.25 元
木工	每樘门 10 个工，合银元 2.50 元	（要求 2.5 工完成）0.25 元
混凝土工	每立方米 10 个工，合银元 1.25 元	（要求 3 工完成）0.125 元
打桩工	每根 3 个工，合银元 23.60 元	0.25 元
起重工	起吊每一吨，合银元 14.80 元（一天一人起吊 2 吨）	0.25 元
安装工	每件合银元 6.00 元，2—3 人每天安装一件	0.30 元

资料来源：《上海建筑施工志》，第 87 页。

如上表所列，1919 年前后上海营造工人中，安装工的人均日工资最高，为 0.3 元；混凝土工的人均日工资最低，仅为 0.125 元；其余各工种工人的人均日工资皆为 0.25 元。早期的营造工匠工资很低，一天只有五六个铜板，大约可买二升米或两双草鞋。① 1924 年，随着上海城市建筑事业的发展，不仅营造工人的工作机会大大增加，工人的收入也得到显著提高。一般水木作工人以往每日工资最多 0.25—0.30 元，如今翻了一番，可得 0.48—0.70 元，而且收入也稳定多了。

① 李晓华：《鲁班的兄弟们》，《东方“巴黎”：近代上海建筑史话》，第 202 页。

1924 年上海中国工匠平均所得工价比较

工作类别	平均所得工价(元)	平均每日工作时间(小时)
泥作	每日 0.48	8.5
木匠	每日 0.70	9.0
漆匠	每日 0.70	8.5
石匠	每日 0.70	9.0
铁匠	每日 0.38	9.0
锅炉匠	每日 0.35	10.0
铜匠	每月 9.00	10.0
皮匠	每日 0.80	9.0
铅工	每日 0.85	9.0
坊匠	每日 0.70	8.5
配置船用索具匠	每月 22.00	9.0
制备帷帘披围等匠	每日 0.80	8.0

资料来源:彭泽益编:《中国近代手工业史资料(1840—1949)》第三卷,中华书局 1984 年版,第 304 页。

从上表可知,当时营造工人的收入所得,在整个中国工匠中还是处于相对较高的水平。日平均工资除了泥工相对较少外,木工、石工、油漆工均可获得 0.7 元。根据 1920—1923 年的上海零售物价指数,1923 年下等粳米 11.41 元/石、上等小麦 4.74 元/石、下等小麦 4.33 元/石、猪肉 0.41 元/斤、牛肉 0.29 元/斤、羊肉 0.29 元/斤、鸡蛋 2.15元/百枚、豆饼 0.04 元/斤;①又按照陈达所持大部分工人家庭的食品消费占生活费总数的 65%或以上的观点来推断,20 世纪 20 年代初,普通营造工人的生活状况还是过得去的,应该能够满足其基本生活需求。②

然而,好景不长,20 世纪 20 年代末营造工人收入有所回落,每月实际所得在上海各业工人中居中等偏下,最高和最低工资差距也日益明显。

① 《统计表中之上海》,第 80 页。

② 陈达:《上海工人的生活费(1929—1948 年)》,《教学与研究》1957 年第 5 期。

上海各业成年工人按月实际收入表(1928—1930年)

(单位:元)

行业\年份	1928年下半年平均	1929年平均	1930年平均	行业\年份	1928年下半年平均	1929年平均	1930年平均
水泥砖瓦	15.90	19.09	19.09	火柴	20.06	21.39	21.37
油漆	16.60	18.37	18.37	漂染	20.44	21.60	21.60
锯木	19.46	19.25	19.25	制蛋	20.42	20.89	20.89
缫丝	15.12	13.21	17.70	棉织	21.25	23.54	23.54
棉纺	15.17	15.28	15.28	造纸	21.14	20.60	20.60
毛织	15.40	16.54	16.54	烟草	21.32	23.86	23.26
榨油	15.84	17.28	/	电机	23.16	23.49	/
玻璃	16.18	16.25	16.25	翻砂	23.43	23.81	/
搪瓷	16.21	18.03	/	调味罐头	24.40	25.81	25.81
面粉	17.03	17.61	17.61	自来水	25.24	27.97	24.60
针织	17.55	18.83	18.83	丝织	25.45	30.31	30.37
皂烛	17.72	18.72	18.72	电气	27.48	25.89	24.60
制革	17.25	20.39	20.39	机器	28.95	29.53	/
化妆品	18.64	19.65	19.60	造船	33.32	38.20	36.00
冷饮食品	19.10	18.94	18.44	印刷	44.72	47.50	35.00

资料来源:《统计表中之上海》,第76—77页。

如上表所示,营造业中的水泥砖瓦工人和油漆工人的月平均工资在16—19元上下,与锯木业、针织业、皂烛业、化妆品业及面粉业工人相仿,比缫丝业、棉纺业、毛织业与玻璃业工人收入略高,但与电机业、翻砂业、造船业、丝织业、自来水业、电气业、机器业及印刷业工人相比,差距仍十分明显。这种不同行业的工人收入的差异,主要归因于不同行业所要求的工作技能不同。一般来讲,需要技能工作的工业,其工厂工人的工资相对于不需要技能工作的工厂工人工资要高,而且尤其以需要特殊技能的工厂工人的工资为更高。① 如印刷业的工作,基本都

① 王玉茹:《近代中国物价、工资和生活水平研究》,上海财经大学出版社2007年版,第104—105页。

需要相当的技能,并且一定要识字,所以该行业工人的收入就很高。营造业的建筑工人虽然也要求掌握一定的营造技术,但多数为熟练工,只要经过相当时期的学习与实践便可开始工作,不需要像印刷业工人那样有比较高的劳动技能。因此,水泥砖瓦业与油漆业同属收入较低的行业。

到了抗战前,营造工人日工资平均是一元法币,“工人工资按工种拉开差距最高的是木工翻样,最低的是混凝土学徒工,……每一工种工资差额 50%~100%”。[①] 30 年代有项调查,泥木工人工资标准与码头工人等同,在全市十六个主要行业中排第十四位,仅高于榨油和缫丝工人。[②] 众所周知,榨油和缫丝工人在旧上海时期是最为穷苦和卑微的产业职工,营造工人的收入仅高于前两者,亦可知晓他们的工资待遇也令人堪忧。“随着战争的继续,物价不断地上涨,整个抗战期间多数上海工人一直在饥饿或半饥饿状态下挣扎。”[③]

抗战胜利后,国民政府曾经一度实行过所谓“胜利加薪”,各业工人的工资收入有过短暂上调。但是由于内战爆发,政府为了维持庞大的军费开支,不得不靠增加货币发行量即滥发法币来维持财政,结果导致货币又迅速贬值,居民的实际购买力不断下降。[④] 相反,货币无秩序地发行,导致物价持续上涨。1945 年 12 月份物价指数为战前的 885 倍,1946 年 12 月上升到了 6816 倍,全年上涨了 7.7 倍。大米价格从 1945 年 12 月每石 7625 元涨至 1946 年 12 月的 62333 元,上涨了 8.2 倍。[⑤] 到 1947 年底,物价涨势更趋猛烈。营造工人收入本已十分有限,今见物价如此高涨,更是到了难以维持生活的地步。故而营造工人多因“食米昂贵”向同业公会提出增加工资的要求。据笔者不完全统计,自 1946 年 12 月至 1949 年 11 月,有关应工人请求业主调

---

① 李晓华:《鲁班的兄弟们》,《东方“巴黎”:近代上海建筑史话》,第 202 页。

② 李晓华:《鲁班的兄弟们》,《东方“巴黎”:近代上海建筑史话》,第 202 页。

③ 周仲海:《建国前后上海工人工薪与生活状况之考察》,《社会科学》2006 年第 5 期。

④ 周仲海:《建国前后上海工人工薪与生活状况之考察》,《社会科学》2006 年第 5 期。

⑤ 上海社会科学院经济研究所编:《上海解放前后物价资料汇编(1921—1957 年)》,上海人民出版社 1958 年版,第 34 页。

整增加水木工人工资的通告,见诸报端之次数共有 13 次。① 若营造工人加薪的请求不能得到合理满足,他们遂联合起来举行罢工,以示抗议。

营造工人不仅收入微薄,工作时间与工作强度也令人咋舌。一般而言,木工平均每日工作时间最多为 15 小时,最少为 10 小时,普通为 12 小时;漆工平均每日工作时间为 9—12 小时不等。② 虽然没活儿干时,工人们终日守候无事可做,但有活儿干时则往往需日夜赶做,劳动量很大。一旦承揽下某项建筑工程后,营造工人便没有了休息日,天天做工,干完为止。假使有的工人在做工期间不幸生病,若休息三天还不能出工,就有可能被营造厂解雇。③ 因此,有些工人为了保住饭碗时常带病上工,再加上每日工作时间之长,真是令人实在难熬、苦不堪言。除了劳动时间长以外,营造工作的强度也不小。民国时期,由于缺乏较先进的机械设备,在建造钢筋混凝土结构高楼时,吊装、打桩、起重、搭脚手架及垂直运输作业多半全靠人力完成。遇有较大、较重的建筑构件需要起重、吊装时,则有很多人利用最原始的杠杆原理一同拉大绳起吊。由此可见,工人们在操作此类作业时所用的力气是相当大的。更何况,营造工人承受这样沉重的负担不是一个小时、两个小时,而是连续十几个小时,而且成年累月担负这样沉重的劳动。“建筑工人一般步行上下工地,坐不起公交车”,④在工地、居所之间来回奔走,一天下来体力消耗量极大。

除此以外,营造工人在兴建高层大楼时,没有安全措施和适当防护,工伤事故十分频繁,跌伤、扭伤、砸伤是营造工人最常见的工伤。营造工人就是在这样一种毫无安全保障、四周没有任何安全护栏的情况下进行高空作业的。故而时人有云:“大楼施工,一层楼死一个,已成惯例。”⑤

---

① 此项统计数字尚不包括内容相同的通告刊登在不同时期、不同报刊上的次数。参见《上海市营造工业同业公会及职工会通告汇总》,上海市档案馆藏档,档号 S133-1-77。

② 彭泽益编:《中国近代手工业史资料(1840—1949)》第三卷,中华书局 1984 年版,第 305—306 页。

③ 李晓华:《鲁班的兄弟们》,《东方“巴黎”:近代上海建筑史话》,第 202 页。

④ 李晓华:《鲁班的兄弟们》,《东方“巴黎”:近代上海建筑史话》,第 202 页。

⑤ 李晓华:《鲁班的兄弟们》,《东方“巴黎”:近代上海建筑史话》,第 205 页。

1934 年上海公共租界各业工人死亡、重伤人数对比表

行业性质	死亡人数	重伤人数	行业性质	死亡人数	重伤人数
建筑业	33	225	纺织业	26	234
家具制造业		4	衣服工业	6	83
五金工业		14	食品饮料业	6	113
机器五金制造业	17	348	科学器材制造业		1
运输工具制造业		38	运输业	6	27
化学运输业		24	总计	94	1111

资料来源:《上海建筑施工志》,第 279 页。

根据上表显示,营造工人的死亡数占当年各界工人死亡总数的三分之一,重伤人数也名列第三。由此可见,从事高空作业的营造工人,职业危险性相当高。然而,施工事故发生后,工人们的死亡(受伤)赔偿却少得可怜。早期营造厂在承包合同中就开出“死人保险价”,要求由业主赔款。每个大工程预算要死十个人,每个人约可获赔 200 元,但事后一般只给死者家属 10 元左右,并且还有因伤亡事故增多,有时连尸体还来不及发现,要等到清理工地时才发现的现象,[①]真可谓草菅人命。至于受伤者则更是多如牛毛,不甚稀奇。

总之,营造工作不仅劳动时间长,劳动强度大,也非常的危险,但没有活路的工人还不得不每天到茶馆、桥堍守候,等待工作。即便谋到了差事,工资收入也较为低廉,勉强糊口,他们家庭的经济状况都很差。

大多数营造工人的生活状况,用他们自己的话概括,就是“吃的咸菜汤,睡的无脚床,住的芦席棚”。一般而言,他们大都聚居在棚户区,虽然基本解决了落脚问题,但是居住条件都很差。棚户区内人口密度大,拥挤不堪,卫生条件极差,只能算勉强有个容身之所。遇到刮风下雨,一般居民就不得不日夜生活在风雨交加之中。垃圾堆、臭水沟触目皆是,“一年到头散发出刺鼻的臭气”,“整个棚户区没有一条下水道,没有一个自来水龙头,没有一只垃圾箱,只有 10 多条臭水沟”。[②] 并且,

---

① 李晓华:《鲁班的兄弟们》,《东方“巴黎”:近代上海建筑史话》,第 205 页。

② 薛永理:《旧上海棚户区的形成》,中国人民政治协商会议上海市委员会文史资料委员会编:《旧上海的房地产经营》,上海人民出版社 1990 年版,第 237 页。

一到夏天蚊蝇便大量孳生，从而成为病菌迅速繁殖与快速传播的最佳场所。“每年夏天总有几百人死于各种传染病，其中多数是儿童和初生婴儿。”[①]恶劣的居住环境使营造工人的家庭生活质量雪上加霜。

遇上天灾人祸，工人更是没有活路。矮小的草棚稍一不慎就会失火，可是棚户区内没有消防设施，高密度的草棚一旦着火就很难扑灭。在秋冬干燥季节，火灾时有发生，每次火灾，少则烧毁十几户，多则几十户、上百户，火灾后灾民流落街头，连赖以栖身的小窝棚也无处寻觅。[②]每逢此时，营造工人便只能拖家带口移至桥洞下继续生活，情形十分悲惨。

白天，由于工作需要，营造厂主和工人三五成群地聚集在茶馆内“孵豆芽”，“有的人并不一定有什么业务要谈，但也每天必到茶会，会会朋友，听听消息，聆些市面，以便为下一步开拓业务更好地决策”。[③] 有业务要谈的人则“边饮茶，边谈行情”，融工作、娱乐于一体，既做成了生意，又打发了时光，还结识了新朋友，可谓“一举三得”，颇具成效。晚上，厂主们回到自己的“安乐窝”，驱走一天的疲倦；工人们则只能寄宿在漏雨透风的草棚下，无奈地度过这漫漫长夜。

除了居住条件简陋外，绝大部分营造工人吃得也比较艰苦，长期处于营养不良的状态。整个民国时期，除 20 世纪 20 年代初，营造工人的生活状况相对过得去外，其余年份工人们日常购买的食物都相当廉价，甚至还有“吃了上顿没下顿”的境况。一般来说，菜皮、咸菜是工人经常的食物，除此以外，就是霉烂生虫的大米、麸皮面，混和着捡来的烂菜叶子煮成粥，一天能吃上两顿就算不错了。遇上没有工作的时候，两天吃一顿也是常有的。因此，营造工人的膳食缺乏人体自身必需的营养，进而身体健康也时常亮起红灯，威胁着自己的劳动寿命与身体寿命。

由于物质生活贫乏，精神生活空虚，上海的营造工人多有不良嗜好，如嗜酒、嗜赌、嗜嫖等等。故而工会组织曾就工人的娱乐活动做过一些努力。1946 年，上海市泥水业职业工会“为改革工人不良习惯，使

---

① 薛永理：《旧上海棚户区的形成》，《旧上海的房地产经营》，第 234 页。

② 薛永理：《旧上海棚户区的形成》，《旧上海的房地产经营》，第 233 页。

③ 褚荣生、何重建：《造房人的酸苦辣》，《东方“巴黎”：近代上海建筑史话》，第 165 页。

就正当娱乐以增进身心愉快起见,经于十月间在合办福利社设办俱乐部,内置备锣鼓、琴棋、乒乓球等,以供工人业余玩习”,①以此来丰富工人们的娱乐生活。相比之下,营造厂老板的生活状况,无论是居住条件、膳食营养,还是业余生活,都要比普通营造工人好得多。可惜因史料缺失,笔者不能有所描述,然而可以肯定的是,他们确确实实比处于下层的营造工人要生活得稳定、安逸。但他们毕竟是营造群体中的少数,影响有限,他们的舒适生活并不能代表近十万营造工人的生存状态,更不能遮掩住广大营造工人艰苦贫穷的生活实态。

综上所述,近代以来随着西方建筑制度、理论、技术以及经营管理方式的传入,中国的营造格局呈现出向现代转型的全新局面。考察近代上海营造业及其群体的发展历程,可从一个侧面触摸到上海城市化、现代化的脉搏。近代上海营造业孕育了一大批专业技术过硬、观念与时俱进的建筑工匠。他们既能吸取西方近代建筑技术的长处,又能发挥中国传统建筑技法的特长。其中,桩基础施工技术,钢筋混凝土施工技术,高层建筑施工中各种土办法上马的吊装技术,水暖、电梯、设备安装技术,外墙装潢雕塑技术等都达到了相当的水平,反映了近代上海营造业群体的智慧和才能。他们的创造性劳作,极大地推进了上海城市建设的发展,并且亦向全国辐射。中国近代建筑史上的著名建筑,如南京的中山陵和广州的中山纪念堂,都是由上海的姚新记营造厂和馥记营造厂承建的。抗日战争期间,上海的一批营造厂迁往大西南,在重庆、昆明等地也承建了不少重要建筑。总之,近代上海营造业不仅对上海本地的城市建设作出重大贡献,而且对全国的营造业也颇具重要意义。

考察近代上海营造业群体的发展轨迹,凸显了上海移民社会的不少特征。近代上海营造业群体虽因战争的关系其数量有所回落,但就整体而言是不断增加的。由于籍贯的大致趋同,群体内出现川沙帮、宁绍帮、香山帮等地域帮派,这些地域帮派在群体内部的维系方式和经营、劳作方式也各具特点。不仅如此,由于学历层次、工种类别和技术水平等的不同,群体内部呈现出复杂的多质构成形式。他们的经济收

---

① 《上海市泥水业职业工会1946年工作报告》,上海市档案馆藏档,档号Q6-6-355。

入和日常生活状态因他们的身份地位、技术能力等因素的不同而呈现差异性。但绝大多数营造工人处于社会的中下层，他们不仅劳动时间长、劳动强度大，而且做工时缺乏起码的人身安全保障。工资收入低直接导致他们的家庭生活异常贫苦。同时，由于物质生活匮乏和劳动强度大，使得他们精神生活也较为单调，于是营造工人多有嗜酒、嗜赌、嗜嫖等不良癖好。为此，国民政府、同业公会及工会组织等都设法创办了一些俱乐部，以丰富工人们的娱乐生活，纠正他们的不良习惯，但由于群体数量庞大，相关机构的努力无异于杯水车薪，收效甚微。

〔作者王琨系上海师范大学历史系硕士研究生，高红霞系上海师范大学历史系教授〕

近代上海城市消费市场的基本样态及特点

朱　婷

“城市消费”在地域上指城市范围，在内容上指“个人消费”部分，具体包括一切“满足个人生活需要”的“物质资料和精神产品”，诸如城市生活中与衣、食、住、行、用相关的物质资料，以及与文化、艺术、娱乐、休闲相关的精神产品等，都属于个人消费的内容。城市消费市场作为消费客体的一部分，是提供消费资料、消费对象的载体，其存在的形式和状态直接反映出消费客体的发展水平，间接反映出消费主体的消费需求和消费能力。城市消费市场的形成、发展必须有一定的生产力水平为基础，随着生产力的发展，消费资料再生产速度不断加快，城市消费市场的规模不断扩大，城市消费客体的内容、范围亦随之扩展，从而达到满足城市消费主体复杂、多样消费需求的目的。因此，这个消费载体的存在形式和发展状态，不仅对消费主体的消费欲望、消费选择、消费行为等产生了直接的影响，并且对消费主体的消费能力、消费水平、消费结构等形成了间接的考量。

本文涉及的“近代上海城市消费市场”，仅指与市民消费衣、食、住、行、用密切相关的零售商业，以及餐饮、旅游、娱乐等服务行业，即城市消费市场中被称为“城市商业”和“服务产业”的部分。通过这两大行业所提供的消费资料的“质”与“量”，考察近代上海城市消费市场在总体城市消费功能中发挥的作用。

一、近代上海城市商业消费市场

人口集中是城市的本质特征，直到今天，国际上衡量城市规模，仍然是以城市所集聚的人口数量为最重要的指标。上海自开埠以后，逐渐成为一个移民城市，租界的稳定和繁荣，不断吸引着大量中外移民。随着租界人口的扩容，整个上海的人口也随之膨胀起来，尤其是战乱时期，内陆移民百川归海似地涌入上海，使开埠之初仅 52 万余人的总人口数，到 1949 年解放前夕上升至 545 万余人，百年间竟增长了 9 倍之多。[①] 罕见的人口增长速度，必然带来城市规模的迅速扩大，人口总量的变化，又丰富了人口类型。

大量移民进入上海后，不仅改变了上海的人口结构，也改变与刺激了消费市场结构向多元异质方向发展。商品是人们进行生产与消费的流通形式，城市居民的衣、食、住、行、用等所需，无一不是通过商品形式才能获取。城市消费的商品化，带动了城市商业的兴起，城市商业的发展，又为商品消费提供了市场。当消费从生存本能向着追求更高层次的物质、精神享受发展时，商业的发达便成了建立消费机制的首要条件。从这个意义上讲，城市商业是构筑城市消费机制的第一要素。“因商而兴，依商立市”，是上海踏上近代化城市发展道路的典型特征，正所谓“商业依赖于城市的发展，城市的发展也要以商业为条件”[②]。

1. 基础商业消费市场的形成

上海的近代城市商业发轫于外资经营的洋行，这是租界西人为满足自身消费需求和掠夺中国财富所建立的专事进口洋货和出口中国土产的一种商业机构。洋行的发展十分迅速，与租界的建立及早期繁荣几乎同步。1844 年租界建立一年时仅设有洋行 11 家，1847 年增加到 24 家，1854 年发展到 120 多家，1876 年则已经超过了 200 家，1914 年前后居然达到 1145 家之多。[③]

上海的传统城市商业，自清中叶海禁开放沙船业兴起就渐趋繁荣。其时，上海县城厢内外即现在的南市一带，出现了固定的商业区，南来北往的土货、特产在这里集散。随着洋货输入，京广杂货店兼营的洋货

---

① 邹依仁:《旧上海人口变迁的研究》，上海人民出版社 1980 年版，第 2—3 页、第 90 页表 1。

② 《马克思恩格斯全集》第二十五卷，人民出版社 1973 年版，第 371 页。

③ 张仲礼:《近代上海城市研究》，上海人民出版社 1990 年版，第 127—128 页。

量日渐增多,逐渐转为以洋货为主的洋广杂货铺或洋货铺,所经营的商品已经与后来的百货店相仿。19世纪70年代洋广杂货铺已经相当普遍,店内"洋广各货具备","大小各铺南北市不下百十家",1910年前后发展到200家左右。一些规模较大的店铺,年销售额可达三五万两银子,百货业的发展已经形成了行业规模,出现了如洋酒食品、钟表、洋杂货等9个分类的"洋货公所",时称"九业公所"。

洋货大量涌入,对市民的消费观念、消费需求形成巨大冲击,引发了消费领域的巨大变革,原有城市商业结构也因此产生了根本性变化,城市资本主义新式商业应运而生。在与传统商业重新组合的基础上,一批同外贸发展密切相关的商业行业首先形成了新式资本主义行业,如棉布、百货、五金、钢铁、西药等行业,脱离京广杂货店兼营而形成独立的商业行业。这些新式资本主义商业行业的形成,奠定了近代上海城市消费市场的基础。

由杂货店到专营店这个发展过程,极其充分地反映出消费市场的形成与消费需求之间的依存关系。以棉布商行为例:棉布业发端于洋布输入,洋布最初由洋行输入后,通过实力较强的京广杂货店销往市场,洋布因在品质和价格上优于土布,而赢得了消费者的青睐,输入量不断增加。小型杂货店兼营方式已难以满足市场需求,加上洋布经销利润丰厚,19世纪50年代,沪上便悄然出现了一批洋布营店。从1850年第一家清洋布店"同春洋货号"在大东门开业,至1858年振华堂洋布公所成立,上海已有十多家清洋布店家,形成了上海棉布行业的雏形。① 随着市场需求的扩大,棉布行业的规模与经营方式亦都显著发展。1884年棉布商号达到62家,1900年增加到130余家,1913年又增加到200多家,②1932年已高达573家。③ 19世纪八九十年代开始,棉布商行开始与洋行实行定货交易、自打商标推向市场的营销方式,并

① 中国社会科学院经济研究所主编:《上海市棉布商业》,中华书局1979年版,第9—11页。

② 《上海华商行名簿册》,华商公议会议1906年刊行;《沪南商务分会报告策》,转引自张仲礼、熊月之、沈祖炜主编:《中国近代城市发展与社会经济》,上海社会科学院出版社1999年版,第15页。

③ 《近代上海城市研究》,第168页。

以外汇结算方式向洋行订货，使棉布业的资本主义经营方式趋于成熟。20世纪前后，上海棉布批发商行数量已经超过了零售商行。上海棉布商业在半个世纪中发展成一个具有大型元件批发、零售批发，掮客、商帮、交易所、零售店等不同层次、类型的商业营销体系。其零售业中甚至出现早期垄断的迹象，著名的协大祥、宝大祥、信大祥三家大商号的资本和营业量在全行业中占有举足轻重的份额，近代上海棉布消费市场的成熟可见一斑。

城市商业市场的形成、发展，就是为了满足消费者不断变化、增加的消费需求；反过来，不断变化、增加的消费需求，亦必然会促进消费市场的进一步发展。棉布业发展过程就清晰地反映出这种市场与消费者之间的互动关系。随着洋布(织品)的大量输入和所能提供的种类增多，市民消费倾向越来越趋于求新、求奇的时髦风尚，各种高档的呢绒绸缎的消费群，迅速从租界西人扩展到富裕华人；各种中档的棉布花布、人造丝绸的消费群，则普及到更为广泛的"寻常百姓家"。从土布织品到洋布织品，从简单的洋布制品到种类繁多、品质各异的洋货制品，说明近代上海城市居民的消费需求，已经脱离了仅仅满足基本生活需求的消费阶段，不断朝着更高层次消费需求发展。另一方面，消费需求刺激了城市消费市场的发展，市场供给量迅速提升，市场规模亦日益扩大，市场商品供给状况不断发生着变化，以满足新的消费需求。

此外，百货、五金等行业都大致经历了与棉布业相同的发展过程，从京广杂货店兼营中脱离出来，迅速发展成为拥有相当市场规模的代表性行业。

2. 特色商业消费市场的发展

城市商业消费市场的拓展，不仅表现于商品、店铺的增加，而且很大程度上表现于市场经营模式的改变及商业形态的变化上。商业业态由低级向高级发展，是消费市场为满足消费者消费需求而寻求自身变革的结果。如百货业从京广杂货店到百货商店再到"环球百货"大型综合商场这种业态变化，即是拓展城市商业消费市场的一个重要方式。百货业正式冠以"百货"之名，大约是从20世纪大型综合商场经营"环球百货"开始的。它是近代百货业发展过程中形成的最高业态，这种业态是西方资本主义国家在19世纪50年代后创建的。其采用股份有限公司的组织模式,特点表现为规模大、资金多、经营分门别类、商品种类齐全,是一种相对完备的新式商业业态,在业态的级能上比普通百货公司提高了一大步。但实际上,开埠前后出现的京广杂货店,已经形成了百货零售业的雏形。之后,西人经营的洋酒、生活日用品、餐具、玩具、办公用具等各类商店逐渐增多,19世纪70年代后,这些由西人经销"百货"商品的店铺,已经发展为资本雄厚、装璜精致、经销高档消费品的商店。上海市内经营百货商品的"东洋庄"、"西洋庄"、杂货店,鳞次栉比,种类繁多,应有尽有。

1917年华侨马应彪继香港总公司和广州分公司后,在上海开设先施分公司,由此开创了上海第一家大型综合性商场。翌年,由华侨郭氏兄弟创办的上海永安公司也隆重开业。这一当时被赞誉为"环球百货"公司的出现,标志着上海百货商业发展进入一个全新的时代。这种比传统业态更具吸引力,更能刺激消费欲望、增加消费选择,使消费者在新业态空间里能够更大化地满足消费需求的新式业态,大大拓展了城市商业消费市场的功能。先施、永安两大公司皆采用股份有限公司形式,其资本、规模和营业盛况都超过了先施在港、粤的两个公司,两大公司的资本额都达到200万元港币,各自都建有五层商场的大楼,商场面积从一楼至四楼达10000平方米以上,店内都设有近20个卖品部,每个卖品部几乎就是一爿专业性商店,商品琳琅满目多达上千种,确实无愧于"环球百货"的称谓。此外,两大公司还都附设有游乐场、餐馆、酒吧等供顾客娱乐、休闲的专用场所,用以吸引更多的消费者光顾。这种商业与娱乐、休闲相结合的营销方式,直到今天仍然是商家普遍运用的商业手段,其超前性可见一斑。① 1926年开业的新新公司,虽然营业范围及附属设施与先施和永安相同,规模略逊一筹,但是七层商场大楼和新型的内部设备装置,使其以第三大公司的姿态与先施、永安鼎足而立,时称"三大公司"。1936年开业的大新公司更是后来居上,不仅规模与先施、永安旗鼓相当,而且十层高楼的商场建筑以及全国第一个在

---

① 参见上海百货公司等编著:《上海近代百货业史》,上海社会科学院出版社1988年版。

商场安置自动电梯、冷暖空调、开辟地下室为商场的举措引起极大的轰动，亦改变了“三足鼎立”的格局，与先施、永安、新新并列称为“四大公司”。从京广杂货店到“环球百货”公司，上海百货业发展的速度、规模非常惊人，始终是全国百货业经营的最大基地和引领百货消费市场潮流的窗口。由于四大公司都设立于南京路自浙江路到西藏路之间的路段上，共同构筑起上海最繁华、最热闹、最闻名于世的商业中心区，因而全国各地视上海南京路为最佳商业区，而上海百货业在全国的领先地位，很大程度上亦仰靠于四大公司形成的规模效应，也就是由新式业态创造的市场规模效应。

百货业从京广杂货店到百货商店再到“环球百货”大型综合商场，这种业态变化充分反映出商业业态和消费者消费行为之间的互动关系。开埠初期洋百货品只有租界西人得以享用，而到19世纪后期这种情形发生了根本改变。有关报道记载：“从前列入免税清单的那些预定外国人使用的商品，现在在数量上也有了很大的增长。长期以来（上海）中国人可以随意购买这些商品。目前，他们在这方面的消费量已大大超过了外国居民的消费量，这类商品包括食品、酒类、雪茄、卷烟、面粉、肥皂和其他好几种物品。”①洋百货输入后发生的这种市场变化，表明当时“（上海）中国人已经有了较高的生活水平”。更重要的是，它反映出城市商业发展对形成城市居民消费倾向、消费习惯产生的深刻影响。“在这方面可以欣慰的指出，（上海）中国人的口味有了明显变化的倾向，即从价廉质劣的商品逐渐转向价贵质优的进口商品。”②正是在消费需求不断提高的前提下，零售百货业业态才出现了一次次的能级提升，而每一次业态的提升又为消费者提供了更为丰富、多元的消费市场。

3. 多元商业消费市场的构筑

近代上海城市商业的形成，是以洋货大量输入为前提的。真正意义上的上海近代城市商业机制，是在租界新兴商业产生后形成并发展

---

① 徐雪筠等译编：《上海近代社会经济发展概略——海关十年报告》，上海社会科学院出版社1985年版，第53页。

② 《上海近代社会经济发展概略——海关十年报告》，第53页。

起来的。如前所述,自清中叶开始,上海县城厢内外即现在的南市一带,出现了固定的商业区。随着洋货的涌入,城厢内外的商业结构开始发生变化,传统商业结构被新生的资本主义商业行业的出现所打破,兼营洋货的京广杂货店越来越多。租界因华洋杂居的实现人口不断增多,适时出现了满足各种不同消费需求的百货店、专门店,租界商业由此繁荣起来,上海城市商业市场布局也因此发生了显著变化。

租界新兴商业区与原有老城厢商业区形成了南北两市局面,时人称:"南北两市分开忙,南为华界北为洋场,有城(指南市原有城厢区)不若无城(指无城墙的租界)富,第一繁华让北方。"[①]到 19 世纪末,上海商业逐渐向租界聚集,城市商业的重心已不在南市而移至北市。如棉布业,根据现有记录,有店址的洋布店 1858 年共 14 家,8 家在华界,6 家在租界;1884 年共 25 家,华界 13 家,租界 12 家,基本平衡;但到 19 世纪末,原来聚集在南市大东门内外及关桥、豆市街等处的洋布业已陷入停滞状态,取而代之的是法租界方浜东路、金陵东路及英租界的南京路一带的洋布业逐渐兴旺起来;进入 20 世纪后,棉布商号、店铺已绝大部分集中在租界了。[②] 另据 1909 年上海商号名册的统计,该年上海市区有店铺商号 9976 家(不包括新闸地区),其中租界有 6613 家,而城厢内外华界商业区内只有 3363 家,仅是租界的一半多一点。[③]

作为近代上海城市商业机制的主体,租界是构成这个多功能、多层次的商业市场网络的主导方面,但华界的作用也不可轻视。从行业规模看,中、大户固然多集中于租界,开设在租界的商号、店铺一般资本都较华界的雄厚。从行业数量看,租界商业区 1906 年的统计数为 50 余个行业,南市商业区 1911 年的统计数为 49 个行业,与租界相差并不远。[④] 从商业网点的布局看,在租界与华界内分别形成了各种能级的商业网点。最大的商业中心是繁华的南京路,号称"十里洋场"、"小巴黎"。这里不仅耸立着著名的四大百货公司,汇集着汇罗、泰兴、福利等众多西洋百货公司,而且马路两侧密集成行的商店,如眼镜店、服装店、

① 《沪江商业市景词》,转引自《近代上海城市研究》,第 167 页。
② 《上海市棉布商业》,第 26—30 页。
③ 上海商务总会编:《上海华商行名簿册》,1917 年版,附编上。
④ 《中国近代城市发展与社会经济》,第 15 页。

鞋帽店、洋布店、洋杂货店、南北土货店、酒楼、银楼、茶楼、绸缎庄等，形成了包罗中式、西式、现代、传统各式专业商店的综合商业区。据统计，20世纪20年代前后，一条南京路有30多种行业的200多个专卖店，其繁华程度世界闻名。此外，与南京路同等能级综合性商业中心，还有法租界的霞飞路，以经销高档商品、进口商品著称；次一级的综合性商业区，有四川路、静安寺、徐家汇、小东门、城隍庙等，都属于规模相当的区域性商业中心；再次一级的，还有工人聚居的曹家渡、闸北等地也形成了一些低消费的商业网点。此外，还形成了若干以行业聚集闻名的商业中心，如茶楼、酒肆、旅馆集中的福州路，五金批发、零售店集中的北京路，小商品、杂货、土特产等传统商品集中的南市老商区等。这些以行业特点形成的商业中心，使专业化经营集中于若干相对紧凑的商业空间。这种商业圈的空间配置，为城市消费提供了更多的市场机会。

近代上海城市消费市场的丰富、多元，还表现为批发商业市场非常兴盛。其原因，一方面是上海零售商业发展的自然诉求，引发了为数众多的批发商行产生，并迅速形成行业规模和区域性网点。开埠后伴随着租界商业的兴起，沿南黄浦一带从小东门十六铺起，一直到南码头，逐渐形成一个批发市场，出现了“万商云集，百货山积，人马喧闹，舟车如织”的情景。此时，舶来品的供求虽集中于租界，但租界供应则来此处批发。① 另一方面是上海作为全国外贸中心，吸引了各地客商，成为埠际贸易的最大集散地。20世纪前后，大量外地商帮涌入上海，新出现了大批批发商号和新的批发商业网点，如法租界公馆马路（今金陵东路）及附近一带，聚集了各地商帮开设的批发商号达37家之多，并多为“大资本的营业”商号。② 此外，资本雄厚的洋行、大百货公司也多兼营批发。这些商行、公司都穿插在繁盛的零售行业网点中。虽然批发行业的户数和商业网点不及零售业多，但就资本而言却高于零售行业。以抗战胜利后一组统计数为例：其时上海具有相当规模的批发市场共

① 朱梦华：《上海南市话旧》，上海市文史馆、上海市人民政府参事室文史资料工作委员会编：《上海地方史资料》(一)，上海社会科学院出版社1982年版，第42页。

② 唐振常主编：《上海史》，上海人民出版社1989年版，第530页。

有24个,总体批发行业的资本和从业人数都占全国的三分之一左右;如果只从上海城市商业部分的比例来看,批发商约占全市商业总户数的18%,从业人数的26%,资本总额的59%;个别行业表现突出,如在化学原料、颜料、钢铁、新药四个行业中,批发商户占总户数的11%,资本占68%。①

二、近代上海城市服务业消费市场

一般说来,城市商业市场的发展,必然会促进城市服务业市场的发展。城市消费的特殊规律,决定了城市商业与服务业紧密相联。如果城市商业是形成城市消费机制的第一要素,那么城市服务业作为城市商业的一大补充,在建立完善城市消费机制的过程中也发挥了重要作用。尤其在城市消费水平达到一定程度时,城市服务业的相应发展,在满足城市消费需求、提供良好的消费环境方面,更是有着不可替代的作用。它在城市消费从纯物质的商品需求向着带有精神享受的休闲、娱乐性服务需求的发展过程中,既为满足这种需求提供了可能,又为发展这种需求创造了条件。

城市服务业属于第三产业的一个部分,具体包括经济、商品化市场服务和非经济、非商品化社会公共服务两大部分。市场服务又可分为生产服务、流通服务、居民物质生活服务、居民精神生活等几大部类。城市服务业主要指物质生活服务及精神生活服务类中,与城市居民日常消费密切相关的服务性行业。近代上海在城市商业带动下形成了一个规模可观、内容丰富的城市服务业消费市场,从行业内容看,衣、食、住、行、娱乐、休闲可谓包罗万象、应有尽有;从行业结构看,饮食、旅馆、理发、沐浴、照相、洗染、修配等等,分工之细、门类之全,实属全国罕见。本文限于篇幅,仅对几个代表性行业加以分析。

1. 基础服务业消费市场的成熟

作为东西方文明交融的最大都市,近代上海的服饰市场始终是引

---

① 中共上海市委统战部、中共上海市委党史研究室、上海市档案馆编:《中国资本主义工商业的社会主义改造》(上海卷),中共党史出版社1993年版,第887页。

领全国潮流的时尚窗口。受租界影响,晚清时期上海人的装束即开始注入西式服装因素,民国后废除了清朝服饰的种种限制,但西式服装只在上海等大城市中才有一定市场,大多数市民在观念上更能接受的是改良过的西式服装。由此形成了上海成衣业中西结合的海派风格,即所谓的"海式样",不仅被全国各地追逐时尚者争相仿效,而且更新速度令各地仿效者叹服。往往一款流行服装刚刚被外地人模仿制成,上海服装市场已开始流行另一新款式样。成衣市场的成熟,直接反映于成衣款式新颖和更新速度引领潮流上,间接反映于成衣行业规模上。以成衣行业中的西服店和时装店为例:西服是 20 世纪二三十年代才流行起来的服装。西服制作一般来说较中式服装复杂,西服店需要具有一定的专业性。据 1946 年的统计,加入上海市西服商业同业公会的店家共 357 家,说明西服行业已相当成熟。① 同样据 1946 年的统计,加入上海市时装商业同业公会的店家共 226 家。从数量上看,时装店不及西服店多,但从资本额看,时装业的经营规模相对较大,226 家店中资本额达到 5000 元的 1 家,4000 元的 1 家,2000 元的 6 家,1000 元以上的 11 家,500 元以上的 45 家,200 元以上的 87 家,100 元以下的 30 家。②

饮食业是近代上海服务业市场中最兴盛的行业之一。与城市零售商业同步发展起来的饮食业,在各市、区商业中心形成的同时,各种中西风味、不同级能的酒楼、餐馆也聚集成市,成为构筑城市消费市场的重要部分。在近代上海饮食业的发展过程中,逐渐形成了各种风格的帮系和适应不同消费层次的消费市场。从行业帮系看,广、京杭、苏、宁、川闽、扬等 14 个帮系最有市场。从能级看,酒楼、餐馆根据经营规模、消费水平又可分为甲、乙、丙、丁、戊等 5 个不同级别。以 1946 年上海市酒菜商业同业公会的统计为例,不包括小吃摊、个体叫卖,全市酒楼、餐馆共有 556 家,其内部帮系和级能的分布情况列表如下:

---

① 上海市西服商业同业公会文件,上海社会科学院经济研究所藏中国经济统计研究所档案,档号 07-084。

② 上海市时装商业同业公会文件,上海社会科学院经济研究所藏中国经济统计研究所档案,档号 07-085。

解放前夕上海餐饮业派系、级别分类表

帮系	广	京杭	苏	宁	川闽	扬	徽	回	菜饭	膳	素菜	沪西	沪南	本帮	其他	总计
总数	76	32	17	27	14	10	21	28	24	80	7	37	38	58	87	556
甲级	16	1	4	2	3	3	—	—	—	—	—	—	—	—	—	29
乙级	5	6	5	10	2	1	—	1	2	6	4	—	3	3	2	50
丙级	20	4	7	6	5	—	6	1	2	15	—	—	1	7	8	82
丁级	19	12	1	7	—	3	10	5	10	31	2	12	15	25	24	176
戊级	16	9	—	2	4	3	5	21	10	28	1	25	19	23	53	219

资料来源:上海社会科学院经济研究所藏中国经济统计研究所档案,档号07-106。

上表反映出,近代上海饮食业经过一个世纪的发展,已具备相当的行业规模,其行业结构既能满足以移民为主体的市民消费需求,又顾全了各个阶层市民的消费能力。这就从数量到服务品质上为市民消费提供了充分的选择余地,使饮食消费市场充满活力。

作为一个近代商业大都市,大量商人的聚集使城市流动人口不断增多,旅馆业应运而生。19世纪40年代租界建立初期,洋行兴起,外商纷至沓来,租界内即已出现了旅馆。随着社会商业化程度日趋加强,参与商业活动的人数猛增,全国各地的商帮纷纷到上海开设商行、栈号。客商云集为旅馆业的发展提供了消费群,于是在商业聚集、市政设施相对齐全、交通便利的区域,旅馆业迅速发展起来,尤其集中于大商圈周边。

上海旅馆按等级大致分为上、中、下三等。上等旅馆资本雄厚,设备先进,附有电梯、电话等设施,"内部陈设多仿造西式",装饰富丽堂皇,"屋顶花园、跳舞厅、浴室、理发室、大礼堂、戏剧书场等应有尽有,以娱旅客";中等旅馆设备、装璜都不及上等旅馆,但生活设施还是一应俱全;下等旅馆相对设施简陋,仅备有床帐被褥等基本用具。到20世纪20年代末、30年代初,上海已有大小旅馆300多家,其中上等旅馆占23家,①因其"取价昂贵",属于典型的高消费行业,是代表近代上海城市消费水平的标尺之一。

租界的繁荣、商业的发达和人口的增长还刺激了市内交通的发展。

① 费西畴:《上海新指南》,上海声声出版社1939年版,旅馆一览。

1901年第一辆汽车引进后，上海城市交通发生了质的变化，不到10年工夫，上海市内的汽车就超过了100辆，并出现了出租汽车公司。1908年租界开辟了11条有轨电车线，最长的一条8.502公里，一直从十六铺延伸到徐家汇。先进的交通工具和高效公共交通网络，大大改善了城市交通质量，为市民出行消费提供了便利。20世纪二三十年代上海市内公共交通设施已经非常成熟，从小车到人力车，从三轮车到自行车，从汽车到电车，交通工具的种类及数量之多，居全国之首。

2. 文化、娱乐、休闲消费市场的丰富

电影产业的高投资和文化性特征，决定了电影消费不同于一般的娱乐消费形式。电影院作为提供这种时尚、新奇的文化、娱乐消费的载体，它的出现和普及反映出近代上海娱乐消费方式已经开始与国际接轨。19世纪末年电影初入上海时，只是一些茶楼、游艺场的兼营娱乐项目。1908年上海第一家电影院"虹口活动影戏院"建立后，电影消费开始转变为一种时尚、高级的文化、娱乐消费方式。租界的繁荣和工商业的发达，造成近代上海大量外国人、高收入华人和文化人士的聚集，上电影院看电影成为有钱、有文化人娱乐消费的重要内容。随着城市经济、文化的发展，电影消费的人群也不断扩大，电影院也逐渐增多。20世纪20年代上海已经出现了10多家电影院，30年代发展到20多家。① 这种趋势继续发展，到解放前夕上海的电影院数又几乎增加了一倍，共达43家，约45000个座位。其中规模最大的大光明电影院拥有1951个座位，规模最小的平安电影院也有500个座位。1000座位以上的电影院共21家，约占全部电影院的50%。② 通常电影院每天放映3—4场，如果以每家电影院一天放3场，以每场平均上座率50%计算，那么上海每天去电影院消费的人数就将达到67500人次。上海人对电影消费的旺盛需求，使电影消费市场始终保持着经久不衰的势头。

近代上海的传统梨园艺术十分活跃，虽然在电影引入后受到一定

① 《上海新指南》，上海市影戏院一览；程季华：《上海电影院的发展》，上海通社编：《上海研究资料续集》，上海书店出版社1984年版，第532页。

② 上海市电影院商业同业公会文件，上海社会科学院经济研究所藏中国经济统计研究所档案，档号07－112。

冲击，但仍然拥有一定的消费市场，保持着京剧、越剧、沪剧、评弹、说书等诸多艺术门类，以及以剧种分类的数十个剧场，在邑庙和租界内各大旅馆中也依然散布着众多书场。在近代经济、文化影响下，剧场、书场的经营也发生了相当的变化，如书场搬进综合性游乐场里，吸引了更多的观众。

近代上海最具竞争力的娱乐消费载体，恐怕还得推综合性游乐场。这种集吃、喝、玩、乐于一体的综合性游乐场，为普通市民休闲、娱乐提供了集中、多元的消费环境。从19世纪末第一家游乐场——楼外楼的出现，到20世纪新世界、大世界、天外天、绣云天、先施公司的先施乐园、永安公司的天韵楼等一批游乐场的诞生，综合性游乐场从规模到内部游乐项目的设定都有了很大发展，如大世界内有露天舞台、剧场、书场、西洋镜等观摩设施，有电光游戏、弹子房、射枪等各种游艺设施，还设有各种小吃、零食摊位，每天吸引了成百上千的市民；再如永安公司的天韵楼，普通日子即能每天出售1000多张门票，星期日出售的门票可增加到2000张以上，逢年过节出售的门票甚至超过3000张，足以说明综合性游乐场是深得广大市民青睐的娱乐消费市场。

租界外人经营的娱乐、休闲设施，大至跑马场、公园、图书馆，小到舞厅、酒吧、游泳池、高尔夫球场，虽然只是为一小部分富有市民提供的高消费场所，但却是构成近代上海娱乐消费市场的重要组成部分。如跑马场，最初是一种运动休闲场所，“一个英人能长期呆在国外而不作设立跑马赛的尝试，几乎是不可能的。上海租界早期的记录表明，这种英国传统消遣早就存在”。19世纪70年代末，上海跑马场已经是全亚洲规模最大、设施最齐的跑马场。赛马运动也逐渐从最初的体育运动发展为“最广泛社会的赌博运动”，当时一场赛事中“所赢者小彩也，然亦近万金”，90年代跑马总会平均每年可从赛马彩票中获利4万两。①这种赌博性消费的是非曲直暂且不论，然而赛马会造成的影响却远远超过了它本来的目的。据称，“每次赛马时，不仅上海人空巷而出，上海附近如苏州、杭州、嘉兴等城市的市民也不顾路途艰辛，以一睹马赛为

① 薛理勇：《旧上海租界史话》，上海社会科学院出版社2002年版，第244页。

快”,[1]使赛马会成为一项大型市民娱乐活动,届时形成了高度集中的娱乐消费。

严格说来,公园、图书馆不是以赢利为目的的娱乐消费设施,而是休闲、文化娱乐设施,对于营造近代上海城市消费环境而言,更大程度上起到的是娱乐消费的导向作用,而舞厅、酒吧、游泳池、回力球场等娱乐设施的建立,提供了时尚、潮流的消费市场,从层次、内容上进一步丰富了娱乐消费市场。

3. 其他服务业和辅助性服务业消费市场的完备

近代上海城市服务业的发达,除了在与衣、食、住、行密切相关的成衣、饮食、旅馆、公共交通等基础服务业拥有相当的规模和成熟的市场外,还拥有一个多样化、多功能、多层次的其他生活服务性消费市场。生活服务业的发生、发展,与近代上海城市居民注重生活细节、追求生活质量的消费需求密切相关。比如上海人讲究“体面”的生活习惯,使得理发、公共浴池、洗染等行业一经出现就迅速兴盛起来,迅速形成一系列专业消费市场。理发店取代“剃头店”是在民国废除清朝蓄辫旧俗后,可是到 20 世纪 30 年代,大小街道各种档次的理发店已比比皆是。上海公共浴池的发端是 1912 年德国人在汉口路上开设的一家公共浴池,很快沪上相继出现了若干高档的公共浴池。这些浴池沐浴设备先进,服务设施齐全,有的还附设了各种休闲、娱乐、小吃特色服务以吸引消费者,使沐浴从附属于家庭、旅馆的生活设施,变为一项专门的社会服务行业而为人们所接受。由于近代上海大量的中低档住房没有沐浴设施,中低档公共浴池业随之出现。虽然内部设备、设施都逊于高档浴池,但因其面对普通市民而拥有众多消费者,公共浴池非常热闹。洗染业与理发业一样,虽然在开埠前已经有传统洗染存在,但真正发展成一个近代行业是在租界出现后。初时规模不大,只为洋人提供服务,1900 年西式干洗技术的引进,使各种呢绒、绸缎的洗涤不再困难,洗衣店的消费对象迅速扩大到普通市民,逐步形成了洗、烫、染、织行业分工明确的洗染服务市场。[2]

---

① 《旧上海租界史话》,第 251 页。

② 朱国栋、段福根主编:《上海服务市场》,文汇出版社 1996 年版,第 90—97 页。

上海人生活讲究“实惠”,生活用品的需求并不拘泥新品、新款,由此成就了近代上海租赁、维修、典当和旧货交易等服务业的市场繁荣。租赁服务的内容可谓包罗万象,从车、马、家私、婚纱、礼服到锅、碗、瓢、盆,什么东西都有出租。难得操办的大型宴请、聚会等场合,人们一般以租借的方式解决所需物品,花钱不多办事体面,事后又避免了闲置品的堆放。据不完全统计,解放前夕上海约有180多个商业行业,按行业规模大致分为23个大类,租赁业即为其中的一个,可见其活跃程度。维修业发展情形与租赁业既相像又不同,其相似点也是维修内容繁多,凡生活用品几乎都可维修,如一个中央商场内就设有电冰箱、电扇、收音机、钟表、手电筒、拉链、打火机、钢笔等大小几十种专修摊;其不同点是维修业不仅设有众多专修店,还拥有大批摊贩经营网点,如修鞋、修伞、补锅、补衣等小而灵活的修理摊遍布上海街区、里弄,为市民生活提供了极大的便利。维修业因为贴近市民生活需求,所以富有广泛的市场和旺盛的生命力。典当铺和旧货市场是近代上海的两大特殊消费市场。在上海聚集的大量遗老、寓公,有不少是靠典当度日的寄生者,还有一些中下层市民,在拮据时也靠典当周济生活,由此刺激了典当业的发展。“淘旧货”对于不同阶层的市民都有吸引力,对有钱人而言,旧货市场和拍卖行、古玩店一样,可以是满足消遣、收藏兴趣的消费场所;对贫困的人而言,旧货市场是可以提供一定生活用品调剂的消费市场。

上海人讲究生活“细致”,居家过日子精打细算,吃、穿、用样样顾全,因此各式各样的摊贩填补了城市商业、服务行业市场之外的消费空间,如酒楼、餐馆之外,居家者每日买菜、烧饭所需的物品大都采购于固定摊贩;日常生活所需的凉席、菜篮、扫帚、蒲扇等什物,多由流动小贩挑担叫卖,特别是形形色色的修理摊、走街串巷的点心摊等,更是把服务消费送到了家门口。摊贩经营的特征是资本小、服务方式直接,其服务性质比商业性质更强。从这个意义上看,把摊贩归类为辅助性服务市场,恐怕更为恰当。近代上海摊贩总数达10万户以上,其中约六成为固定摊贩,四成左右为流动摊贩。① 摊贩市场的经营范围非常广泛,

---

① 上海社会科学院《上海经济》编辑部编:《上海经济》(内部版),上海社会科学院出版社1984年版,第547页。

大类上有日用工业品、日用杂品、副食果品、饮食点心、服务修理、文化娱乐等六类，除去头尾两类，当中四类与人们日常生活关系密切。其中最大的是副食果品类，具体经营蔬菜、水果、家禽、鱼、肉等每日伙食用消费品。这一门类的固定摊贩就占了10万户摊贩的42%，消费群遍布城市居民的各个阶层。饮食点心类光固定摊贩就占了10万户摊贩的12%，加上大量流动点心摊，所占比重也很大。最活跃的是修理服务类，因为多为流动摊贩，所以数据难以统计，但从经营的项目及所涉及的范围看，可以肯定数量亦相当庞大。除了前面提到过的各种修理项目外，还有擦皮鞋、理发摊、拆洗被褥、代写书信等杂项服务。另外，玩把戏、西洋镜、书报摊、露天游乐场、康乐球、象棋摊等，为下层市民提供了多种娱乐消费市场。所有这些辅助性服务市场，极大地促进了近代上海城市消费市场的总体发展。①

综上所述，近代上海经过晚清几十年的发展，已经形成了一个异质、复合的城市商业消费市场，它具有西人经营、华人经营和联营等不同资本形式，新式商业和传统商业等多种商业门类，大、中、小型不同规模的商行、店铺，批发、零售及交易所等多元商业方式。正是这样一个多重异质成分复合而成的商业机制，构筑起了一个多功能、多层次的城市商业市场网络。城市服务业也以其独特的经营机制，为营造城市消费环境发挥了重要作用。从它的结构看，基础服务业、娱乐服务业和其他服务业、辅助性服务市场，共同搭建了一个纵横交错、层层叠叠的庞大服务网络。从它的内容看，生活服务、娱乐服务两大领域所拥有的门类繁多、形式多样、层次分明、功能齐全的行业特点，激活了一个高品质、高档次、精英式消费与通俗化、大众化、普及性消费兼而有之的多元性服务业消费市场环境。

〔作者系上海社会科学院经济研究所副研究员〕

---

① 程恩富主编:《上海消费市场发展史略》，上海财经大学出版社1996年版，第128—130页。

近代中国女生官费留美之始

朱玖琳

近代中国官费留学，始自清同治十一年（1872 年）首批幼童留美，在顽固势力的“围剿”下，幼童留美计划于光绪七年（1881 年）中断。其间，另有福建船厂学生留学欧洲，但此系洋务运动中专为船政发展所派，非一般教育而言。1882 年，福建船厂的学生回国后，官费留学便告终止，再次复兴已是甲午战后。[①] 经甲午之战，清廷认识到近邻日本的国力远胜于己，遂于光绪二十二年（1896 年）派遣学生赴日学习，重启官费留学之门。其时虽亦有派遣欧美留学者，但以赴日居多。因为日本距离较近，江浙一带亦有不少女性随父兄赴日，自费留学，直至光绪三十一年（1905 年）才终于有了第一批官费女生赴日留学。两年后，第一批官费女生赴美留学，开创了近代中国官费女生远赴西洋，直接接受先进西式教育熏陶的先河。

一、酝　　酿

女生官费留学的兴起源于清末新政。光绪二十六年十二月初十日（1901 年 1 月 29 日），在镇压了戊戌变法运动近三年后，正在西安避难的慈禧太后下变法诏，宣布实行新政。教育改革是新政的重要内容之一。

光绪三十一年十二月十八日（1906 年 1 月 12 日），出洋考察政治

① 舒新城：《中国近代留学史》，上海文化出版社 1989 年影印版，第 28 页。

大臣戴鸿慈、端方行抵美洲大陆。在美国,他们先后于十二月二十日(1月14日)在旧金山参观斯坦福大学,二十一日(1月15日)在伯克利参观加利福尼亚大学,光绪三十二年正月初一日(1月25日)在马里兰参观美国海军学院,初十日(2月3日)在纽约市参观哥伦比亚大学,十三日(2月6日)在纽约州参观美国军事学院,十五日(2月8日)在奥罗拉参观维尔士女子学院,十六日(2月9日)在伊萨卡参观康奈尔大学,十八日(2月11日)在波士顿参观哈佛大学,二十日(2月13日)在波士顿西郊的威尔斯利镇参观威尔斯利女子学院,二十一日(2月14日)在纽黑文参观耶鲁大学。①

在参观美国各种学校时,他们与各校校长商谈有关向美派遣留学生的事宜,其中耶鲁大学、康奈尔大学、威尔斯利女子学院均表示愿赠给学额,但学生必须程度合宜方可免收学费。② 特别是威尔斯利女子学院的承诺,让中国近代史上第一次派遣女生官费留美成为可能。

威尔斯利女子学院1870年注册时名为Wellesley Female Seminary,1873年经马萨诸塞州立法机关批准,改名为Wellesley College,1875年开始对外招生。③ 这是美国最为著名的一所私立女子大学。戴鸿慈在出使日记中谓其“程度颇高,甚有名誉”。其日记记述威尔斯利女子学院参观之行道:

> 教员、生徒闻余等之至,皆极欢迎。举能华语者二人迎于车站,并以花篮献焉。至校,遍阅公事室、饭厅、讲堂、书楼、阅书室、阅报室、客室。地傍平湖,涟漪弥望。至大会堂,学生集此,唱委耳

---

① 戴鸿慈:《出使九国日记》(陈四益校点),湖南人民出版社1982年版,第69—70、71、79—81、88—89、92、95—96、96—97、100—101、103、104—105页。日记原文中,记“斯坦福大学”为“士丹佛(Standford)大学”,Standford为Stanford之误;记“加利福尼亚大学”为“加里宽罅大学(State University of California)”;记“美国海军学院”为“水师学堂”;记“哥伦比亚大学”为“哥仑比亚(Columbia)大学堂”;记“美国军事学院”(俗称“西点军校”)为“武备学堂”;记“维尔士女子学院”为“维尔士(Wells)女学堂”;记“康奈尔大学”为“干尼路(Cornell)大学校”;记“哈佛大学”为“哈佛(Harvard)大学”;记“威尔斯利女子学院”为“委耳司雷(Wellcery)女学校”,Wellcery为Wellesley之误;记“耶鲁大学”为“耶路(Yale)大学”。

② 端方:光绪三十三年十一月(1907年12月)《选派学生留学折》,端方:《端忠敏公奏稿》,沈云龙主编:《近代中国史料丛刊》第十辑,台北文海出版社影印版,卷十,第十页。

③ 参见 http://en.wikipedia.org/wiki/Wellesley_College。

司雷学校歌。校长某演说,以书数种为赠,并送中国学额三名。午帅具答词,伍光建译答之。复歌美国之歌而散。询知生徒不下千人,每年学费不供食者一百七十五元,供食者四百五十元。①

日记中所说的午帅即端方。端方(1861—1911年),字午桥,号匋斋,托忒克氏,满洲正白旗人。他在署理四川总督不久即遭遇辛亥革命,于1911年11月27日被四川起义新军斩首。不过,正是这个所谓"反革命分子"的大力推行,中国女性官费留美才从可能变为可行。

端方是满人中的才子,早年投身戊戌变法,在清末新政中颇有作为。他历来重视办学,并提倡出洋留学,曾于光绪二十七年三月九日(1901年4月25日)在《筹议变通政治折》中率先提出派满族贵胄游学。②

在留日风盛行之时,端方认为,日本的教育亦学自西方,而西方教育讲求实用,至为精深,正是中国力行新政之所求,因此主张应迅速选派学生赴欧美各国留学。他上奏折谓:"近日中国人士怵于日本之自强,往往径赴东洋游学,其不由官派自备资斧者亦复不少。人类既众,学术易歧,实则日本学制亦皆步武泰西","泰西各国讲求实用教育,以为富强之基,其实业学校如工业、商业、农林、路矿,无不精研实验,各有专门","亟应陆续选派学生前往,广图造就"。③ 时任湖北巡抚兼代湖广总督的端方,在选派湖北学生留学欧美各国的同时,亦将长子继先(号昆侯)送往美国中学留学。④

在近代女子教育方面,端方不仅是大力提倡振兴女学者,更是开拓实践者。在湖北巡抚兼代湖广总督任上,他十分关注女子教育问题,甚至多次亲自批阅女学堂学生作业。调任湖南巡抚后,他于1905年向日

---

① 《出使九国日记》,第103页。

② 参见张海林:《端方与清末新政》,南京大学出版社2007年版,第29—30页。

③ 端方:光绪二十九年二月(1903年3月)《选派学生游学折》、光绪二十九年十一月(1903年12月)《选生赴比学习实业折》、光绪三十年二月(1904年3月)《续选学生学习实业折》,《端忠敏公奏稿》卷三,第十、四十五、五十九页。

④ 参见《端方与清末新政》,第53页注③。戴鸿慈也在日记中记到,光绪三十一年十二月二十五日(1906年1月19日),时在华盛顿留学的继先昆侯来到芝加哥与父亲端方团聚。参见《出使九国日记》,第74页。

本派出了近代中国历史上第一批官费留学的女生。1906 年出洋考察之前，他谒见慈禧太后，“对她大谈创办女子学堂的重要性”，“慈禧被他的陈述所打动，立即颁布了一道谕旨，命令将京城内的大批喇嘛庙改建为女子学堂”。① 出洋考察期间，他于各国女学“加意考究”，发现“其规模教法不必尽同，要皆以育道德、勤学问、务职业为宗旨”。他尤为推崇美国的女子教育，上奏折谓：“美国女学男女合堂并教，大小一致，其发达在欧西各国之上。故其小学教员概系女子，中学则男女教员参用，至高等学业，男女同校讲求，几有并驾齐驱之势。此其程度独高，不易则傚。”②

二、遴选

端方出洋考察回国后不久，即从湖南巡抚调任两江总督，一年后，他下令在江南各学堂“详慎挑选”两江范围内的苏、皖、赣三地男女学生，“由各该学司及教育总会咨送投考，分科考试，评定录取”③，送往美国留学。由此，近代中国历史上诞生了第一批官费留美女生。

1. “详慎挑选”

挑选工作始于光绪三十三年二月（1907 年 4 月上旬），原定由江宁提学司和江苏提学司挑选包括 3 名女生在内的男女学生 20 名，五月初三日（6 月 13 日）截止。学生挑选出来后，统归江宁提学司考试录送，由时任上海复旦公学兼安庆安徽高等学堂监督的严复主持会考。此举在社会上反响较大，《申报》曾做连续跟踪报道。三月初一日（4 月 13 日），《申报》报道此事谓：

> 江督端午帅上年出洋考察政治，在美国参观各学校，与各校长情意极为款洽，闻耶路大学愿赠每年学额十一名（免收学费），威尔

① 《端方与清末新政》，第 344 页。

② 端方：光绪三十四年六月（1908 年 7 月）《改办女学及幼稚园折》，《端忠敏公奏稿》卷十二，第二十六、二十七页。

③ 端方：光绪三十三年十一月（1907 年 12 月）《选派学生留学折》，《端忠敏公奏稿》卷十，第九页。

士利女学赠学额三名(膳宿学三费概免),干尼路大学赠学额六名(亦免收学费,此大学限定四年毕业,故每年虽只六名,逐年递次送往,则三年之后此大学内当有中国学额二十四名)。现经午帅札饬宁苏两学司,在各学堂挑选合格者二十名,听候考验给咨。①

江苏巡抚陈启泰接到端方电饬后,“遂札饬周提学②照办”。但由于录送人数未得明示,周提学特电请南京江宁提学司核复。据《申报》所载,南京复电谓:“此事业经学部核定,苏属应送男学生十名,女学生三名。当蒙督宪③谕饬,统归江宁考试录送,期限五月初三截止报名。”④得到明示后,“周提学以限期已迫,不克片延,因将在省自愿赴考各生先行咨送外,并札饬苏属各学堂监督,迅将中学普通学科毕业能直接听讲各学生姓名、年龄、履历、籍贯,务于日内电达学务公所,以备即日咨送赴考”⑤。不久,江苏提学司在“高等师范游学三学堂内选定学生六名,准期初七日(6 月 17 日)先行申送赴宁,余俟选定再送”⑥。

鉴于时间仓促,在南京的江苏教育总会也于四月廿五日(6 月 5 日)致电端方和江宁提学使,请求将截止日期延长 10 天。“送美留学,敝会保送合格者多,惟散处各地,投考需时,闻限初三截止,请展期十天。”端方同意延期,于次日复电谓:“前接严幼翁⑦复电,约于初一日来宁,今即展期十天,请就近转告严公稍缓就道。”

主考官严复最初准备于四月廿六日(6 月 6 日)由安庆赴南京,一方面为主考事,另一方面也为复旦公学事,要与端方当面沟通。⑧ 遵照端方指示,江苏教育总会致函复旦公学,请其转告严复:“接午帅复电,以送美留学拟展期十天,请严幼陵先生暂缓赴宁,嘱敝会转致等语。前

---

① 《美国大学赠送学额》,《申报》,光绪三十三年三月初一日(1907 年 4 月 13 日)。

② 即时任江苏提学使的周树模,曾随宪政考察团出洋考察。

③ 即端方。

④ 《札饬选派男女学生赴美留学》,《申报》,光绪三十三年五月初二日(1907 年 6 月 12 日)。

⑤ 《札饬选派男女学生赴美留学》,《申报》,光绪三十三年五月初二日(1907 年 6 月 12 日)。

⑥ 《定期申送赴美学生》,《申报》,光绪三十三年五月初八日(1907 年 6 月 18 日)。

⑦ 即严复。

⑧ 严复致甥女何纫兰书(光绪三十三年四月二十四日于安庆),王栻主编:《严复集》,中华书局 1986 年版,第三册,第 836 页。

见报载，致严公电似尚在院桓，至祈迅赐转电为荷。”①

这次考试实际延期了20天，直至五月二十三日(7月3日)方才进行。由于地方财政困难，选送男女生人数也从原定的20人减为13人，男生减为10名，女生则仍为3名。五月一日(6月11日)，端方发出告示，向社会公布选送男女生赴美留学的名额、期限和条件。公告曰：

> 前饬宁、苏两学司挑选男女学生二十名赴美游学，当经分别饬行在案。查现在财政支绌，拟督送男学生十名赴耶路、干尼路两大学，女学生三名赴威尔士利女学肄业，均以在中学堂以上毕业、程度较深能直接听讲者为合格。定于本月二十三日饬宁学司考选，将试卷呈候核定，再行咨送。凡宁、苏、皖、赣学生，皆可向宁学司署内报名。其由苏学司挑选之学生，亦须咨送宁藩司，就近同日汇考，以省周折，而归划一。该生等如有以上所列程度者，务须先期赴司报名，毋得观望自误。此次考试，选择綦严，如自揣程度不能合格者，毋庸侥幸一试，徒劳往返也。②

2. “分科考试，评定录取”

也许是端方的公告起了作用，这次考试虽然最初报名者踊跃，有200余人之多，其中女生也有30人左右，但及至临考，男生仅70余人，女生也不过10人而已。③

考试地点在南京江宁提学司衙门内，所考科目除了语文和英文外，还有数学、历史、地理，以及合为一门的物理和化学。出题者即严复，阅卷人均由严复安排，分别由严复族侄严家驺(字伯鋆)管数学一门，南洋公学数学教员陈诸藻管理化一门，复旦公学教务长李登辉管历史、地理两门，严复本人负责两门主科目。发现考生人数锐减，严复曾对其外甥女何纫兰说：“早知人少，便不须李④前来，但今即来，故分一种与渠看，

---

① 《送美留学展期投考》，《申报》，光绪三十三年四月廿八日(1907年6月8日)。

② 《江督示期考试送美学生》，《申报》，光绪三十三年五月初七日(1907年6月17日)。

③ 严复致甥女何纫兰书(光绪三十三年五月某日于南京)，《严复集》第三册，第836页。

④ 指李登辉。

非我不能自了也。"[①]

对这次考试的情况,参与者宋庆龄曾在美国留学期间撰写《现代中国妇女》一文述及:"1907 年,教育部门为派遣女学生出国留学而举行了择优录取的考试。被选派的留学生享受由威尔斯利提供的奖学金。这场考试的成绩使那些男主考官们认识到,女学生在智力方面并不亚于男学生。"[②]看来宋庆龄对包括她自己在内的女学生们当时的考试表现相当满意,但是事实上,严厉的考官严复并不这么认为。他批评男女考生程度都很差,"女子程度尤浅,接到题纸,与之对觑,不能下笔;英文勉强写出半板,而文法亦多支离"。也许是女考生中以上海务本女塾学生居多的缘故,严复特别向外甥女何纫兰提到了务本女生、出身苏州著名世家大族东山王氏的王季昭,说她"甚为拼命",无奈"本领太低"。至于其他务本女生,更不足论,"勤读四五年,不识够得上应考否耳"。[③]

五月二十七日(7 月 7 日),严复判卷结束,结果仅有五六人及格,女生则全不及格。[④] 但是他最终还是依照原议,选定 10 名男生和 3 名女生赴美,但女生"只好送往中学堂,不能入大学堂也"[⑤]。

江宁提学司于六月初三日(7 月 12 日)揭晓考试结果。据江宁《学务杂志》丁未(1907)年第六期揭晓结果,被录取男生的水平"为中学堂以上毕业程度能直接听讲",女生水平只是"中文通畅,洋文亦有门径"。10 名男生分别为胡敦复、辛耀庠、王钧豪、韩安、倪锡纯[⑥]、陈达德、李谦若、郑之藩、蔡彬懿、侯景飞。由于王、侯二人想完成在北洋大学的学

---

① 严复致甥女何纫兰书(光绪三十三年五月某日于南京),《严复集》第三册,第 836 页。美国传教士 E. G. Kemp 在其 1909 年出版的《中国面孔》(The Face of China)一书中亦记述说:"一位最有远见的中国政治家端方建立了一个非常明智的预备留学计划。每年都有一次公派出国学生的考试在南京举行。1907 年有 84 名候选人参加了考试,其中 72 名为男性,还有 12 人为女性。他们考了下面这些科目:英语作文、中英互译、拉丁语、法语、德语、化学、物理、历史、地理、汉语作文、几何、三角和代数。其中只有两门语言考试决定成败。"参见《端方与清末新政》,第 288 页。

② 《宋庆龄选集》,人民出版社 1992 年版,上卷,第 6 页。

③ 严复致甥女何纫兰书(光绪三十三年五月某日于南京),《严复集》第三册,第 836 页。

④ 严复致甥女何纫兰书(光绪三十三年某月某日于南京),《严复集》第三册,第 837 页。原文无日期。根据信中"昨接汝一缄,系廿三日所写,至廿六日始到"、"舅于本日卷始看毕"等语推断,当为五月二十七日。

⑤ 严复致甥女何纫兰书(光绪三十三年六月二日于南京),《严复集》第三册,第 837 页。

⑥ 即宋庆龄的小舅舅。

业，遂由备取生杨景斌、杨豹灵递补。3名女生分别为胡彬夏[①]、宋庆林[②]、王季茝[③]，另备取2名为王季昭和杨荫榆。[④] 王季昭和杨荫榆后来恳请江宁提学司给予官费留学日本，江宁提学使陈伯陶转向端方请示，端方“以该女生恳给官费送日留学系为力求精进起见，现在宁垣筹办女子师范，管理、教授均难其人，应准给费派往，以期早就成才，留备委用”，“特饬藩司照章筹拨学费，按期汇解，并每人发给治装川资银一百元”。[⑤]

备选的王季昭和杨荫榆虽然未能赴美求学，但是发榜名单里原本没有的曹芳芸和曹云祥姐弟俩，日后却出现在端方的上奏中，这是严复力保的结果。曹氏姐弟是浙江嘉兴人，曹芳芸是上海中西女塾的学生，与深受严复喜爱的外甥女何纫兰是校友，何纫兰便向舅舅严复推介了曹氏姐弟。严复根据判卷结果认定，如果曹家姐弟来应试，“保管可以入选”[⑥]。他甚至亲自致电曹芳芸，问其究竟是否来南京补考，并打算根据曹的答复来决定是否于六月初一、初二日发榜，以及他本人是否不再在宁留候。[⑦]

六月初一、初二日是“补考续到之人”的日期，但是曹芳芸的复电迟至初二日始到，告之将于初四日到宁。经过严复“再四与端督商量”，曹芳芸和不属于两江考生范围内的曹云祥，竟被破格录取，准许另送，但曹云祥的留美学费，请浙江巡抚筹款提供。于是，曹氏姐弟俩便在没有参加笔试的情况下，“见过制台和学台”，最后同其他被录取考生一起，被端方传见。[⑧] 端方传见诸生后认为，这些学生“学业气质均堪造就”。于是，赴美留学人数最后变成男生11人、女生4人，共计15人。

---

① 即胡敦复的妹妹。

② 即宋庆龄。

③ 即王季昭的妹妹。

④ 《近代中国留学史》，第131页。该书将“王季昭”误为“王季明”。

⑤ 《各省游学汇志》，《东方杂志》1907年第11期，第298页。

⑥ 严复致甥女何纫兰书（光绪三十三年五月某日于南京），《严复集》第三册，第836页。

⑦ 严复致甥女何纫兰书（光绪三十三年五月二十七日于南京），《严复集》第三册，第837页。

⑧ 严复致甥女何纫兰书（光绪三十三年六月初二日于南京），《严复集》第三册，第837—838页。

三、成　　行

为了“赶于美国学校下半年开学之前按期分送肄业”,录取结果确定后,端方即迅速安排解决了一系列相应事宜。

1. 落实各项经费

美国三校均要求学生“须程度合宜方可免收学费”,4名女生已肯定不能直接入大学读书,得先进美国预备学堂进修,而11名男生的程度如何,“尚须待各校校长查看功课方能定议”。所以,他们赴美后,在正式进入美国三校之前,不仅宿膳各费均须筹措,而且所有学费亦不得减免。清政府的学部规定,留学经费的标准是“留学美洲大学,每人每月美金八十元,预备学堂比照大学专门减去五分之一,每人每月美金六十四元”。据此标准,端方饬令两江范围内的宁、苏、皖三省藩司共同筹拨汇解美金12672美元,作为学费,并咨由浙江巡抚筹还浙江学生曹云祥的学费。另外,每人月给“赡家银”12两,赴美前还有治装费、川资旅费等项,端方为此已先后札饬宁藩司发银15000两交给留美学生的护送员,这笔钱如有赢余则用作留美学生的学费津贴。①

2. 委派专职管理人员

为了护送这批学生赴美,端方特委派候选道温秉忠担任“护送员”,负责一路照料,所有治装费以及川资旅费等项,均由他进行核实、支用、造报。② 直至这批学生在美国安置妥宜后,他的使命便告结束,“即行回国”③。温秉忠时为端方门下红人,他曾是“留美幼童”之一,回国后,先后任镇江美国领事馆通译、两江总督署通译兼秘书、镇江及天津洋务局总办等职。1902年婚娶倪家幼女、倪锡纯的妹妹倪秀贞(也就是宋庆龄的小姨)。在两江总督署任职时,他曾为端方处理过不少外交及教

---

① 端方:光绪三十三年十一月(1907年12月)《选派学生留学折》,《端忠敏公奏稿》卷十,第十页。

② 端方:光绪三十三年十一月(1907年12月)《选派学生留学折》,《端忠敏公奏稿》卷十,第十页。

③ 《派员护送学生赴美》,《申报》,光绪三十三年六月十一日(1907年7月20日)。

育事务。端方赴欧美考察宪政,他也一同前往,并同施肇基、伍光健一起被公推为干事,专任一切庶务。[1] 在美考察期间,温秉忠还曾同宋庆龄父亲宋耀如一起,至新泽西州萨密特镇(Summit)参观波特温学校(Portwin School),这是一所规模很小的私立学校,专门招收少数中国学生,为他们补习功课,以准备进入美国的大学读书。[2] 宋庆龄和倪锡纯的入选,此公或许出了力,但与曹氏姐弟不同的是,宋、倪是经过了严复的严格考试的。

同时,端方还"分咨学部及驻美使臣梁诚"[3]。为此,梁诚特地由美回国,于六月廿四日(8 月 2 日)抵沪。[4] 奉端方之命,梁诚派驻美使馆二等参赞候选知府容揆担任江南留美学生监督,"由江南汇给津贴每月美金一百元,以资办公,前项学费即由该监督收领转发,需用款目应准作正开销"[5]。

在温秉忠、梁诚等人的护送和陪伴之下,4 名近代中国首批官费留美女生随同 11 名男生一起,在 8 月 1 日获得上海美国总领事馆副总领事波爱德(M. P. Boyd)签发的赴美护照后不久即起航,他们乘坐"满洲里"号太平洋邮船,于 8 月 28 日抵达美国。随后,胡彬夏、王季茝、曹芳芸进入威尔斯利女子学院附设的预备学堂,宋庆龄则获允"另择相当学堂送入"。在温秉忠夫妇护送下,宋庆龄带着妹妹宋美龄到达新泽西州萨密特镇,在位于郁金香街(Tulip Street)的波特温学校注册学习。[6] 不过,宋美龄并不属于官费生,她当时年仅 10 岁,在姐姐宋庆龄起航的前三天,才开始一再地央求父母要与姐姐同去,并最终得到了父母的同意。[7]

---

① 《出使九国日记》,第 61 页。

② 端方:光绪三十三年十一月(1907 年 12 月)《选派学生留学折》,《端忠敏公奏稿》卷十,第十页。

③ 端方:光绪三十三年十一月(1907 年 12 月)《选派学生留学折》,《端忠敏公奏稿》卷十,第十页。

④ 《驻美梁公使莅沪》,《申报》,光绪三十三年六月廿五日(1907 年 8 月 3 日)。

⑤ 端方:光绪三十三年十一月(1907 年 12 月)《选派学生留学折》,《端忠敏公奏稿》卷十,第十页。

⑥ 端方:光绪三十三年十一月(1907 年 12 月)《选派学生留学折》,《端忠敏公奏稿》卷十,第十页;盛永华主编:《宋庆龄年谱(1893—1981)》,广东人民出版社 2006 年版,上册,第 52—53 页。

⑦ Thomas A. DeLong, *Madam Chiang Kai-shek and Miss Emma Mills: China's First Lady and Her American Friend*, McFarland and Company, Inc., 2007, p. 7.

与1905年端方在湖南巡抚任上向辗转受西式教育影响的日本派送的第一批官费女生不同，首批官费留美的4名女生是在经过严格考试后择优录取的。在美国，她们直接接受了严格的西方近代教育，因而她们日后几乎个个有名。宋庆龄自不必说；胡彬夏回国后在多所大学任教，是近代中国妇女解放运动的先驱之一；王季茝日后成为生物学家，是近代中国科技女杰之一；曹芳芸虽然不如其弟弟曹云祥出名，但也成了一名教育家。

在1907年两江范围内的男女学生成功地受官费资助赴美留学之后，经驻美公使梁诚的努力，美国政府于1908年答应退还部分庚子赔款，用于资助留学美国的中国学生。于是清政府便“每年举行一次出国留学的考试，来从全国各省中挑选出一些女生赴美留学。奖学金则是美国用赔款设立的所谓‘赔款奖学金’”①。自此，各省官费留学均不再有男女之限制，女性终于冲破牢笼，可以不再依傍任何人，完全依靠自己的才华而放足走天涯。

〔作者系上海市孙中山宋庆龄文物管理委员会副研究员〕

① 《宋庆龄选集》上卷，第6页。

商务印书馆为浙江兴业银行两次印钞考

柳和城

1897年创办的商务印书馆，创始之初只是一家作坊式的小印刷工场，以经营印刷业务为主。经理夏瑞芳（字粹方，江苏青浦人）就是在接洽印刷业务中，结识南洋公学译书院主事张元济（字筱斋，号菊生，浙江海盐人）的，二人遂成为至交。随后，由于张元济入股和加盟，并一手创办编译所，商务始而面目大改，逐步发展壮大，成为出版业巨擘。然而，商务的印刷并非只是出版的“附庸”，而是始终保持相对独立，继续承接社会印件，为企业创造可观的利润。特别是1903年吸收日资、与日本金港堂合作以后，引进人才，改良工艺，印刷质量大为改观。除一般报表单据之类外，颇为精致的债券、股票等有价证券，也一直是商务为社会各界所称道的印刷产品。1908年和1921年商务曾两次为浙江兴业银行（以下简称浙兴）代印钞票，无疑是商务馆史中不可或缺的重要部分，更是中国近代金融史上值得一书的大事。

印钞事在商务印书馆史研究中，虽然有研究者曾经提及，钞票图录也曾刊出，[①]但是都比较简单。笔者从上海市档案馆收藏的浙江兴业银行档案中，查得商务1908年与1921年两次为浙兴印钞的有关文件与书信，略加考释，介绍给关心商务印书馆史和中国金融史的朋友们。

---

① 陈国旗主编:《商务印书馆上海印刷厂建厂100周年(1897—1997)》，商务印书馆上海印刷厂1997年版，第40—41页。

一

浙江兴业银行由浙江铁路公司发起并组织,时在清光绪三十三年二月,即公元1907年3月。浙路公司总理汤寿潜于该年6月呈文度支部与农工商部,请准发行纸币,同年7月得到度支部与农工商部批准开办。当时充斥中国流通市场的大部分为外国货币,中国纸币只有中国通商银行发行的银两、银圆两种钞票。浙兴是我国第二家发行纸币的民营银行,其时大清户部银行还未成立呢。

浙兴总行设于杭州,创办伊始只有上海、汉口两处分行。商务印书馆雄厚的实力与良好的信誉,使得浙兴董事会毫无悬念地把印钞意向投往商务。1907年5月,商务印刷所、编译所宝山路新馆址落成,全馆"计印刷所六百余人,发行所百余人,编译所七十余人,并诸分馆计之,盖不下千人焉"①。商务为浙兴第一次印钞告竣于1908—1910年间。上海市档案馆保存有商务印书馆四份保单、一份合同、三份送货单以及浙兴汉行两份清单,大致能真实反映出当年印钞的种类、张数与交货日期等情况。那份合同还订有印价与用纸,十分难得。

第一份保单如下:

立保单:商务印书馆今承印浙江兴业银行上海拾圆票玖仟玖百捌拾弍张,已经告竣。所有印票各版及印坏废纸,已全数销毁,可保工匠人等决无滥印仿造等弊,并将花纹秘密。如违以上各节,而有确实证据为敝馆工匠人等所为,致贵银行受有损害,皆归商务印书馆担任赔偿。欲后有凭,立此保单存照,浙江兴业银行台执。

光绪叁拾四年　月　日

立保单:夏粹方(印)

木本(英文签名)②

第二份保单,日期为光绪三十四年七月,写明"承印浙江兴业银行

① 商务印书馆编:《商务印书馆创业十年新厂落成纪念册》,商务印书馆1907年版。

② 上海市档案馆藏档,档号Q268-1-596。本文第一节引用档案史料除标明出处者外,均出自该案卷。

上海五圆票叁万张、汉口五圆票叁万张、汉口拾圆票壹万张”，其他文字与第一份相同，署名为夏瑞芳和木本。

案卷里三份商务印刷所的送货单清楚地记录了当年交货情况。第一份日期为1908年8月8日，内容是：“今奉上浙江兴业银行上海五元叁万张、汉口拾元壹万张，务祈照数检收。”第二份日期为1908年8月10日，内容是：“今奉上浙江兴业银行汉口五元叁万张，务祈照数检收。”第三份送货单日期则为同年8月19日，内容是：“今奉上浙江兴业银行汉口铜元票七万贰千四百五十张，务祈照数检收。”

清末主要货币单位分银两、银元两种，纸币又称兑换券，流通不广，又分地域兑换，所以有“上海五元券”、“汉口十元券”等之分。两份保单用纸均印有“商务印书馆用笺”字样，并有夏瑞芳与木本的印章或签名。木本，全名木本胜太郎，时为商务雇员、印刷专家。他与总经理夏瑞芳联名签立保单，想必负责此项印制任务。

这批浙兴第一版纸币正面图案为：右边火车行进图，左边银行房屋，中间印有面值。其中五元票茄紫色，背面正黄色。正面下侧印有“上海商务印书馆制造”字样。该兑换券系用石印印制，比较简单，后来市面上出现伪钞，这也是原因之一。

1909年后，商务此项代印浙兴钞票业务仍继续进行。第三份保单署有“宣统元年”字样，可惜没署月日，内容是“承印浙江兴业银行上海BC拾元票弍万张，又DEFG五元票肆万张，已经告竣”，其他承诺与前两份保单相同，署名也是夏粹方与木本。

第四份系合同，原纸有“上海商务印书馆印刷所通讯笺”字样，文字出现印价和钞票用纸等新内容，颇为稀罕。现抄录如下：

立合同：商务印书馆今蒙上海浙江兴业银行定印五元票四万张，价洋肆百元；拾元票壹万张，价洋壹百陆拾元。本馆准用上等东洋官造棉纸，与前次所印颜色一律精美，并当严密督印，决不致工匠人等有溢印仿造等弊；所有印坏废纸即行销毁；印竣期限以西五月五号为止。如有以上情弊及逾限不能交货者，本馆愿担责任。欲后有凭，立此为证，藉呈上海浙江兴业银行台执。

拾元票加印壹万张，每万连前，价洋壹百五拾元，计算大批。

宣统元年闰二月二十日

商务印书馆夏瑞芳(印)

木本(英文签名)

第五份又是保单,显然是以上合同印制竣工后所立:

立保单:商务印书馆今承蒙浙江兴业银行杭州五元票四万张、拾元票壹万五千张,已经告竣。所有印票各版及印坏废纸,已全数销毁,可保工匠人等决无滥印仿造等弊,并将花纹秘密。如违以上各节,而有确实证据为敝馆工匠人等所为,致贵银行受有损害,皆归商务印书馆担任赔偿。欲后有凭,立此保单存照,浙江兴业银行台执。

宣统元年闰弍月二十三日

立保单:夏瑞芳(印)

木本(英文签名)

没有发现1909年送货单,却见到两份1915年浙兴汉行所抄有关清单——《印钞费清帐》与《汉行钞票号、数字号、签字章区别表》,标明1909—1910年间由商务印制的钞票,包括一元券、五元券、十元券及铜元券共四种。1915年后长期担任浙兴董事长的著名银行家叶景葵(字揆初,浙江杭州人)先生,为浙兴的发展建树颇多。他后来回顾本行创业之始经清政府核准发行钞票一事说:"遂向商务印书馆订印一元、五元两种,总额共计一百万元。一元票系直式,色为淡绿;五元为横式,色为茄紫。截至辛亥革命止,杭、沪、汉行共计发行七十万元。"①这条记述,在票面种类上略有出入,上述保单、送货单等件均表明还有十元券1万张,不知叶景葵为什么没提到。

二

商务为浙兴印钞成功,赢得社会信任。民国成立后,各省银行纷纷前来订约。时任商务经理的张元济在日记里有很多记载。查《张元济日记》,1916年3月至9月的半年间,就有印制浙江省军用票,以及江西银行、湖南矿业银行、山东银行、奉天兴业银行、广西银行、新疆银行、

① 叶景葵、潘用和编:《本行发行史(一)》,《兴业邮乘》复第23期。

四川银行等七八家银行来协商订约印钞事宜。① 商务印刷所大有应接不暇之势。

1913年,浙江兴业银行向法国钞票公司订印新钞一元、五元、十元三种,1914年冬开始流通。此为浙兴第二版钞票。当时中国银行、交通银行发行的纸币流通渐广,而浙兴须在市面以规元买进银元作为钞票现金准备,盈亏不易预计,市场上伪造赝券却不时出现,让浙兴领导层头痛不已。董事会经反复研究,决定自行取消发行权,并于1915年9月和1917年8月,分别与中国、交通两银行订立领券合同。

然而,订约之后,中交两行以时局不靖、运钞困难等为借口,经常上下推诿,不愿意完全履约。因此浙兴常常领不到自己需要的钞票,董事长叶景葵等函电往还,上门交涉,花费了大量时间与精力,结果却并不理想。1920年12月,叶景葵亲自赴京呈币制局文,商请恢复本行发行权,与领用中交两行兑换券并行。币制局于1921年1月批复核准,于是浙兴董事会迅速做出再次委托商务印书馆印钞的工作部署:

(1) 向英国造纸公司定制钞票纸,每张均有行徽水印暗记。

(2) 以定制之纸,交商务印书馆承印,分一元、五元、十元三种。正面分别管仲、姜太公、王阳明肖像,背面刊一公鸡,取其羽毛复杂,易藏暗记也。

(3) 设立发行部,属于总行。

(4) 订立发行规程,现金准备至少七成,严格遵守。名第一次商务印为第一版,法国印为第二版,第二次商务印为第三版。②

但是,事情也并不顺利。时任商务总经理的鲍咸昌,对浙兴草拟的合同先后提出异议。第一次是价格。他为此于1921年9月2日致函叶景葵曰:

揆初先生大鉴:昨奉大书,诵悉种切。印钞合同草底,并前由陈叔翁转述各节,均可照办。惟印价一项,尊意拟以八五折计算,但敝处承

① 《张元济全集》,商务印书馆2008年版,第6卷,第60—117页。

② 叶景葵、潘用和编:《本行发行史(四)》,《兴业邮乘》复第26期。

印此种印件,手续颇繁,特派管理尤须严密,因之需费较诸他种为巨。承示折扣,相差未免太远。然念尊处交易有素,不得不格外核实,勉以照价九折付款,用答厚意。此外或有协商之处,特嘱敝友吴渔荃兄趋前,俾便面洽一切。此颂

日祉

弟鲍咸昌顿首

九月二号①

叶景葵与商务关系颇深,他不仅是商务的股东,而且1913年以来还连届担任商务董事会董事或监察人。鲍信提到的陈叔翁,即陈叔通(名敬第,浙江杭州人),时任浙兴办事董事,此前曾在商务总务处等部门任职,与商务渊源也相当深。鲍总经理正看准此点,认为浙兴情面难却,会同意他的要求。果然,叶景葵爽快答允九折印价,不过对鲍总托他人转告延长印制期的请求却没有同意,而是于1921年9月7日致函商榷。函云:

咸昌先生阁下:敬启者,昨由渔荃兄交下印钞合同草底,尊意于交票期限一条改为九个月。查此项交票期限,原定共为七个月,本由尊处酌定,拟请仍照尊定前议,限七个月如数交足。又双方罚则甲项内,尊意改为"酌量赔偿"字样,仍苦无标准可资依据。与其临时致滋疑义,不如明白改定之为愈。敝处拟改为:"应由商务印书馆按迟交票面洋数照市贴息。"此系为预定相当标准,藉免疑义起见,而彼此交谊又非悠泛,故特再以奉商,敬乞鉴纳为幸。弟因事亟拟北上,深愿成行以前双方确定,并祈迅予酌夺示复,不胜感盼。原草底附奉,请察收。顺颂

台绥

弟叶景葵顿首

十年九月七日

当日鲍咸昌便复函叶景葵,同意在合同内订明延期交票的赔偿条款,但总限期仍坚持要九个月。函云:

① 上海市档案馆藏档,档号Q268-1-606。本文第二、第三节引用档案史料除标明出处者外,均出自该案卷。

顷奉台示，并阅准印钞合同草底，敬悉。尊意于双方罚则内甲项条文，若无故迟延，应由敝馆按迟交票面洋数照市价贴息，以为标准而免疑义等因。此属公允办法，谨当遵命。惟交票期限必请展至九个月者，实因此项印件手续繁重，逐节均备稽查，不能超越一步。为详慎计，是以宽此限期。在敝处果深望不满九月而提前蒇事也。弟对于此事十分注意，且列表规定某日责成某部办理某工，冀免延误，以仰副殷殷见属之雅。推想高明必能俯如所请焉。

经过双方协商，交票期限问题妥善解决，商务分批交货，前后总共九个月。1921年9月14日合同签字，全文如下：

立合同：浙江兴业银行、商务印书馆。今由浙江兴业银行交商务印书馆代印钞票三种，所有印数、纸张、大小、印价，以及付银、交货期限等，双方议定各款，开列于后。

计开：

一、钞票印数

乙元票五十万张，五元票乙百弍十万张，十元票叁拾伍万张。共三种印弍百零伍万张。另附钞票印数清单一纸。

一、钞票大小

乙元票英尺纵二寸又八分之五，横四寸又四分之三。

五元票英尺纵三寸，横五寸又二分之一。

十元票英尺纵三寸，横六寸又二分之一。

一、钞票用纸

所有用纸由浙江兴业银行自备，交商务印书馆印刷。

一、钞票颜色

三种钞票用凹凸版印。正面印凹版乙色，凸版二色；背面印凸版二色；正面两边加印红色号码并图章；背面加印签字一色。共七色。

一、印票价值

三种钞票，乙元票每张洋三分二厘四毫，印五十万张，计洋乙万六千二百元；五元票每张洋二分八厘八毫，印乙百二十万张，计洋三万四千五百六十元；十元票每张三分四厘二毫，印三十五万张，计洋乙万乙千九百七十元。共计洋六万二千七百叁十元，不折不扣。上海交货，上海交洋。

一、制版期限

三种票版,订明十年十二月底以前一律制竣。

一、交票期限

自两种纸交到之日起,每两星期送正式印样一种。俟印样签字后,乙元票三个月交货;交齐后,再四个月交五元票;又二个月交十元票。共九个月,如数交足。(五元票版工竣后,欲印一元票时,先印若干亦可。总之,一元与五元两种,不逾七个月之限。)

一、交款期限

订定合同之日,先付定洋式万乙千元;三种印样正式签字后,再付洋式万一千元。其余银货两清。每次付款,均由商务印书馆另出正式收据为凭。

一、废票票版

所有印刷此项钞票,印坏废票及废纸,均交由浙江兴业银行自行销毁。其所刻凹版之钢版,每版至多印至乙万二千张后即须另换,原版按次由浙江兴业银行收回。惟每版上得由商务印书馆凿明“作废”字样,以昭慎重。

一、双方罚则

甲、制版交票各期限,如凹版印墨敷用无故迟误者,其损失应由商务印书馆按迟交票面洋数照市贴息。但遇有水火兵灾以及罢工等事,非人力所能抵抗者,则不在此限。

乙、商务印书馆承印此项钞票,以浙江兴业银行所交纸张照数印足为度,不得有多印(如交还废票及废纸合计,已印成之张数,与原交纸张张数不符时,亦以多印论)、匿留、走失及代他人冒印等事。如查有前项情弊确系商务印书馆中人所为,除照发见伪票之面额数如数赔偿外,应将作弊之人交出,按律罚办。

丙、商务印书馆承印此项钞票,至多每千张小张以五十张为试印之用。(此项试印之票,仍照废票交由兴业银行收回。)如逾此数,倘调色先后不符或印刷模糊,除照废票由浙江兴业银行收回外,应即重印,并由商务印书馆酌照纸价摊偿。

丁、浙江兴业银行与商务印书馆订立合同之后,即遵照合同办理,不得翻议。如有减少印数、中途停止等情，商务印书馆所备物料以及损失，一切均由浙江兴业银行如数赔偿，以昭公允。

一、此项合同一式两纸，彼此盖章，各执一纸为凭。

民国拾年玖月十四日

立合同：浙江兴业银行代表人叶景葵

商务印书馆代表人　鲍咸昌

印钞交涉事本该到此结束，但好事多磨，后来又生出一段波折。

三

商务经过几个月的紧张筹备，票版初样制成，样张也印出，却发现效果不佳。1922 年初，鲍咸昌提出，原定背面印制凸版部分改用凹版。1 月 25 日叶景葵复函同意一试。函云：

顷由贵馆吴渔荃君交来本行五元兑换券样本，业经聆悉。此项券版背面（即西文方面）原系凸版，惟所有花纹尚嫌未臻明显，兹拟改刊凹版，以期完美。除已面告吴君外，特此函达，即请台洽，并即转嘱从速办理。预计何时可以刊就，先盼示复为荷。

此时已过新年，商务放完年假开工，至 2 月 1 日鲍咸昌又致函叶景葵，提出换纸的要求。函云：

查五元兑换券印样，背面花纹原系凸版，确未能明显，惟以贵行交下打样之纸张，纸质太松毛，而制定水印过大，致手民竭力设法而仍未臻完美，殊为歉憾。承嘱背面改刊凹版一节，自可照办。好在该项钞票纸，贵行已交到者尚仅数箱。刻拟将五元票正面先行试印，一面赶刻背面凹版，预计约阳历三月二十日可以刊竣。惟贵行所定制之钞票纸，将来开印时是否完全适用，刻尚未敢预必也。用先附闻。

就在鲍总经理提出换印钞纸后没几天，浙兴分批送来了向英国订购的印钞水印纸。这些进口特殊用纸，代价当然不菲，怎能轻易放弃不用呢？商务人员也在动脑筋，设法改进工艺，尽力完成任务，但进展不快。到 1922 年 4 月 5 日，鲍咸昌耐不住了，致函叶景葵与陈叔通，再次希望换纸。函云：

揆初、叔通先生惠鉴：启者，敝馆承印贵行钞票，所有墨色印工，在敝馆方面固应格外注意,以副盛意。惟顷据同人交阅样张,似一面所印之墨色不免透至他面。经同人再四讨论,咸谓水印字迹过大,中间纸质甚松,殆印机轧过,更觉单薄,势难完善。经弟复按,事属实情,并试印在敝馆自定之纸张上,两相比较,似敝馆纸张较为适用。不识尊处要否改用?至贵行已有水印之纸张,不妨改印支票等项。盖就弟管见而论,若两面墨迹透过,似觉有失美观,当非贵行力求完善之意,而敝馆以关于印刷上之名誉,是以不敢缄默耳。究竟应否改用,仍候尊裁,敝处当遵示办理可也。此请

筹安

弟鲍咸昌启

十一年四月五日

叶、陈两人第二天就回复鲍咸昌,字里行间已明显透出不快之意,明确回绝换纸的要求。函云:

承示钞票样张,所印墨色渗透背面,以水印处纸质松薄所致,应否改用他纸一节。查此项水印纸质尚坚韧,至水印处较为疏松,固系实情,但于调色、印工等事稍加注意,似不至渗透纸背。五元正面之绿色并未渗透,所有样张业经本行签定,是其明证。此次一元票上之红色,于调用时格外注意,当亦可免渗透。敝行之意,所有钞票仍拟用水印纸付印,应请台洽照办,并盼力求完善为荷。

经过努力,商务方面逐步解决了印墨渗透的问题,但时间因此耽搁了好几个月,明显已经违约。鲍咸昌无可奈何,致函叶景葵、陈叔通,商请印钞展期和印费加价。函云:

叔通、揆初先生均鉴:敬启者,敝馆承宝行订印钞票一事,只因纸张多所周折,故于原定办法迭经变更,于是所订合同不得不随之改议。此诚彼此两感不便也。兹将期限、印价及关于废纸各事,开具理由,函请察夺。

一、多印凹版宜宽期限也。(甲)关于五元票者。查原订合同,系先印一元票以三个月交货,再四个月印交五元票。是言其一元、五元两种不逾七个月之限。盖敝处计划,原定五元票印凹版一次需时五个月,印凸版号码图章签字需时两个月。此七个月中,而印一元票之三月已指在内也。今五元背面亦改印凹版一次,则交货期应展长五个月,自无

疑义。(乙)关于一元票者。原定印凹版一次需时两月,印凸版号码图章签字需时一月。今背面亦改印凹版一次,论此已应展长时期两月。且因五元票背面改多一次凹版,而又提前先印,势不能照原定次序办理。今单指一元票,交货期非延至五个月不可。惟欲印五元票凹版时,先抽印一元票若干,当可照办。(丙)关于十元票者。原定印凹版一次需时一个半月,印凸版图章签字号码需时半个月。今背面亦改印凹版,则期限当然展长一个半月也。按印凹版手续,以敝处能力言,每日多至单面八千张为度。而是项纸张质地太薄,伸缩过甚,勉印两次凹版,实属异常困难耳。至于三种票版,原订民国十年十二月底以前制竣,今因一再改动,亦须展缓若干时,当蒙鉴察。

二、印票价值随以增加也。各票背面不印凸版而改印凹版,其印价自与原议不同,计应加之印价共一万六千九百五十元。兹将加价理由列表附呈。

三、废纸预备终觉不敷也。原订废纸,预备以百分之五为率,溢于此数,应归敝处认赔。嗣以多印凹版一次,承许加至百分之七五。然而按诸多印凹版纸张质薄情形,至少须加至百分之十为标准。事实使然,无可为强。且绉纸与原来破污,凡非印坏之纸,应请宝行承认,以昭公允。

右陈各节,敬乞鉴核示复。尚须双方于合同签注,俾资信守。专此奉达,即颂

公祺

鲍咸昌谨启

民国十一年七月八日

对于印刷技术工艺方面问题,银行家们发言权不多,如若讨价还价,则是银行家擅长。再说舞文弄墨,鲍咸昌哪是两位进士出身银行家的对手?浙兴很快以公函名义答复鲍咸昌云:

咸昌先生阁下:昨承八日惠函,以敝行钞票因背面改刊凹版须延期交货并拟加价等因,均敬聆悉。查敝行钞票背面,原议确系刊印凸版,惟贵馆所刊凸版,异常模糊,殊难应用,样券具在,可以查考。当时再三磋商,无法可想,只得改刊凹版。此与敝行纸张无关,谅早在台端洞鉴之中。当改刊时,贵馆仅以制版略需费用为言,时间、印费并未提及。

兹者钞票业经开印月余,贵馆忽欲增加巨额印费,并延长交货期限至一倍之久,等合同于无效,实使敝行为难。查所订钞票,原价已不算廉,此次改印凹版一次,免去凸版二次,套数既减,工料自省,此绌彼盈,相差无几。现在各银行钞票,大概印自美国钞票公司,其印刷之精,自不待言。该公司所制钢版乃真钢版,其价目平均尚不过每张三分以上。贵馆印刷日求精进,营业最讲信用,夙所钦仰,价目一层,务请从长研求。敝行与贵馆交谊素深,以后交易正多,尤盼通盘筹算、格外克己为荷。所有印刷期限,此间总期从速。如延长数月,损失不赀。使贵馆易地而处,当亦有所不愿也。至增加废纸一节,本可融通商量,但此间余纸无多,如按百分之十计算,实难敷用。且工人一闻又增废纸成数,则所废必更加多。即使能照尊拟数目增加,其结果恐仍不敷用。此事亦祈谅察为荷。专复,并颂

大绥

浙江兴业银行敬启

十一年七月十日

原信稿有叶景葵多处亲笔修改痕迹,斟字酌句,十分慎重。最有意思的是,原稿署名“叶○○、陈○○”,后被改为“浙江○○○○”,显然考虑事关重大,不宜用个人出面的缘故。

经过双方友好协商,互相让步,浙兴增加印费一万余元,商务则承诺交货提前并降低废纸率。于是很快签订了修正条款九条,作为原合同的补充。全文如下:

今为浙江兴业银行将壹圆、五圆、拾圆叁种钞票,原定背面印凸版二色者,改印凹版一色。所有原合同内订定之印价及交票期限各项,均须修改。业经双方议定,开列于后:

(一)三种钞票用凸凹版印,正面印凹版壹色,凸版弍色;背面印凹版壹色;正面两边分次加印号码并红色图章;背面加印签字地名壹色。共陆色柒次。

(二)三种钞票,壹圆票每张洋叁分柒厘叁毫,印伍拾万张,计洋壹万捌千陆百五拾元;伍圆票每张洋叁分弍厘八毫,印壹百弍拾万张,计洋叁万玖千叁百陆拾元;拾圆票每张洋叁分玖厘弍毫,印叁拾五万张,计洋壹万叁千柒百弍拾元。共计洋柒万壹千柒百叁拾元。因钞票背面

改印凹版，另贴偿制版费洋陆百元。共计洋柒万弍千叁百叁拾元正，不折不扣。上海交货，上海交洋。

（三）拾圆票版，极迟本年阳历九月底以前必须制竣，不得延误。票版制竣壹星期内，送正式印样。俟印样阅准签字后，壹个半月交叁万张，以后每月至少交足肆万张。

（四）壹圆、伍圆票两种，自本年阳历九月起，每月至少交足念壹万张。

（五）壹圆、伍圆、拾圆票三种，限定民国拾弍年阳历肆月底一律如数交齐，不得延误。（所有各票交货，应先应后，均凭浙江兴业银行临时指定付印。）

（六）加印暗记及装票箱子等费不再另加。

（七）钢版每版至多印至壹万弍千张后即须另换。其原版得俟印票全数完竣，由浙江兴业银行收回。

（八）商务印书馆承印此项钞票，至多每千张小张以柒拾伍张为试印之用。

（九）除以上各条双方遵守不得翻议外，余仍依据民国十年九月十四日所定原合同办理。

中华民国拾壹年玖月拾叁日

商务印书馆代表人鲍咸昌

浙江兴业银行代表人叶景葵

1922年12月1日，浙江兴业银行开始发行其第三版钞票。此前一天，上海各报纸都刊登了浙兴发行钞票的新闻。一家民营银行发行钞票本是一件大事，商务印钞也不是小事。要不是这些原始档案保存至今，有谁能知晓其中的艰辛曲折呢？老一辈实业家们为中国经济发展、金融繁荣所作出的不朽贡献，值得我们认真总结和学习。笔者以为，应从一个一个具体事例上着手才是正确的方法，没有捷径可走。

〔作者系上海浦东新区文史学会会员〕

南京临时政府保护华侨的政策与实践

曹必宏　许海芸

1912年1月1日，中华民国临时政府在南京成立。虽然南京临时政府仅仅存在了三个月时间，但作为辛亥革命结出的重要胜利果实，它宣告了封建专制的结束和民主共和制的确立，为近代中国翻开了崭新的一页。南京临时政府成立后，制定和推行了一系列充满民主共和精神、维护国民权利、推动资本主义发展的政策法规和措施。本文将重点考察南京临时政府保护华侨的政策与实践，以展现新生的民国政府在保护华侨方面所作出的成绩与影响。

一、南京临时政府保护华侨的政策

海外华侨与革命者有着深远而亲密的关系，对辛亥革命有着卓越贡献，孙中山曾赞誉“华侨乃革命之母”①。为了推翻封建专制、建立民主共和、求得国家独立与人民幸福，广大海外华侨中的有识之士或参加革命团体，积极投身革命活动；或设立书报社，办报印书，大力宣传革命思想；或筹款捐资，慷慨解囊，赞襄革命。他们中的许多人不仅为革命事业倾尽家资，有的甚至献出了宝贵的生命。仅在1911年4月爆发的黄花岗起义中，就有29位分别来自新加坡、马来西亚、越南、印度尼西亚等国的华侨在此役中牺牲，其中最小的是出生于马来西亚的余东雄，

① 张永福：《南洋与创立民国》，中华书局1933年版，第1页。

当时年仅 18 岁。[1] 对于海外华侨对辛亥革命的贡献,孙中山曾给以高度评价:"我海外同志,昔与文艰苦相共,或输财以充军实,或奋袂而杀国贼,其对革命之奋斗,历十余年如一日。故革命史上,无不有'华侨'二字,以长留于国人之脑海。"[2]

海外华侨对革命的卓越贡献,使孙中山等革命党人深感祖国有保护华侨的责任,而华侨在海外的艰辛生活和悲惨遭遇,更使孙中山等人意识到保护华侨的必要性和迫切性。当华侨为谋生计背井离乡、远离故土时,他们面对的不仅是陌生的异域,艰辛甚或悲惨的生活,还有当地政府的种种歧视、排斥,以及殖民统治者和资本家的虐待与迫害,然而软弱腐败的清政府却从未成为他们坚实的依靠。因此,当他们不论贵贱贫富,都倾其所能,支持祖国的革命事业时,其所表现出的浓浓的爱国心和民族情无疑是十分令人动容的。对此,华侨出身并为革命事业常年奔走海外的孙中山曾深有感触地说:"文毕生心力尽瘁国事,间关跋涉,几遍五洲,而交趾故墟,足迹栖迟,为时非暂。凡我侨胞直接间接所受政治上的痛苦,罔不洞知,每思专制推翻,民治发展之后,稍尽保护之责,藉抒痛苦之情,耿耿此心,无时或息。"[3]因此,南京临时政府成立后,在孙中山的领导下,制定和实施了一系列保护华侨的政策。

(一) **批准成立华侨联合会,利用民间力量,协助维护华侨权益,密切华侨与祖国的联系。**

南京临时政府成立后,为密切海外华侨与祖国新政府之间的联系,同时也便于将世界各地华侨联合起来,为振兴祖国尽一份责任,美洲、日本、荷属东印度(即今印度尼西亚)等地华侨代表吴世荣、林文庆、张永福等二三十人联袂回国,决定在上海设立一个"华侨统一机关"[4],于是共同发起成立"华侨联合会"。随后,华侨们派代表赶赴南京,一面向临时政府办理登记立案,一面向孙中山面禀华侨联合会的创设宗旨和

① 陈兴国:《马来西亚华人与中国革命运动》,(台北)国父纪念馆编印:《南洋华侨与孙中山革命》,2010 年版,第 101、102 页。

② 《孙中山全集》,中华书局 2006 年版,第六卷,第 52 页。

③ 《孙中山全集》第五卷,第 543 页。

④ 《华侨公会之解释——华侨联合会复海外某商会函》,《民立报》,1912 年 6 月 3 日。

筹备情况。① 他们向孙中山呈交了一份由吴世荣等拟具的呈文及其附件《华侨联合会创办简章》,“伏乞大总统查核批准立案,以便订期开会,从速进行”②。孙中山对华侨代表关于创设华侨联合会的禀报赞许有加。③ 1912 年 1 月 26 日,临时政府内务部奉总统府之令批准华侨联合会立案。批文称:“查贵代表等组织华侨联合会,以谋各方面公益,爱国热诚,殊堪嘉尚。所订简章十八条,宗旨既极正大,条理亦复分明,应准立案,以资保护而促进行。”④

2 月 8 日,华侨联合会在上海正式召开成立大会。⑤ 大会通过了《华侨联合会简章》。简章规定“本会以联合国外华侨,共同一致,协助祖国政治、经济、外交之活动,及研究侨民之利弊为宗旨”。其义务与职责包括四个方面:一、“对于海外各埠华侨,遇有障碍通商事故,应联合内外设法排除”;二、“对于民国政府一切充实财政、兵力及办理外交诸事,应尽力协助”;三、“对于国外华侨商业,及关于政治、外交、教育各问题,得随时开会研究,条陈其意见于政府”;四、“有招待归国华侨之义务”。⑥

该会总会设于上海,国外各埠设立分会。会内设正副会长各一人,分评议、干事两部,干事部分为庶务、会计、书记、调查四科。汪精卫、吴世荣分别被推举为会长、副会长。汪虽非华侨出身,但他一直追随孙中山,并曾奉命赴南洋华侨社会活动多年,在侨界颇具声望,由他出任会长,在一定程度上体现了临时政府与华侨联合会的密切关系。而该会的“名誉赞成员”包括了黄兴、胡汉民、伍廷芳、蔡元培、于右任、宋教仁等一大批临时政府军政要人,更是凸显了临时政府对华侨联合会的高度重视。⑦

---

① 倦鹤:《华侨联合会过去一年之史略》,华侨联合会编:《华侨杂志》第二期,1913 年 12 月。

② 《吴世荣等组织华侨联合会请求立案呈及内务部谕》(1912 年 1 月),中国第二历史档案馆编:《中华民国史档案资料汇编》第二辑,江苏古籍出版社 1991 年版,第 20—23 页。

③ 倦鹤:《华侨联合会过去一年之史略》,《华侨杂志》第二期。

④ 《吴世荣等组织华侨联合会请求立案呈及内务部谕》(1912 年 1 月),《中华民国史档案资料汇编》第二辑,第 20—23 页。

⑤ 《华侨联合会公电》,《民立报》,1912 年 2 月 9 日。

⑥ 《华侨联合会简章》,上海自由社编印:《中国革命记》第二十四册,1912 年版。

⑦ 《华侨联合会简章》,《中国革命记》第二十四册。

此后，华侨联合会成为南京临时政府联络海外华侨和处理华侨事务的得力助手，它不仅帮助临时政府及时了解海内外侨情，协助政府维护华侨权益，而且进一步密切了海内外华侨与祖国的联系。

（二）颁布法令，禁绝贩卖“猪仔”，切实保护侨工权益。

所谓“猪仔”，系指19世纪中期至20世纪初期，被以“契约劳工”的名义诱骗和掳掠至海外从事各种苦力的华工。19世纪中叶，西方殖民主义者在海外的殖民地迅速扩大，急需大批劳动力，而中国由于封建剥削的加重和资本主义商品的倾销，出现了大批破产农民和手工业者，这样，贩卖华工的“猪仔贸易”便在广东等沿海各地兴起。当时，西方资本主义国家政府或商业机关凭借不平等条约，利用与勾结其在中国的代理人（即“猪仔头”），在中国沿海地区开设招工公所（即“猪仔馆”），或是许以优厚待遇进行诱骗，或是强行掳掠，在半个多世纪里，将数以百万计的华工贩运到南洋、美洲、欧洲、非洲等世界各地，从事开挖矿山、垦荒筑路等苦力，成为变相奴隶。尽管这些华工为当地建设作出了重要贡献，却过着极其悲惨的生活，“生死逐留，一惟其命，敲剥逼勒，莫撄其锋。盖为世界人类所未有之惨状”①。对此，晚清政府却“草菅人命，漠不关心”②。

作为华侨出身的革命家，孙中山为革命事业常年奔走海外，对“猪仔”的悲惨遭遇和海外华侨所遭受的不平等待遇极为同情和关注。民国初建，荷属侨民曹运郎等向南京临时政府递送了请禁止贩卖“猪仔”及保护侨民的呈文。对此，孙中山极为重视。1912年3月14日，他令外交部妥筹禁绝贩卖“猪仔”及保护华侨办法。令文中称：“兹据荷属侨民曹运郎等呈请禁止贩卖猪仔及保护华侨各节。查海疆各省，奸人拐贩猪仔，陷人涂炭，曩在清朝熟视无睹，致使被难同胞穷而无告。今民国既成，亟应拯救，以尊重人权，保全国体。又侨民散居各岛，工商自给亦实繁有徒，屡被外人凌虐，然含辛茹苦，挚爱宗邦。今民国人民共享自由幸福，何忍侨民向隅，不为援手。”为此，“令行该部妥筹杜绝贩卖及

---

① 《冯自由组织北京华侨联合会呈请立案有关文件》（1912年12月—1917年4月），中国第二历史档案馆藏档，档号一〇〇一（2）/966。

② 《临时大总统关于严禁贩卖猪仔致广东都督令》（1912年3月19日），《中华民国史档案资料汇编》第二辑，第36页。

保护侨民办法,务使博爱平等之义,实力推行”。① 同时,他还令广东都督严行禁止贩卖“猪仔”,指出“惟禁止猪仔出口,尤为刻不容缓之事”,“务使奸人绝迹,以重人道而崇国体”。② 孙中山禁绝贩卖“猪仔”的命令,是民国时期中国政府最早的保护华侨的重要文献,它充分体现了南京临时政府爱侨、护侨的立场。

(三)计划加强侨务立法及设立专门管理华侨事务的机构,以保护华侨的人身、财产等权利。

当孙中山下令禁绝贩卖“猪仔”及保护华侨后,临时政府外交部即根据孙中山的命令,加紧侨务立法,准备以法律的形式,确立和保护华侨在海外的人身和财产等权利,以便使海内外中国人同享“博爱平等之义”。孙中山还计划在临时政府内政部下设置一个专门管理华侨事务的行政机构,以进一步维护华侨权益。虽然这些政策措施还未来得及实施,南京临时政府便告结束,但却为此后民国中央侨务机构的设置和侨务立法的实施奠定了基础。

二、南京临时政府保护华侨的实践

南京临时政府在其存在的三个月时间内,不仅制定和实行了一系列保护华侨的政策,而且在海外华侨遭受所在国政府或殖民当局迫害时,还挺身而出,极力维护他们的权益,进行有理有据的斗争。其中最为典型的案例就是对“泗水华侨升旗案”的处置。

“泗水华侨升旗案”发生于民国初年,是荷属东印度殖民当局虐待当地华侨所导致的一次重大事件,该案的成功交涉是南京临时政府护侨政策的一次重大实践。

泗水位于印尼爪哇岛东北沿海的泗水海峡西南侧,早在中世纪开始就成为爪哇的对外贸易港口,与印尼其他地区一样,很久以前便有华人移居于此。一直以来,印尼华侨都遭受着荷兰殖民统治者的不公正

① 《孙中山关于妥筹禁绝贩卖猪仔及保护华侨办法致外交部令》(1912 年 3 月 14 日),中国第二历史档案馆藏档,档号一〇三九(2)/208。

② 《临时大总统关于严禁贩卖猪仔致广东都督令》(1912 年 3 月 19 日),《中华民国史档案资料汇编》第二辑,第 36 页。

待遇乃至压迫残害,不仅行动缺乏自由,生命财产安全也时常受到侵犯。1907 年,荷兰政府颁布荷属东印度"归化法",规定所有出生于此地的华侨均被视为荷兰国民,以此强迫华侨改入殖民地籍,企图割断华侨与祖国的联系,同时还规定了种种苛刻的归化条件,如要增服兵役、要会使用荷兰语言、要有一定数额的财产等,使当地华侨苦不堪言。在司法上,印尼华侨也遭受着极不公正的待遇。"查和〔荷〕治理华侨人有所谓 Coligie Roll 者,按照此律,凡华人因事被逮,不准向寻常裁判所起诉,必先监禁,必七日,然后提交甲必丹①任意定罪,不准本人或倩〔请〕律师辩诉,定罪后即为终审,不能上诉。此等苛律只施行于中国人。"②

进入 20 世纪,海外华侨民族主义思想有了蓬勃发展,特别是同盟会成立后,有计划地派骨干前往印尼等地华侨中开展革命活动。他们以设立书报社的形式,向华侨宣传反清的民族主义思想和民主意识,劝说他们消除地域观念,参加革命组织。书报社成为变相的革命机关,先后成立的有 50 余处,其中较为著名的有雅加达华侨书报社、泗水明新书报社、巴东书报社等。同时,革命党人及印尼华侨还创办了《泗滨日报》、《泗水民铎报》等革命报刊,宣传革命思想。这些都促进了华侨民族意识的发展,加强了印尼华侨对祖国的认同。1912 年 2 月,当南京临时政府成立的消息传到泗水时,当地华侨欢欣鼓舞,举行了热闹的升中国国旗典礼,以此来表达内心的喜悦和对祖国未来的美好愿景,同时他们也希望祖国的新政府能成为他们漂泊于异国他乡的坚强有力的后盾,保护他们免受殖民者的侵害。然而,当地华侨的升旗庆祝活动却遭到了荷兰殖民政府的无理干涉和残酷压迫,酿成了轰动一时的"泗水华侨升旗案"。

根据泗水华侨陈文波的报告,"泗水华侨升旗案"经过如下:1912 年 2 月 17 日即阴历除夕,泗水华商增兴号、瑞昌号因燃放炮竹与荷兰警察发生冲突(按惯例当时是准许华人燃放炮竹的),荷兰警察遂开枪威吓。同时,华商同举隆号也因燃放炮竹事与荷警发生争辩,有三名警员闯入店中大肆骚扰。该店店主请求警长主持公道,却被警长拘禁,绑

---

① 荷兰殖民政府任命的专门管理华侨的华人官员。

② 《外交部关于办理荷兰虐待华侨事件案致有关各方的电》(1912 年 2—3 月),中国第二历史档案馆藏档,档号一〇三九/532。

住双手,赤足蹲地,遭到毒打。第二天(18日),同举隆号的伙计将此事报告给当地的华人官员玛腰和甲必丹,但是向来凌虐同胞以献媚于荷官的二官员不仅置之不理,反而对前来报告的伙计横加侮辱,使当地华侨深感愤怒。当日适值农历新年,华侨举行了热闹的升旗仪式庆祝民国成立,然而身为华人的玛腰郑泰兴和甲必丹韩钟庆既不剪辫,也不参加升旗。19日,来自广东的几名木匠在街上和郑、韩二人相遇,向之诘问并要求他们参加升旗。不料,郑、韩二人却叫来警察驱逐侮辱这些华侨。围观的华侨愈聚愈多,韩又电请荷官派兵弹压。此举激起了华侨们的公愤,他们冲进韩家中,砸烂其家具,警察开枪射击,当场打死一人,伤十余人。枪响后,围观者纷纷逃散,一部分人避入书报社。荷兵追至,不分青红皂白掳去了包括当时正在书报社中阅读的华侨在内共29人,带走了社中全部电稿、账簿等资料,并查封了该书报社。随后,荷兰警察四处搜捕,至当夜,共拘捕57人,击毙2人。20日,泗水全体华侨一致罢市,以示抗议。罢市后,华人往来函电遭荷印当局禁阻。在接下来的数日里,荷官率兵警荷枪提刀,威吓逼令华侨复市,每日均有数十甚至数百人因拒绝复市而遭拘捕,无辜妇孺也遭横掳,前后被拘者达一千余人,且有一人死于狱中。26日,又有从新加坡乘船赴泗水的百余华人遭禁。24日,荷官下令将书报社五色旗降下,升荷兰国旗,并贴出了禁止华人升旗的公告。荷官还多次恫吓书报社总理,逼令其承认被拘之人有图谋不轨之情事,并扬言要开炮洗市。①

与此同时,巴达维亚、孟加锡朝水埠也发生了华侨升旗庆祝遭荷官干涉,国旗被撕烂,多人遭伤杀掳禁的恶劣事件。②

惨案发生后,当地华侨分别致电北京袁世凯政府、南京临时政府和上海华侨联合会,陈述案情,请求保护。华侨联合会也在第一时间将消息火速转报南京临时政府。得此消息后,临时政府高度重视,外交总长

① 《外交部收参议院转交闽都督报告荷兰虐待华侨各节并拟对应办法数条请核夺的咨文》(1912年3月30日),中国第二历史档案馆藏档,档号一〇三九/532。

② 1912年2月23日,外交部致海牙中国公使电称:"接巴城、泗水、朝水埠电称,各该处侨民庆祝大典,和〔荷〕官干涉,撕烂国旗,伤杀掳禁多人,封报禁电,迨全体罢市,复被威吓开店,危急待救。"《外交部关于办理荷兰虐待华侨事件案致有关各方的电》(1912年2—3月),中国第二历史档案馆藏档,档号一〇三九/532。

王宠惠一面电慰荷属侨胞，一面于2月21、22、23日分别就巴达维亚、孟加锡、泗水事件致电主掌北京大权的新任临时大总统袁世凯，陈述荷兰殖民当局的暴行，"乞向荷使严重交涉"①。但直到24日，袁世凯才回电称："此事外部前接华侨来电，已电驻荷使并向驻荷使交涉矣。"②次日，袁世凯又复电外交部称："二十三日即由外部电知驻荷刘使向政府交涉，并派员往诘驻京荷使。"同时，他表示："华侨遭厄，自必极力援拯。惟现在政府尚未统一，交涉各事，每令人轻视，棘手极多。"③临时政府外交部除致电袁世凯外，还于23日直接致电在海牙的中国驻荷兰公使刘镜人，望其与荷方严重交涉。④

闻知"泗水华侨升旗案"的国内军政要人和各社会团体纷纷发出函电，要求政府鼎力交涉，保护华侨，力争国权。南京临时政府副总统黎元洪和福建都督孙道仁都在各自电文中指出：荷人之所以如此行为，实因前清政府一直以来都未真正起到保护侨民的作用，致使荷人视中国侨民如无国之民，对其肆意妄为；而华侨之所以不惜倾家荡产资助革命，无非是希望新政府成立自己能有所依靠，因此，对于此次事件，政府定要积极妥善交涉，采取有效措施切实保护华侨。黎元洪还在电文中进一步指出了此事对中国的国际地位和对外交往的影响："（荷兰殖民统治者）此种举动几以待亡国之行为待华侨而藐视我民国也。况民国之基础初立，总统之选举始定，而当头一棒，即发于被保护之荷兰，倘东西列强尤而效之，则将若何？……失今不图，安见后日华侨之受荷人虐待者不更甚于今日乎？又安见他国之待华侨者不援以为例乎？"⑤作为

---

① 《外交部关于办理荷兰虐待华侨事件案致有关各方的电》（1912年2—3月），中国第二历史档案馆藏档，档号一〇三九/532。

② 《袁世凯关于华侨与荷官交涉已电驻荷刘使并向驻京荷使交涉致外交部电》（1912年2月24日），中国第二历史档案馆藏档，档号一〇三九/532。

③ 《袁世凯关于华侨与荷官交涉之事已再三交涉现仍在设法致外交部电》（1912年2月25日），中国第二历史档案馆藏档，档号一〇三九/532。

④ 《外交部关于办理荷兰虐待华侨事件案致有关各方的电》（1912年2—3月），中国第二历史档案馆藏档，档号一〇三九/532。

⑤ 《福建都督孙道仁关于泗水华侨因升旗被荷人凌辱事请中央政府设立领事以资保护致外交部电》（1912年2月29日），《武昌黎元洪关于荷人虐待华侨种种不法惨无人道民国初立自应严重交涉以资保护致外交部电》（1912年3月9日），中国第二历史档案馆藏档，档号一〇三九/532。

"联合国外华侨"之民间机关的华侨联合会,除通电南北政府和各省、各社会团体外,"且假张园开会,研究对待之法、救援之法"。并在会上拟定了三条意见:一、请外交部与荷兰驻北京公使严重交涉;二、请速派领事前往爪哇调查案情;三、修改中荷条约,以保国权。① 为郑重起见,华侨联合会先是于 2 月 24 日派林文庆、庄啸国为代表赴北京面陈案情,②后又派田梓琴向孙中山和王宠惠面陈该会意见。③ 由于当时泗水未设中国领馆,该会特派出邱心容为代表,赴泗水进行调查,以便及时了解事态进展,并报告给国内有关方面,为中国对荷交涉提供有力的事实论据。为壮大声势,华侨联合会还联合统一人民社、民国公会、统一共和党等数十个社会团体,发起成立对荷外交后援团,声援支持中国政府的对荷交涉。

面对中国政府的严正交涉,荷兰殖民政府先是推脱不明实情,敷衍塞责,后又避重就轻,百般狡赖,"伊援前未认葡萄牙之时,葡船挂旗亦不准进口"④,为撕毁国旗事开脱,甚至责备中国政府"不应将改建国体通告华侨"⑤。以孙中山为首的南京临时政府旗帜鲜明地反对荷兰殖民当局迫害华侨的罪行,严词驳斥其谬论,指出:"此事⑥环球共悉,若谓不应通告,是并本国与国人通电之权亦加以干涉。本部以为和〔荷〕外部不应出此言。"同时,南京临时政府外交部希望与荷方交涉的袁世凯及北京政府坚定立场,不作妥协退让,"此案曲全在彼,不能听其狡赖。尊处须抱定此旨,据理力争,不必多作委曲语"⑦。

然而,荷兰殖民当局依然寻找种种借口,百般推脱、狡赖,表示出动

---

① 倦鹤:《华侨联合会过去一年之史略》,《华侨杂志》第二期。

② 《华侨联合会关于泗水华侨被荷官虐待一案由林文庆等人为代表晋京面陈一切致外交部电》(1912 年 2 月 24 日),中国第二历史档案馆藏档,档号一〇三九/532。

③ 《华侨联合会关于泗水案本会托田梓琴面陈意见情望政府迅致外交部电》(1912 年 3 月 10 日),中国第二历史档案馆藏档,档号一〇三九/532。

④ 《袁世凯关于华侨与荷官交涉之事已再三交涉现仍在设法致外交部电》(1912 年 2 月 25 日),中国第二历史档案馆藏档,档号一〇三九/532。

⑤ 《袁世凯报告办理荷属华侨事允当求和平方法致外交部电》(1912 年 2 月 25 日),中国第二历史档案馆藏档,档号一〇三九/532。

⑥ 即指改建国体事。

⑦ 《外交部关于办理荷兰虐待华侨事件案致有关各方的电》(1912 年 2—3 月),中国第二历史档案馆藏档,档号一〇三九/532。

警察和兵队是为维持治安,“华侨不服约束,遂捕多人。政府并无反对共和之意,惟该地方官于未奉承认明文前,不能不照向章办理”①。驻北京荷使贝拉斯甚至企图以“允以私意通知该处荷官不禁升旗,并允将所捕之人酌量释放”来平息事件,蒙混过关。② 对此,南京临时政府外交总长王宠惠在致北京唐绍仪的电文中指出:“和〔荷〕属虐待华人,由来已久。此次风潮偶因升旗而发生,故现下所亟应争者,不在升旗问题,而以释人、索偿、废除虐例为最要。此次被捕诸人,事同一律,自应全行释放。若如和〔荷〕使所云,未知所谓酌量者,以正式之裁判为准,抑以甲必丹之意为准。至允以私意电告和〔荷〕官不禁升旗一节,现庆典已过,而拘捕日众,即谓升旗于伤民何补,且伤民既属理,且固不应以私意调停。盖私意只可以处个人之事,而不可以施之国际交涉。此次要求各款,务须确实承认,方为妥善。仍希据理力争,无任狡赖。”③再次表明了南京临时政府保护华侨的坚定立场,同时也进一步指出了交涉的重心在于废除华侨在当地遭受的不平等待遇。

2月26日,南京临时政府召开紧急会议,议决对荷兰交涉的四项条件:一、限三日内释放被捕华侨;二、赔偿财产损失;三、对被害者给予赔偿;四、恢复人权,华侨与欧侨、日侨一律对待。随后,王宠惠将上述要求电发荷兰外交部。④ 为了向荷兰政府施加压力,孙中山下令广东都督禁止华工赴荷属地。此举令荷兰政府十分慌张,得此消息的荷使贝拉斯立即致电北京政府打听此事的真假。⑤ 为了进行实地调查,掌握事实真相,而非听信荷兰殖民当局的一面之词,南京临时政府外交部经与北京政府外务部商议,决定派爪哇总领事苏锐钊就任巴达维亚总领事,赴巴达维亚和泗水等地进行调查。鉴于泗水案情重大,南京临时

① 《唐绍仪关于与荷使交涉允以私意通知该处荷官不禁升旗并允将所捕之人酌量释放致外交部电》(1912年2月28日),中国第二历史档案馆藏档,档号一〇三九/532。

② 《唐绍仪关于与荷使交涉允以私意通知该处荷官不禁升旗并允将所捕之人酌量释放致外交部电》(1912年2月28日),中国第二历史档案馆藏档,档号一〇三九/532。

③ 《外交部关于办理荷兰虐待华侨事件案致有关各方的电》(1912年2—3月),中国第二历史档案馆藏档,档号一〇三九/532。

④ 刁仕军编:《捭阖虎狼——旧中国历次外交战实录》,河北大学出版社1996年版,第3页。

⑤ 《北京外务部关于荷使称香港荷总领事电称报载孙大总统禁止华工赴荷属地是否属实乞电复致外交部电》(1912年3月22日),中国第二历史档案馆藏档,档号一〇三九/532。

政府外交部"嗣又与北京外部商派专员前往查办。……宜派声望较著者之大员兼熟悉彼中情形者,庶查办较易为力"①。

在海内外中国人民的一致声援下,通过南京临时政府与北京政府的共同反复交涉,荷兰殖民当局最终不得不释放了所有被捕者,并答应了如下条件:一、惩办杀害华侨的凶手;二、优礼安葬被害华侨,抚恤家属;三、受伤华侨除由荷兰政府负责医治外,并给予调养费;四、华侨财产损失如数赔偿;五、荷兰政府对旅居荷属的华侨与荷兰人同等看待。② 至此,历经数月艰辛交涉的"泗水华侨升旗案",终于以中国外交的胜利而告结束。

从南京临时政府对"泗水华侨升旗案"的处置过程,笔者可以清楚地得出以下几点认识:

首先,南京临时政府保护华侨的态度是始终积极的,立场是坚定不移的。得到事件发生的消息后,南京临时政府在第一时间致电袁世凯,力主对荷交涉。当得悉荷属殖民地情势愈加严峻,而袁世凯又迟迟不予回电时,临时政府前后连发四电给袁世凯陈述案情,望其"责令和〔荷〕代表迅电和〔荷〕官,立将被掳诸人释放,并为死伤及损失财产者索偿"③,并直接致电中国驻海牙公使,望其与荷兰政府直接交涉。在交涉过程中,当荷兰殖民当局以种种理由百般推脱狡赖时,临时政府坚持立场,以强有力的论据驳斥荷方的无理之词,并从更深层次指出了交涉的重心,在于废除华侨在当地遭受的不平等待遇,从而使该案的交涉诉求不仅仅止于平息事件本身,而是要解决荷属华侨长期遭受不平等待遇的问题,从根本上维护华侨的合法权益。

其次,民国初年政治形势的困境,在一定程度上阻碍了南京临时政府保护华侨政策作用的发挥。民国肇建,南京临时政府曾试图以全盘接受前清政府与各国列强所签订的不平等条约为代价,希望得到各国承认,但始终未能如愿,各国只同袁世凯掌握实权的北京政府保持联

---

① 《外交部关于办理荷兰虐待华侨事件案致有关各方的电》(1912 年 2—3 月),中国第二历史档案馆藏档,档号一〇三九/532。

② 《泗水华侨与和兰警察之冲突》,《东方杂志》第八卷第十二号,1912 年 6 月。

③ 《外交部关于办理荷兰虐待华侨事件案致有关各方的电》(1912 年 2—3 月),中国第二历史档案馆藏档,档号一〇三九/532。

系。这就使得南京临时政府在泗水案发生后，不得不一再致电以袁世凯为首的北京政府，力图通过北京方面与荷兰殖民当局进行交涉。这无疑增加了交涉的难度，使泗水案之对荷交涉颇费周折，交涉时间较长。而全盘接受不平等条约，又给中国的外交套上了沉重的枷锁。如1911年前清政府与荷兰签订的中荷关于荷属领事条约规定，中国驻荷属殖民地领事为商业事务官，仅能保护辖内之商业，无外交交涉之权利，“无论何项请求，非经驻扎海牙外交官则不得迳陈于荷兰政府”①。此规定严重限制了中国政府保护本国侨民合法权益的权利行使，给荷兰政府虐待华侨披上了合法外衣。因此，当苏锐钊以巴达维亚总领事之职前往泗水实地调查时，荷兰政府便强要其“惟须照约专允商业员在管辖地方内维持己国商业，不得干预内政”②，企图以此限制其开展调查，进而阻碍中国政府的对荷交涉。

尽管遭遇重重困难，但“泗水华侨升旗案”的成功交涉，仍是鸦片战争以来中国外交的一次重大胜利，也是南京临时政府保护华侨政策的一次重大实践，它使近代中国外交有了新的生机，维护了国家应有的威望。

综上所述，尽管由于南京临时政府仅仅存在了三个月，其保护华侨的政策和措施许多还未来得及制定和实施，其成效也不够显著，但是南京临时政府所制定的相关保护华侨政策以及对“泗水华侨升旗案”的处置，使广大海外华侨深受鼓舞，进一步增强了他们对祖国的认同感，海外华侨与祖国的联系更加紧密。

〔作者曹必宏系中国第二历史档案馆副馆长、研究馆员，许海芸系中国第二历史档案馆馆员〕

① 黄月波等编：《中外条约汇编》，商务印书馆1935年版，第319、320页。

② 《北京外务部胡惟德关于据荷使称得海牙复电准苏锐钊就巴达维亚总领事到巴后相机交涉致外交部电》(1912年3月20日)，中国第二历史档案馆藏档，档号一〇三九/532。

民国沪浙经济关系浅析

杜恂诚

对于民国沪浙经济关系，学界已有不少研究成果，如陶水木教授的专著《浙江商帮与上海经济近代化研究(1840—1936)》、丁贤勇教授的专著《新式交通与社会变迁——以民国浙江为中心》、易继苍教授的博士后研究报告《浙江籍买办研究》、戴鞍钢教授的论文《清末民初上海与杭州的交通联系》等等。笔者对这个题目积累不够，本文错误之处，还望识者多加指点。

一

近代上海的崛起，是浙江人、广东人、江苏人等等全国的精英共同选择和努力经营的结果。上海开埠之前只是个小渔村，后来成为大都市，浙江人在其中起了重要的领军作用。这种领军作用主要表现在四个方面：第一，在以进出口贸易为特征的新式商业的引入和壮大过程中，浙江人起了重要的不可替代的作用；第二，在上海银钱业的发展中，浙江人占有最为重要的地位；第三，在商业资本和金融资本向实业资本(包括工业、交通运输业等)转化或渗透的过程中，浙江人显示了卓越的才能和一往无前的勇气；第四，浙江人在上海的各类商业团体中发挥了核心作用。可以说：浙江人撑起了近代上海经济的半片天。从这个意义上说，近代上海是浙江人的上海，是广东人、江苏人的上海，是全国人民的上海。近代上海经济不是地域经济，而是全国经济的集中体现。

清政府在甲午战败后放弃产业独占政策，转而鼓励民间投资。在进出口贸易中已有长期积累的商人和买办，以及实力雄厚的钱庄业者，纷纷制定投资设厂的计划。上海并不是投资设厂的唯一选择，江苏的无锡、南通等城市，浙江的杭州、宁波等城市，都是可选择的地点。浙江籍的投资者，曾经关注在杭州和宁波等浙江城市中的工业投资，初始的势头颇猛。

在棉纺织业方面，1896 年由严信厚在宁波创办的通久源纱厂，资本 42 万元。该厂的前身是 1887 年设在宁波的通久源轧花厂，资本 5 万元，因获利丰厚，便于 1894 年筹设纱厂，1896 年正式开工。[①] 该厂设在产棉区附近，初期“只限于纺纱”，“棉纱大部分为邻近地方所消纳，还有一定数量装木船运往福建”。该厂开工后生意颇旺，几番添置机器，扩大生产。[②] 1896 年筹建、1897 年开工投产的杭州通益公纱厂是丁丙、庞元济等投资创办的，纱锭 1.5 万枚，工人 1200 人，“所需棉花得自绍兴”，产品则“即在浙省销售，所称为麒麟牌者是”。1900 年“唐栖亦有一厂，绍兴近亦添设一厂，皆同义公(通益公)一家之产”。[③] 如此看来，因为赢利情况好，通益公纱厂除在杭州设有本厂外，还在两地设有分厂。此外，1899 年萧山有通惠公纱厂设立；[④]1906 年宁波有和丰纱厂设立。[⑤]

在缫丝业方面，浙江是除广东顺德和上海之外，又一个机器缫丝厂的集中设立之地。1895 年前后，浙江各地设立的机器缫丝厂有 17 家之多，其中有同样由丁丙和庞元济在杭州设立的世经缫丝厂。[⑥]

在机器面粉工业方面，则有 1900 年的杭州利用面粉厂，[⑦]以及

---

① 《海关十年报告》(1892—1901 年)，卷 2，第 65 页；《近代中国海关贸易统计报告册》(简称《关册》)，1896 年，宁波，第 302—303 页。

② 汪敬虞主编：《中国近代工业史资料》第二辑，科学出版社 1957 年版，下册，第 690—691 页。

③ 《中国近代工业史资料》第二辑，下册，第 691 页。

④ 杜恂诚：《民族资本主义与旧中国政府，1840—1937》，上海社会科学院出版社 1991 年版，第 287 页。

⑤ 关册，1905 年，宁波，第 322 页；关册，1906 年，宁波，第 323 页。

⑥ 《民族资本主义与旧中国政府，1840—1937》，第 323—324 页。

⑦ 《中外日报》，1900 年 2 月 11 日；《时报》，1905 年 1 月 27 日。

1904 年在宁波设立的通久远面粉厂。[①]

由此看来,浙江是近代中国民营机器工业的主要发源地之一,不亚于江苏。张謇在南通创办大生纱厂历时五年(1895—1899 年),似比杭、甬的几处纱厂经历了更多的艰难,大生纱厂的分厂也要到 1907 年才建造完工。[②] 直至清末,无锡也才有 1895 年的业勤和 1907 年的振新两家纱厂。[③]

二

但是,从清末到民国,浙江的产业结构并没有走上一条与上海、江苏趋同的道路,而是走上了一条错位互补的道路。这是历史和市场的选择,而不是人们刻意计划所为。

从近代中国最重要的民营产业棉纺织工业来说,通久源纱厂于 1900 年停歇,民国期间浙江地区始终仅有三家棉纺织厂,总规模几乎没有什么变化,1919 年浙江三厂的总纱锭数为 54812 枚,1928 年和 1936 年均为 58120 枚。[④] 就拿在清末浙江机器工业发生时期曾经占有重要地位的宁波来说,民国时期明显地是以发展商业为主,而以发展工业为次。1931 年上海商业储蓄银行对于宁波经济做过一次调查,调查报告说:宁波商业最繁盛,首推绸布、广货、西药、木材四种,全市商店有资本在 5000 元以上者共计 3270 余家,此系根据营业税查来,包括旅店、酒馆在内。宁波有运输货物的大轮船 5 只、小轮船 16 只,航行于南北洋各港口的帆船多达 4000 多艘。[⑤] 根据这份调查报告,宁波商业资本肯定远在 1635 万元以上,而其机器工业总共才 25 家,主要工厂的资本总额不过 193 万元。这种情况可见表 1 和表 2:

---

① 关册,1904 年,宁波,第 57 页。

② 卫春回:《张謇评传》,南京大学出版社 2001 年版,第 45—51 页。

③ 《民族资本主义与旧中国政府,1840—1937》,第 286—287 页。

④ 华商纱厂联合会 1919 年 7 月出版的《第一次中国纱厂一览表》;1928 年调查出版的《第八次中国纱厂一览表》;1937 年 3 月调查、7 月出版的《第六次中国纱厂一览表》。

⑤ 上海商业储蓄银行关于宁波银钱业及经济概况的调查(1931 年),上海市档案馆藏档,档号 Q275-1-1787。

表1　宁波各类机器工厂数(1931年)

厂别	厂数	厂别	厂数
电灯厂	1	面粉厂	3
纱厂	1	袜厂	2
火柴厂	1	笋厂	5
榨油厂	1	玻璃厂	2
针织厂	3	烛皂厂	6
		总计	25

资料来源:上海商业储蓄银行关于宁波银钱业及经济概况的调查(1931年),上海市档案馆藏档,档号Q275-1-1787。

表2　宁波稍具规模的机器工厂概况(1931年)

厂名	资本	厂址
永耀电灯	30万元	北门
和丰纱厂	60万元	江东
正大火柴	20万元	江北
通利源榨油	20万元	南门
立丰面粉	30万元	江东
美球针织	8万元	城内
淮阳袜厂	6万元	江东
如生笋厂	4万元	西门
工业玻璃	5万元	江北
宁波针织厂	10万元	江北
总计	193万元	

资料来源:同表1。

民国时期,浙江地区由市场选择的重点发展行业有交通运输业、水电业、缫丝业、丝绸业、土特产业等。交通运输业是跟商业的发展联系在一起的,水电业是城市基础建设行业,缫丝和织绸则反映了浙江的传统优势和特色。另外,在当时的各种统计和调查中得不到书面反映的还有旅游业。

在交通运输业方面,据统计,1929年浙江全省各类船舶共计75056艘,其中轮船172艘,汽轮拖船183艘,快船23艘,到1934年全省新式轮汽船发展到了276艘。浙江公路建设从1924年到1937年共建成3715.69公里,省营和民营汽车公司也随之发展起来。在铁路方面,则有沪杭甬铁路、杭江铁路等的建设。①

在发电厂方面,据1929年11月的调查,浙江全省共有电厂112家,资本总额365.4万元,总发电容量8686.7KW。② 在1932年的调查中,浙江发电厂比1929年多出11家。③ 在1936年的调查中,浙江发电厂又比1932年多出24家,特别是新成立的民营杭州电气公司总厂以及杭州电气公司设在泗安、海宁和余杭的3个分厂,其总投资高达678万元,颇具规模。④ 1931年杭州还设立了官办的杭州市自来水厂,资本135万元。⑤

缫丝和织绸是浙江的传统优势行业。1914—1937年,浙江地区共新设缫丝厂30家,丝车8050台,其中1929年一年之内新设了9家厂。⑥ 辛亥革命后,首先在杭州兴起手拉机的丝织手工工场,并较快地过渡到电力丝织工厂,如创办于1912年的纬成公司,初创时资本仅2万元,后来不断增资,1922年达到200万元,迅速实现从单一手拉机到手拉机和电力丝织机并存的过渡。1918年杭州供应工业用电后,电力机的数量增加很快,到1927年达到3000多台。1936年杭州有绸厂141家(其中公司一家),机户4000户。在机台设备方面,共有电力机6200台、手拉机8000台、木机500台;生产绸缎总计120.5万匹,其中厂货占21%,机户、机坊产品占79%。杭州是仅次于上海的江南丝绸基地。另外,湖州织绸业也有长足发展,1925年共有绸厂60多家、手拉机2000多台、电力机200台、木机4000台。⑦

---

① 丁贤勇:《新式交通与社会变迁——以民国浙江为中心》,中国社会科学出版社2007年版,第37、79、92—123页。

② 国民政府建设委员会:《全国发电厂调查表》,1929年12月印行。

③ 国民政府建设委员会:《中国电厂统计》,1932年12月刊印。

④ 国民政府建设委员会:《中国电气事业一览表》,1936年8月刊行。其中“投资额”为实收资本与长期债款之和。

⑤ 实业部中国经济年鉴编纂委员会编:《中国经济年鉴》1934年版,上海商务印书馆版,第K795页。

⑥ 徐新吾主编:《中国近代缫丝工业史》,上海人民出版社1990年版,第323页、第625—626页附录。

⑦ 徐新吾主编:《近代江南丝织工业史》,上海人民出版社1991年版,第143、147、151、153页。

三

民国时期，浙江经济结构的形成，既是全国经济布局调整的结果，也是市场根据比较优势原理进行选择的结果。

一方面，在全国经济布局大调整的过程中，浙江的投资人更多地把工业投资选择在上海，而不是宁波、杭州等浙江城市。丁贤勇教授以充分的证据证明，浙江在太平天国战争的长期冲击下，人口锐减，经济凋零，"在现代化的起跑线上拉下巨大的落差"；这场战争"加快了使上海成为江南中心城市的这一不可逆转的过程"。① 这一论断具有大局观，无疑是正确的。

另一方面，宁波、杭州等地曾经有过投资现代工业的势头，但并没有进一步发展，而是有所收敛，其中自有比较优势的寻找和定位的涵义在内。浙江的杭州、宁波与江苏的南通等城市的经济背景有一定差异，其比较优势自然也就不一样。

浙江慈溪地区农民手工纺织业的一个特点，是对机制纱布的抵抗特别顽强。这不仅是因为当地棉花产量很多，农民难以放弃自植自纺自织的传统，而且该地的商品土布大多销往山区，土布坚牢，山民乐于购用。加上当地农民缺少其他副业，因而一直到20世纪20年代初，洋纱、洋布都很难打入这个地区。这是与江南其他地区有所不同之处。② 浙江平湖地区的农民也"迟迟不肯放弃用土纱织布，遂被洋纱所织的土布逐渐淘汰，转以出售棉花为主，织布仅供自用"。③ 这与南通周边农民购用机纱织土布的情况形成鲜明的对比。

南通大生纱厂的建立，"根本就是以手织业当作销纱对象的"，④用大生纱厂的机纱织布"成为农民一条重要的谋生之路"，土布业随机器纺纱业一起兴盛起来。⑤ 虽然从长远的社会历史转型来看，土布业和

---

① 《新式交通与社会变迁——以民国浙江为中心》，第236—237页。

② 徐新吾主编：《江南土布史》，上海社会科学院出版社1992年版，第664页。

③ 《江南土布史》，第677页。

④ 严中平：《中国棉纺织史稿》，科学出版社1955年版，第269页。

⑤ 常宗虎：《南通现代化：1895—1938》，中国社会科学出版社1998年版，第62—63页。

机器纺纱业的所谓“一荣俱荣”,只是一种暂时的过渡形态,但这种过渡形态意味着:纱厂周边的广大农民土布手织户,就是纱厂巨大的市场,这个巨大市场的存在,可以使纱厂的经营较为稳定,特别是当纱厂的经营获得某种地区独占权的时候。1904 年张謇成功地阻止了朱畴在崇明和海门另设纱厂的企图,保证了大生纱厂的地区独占。反观宁波等地,周边农民手工织布业市场的不发达,使得纱厂的当地市场容量十分有限,纱厂须到别处去开发市场,外地市场的波动很容易影响到纱厂的经营。估计宁波通久源的倒闭就是与 1900 年的市场波动相关的。

浙江的比较优势产业在丝,而不在棉,因此缫丝业和丝织业相对发达,棉纺织业虽起步不晚,但少有进一步的规模拓展。浙江另外的比较优势产业是旅游业和土特产业,杭州的龙井茶叶、金华的火腿、绍兴的黄酒、宁波的水产等,天下闻名,各地需求量很大,因此浙江的交通运输业和商业颇为发展,而重化工业则缺少基础。近代浙江得以保留优美的地理人文环境,一定程度上是与重化工业的相对不发展联系在一起的,这大大减少了环境污染,突显了旅游业的优势。

四

沪浙两地的经济交流,首先是产品的交流。浙江的土特产大量运往上海销售,上海的工业品则大量运往浙江销售。大约在 1901 年左右,机制纱已由上海销至浙江硖石,土布的原料很快地由土纱改用机制纱。约在 1907—1911 年间,平湖出现由上海运入的机制纱,开始时有日货水月牌、日光牌等,后来有申新厂所产的人钟牌机纱等。① 由于浙江地区纱厂较少,所以上海的机制纱,包括进口洋货在内,就来冲击浙江的市场,尽管过程比较缓慢,但机纱代替土纱、机布代替土布的过程仍然是不可回避的。上海作为全国棉纺织工业的主要集聚点,生产成本相对比较低,在冲击浙江传统手纺手织业时,显得更具活力。

面粉也是上海(包括无锡等地)企业在浙推销的产品之一。1916 年,总部在上海的无锡茂新面粉厂在杭州拱宸桥设立分销处,销售茂新

① 《江南土布史》,第 696、680 页。

面粉。1917年茂新和福新在浙江嘉兴设分销处，茂新并与嘉兴和湖州的增华公司订立独家专卖合同，让增华公司销售茂新产品。1920年茂新和福新与张成泰、翁效庭合组浙江嘉善县枫泾镇茂、福新批发处，“专营茂、福新之麸皮交易，不得兼营其他事业”，资本2万元，按3股分派：茂、福新得1股，张成泰和翁效庭各1股。如有盈亏，也以3股分摊。年终如有盈余，按13份分派：以10成归股东，其余3成，经理得1成，申总公司得1成，批发处职工得1成。①

沪浙两地的经济交流，另一个重要方面是金融业的交流。上海是全国的金融中心，宁波是浙江省的地区金融中心，沪甬间有着紧密的金融联系。

宁波没有外国银行，20世纪30年代以前，也没有总行设在宁波的华资银行。到1931年止，重要华资银行中只有通商、四明、中国垦业3家银行在宁波设分行，中国、交通两行在宁波设支行，另有7家银行设国内通汇处。② 1933年底，在宁波设行的银行增加到9家，其中包括1933年2月设立的总行在宁波的宁波实业银行，资本50万元。总行在上海的宁波商业储蓄银行、总行在杭州的浙江地方银行以及厦门银行等也在宁波设立分行。③ 到1936年，宁波实业、宁波商业储蓄、厦门等银行在宁波消失，代之以中央、惇叙和浙东3行。总数增至10家。浙东商业银行设立于1934年10月，总行在宁波。④

宁波的钱业大约产生于19世纪二三十年代。⑤ 五口通商以后，宁波钱业的主要业务之一是买卖上海规元，包括规元期货。19世纪70年代，“一日之中，进出多至数十百万者”。⑥ 这一业务，是在新式商业

---

① 上海社会科学院经济研究所编：《荣家企业史料》，上海人民出版社1962年版，上册，第98—100页。

② 中国银行总管理处经济研究室：《中国重要银行最近十年营业概况研究》，1933年刊印，有关各页。

③ 宁波银行调查(1933年)，《中央银行月报》第3卷第1号，1934年1月。

④ 中国银行总管理处经济研究室编：《全国银行年鉴》1936年版，第L92－L93、L140页。

⑤ 《宁波钱业会馆碑记》，中国金融学会金融史研究会编：《沿海城市旧银行史研究》，(出版社不详)1985年版，第153—154页。

⑥ 《清同治十二年五月道府县会衔勒石禁止卖空买空告示》，《沿海城市旧银行史研究》，第149—150页。

进出口流通过程中自然出现的,是正常业务。但清政府的观念仍固守传统,几番禁止,却屡禁不止。由此可见,宁波钱业很早便十分发达。

1931 年宁波钱业有大同行 37 家、小同行 44 家,现兑庄甲组 29 家、乙组 10 家。① 1933 年末,宁波钱业有大同行 37 家、小同行 30 家,共 67 家。② 1936 年为 63 家。③ 1931 年 1 月分别成立大钱庄、小钱庄两个同业公会,1933 年 3 月合二为一,积极从事同业中各项兴革事宜。

宁波钱庄的股东不少是上海商界闻人,如周宗良、李咏裳、俞佐庭、孙衡甫等。他们的经济实力,成了宁波钱庄的坚强后盾。1933 年宁波 67 家钱庄的资本总额为 351.2 万两,可以运用的资金总额高达 6930 万两,历年获利总额 904.5 万两。可以运用的资金是资本额的 19.7 倍,历年获利总额是资本总额的 2.58 倍。④ 钱庄是无限责任,可以运用的资金主要不是从历年获利中得来。宁波钱庄的可运用资金,令当地的银行相形见绌。

宁波是商业城市,所以宁波乃至浙江的金融,主要是商业金融,以商业放款和商业汇兑为主要业务。在资金方面,宁波及整个浙江,与上海保持着紧密的联系。1924 年 8 月,宁波货币市场上对上海规元求大于供,价格上涨,宁波钱业向上海钱业拆借银 100 多万两,以资接济。又因新谷上市,米商纷纷采购,现洋又感不足,宁波钱业又从上海装运现洋进口,并在上海向中国、四明、通商三银行领用钞票,以资周转宁波市面。⑤ 另一方面,当宁波的钱业资金宽松时,也会支援上海市场。1922 年 5 月,宁波的钱业"非常空闲",究其原因,是因为上海的茧、茶商人,"慑于奉直战事,相率观望,不敢采办鲜茧、新茶,故现洋用途,亦不发达",因而同这些商人原本有融资关系的宁波钱商只得"束手静坐"了。⑥ 如果不是因为打仗,宁波钱业的资金是要流到上海去的。

---

① 上海商业储蓄银行关于宁波银钱业及经济概况的调查(1931 年),上海市档案馆藏档,档号 Q275-1-1787。

② 《宁波钱庄调查表》(1933 年底),《中央银行月报》第 3 卷第 1 号,1934 年 1 月。

③ 《全国银行年鉴》1936 年版,第 L141 页。

④ 《宁波钱庄调查表》(1933 年底),《中央银行月报》第 3 卷第 1 号,1934 年 1 月。

⑤ 记者报道,《银行周报》第 8 卷第 32 号,1924 年 8 月 20 日。

⑥ 记者报道,《银行周报》第 6 卷第 18 号,1922 年 5 月 16 日。

五

在人力资本方面，浙江为上海输送了大批商界领军人物和经营管理人才。这成为近代沪浙经济关系中最为显著的特征。关于这一点，可以从多种角度进行研究，笔者拟通过分析浙江籍人士在上海商务总会的执行机构中以及在上海总商会的会员构成和执行机构中所占比重来说明这一点。

晚清上海商务总会的执行人员（总协理及议董）都是商界头面人物。从近代中国企业发展史来看，所有权和经营权基本没有分开，企业的经理人同时往往是主要投资人之一。商界头面人物往往兼有企业经理人和企业投资人的双重身份。他们以经理人身份参加商会，同时又是投资人。当然，纯粹是经理人身份的场合也是有的，如洋行和外国银行的买办。

表 3　晚清上海商务总会历任执行机构中浙江籍人士比重

	总理	协理	坐办	议董		
				总数	浙籍人数	浙籍占%
第一任（清光绪三十年农工商部札委）	严信厚		周金箴	不详	不详	
第二任（清光绪三十一年改选）	朱葆三			不详	不详	
第三任（清光绪三十二年改选）	李云书			18	9	50.0
第四任（清光绪三十三年改选	周金箴	李云书		16	7	43.8
第五任（清宣统元年改选）	周金箴	严子均		19	7	36.8
第六任（清宣统二年改选）	周金箴			19	8	42.1
第七任（清宣统三年改选）				19	9	47.4

注：议董总数未包括总理、协理和坐办在内。

资料来源：根据上海市工商业联合会、复旦大学历史系编《上海总商会组织史资料汇编》（上海古籍出版社 2004 年版）上册第 94—95 页的资料编制。

民国时期,浙江籍人士在各业中的地位越来越重要,因而在上海总商会的会员和执行机构中的地位也越来越突出。

表 4　上海总商会会员中浙籍人士所占比重(1912—1926 年)

年份	合帮会员			分帮会员		
	总数	浙籍	浙籍占%	总数	浙籍	浙籍占%
1912	100	37	37.0	101	61	60.4
1916	107	48	44.9	107	52	48.6
1918	108	44	40.7	173	88	50.9
1920	122	49	40.2	256	131	51.2
1922	125	55	44.0	329	162	49.2
1924	121	51	42.1	391	195	49.9
1925	122	51	41.8	383	181	47.3
1926	118	47	39.8	427	224	52.5

资料来源:根据《上海总商会组织史资料汇编》上册有关材料计算、编制。

从表 4 可知,上海总商会会员人数在增加,特别是分帮会员数,而浙江籍人士在合帮会员中,多数年份占有超过 40%的会员席位,在分帮会员中占有 50%左右的席位。而在上海总商会的执行机构中,这种优势地位表现得更为明显,可见表 5:

表 5　上海总商会执行机构中的浙江籍人士比重(1912—1926 年)

年份	浙籍会长(总理)	浙籍副会长(协理)	议董中浙籍数(包括正副会长)	总议董数	浙籍人士占总议董数%
1912	1	1	18	34	52.9
1914	1	1	16	30	53.3
1916	1	1	18	35	51.4
1918	1	1	18	35	51.4
1920		1	20	35	57.1
1922	1	1	21	35	60.0
1924	1	1	23	35	65.7
1926	1	1	30	35	85.7

资料来源:根据《上海总商会组织史资料汇编》上册有关材料计算、编制。

上海总商会的执行机构几乎成了浙江人的一统天下，其在议董中所占比重越来越高，1926 年竟然达到不可思议的 85.7%的程度。浙江人抱团，但同乡观念并非绝对，同是浙江人的傅筱庵与宋汉章、虞洽卿之间，就曾先后两次爆发上海总商会会长之位的公开争夺。

结　　论

沪浙经济有着深刻的内在关联，上海经济和浙江经济依照比较优势的原理构建了优势互补的大市场。两地金融调节有方，以丰补绌，发挥了纽带作用。历史证明：产业结构的错位互补，对沪浙两地是互利双赢的。浙江在人力资本方面对上海有巨大的输出，上海各业的领军人物中，浙江人占有很大的比例。从上海商务总会执行机构的人员构成以及上海总商会的会员和执行机构人员构成的分析中可以看得很清楚：在晚清的上海商务总会的执行机构和民国以后的上海总商会的会员及执行机构中，浙江籍人士占有明显优势，在民国北洋政府时期的执行机构中甚至占有绝对的控制地位。这反映了浙江籍人士在上海商界力量的强大。

〔作者系上海财经大学经济学院教授〕

民国上海行业公会的公共服务

樊卫国

在近代中国生产性服务业不甚发达的条件下，从某种意义上说，同业公会具有“内向化”行业服务的属性。在市场竞争条件下，企业对行业公共产品的需求是同业组建公会的主要内驱力之一，特别是某些企业急需而各自难以独力获取的公共产品。这种需求演化为一种个体对集体的“要约”行为，企业以会费捐助等投入，换取行业组织提供的公共产品及其专业化服务。

行业公共产品具有某种市场替代性。这种行业化公共产品比之企业个体获致更经济，比之社会化提供更专业。20世纪二三十年代，各业同业公会大都标明“以维持增进同业之公共福利及矫正营业之弊害为宗旨”。一般而言，近代化行业对于行业公共产品的追求，比之传统行业更迫切。同业组织提供行业公共产品，每个会员得以享用，显然比之其他形式更具优势。民国上海同业公会提供的公共产品（服务）大致有专业信息服务、设置行业性专用机构、组织行业展览会、创办专业刊物、组建行业银行、设立行业原料基地以及集体抵制违规客户等。

一、专业信息服务

民国上海作为一个中外交织联动、覆盖大半个中国的市场中枢，其内外贸易结构性网络已经形成。沪地商流、物流、资金流汇集，商情错综复杂，变化万千，一般工商企业很难在传统封闭半封闭式市场条件下，搜寻和把握市场信息。市场信息、各类资讯是企业经营决策的主要依据，各业同业公会大都将为公会会员提供市场信息服务当作公会的主要功能。规模化生产、规模化销售的近代行业，企业对于市场信息的需求尤其迫切，这类行业公会十分注重有关专业信息方面的服务。

1917年上海等地华资纱厂业主筹建华商纱厂联合会，在拟就联合会草章时，将为同业提供花纱市情和专业调查作为联合会的"寻常职务"。"其一，遇花纱布市有意外之变更及印美棉收成丰歉，本会调查有得应预告会员。其二，本会调查日印纱之品质、销售之情形地点及其额数，并调查国内花纱布种种市况及其他商业上之活动，定纱业中应兴应革事宜，随时报告于会员。其三，本会经济充足时再征求各会员之报告，月出纱业杂志一册，详载国内外花纱布营业情形。"①

1918年3月14日全国华商纱厂联合会在沪正式成立。成立初年，纱联会即举行会议，反复讨论为华商纱厂提供行业调查和中外花纱市情信息事宜。4月7日纱联会讨论有关事项：1."海外棉市捷报事"；2."摘译东西洋纺织日报一种发行在会各厂"。4月21日董事常会商讨海外棉市快报如何进行，会议议决"由本会与棉业联合会合办，先函商美国棉花取引所，请其逐月通电并每月需款若干，俟得有把握后再公议进行"。10月6日和10月27日董事常会专题讨论美电棉花市情事项。据美国棉花交易所复函称，交易所不能直接报市，特该所会员威尔得公司代为逐日报告"中等"美棉现货市价。每字金洋一元二角二分，每日约三字，每年约需洋两千元。于是会议公决与棉业联合会合办，电到之时由会通知棉业联合会派人共同拆阅，先由两会垫付六个月电费，以便早日通电。② 美棉通电施行了6个月，由于太平洋电线中断，必由大东绕道欧洲始可抵沪，所以欧美电报无不迟缓。次年3月23日常年大会上，一些会员认为，通电到沪太迟，殊无效用，主张停止，并要求会议公决。纱联会书记报告棉业联合会来函，也拟停止美电。后"薛文泰先生提议，故请前途改报期货市价，备与日人消息比较迟早"。美棉电

① 参见《华商纱厂联合会议事录(第六区机器棉纺织工业同业公会)——民国六、七年》，上海市档案馆藏档，档号S30-1-35。

② 《华商纱厂联合会议事录(第六区机器棉纺织工业同业公会)——民国六、七年》，上海市档案馆藏档，档号S30-1-35。

报价格不菲且异常迟缓,5 月 18 日董事常会讨论美电问题,公议停止。①

纱联会出面购买美棉通电以资同业,反映了像华资纱厂这样的近代民族工业行业对于市场信息的需求,不仅在于国内市场信息,而且亦十分关注海外市场信息。同时,同业组织对于市场信息采集十分注重实际功效,持有一种非常务实的态度。

美棉电讯效用不高而停止,纱联会自办的花纱报告则不断趋于完善。1918 年 7 月 21 日董事会决定:拟派一调查员前往陕西及长江一带调查今年棉收,并函询杨翰西先生有无妥人可以推荐;拟半月或每一星期出花纱报告一份。议决"此上两端均俟下次常会公决"。8 月 4 日董事会拟定,将花纱报告由每周一份改为每日出一张,缩短信息更新周期。9 月 1 日董事会常会议决:1. 花纱报告改当日出版,每晚八时向文泰先生(专职人员)处抄取底稿。2. 凡非本会之会员爱阅花纱报告者,每月取费三元。② 纱联会把花纱市情报告的密度加强,提升信息的快捷度,并对会外纱厂实现有偿服务。此后,纱联会建立了设置调查员考察各地棉市的制度,每年派遣专职调查员赴陕西、山东、安徽、江西、河北等各产棉地区进行棉业调查。有的调查员因调查地域太大,不及遍察,纱联会还放宽期限,并补足经费。纱联会几次动议与棉业公会合组棉花统计处,专事棉业统计。1919 年 8 月,纱联会董事会决议创办联合会季刊,由纺织专业人士编辑,每期 800 本。第一期编辑发行后大受企业欢迎,又加印 1000 本,每厂送 3 本。1920 年纱联会决定添加季刊编译人员,刊物增加专业内容,并一度改为月刊。1921 年 5 月纱联会董事会讨论"棉业重要新闻及统计报告案",对于既有刊物信息报告方式进行检讨:"报告棉业重要新闻或统计,虽间或附载花纱报告及季刊之内,然尚嫌鳞爪,殊无系统。现拟每三个月于季刊出版时召集各会

---

① 《华商纱厂联合会议事录(第六区机器棉纺织工业同业公会)——1919 年 1 月—1920 年 2 月》,上海市档案馆藏档,档号 S30-1-36。

② 《华商纱厂联合会议事录(第六区机器棉纺织工业同业公会)——1919 年 1 月—1920 年 2 月》,上海市档案馆藏档,档号 S30-1-36。

员，由各科编辑择尤(优)报告，并举行聚餐一次。”[①]除了由各科编辑员择优报告等提供即时专业信息外，还有编辑人员系统解读和报告重要信息，其信息服务可谓周到。纱联会的花纱报告和后来创办的会刊，为华资纱厂提供了大量的专业信息。

20世纪二三十年代，棉花棉纱价格异动，棉纱市情恶化，这些花纱报告对于华商纱厂的生产经营颇具参考价值。40年代，纱联会改组为第六区机器棉纺织工业同业公会，特设“调查统计委员会”，专门负责调查国内外市场情况，向同业提供商情及有关信息；派员赴各厂调查收集生产设备等资料，编制行业统计资料，同时也要求各会员定时提供有关资料。[②]

钱业公会于1921年2月创办《钱业月报》，“该报自创刊以来……如金融商情等，也有详细记载和统计”。“该报从1924年第4卷第4号起，刊载银洋进出、公单划解统计表。这一统计，事实上包括了上海金融市场钱庄、银行两方面银洋兑换及票据交换的总数，因此可以看出全年银根的松紧和金融季节性的变动，实为钱业刊物有金融统计的开始。”[③]全局性的金融统计无疑是银钱企业极重要的信息，钱业公会通过办刊物的形式，首创了金融业的资讯产品供给。《钱业月报》不仅刊登市场银洋等统计，还将过去一向对外保密的各庄股东、经理姓名、注册资本等公布，使各业能了解钱庄组织的一定经营状况，有利于钱庄展开业务。

上海国货调味品制造业同业公会内设调查科，其职责有三：一、国货非国货调味品市况之调查。二、调味品营业一切弊害之调查。三、其他一切本会需要之调查。[④] 这些调查之目的在于为同业提供专业咨询，有利于企业改善经营。

20世纪30年代初，上海两个木业公所均改组为公会(上海市木

---

① 《华商纱厂联合会议事录(第六区机器棉纺织工业同业公会)——1920年3月—1921年7月》，上海市档案馆藏档，档号S30-1-37。

② 《第六区机器棉纺织工业同业公会调查统计委员会条例》，上海市档案馆藏档，档号S30-1-33。

③ 中国人民银行上海市分行编：《上海钱庄史料》，上海人民出版社1960年版，第563页。

④ 《上海市国货调味品制造业同业公会办事简则〉，上海市档案馆藏档，档号S59-1-5。

业同业公会和上海震巽木业公会),先后设立调查委员会或调查司(部),专司信息收集和市况调查。两个公会将各号经营状况及有关营业统计、市场价格变动和商品需求作为自己关注的对象,并根据有关信息,为同业提供相应的指导和帮助。公会还与各地木业公会及相关行业建立广泛的组织联系,努力实现同气相连、互通有无、互惠互利,开拓与广大内地的双向商品流通渠道,降低商品成本,增强与外商的竞争力。①

许多比较大的同业公会设有专业会刊,会刊里的专业信息是最主要的内容。除了市场动态、产原料供需情况外,还有一些技术方面的信息和有关行业动态信息。

概括而言,同业公会向企业提供的专业信息可分为两类:一类是公会编辑整理的各类外部信息和市场信息,一类是行业自身的生产信息及其他有关行业的信息。前者源于公会专职人员的搜集,后者来自同业企业信息的汇总。这两类专业信息对于企业而言均具重要价值。

汇集同业生产信息往往需要同业的配合。1932 年刊布的上海丝线业同业公会业规要求,凡属同业,每年营业总额实数,须于岁收十日之内,报告本会,以资稽考。② 20 世纪二三十年代,多数同业公会对于同业向公会报告生产信息尚无明确规定,有些公会有类似规约,但执行起来不易,实际上此类规约常被虚置。1938 年公布的商业、工业、输出业三个同业公会法,规定同业公会的任务之一为“关于会员营业之指导、研究、调查及统计”。由此,许多同业公会将企业向公会提供专业信息写入会章。如上海市铝器工业同业公会章程“任务”一节有“关于会员制品及原料之统计事项”;上海市米商同业公会章程将“关于会员营业之调查研究及统计”作为自己的重要会务;上海市草呢帽工业同业公会业规要求“须将每月生产销售存货数量,依照本公会规定表式报告本公会,以资统计”。③ 尤其是 20 世纪 40 年代下叶,国民政府强化经济

① 朱榕:《从同业公所到同业公会——1858 年到 1937 年上海木业同业组织的近代化》,上海市档案馆编:《档案里的上海》,上海辞书出版社 2006 年版,第 110—111 页。

② 《上海丝线业同业公会业规〉,上海市档案馆藏档,档号 S53-1-5。

③ 《棉布、转运、米商等二十九业报送的行业业规》,上海市档案馆藏档,档号 Q201-1-457。

统制，上海多数同业公会将“关于会员业务上之指导研究调查统计事项”当作基本会务，不仅对企业提供专业信息和向企业征集信息，也向政府部门提供有关行业及企业生产信息。

此外，同业公会作为一个“中介”组织，将政府方面的政策法规、金融变革、经济举措等信息传达至企业，便于企业及时应对；同时将企业、行业的建议、诉求乃至不满等信息上达至政府。此亦是公会一项重要的信息传递服务。这方面内容涉及同业公会与政府的复杂关系，另撰文论述。

二、举办行业性事业，设置有关专业机构

有些企业需要的专业化服务，因其间断性和零散性的特点，难以在社会上得到满足，或社会化服务不甚经济，于是不少同业公会举办行业公用事业，设置有关机构，承担了部分生产服务业的功能。

上海银行公会成立前，中国、交通、浙江兴业、浙江地方实业、上海商业储蓄、盐业等 6 家在沪银行商议在苏州河畔合租堆栈，组成公栈。1918 年银行公会成立，公栈改为公会的附属机构——上海公栈有限公司。当时的公会公栈解决了客户寄存货物之不便，也有利于推广货物抵押贷款。上海公栈成立后，由于满足了银行的需求，营业非常成功，经营一年七个月，即赢利一万四千五百多两。1921 年上海公栈毁于火灾，因许多银行此时已有各自的货栈，上海公栈没有重建。上海公栈作为银行公会早期建立的一个行业性服务机构，取得了良好的行业效益。

1919 年上海银行公会设立了公共准备金，相应地制定了制度。在中央银行缺失的条件下，上海银行准备金的设立成为银行业合力应对金融风潮的稳定机制，有力地提升了公会会员银行的市场信誉。1932 年银行公会为了应对更大的金融风潮，决定成立联合准备委员会。联合准备委员会“公约”规定：上海各银行无论是否同业公会会员，均得加入委员会，暂以签订公约之银行为限。公约有效期为五年，入会 25 家银行认缴的财产总额达规元 7000 万两，远大于先前的准备金。联合会按各银行认缴的准备金额，分别签发给各银行 40%的公单、20%的公

库证以及40%的抵押证。公单可以在市面上等同现金流通,[①]而且"委员银行得以所领公单为抵押品,向委员会十足拆款"[②]。联合会准备委员会的设立,为沪地华资银行调剂金融、应对不测提供了良好的物质保障。

1932年10月,上海钱业联合准备库于宁波路120号成立,发出通告云,"本库定于十月一日正式成立,即于是日起开始办公"。[③] 这是钱业公会筹组的钱业专业机构。沪地银钱两业准备金的设置,极大地增强了华资金融机构的抗击风险能力,对于社会金融业的有序发展具有极为重要的意义。

民间私人企业融资借贷,在资金短缺的近代中国颇不易,有的行业为了解决这个问题,设立了专业银行。沪地绸缎业,因"且环顾各大企业(行业),皆有专业银行为之酌盈济虚,而绸业之金融机关,尚付阙如,为求绸缎业之发扬光大,以坐言不如默行,乃有绸业银行之组织,亦借作发展社会经济之一法"。上海绸缎商业在20世纪30年代成立了绸业银行,"以进而服务于绸缎同业公会"各会员,为绸缎业交易进行融资借贷等服务。[④] "现在绸缎(业)有绸业银行之设立,今后互相策应之处,当必甚多,其造福绸缎(业)当不可限量。""绸业银行自开幕以来,瞬经三载,业务发达日见进步,内部扩充不遗余力。除已依照本年度预算计划,先后设立堆栈、保管、保险各部外,近复为法租界顾客便利计,在八仙桥恺自尔路五十四号定建三层大厦,设立支行一所。闻已布置就绪,……"[⑤]绸业银行有利于绸缎商业的发展,而绸缎业交易的发展又促进了绸业银行业务的拓展。

民国时期,随着棉纺业的扩展,棉花需求量不断增长,价格亦呈上

---

① 参见高岳兴:《金融风潮与上海银行公会的组织结构变迁》,上海社会科学院2004年硕士论文。

② 参见《上海银行业同业公会联合准备委员会公单简章》,实业部国际贸易局编:《工商半月刊·工商法规》第5卷第15号,1933年8月出版。

③ 参见实业部国际贸易局编:《工商半月刊·国内经济》第4卷第21号,1932年11月出版。

④ 参见刘仰东编:《梦想的中国——三十年代知识界对未来的展望》,西苑出版社1998年版,第368、172页。

⑤ 参见实业部国际贸易局编:《工商半月刊·国内经济》第5卷第15号,1933年8月出版;第5卷第20号,1933年10月出版。

升之势。不少棉花商贩为了多赚钱，往往昧心掺以水分，不仅影响原棉质量，而且有损棉商信誉，为实业界激烈抨击。棉花号业同业公会有鉴于此，于 1934 年发起组织行业棉花检验处，检验棉花水量是否符合标准为主要任务，以保证原棉质量，因此博得同业和各纺织厂的赞扬与信任。①

1922 年，纱联会鉴于同业用棉增加，储存厂栈，保费甚巨，计划组设华商纱厂联合保险公司。“查华商各厂每年关于厂栈保险费为数甚巨，似不妨由各厂合组一保险公司，互保火险，共挽利权，拟请公议组织大纲提交大会公决。”②纱联会筹划自建保险公司，惠利于同业。

近代上海典当业兴盛。典当收受典质物品，通常是“认物不认人”。民国时期，沪上盗窃案件经常发生，典当收受典质物品中，难免有来路不正的赃物，因此常遭到有关当局的责难甚至借机敲诈。捕房中有些包探，欺诈的手段十分阴毒，故意托人典质赃物，然后携当票来典当“吊赃”，传票捕人。典当除损失当本外，还要请客送礼，才得罢休。所以，典当业都把捕房“吊赃”，视为大难临头。典当业同业公会，为了维护同业利益，聘请两位与捕房熟悉的人员，专门办理有关“吊赃”的交涉。③这两位专聘的“与捕房熟悉的人员”，就是典当业同业公会设置的一个特殊行业“公共机构”，他们提供行业所需的“公共产品”，即规避警察吊赃。

不少同业公会聘请常年法律顾问，这些顾问不仅为公会服务，也为同业企业提供法律服务。纱联会设有常年法律顾问，会员“卫辉、华新因法院无理判决不准其放水入河，请为声援。已与本会法律顾问商请该厂将案卷经过详告，以便研究”。④

有些同业公会为了便于同业拆借，建立同业市场。抗战后，上海绸

---

① 龚春园：《解放前上海的棉花业》，上海市政协文史资料工作委员会编：《上海文史资料选辑》第 49 辑，上海人民出版社 1985 年版，第 142 页。

② 《华商纱厂联合会议事录(第六区机器棉纺织工业同业公会)——1921. 8—1924. 3》，上海市档案馆藏档，档号 S30-1-38。

③ 孙翔云：《上海的典当业》，常梦渠、钱椿涛编：《近代中国典当业》(近代中国工商经济丛书)，中国文史出版社 1996 年版，第 222—223 页。

④ 《华商纱厂联合会议事录(第六区机器棉纺织工业同业公会)——自 1934 年 1 月至 1936 年 4 月》，上海档案馆藏档，档号 S30-1-42。

缎商业公会组织上海绸业市场。由于通货膨胀,投机囤积风行,人们重物轻币心理浓厚,为了保值,交易均以实物作筹码。绸缎一项品类繁多,实物买卖甚为困难,外行人更难着手,业内称之为"求进拜出"。当时美亚、大成、华强三家丝织厂生产的被面极为旺销,三厂都发行真丝被面存厂栈单,用栈单买卖比以前实物买卖更为便利,于是投机更盛。交易者每日在仝春茶楼交易。茶楼交易是个无序市场,人声嘈杂,良莠难分,纠纷屡生,令正当的经营者却步。1946 年 9 月上海绸缎商业同业公会成立上海市绸缎业评价处,借用地段适宜而宽敞的杭绸组(即钱江会馆)为会址,设立市场管理委员会。绸业市场是个供会员间交易的行业市场。从外表看,虽仍采取茶会形式,但参加的人比较单纯,即使发生纠纷,也易解决。每日上午到会集市者,有五六百人之多。评价处将各项绸缎的市价逐日挂牌公布。① 在物价动荡不定的时期,绸织两业同业和居间人客观上需要有这类组织或机构为之服务。1948 年币值更为混乱,投机疯狂,10 月经主管局同意,正式命名为"上海市绸业市场",由公会领导;"专设市场管理委员会,一切形式与过去并无多大改变,在管理上进一步改善。每日栈单成交须要办理登记,以防业外人操纵。其他绸缎实物买卖仍在各自单位交易,市场仅作业务时的联系,这也比茶楼和评价处时更为稳妥"。② 在社会市场紊乱无序等的状况下,同业公会以行业力量组织业内市场,摒弃外力干扰,进行规范化操作,为同业提供一个有序的交易平台,无疑是对绸、织两业同业一项重要的"生产"服务。这个市场可谓同业公会提供的一个有效的"公共产品"。

民国沪地有许多自发性的行业交易市场和茶楼市场。据资料显示,解放前夕上海有棉纱、棉布、粉麸、杂粮、油饼、食糖、卷烟皂烛火柴、木材、煤炭、化工原料、煤油、颜料、柴草、家具、钢铁、西药、人造丝、纸张、五金、南北货、河鱼等 24 个物品交易市场,以及设在 27 家茶楼的近百个行业茶会市场。③ 这些交易市场有的就设置在同业公会堂所内,

---

① 《上海市绸缎商业同业公会——行业历史沿革》,上海市档案馆藏档,档号 S230-3-1。

② 徐新吾主编:《近代江南丝织工业史》,上海人民出版社 1991 年版,第 292—293 页。

③ 梁志高、张弘仁:《解放前上海的物品交易所河茶会市场》,上海市政协文史资料工作委员会编:《上海文史资料选辑》第 52 辑,上海人民出版社 1985 年版,第 127—139 页。

有相当一部分为同业公会所改建和管理。20 世纪三四十年代，不少同业公会整顿和规范行业市场，使之“市场有组织，交易有制度，类似资本主义国家商品交易所的形态”。同业公会组织的规范化专属市场，无疑具有行业“公共产品”的性质。

有些实力雄厚的同业公会还专设研究会，为行业发展提供学术性意见。1933 年 5 月，钱业公会成立专业研究机构——上海钱业业务研究社，其宗旨为谋取事业之根本改良，研究有关钱业应研究之问题和应改革之事项。研究社成为钱业在职人员等专业人士发表意见、建言献策的平台，其中一些建言设想被同业采纳实践，为钱业改善经营，拓展业务作出了有益的贡献。

三、组织和参与展览会，宣传推广行业产品

民国成立后，国货运动在社会各界共同推动下不断兴起和深化，宣传推广国货成为国货运动的一个重要内容。上海为近代国货运动发祥地，各工商业同业公会纷纷参加国货运动，或组织国货团体，举办合办各类国货展览会。

中国第一个国货团体“中华国货维持会”创立于 1911 年 12 月。受到辛亥革命后改易服式的影响，沪上衣帽业各同业组织绪纶公所、衣业公所、典业公所、云锦公所、钱江会馆、盛泾公所、湖绉公所、京缎公所、绣业公所、帽业公所等 10 个行业团体发起成立此会，旨在“提倡国货，发展实业，改进工艺，推广贸易”。中华国货维持会成立后，组织筹划了一系列的提倡国货活动，其中组织和策划各类国货展览会、国货运动会是其最重要的活动。① 20 世纪二三十年代的国货运动普兴时，仅中华国产绸缎展览会就举办多次，主要由上海绸缎业同业公会、上海市电机丝织业同业公会会同上海市商会商品陈列所共同举办。

“五卅”运动中，英美烟公司的卷烟受到抵制。“五卅”后，在英美烟公司的恶意竞争中，许多华资烟厂倒闭，至 1928 年，由原来的 182 家，

① 参见《国货运动大事记》，潘君祥主编：《中国近代国货运动》，中国文史出版社 1996 年版，第 532 页。

减为 94 家,1932 年又减为 60 家。为图生存,上海卷烟业同业组织积极参加国货运动,提出“中国人吸中国烟”的口号,在上海总商会及媒体的支持下,举办国货卷烟展览会,推广中国品牌卷烟。

在 20 世纪三十年代国货运动高潮时,各类国货组织举办的国货展览会、国货运动会、国货赛会、国货研究会、国货演讲会、国货集市等,此起彼落,层出不穷,许多工商同业公会参与其中(有的国货组织,即由一个或数个同业公会组织而成),或参与组织,或征集展品,或发表宣言等,乐此不疲。有的国货组织由不同的行业联合发起,他们相约互相劝告同业,使用组织成员国货行业的出品。上海卷烟业、绸缎业、火柴业、肥皂业等联合组成的“中华实业救济会”,明确以发展中华实业、抵制帝国主义救济侵略为宗旨。他们各自劝导同业爱用这几个行业的国产商品,如绸缎业劝导绸业同人购吸国产香烟,反过来,卷烟业也劝告同业穿用国产绸缎等等。① 在大量的国货宣传推介中,许多民族工业企业扩大了影响,趁机开辟市场,提升了营业额,获取了丰厚的利润,加快了发展步伐。

除举办或参与行业产品展览会外,一些同业公会也在媒体报刊上宣传会员厂家的优质产品。20 世纪二三十年代,国产热水瓶业兴起,“奈以不作具体宣传,以致国货与劣货未能充分辨别,坐使利权外溢,如流赴壑,言之痛心”。上海市热水瓶同业公会认为“敝会为制造纯粹国产热水瓶业之集团,奔走呼号,义不容辞”。公会将入会正式会员厂名及其使用商标详列公布,以利于消费者识别购买。为全体会员企业做了一番集体广告。上海国产机制帽问世后,日制呢绒毛销路锐减,常有日货帽子假充国产商标混销于市。上海草呢帽业同业公会在报纸上刊登全市 17 家国货机制呢帽厂家的厂名和商标,供消费者辨别,以维护同业信誉及利益,遏制日货投机混销。②

除了国货运动时,同业组织为宣传国货而举办展览会外,少数同业公会定期举办业内展览,将同业产品陈列作为同业产品改良的一种促

① 《中国近代国货运动》,第 217 页。

② 《上海工商社团志》编纂委员会编:《上海工商社团志》,上海社会科学院出版社 2001 年版,第 207 页。

进手段。沪上烛业同业公会业规云，本业向例于每年四月八日、五月十三日、九月十三日陈列产品，凡同业届期须携带产品来会陈列，以资比较而谋改良。①

20世纪一二十年代，上海(江浙皖)丝厂茧业总公所曾多次选送中国丝厂产品参加国际丝绸博览会。1911年，上海丝厂总公所参加意大利都灵博览会；1915年，上海丝厂茧业总公所参加巴拿马博览会，并组织厂商赴国外考察实业；1920年，江浙皖丝厂茧业总公所精选上海等地丝绸产品赴美国，参加第一次美国万国博览会。随着参赛经验的不断积累，第一次美国万国博览会大获成功。1923年，江浙皖丝厂茧业总公所推派各业代表赴美参加第二次万国博览会，并作了精心准备，“精选丝绸制品34件，源余等54家厂商各种厂丝97匣、干茧54匣，各种蚕丝两大盒……装运赴美，并推定在美纽约丝棉检查公司服务的唐星海等作为上海及无锡丝厂茧业代表，与上海总商会推定代表杨家坤共12人组成代表团参赛”。1926年，江浙皖丝厂茧业总公所又组织上海等各地丝商参与了美国费城博览会，与日本同获丝茶大奖。② 国际博览会的成功，一定程度地刺激了生丝出口贸易，挽回了生丝贸易的颓势，特别是输美生丝出口有了较大的增长。

四、提供同业担保，设立原料基地等行业性服务

在市场活动中，特别是一些比较重大的经济社会交易交往中，常遇到需中人担保等事宜，许多个体企业因各种原因，不易寻求得中人担保，于是一些同业公会便以同业组织的名义，在企业进出口、诉讼、融资事宜中，为会员企业提供组织担保。

1924年5月21日，华商纱厂联合会召开本埠各厂会议，讨论申新、振华两厂提请函商税司凭各厂报单发给派司案。会议议决，先由会函请江海关监督转商税司准予免验，设不获准，由本埠在会各厂联合担

① 参见《上海市烛业同业公会业规》，严谔声编：《上海商事惯例》，新声通讯社出版部1933年版，第235页。

② 黎霞：《国际博览会与上海(江浙皖)丝厂茧业总公所(1910—1928)》，上海市档案馆编：《近代城市发展与社会转型》，上海三联书店2008年版，第343—361页。

保请其免验。[1] 纱联会为在沪同业过关免检提供集体担保。

民国上海除了少数行业设有专业银行外,多数行业没有行业性银行,其企业融资大都向商业银行借贷,同业公会提供一定的担保服务。有时同业融资不便,干脆由行业组织的名义出面向银行举债。1944年,亚美织绸厂业主蔡声白,为了收购蚕茧,设立了中国丝业公司,需要一批资金。当时蔡声白联合江苏、浙江、上海三地同业组建了丝绸业联合会。蔡声白以联合会的名义,商请中国、交通、新华等7家银行,以承兑汇票方式向伪中央储备银行借款中储券5亿元,中国丝业公司得其一半。该厂利用这笔贷款大量收购蚕茧,到1946年,积存厂丝5000担,使美亚厂得到了充分的原料保证。[2]

同业公会为社会法人,其会长、执委会成员等大都为行业主干企业的资本家,由同业公会担保或直接借贷,其信用度明显高于一般企业,故能促进有关借贷的成功。但是,这也使同业公会承担了一定的风险,并非任何同业借贷,同业公会均愿出面担保,一般只有经营良好的企业或行业班头企业,才能得到同业公会的担保。有个别行业因整体性不景气,即使同业公会担保也有所不逮,于是由同业公会邀请上海总商会为之担保向银行接洽贷款事宜。1914年11月,上海丝厂总公所"蒙政府核准,由上海总商会为丝厂总公所代表,向中国、交通两沪行订立合同,借银六十万两,匀分三个月,接济丝厂。现已丝厂全体共表同情(意),一致进行,并无两歧。……现在总商会现已担任丝厂总公所代表,与两银行商订合同,则一切支放手续,均应由本公所考订详慎,使无流弊,方能不负总商会维持之善意"。"此次维持领款,普及七十二厂。"[3]

企业与社会各方交往,难免发生诉讼,有时因法律程序之故,需要有人担保,同业公会往往充当同业的担保人,或以公会担保的形式,争取比较有利的态势,来维护同业的利益。1933年,因花贵纱贱,国内华

---

① 《华商纱厂联合会议事录(第六区机器棉纺织工业同业公会)——1924.4—1927.5》,上海市档案馆藏档,档号S30-1-39。

② 《中国近代国货运动》,第476页。

③ 参见《上海丝厂茧业总公所议事录》,上海市档案馆藏档,档号S37-1-28、S37-1-29、S37-1-30、S37-1-31。

资纱厂普遍趋于亏损，由此各类经济纠纷和社会诉讼纷起，沪地纱厂多有涉案。12月1日华商纱厂联合会召开临时会员大会，其中有一项动议：请函本埠各法院，对纱业案件应兼重习惯，以免纵枉，并请本会于必要时出为各厂后盾案。会议议决：原案交执行委员会慎重审查后再呈司法、行政部。① 其"必要时出为各厂后盾"者，即包括为各厂之担保等一系列组织援助。纱联会在20世纪30年代还为会员厂提供统税记账等担保事宜，以利于民间纱厂在税制变革中顺利过渡。

除了担保外，民国时期有些工业同业公会，为了解决农产品原料供给不稳和价格波动问题，设置专业原料基地，将原料部分自给作为公共产品，"宽备原料"，以飨同业。

1919年初，华商纱厂联合会成立不久，为解决会员纱厂棉花原料问题，即决定由纱联会举办植棉场。"决议先办植棉场，……则先行研究组织法并明确之预算，然后力图进行。棉场地点为天津、汉口、余姚、通州、无锡、上海等处。各处棉场均要本会名称。"②此后，纱联会成立植棉委员会，由穆藕初负责，制定植棉场条例，定期拨款，聘请金陵大学农科和有关农学院专业人士，分别在直、苏、鄂等省设立植棉试验场，力图植棉之推广改良。"现在新厂蜂起，将来需棉必多，去年欧战及俄乱之际，纱厂始能获利，欲图将来立于不败之地，尤应于原料问题着想。本会毅然决然以全力注于植棉者亦以此故。"至1920年，"本会植场已有十六处，统计面积已达一千三百亩"。③ 20世纪二三十年代纱联会植棉场的举办，并不顺利，常有资金不济之虞，其力图"改良棉质推广棉产"，对于当时国产棉花之优化和缓减华资纱厂原料供给，无疑具有积极意义。鉴于"年来纱厂渐增，需棉日众，似宜自设购棉机关，并调查国内外棉花市况以通声气而免外商垄断"④。1922年，纱联会曾动议组设

---

① 《华商纱厂联合会议事录(第六区机器棉纺织工业同业公会)——自1932年2月至1933年12月》，上海市档案馆藏档，档号S30-1-41。

② 《华商纱厂联合会议事录(第六区机器棉纺织工业同业公会)——1919年1月—1920年2月》，上海市档案馆藏档，档号S30-1-36。

③ 参见《1920年3月7日华商纱厂联合会第三节常年大会穆藕初报告植棉事宜》，上海市档案馆藏档，档号S30-1-39。

④ 《华商纱厂联合会议事录(第六区机器棉纺织工业同业公会)——1921.8—1924.3》，上海市档案馆藏档，档号S30-1-38。

棉花贸易公司。

"九一八"事变后,上海橡胶制造业同业公会,拒用日货原料,发动所属同业筹款20万元,自建橡胶原料厂,专门制造制品应用原料,以供同业需要。①

除了以上所述,建立行业研究所、与业外机构合作互利等,也是同业公会提供的行业公共产品和服务。

上海钱业公会发起成立上海钱业业务研究社,设社址于钱业公会内。"本社以研究钱业学术,促进钱业业务为宗旨。……研究下列各项事务:(一)关于钱业之促进兴革事宜,(二)关于钱业之演讲及教育事宜,(三)关于钱业之其它事项。……凡为上海市钱业同业公会会员庄及元字社之职员,皆得为本社社员;或其它钱庄之职员,如愿声请入社者,由本社社员二人以上之介绍,经理事会之通过,亦得为本社社员。"②钱业业务研究社是任由全体会员参加的、促进钱业兴革事宜的行业研究机构,为同业业务建言献策和学术研习构建了一个公共平台。

1921年,江浙皖丝厂茧业总公所参加美国第一次万国博览会获得殊荣后,酝酿多年中美丝商合资的万国生丝检查所,于同年夏正式成立,由美国纽约生丝检查所陶迪任经理,按照纽约生丝经验方法承接检验任务,以供华商丝厂产品检验之需求。③

五、汇集、通告违规客户信息,展开集体抵制,护卫同业利益

民国年间,沪地许多同业公会为了防止不良客户欺诈扰乱行业秩序,将搜集之"黑名单"信息及时提供于各同业,以便同业集体排斥违规客户,维护正常经营者利益和行业秩序。这是同业公会的另一类"公共服务"。

① 《上海工商社团志》,第206页。

② 参见实业部国际贸易局编:《工商半月刊·工商法规》第5卷第13号,1933年7月出版。

③ 黎霞:《国际博览会与上海(江浙皖)丝厂茧业总公所(1910—1928)》,《近代城市发展与社会转型》,第343—361页。

沪地会所等传统行业组织对于违规客户的制裁，主要以集体断绝市场交往方式进行。所谓违规客户，大致有两类情况：一为不守行业成规，交易违约；二为欠拖同业账款。对此，行业公所业规大都有集体抵制的规条。民国时期这种同业相约集体抵制的方式仍然盛行。1947年的上海民营广播电台商业同业公会业规曰，会员电台与外界有业务上之纠纷，得通知公会评定曲直；如确系曲在对方时，全体会员电台应一致应付之。① 这种方式属于市场化的行业行为，政府一般不予干预。

集体抵制的关键因素是信息传递。其中，同业公会是信息传递集散的枢纽。公会要求同业遇有违规、欠账等情事的客户，及时将情况上告公会，然后公会根据情节作出决断，并将违规客户的信息传发给各同业，号令或要求同业一致抵制该客户，由此形成集体绝交、市场封杀的态势，迫使客户屈服就范。民国沪地多数业规有将违规客户信息报告公会，公会决议并通知同业实行集体绝交的条规。

民初，震巽（木业）公所同业条规曰：各同业如遇有狡猾买客，被欠之款迁延游约，至节不还，到年不清，有意拖欠等情，须查明该买客有几家往来，协同开明实账，具报公所。由所刊发传单，各同业不准再与往来，以绝刁谋。若未消案以前，同业私相往来，察出必当议罚。②

棉布商业公会规定：同业经售各户之货款及票据，如遇到期不付、克扣拖欠或骗取货款以图倒闭等情，应即据实报告本公会办理交涉；除依法解决外，并通告同业暂停交易。凡客户经本公会议决拒绝交易时，同业非俟接到本公会复交通告，不得再与交易。上海市草呢帽工业同业公会业规要求企业，遇有客户收款留难或有退票止付情事，更有因货价下跌延迟或抛弃不出定货者，得以书面报告本公会协助之。其无法解决者，由本公会通知各同业与该客户一律停止交易。上海市绸绫染坊业同业公会业规规定：凡同业经交易各庄号之染账，如不依照新制度规定之染价结算，及有其他克扣拖欠等情，应即据实报告本会，由本会办理交涉。除依照法律解决外，并通知各同业，与之暂停交易，以固团

---

① 上海市档案馆、北京广播学院、上海市广播电视局合编：《旧中国的上海广播事业》，档案出版社、中国广播电视出版社出版 1985 年版，第 756 页。

② 参见《震巽公所同业条规》，彭泽益主编：《中国工商行会史料集》，中华书局 1995 年版，下册，第 829 页。

结。并以业规与法规结合处罚违规者。①

上海市桐油苧麻商业同业公会业规规定:货款如被客户或同业中游约拖欠时,同业得以书面报告本公会查明属实者,通知客户或同业即速清偿,否则由本公会通知全体同业暂停与之交易。已由本公会通知停止交易之客户或同业行号,在未将欠款付清时,同业绝对不得与之发生任何交易。须俟接到本公会通知后方可恢复交易。② 20 世纪 30 年代上海市国货调味品制造业同业公会业规强调,凡客户经本会议决拒绝交易时,同业各厂非接本会复交之通告,不得再与交易。③

有的同业公会联手相关行业组织互通信息,共同对付违约客户。1946 年,上海市民营广播电台商业同业公会致函上海市广告商业同业公会,意欲信息共享合作,封杀不良客户:"据闻贵会会员经手之广告频遭倒欠,致有订定共同防范办法,以资保障。等情。据此。敝会为响应此项防范办法,拟与贵会共同合作,嗣后贵会会员如有前列情形发生时,希将该客户户名通知敝会,以便采取同一办法,凡在欠款未曾理楚之前,所有同户播音广告亦予拒绝;而在敝会会员如有前列情形发生时,亦即通知贵会希予同样办理。"④

大部分同业公会对于违规客户信息在同业和公会间的传递,是公开或半公开的,也有同业公会对于违规客户信息的传递,采取隐秘方式进行。20 世纪 30 年代上海市铅印工业同业公会业规规定,同业遇有呆滞账户须密报本会,由本会密告各会员,以免再累同业。⑤

信息传递,集体抵制,封杀违规客户,将某一同业与客户间的交易纠葛,通过同业公会运作,上升为一个行业与一个客户的较量。论其属性,也是行业组织提供的一种公共产品。用行业整体的力量对付个体客户,其不守信用的影响骤然放大,在市场上构成强大压力,迫使客户

① 《棉布、转运、米商等二十九业报送的行业业规》,上海市档案馆藏档,档号 Q201-1-457。

② 《上海市桐油苧麻商业同业公会业规》(1948 年),上海市档案馆藏档,档号 Q201-1-457。

③ 《上海市国货调味品制造业同业公会业规》,上海市档案馆藏档,档号 S59-1-5。

④ 《旧中国的上海广播事业》,第 741 页。

⑤ 《上海市铅印工业同业公会业规、章程和理监事名单以及职员要求辞职的来函(1936.11—1948.7)》,上海市档案馆藏档,档号 S102-1-2。

不得不遵从行业规则，从而建立赊账即期付款与客交易的秩序。这种组织化的抵制，是同业公会御外的主要方式，许多行业都有施用，只是操作的方法和抵制的程度有所差异，差异决定于双方在市场供求关系中的不同地位。只要存在着重复博弈，集体抵制在市场运作中对客户素有约束力，能够制约失信或欺诈。另一方面，使卖方企业货款按时收回，形成企业资金的流动预期，一般而言能够得到同业的认同和执行。故而此类制度比较有效。

行业公共产品需求的形成，源于大规模市场兴起的社会经济环境。作为组织化产品，与传统会馆公所比照，民国沪地同业公会的公共产品具有一定的特点：其一，公共产品的无差别性，业内会员得以平等享用，并不以地域行帮势力为畛域，公共性凸显。其二，公共产品更加专业化，更加细化，贴近企业实际经营需要，产品设置专业服务不断深化。其三，公共产品的边界不断沿展，行业公共产品不仅包括各类行业专业服务，还包括帮助企业扩展各类社会政治关系，如集体游说政府、代理企业诉讼、公会干预平息工潮等。其四，相比行业治理，同业公会公共产品的运作机制比较有效，在经费有保证的条件下，其运作难度不大，相对发育更充分些。

诺思说，衡量资源的费用超过收益的地方，从来是公共财产资源存在的场合。① 近代中国，无论是政府还是社会，所能提供的生产性公共产品均十分稀少，同业公会的公共产品、公共服务因缘而起，构成了一种（会员）企业的“公益”型业内环境，对于企业改善经营，保障“有效交易”的确立，具有重要的积极作用。

〔作者系上海社会科学院经济研究所研究员〕

---

① ［美］道格拉斯·C. 诺思著，厉以宁译：《经济史上的结构和变迁》，商务印书馆 1992 年中文版，第 26 页。

抗战前上海日商广告的调适与本地化

陈祖恩

日商是随着明治维新的发端(1868年)和《中日修好条规》(1871年)的签订进入上海的。虽然在时间上比开埠后进入上海的英美商人晚了二十多年,但时逢上海最大的中文报纸《申报》(1872年)创刊,因而在面对中国社会的新闻广告的利用方面,与英美商人具有同样的新平台。日商的新闻广告与其经济活动密切相关,经历了缓慢发展的过程,在第一次世界大战期间达到高潮。随着中日关系的恶化,日商广告被迫退出中国报纸,改用中国城乡的公共空间为宣传舞台。但是,日商广告的这一无奈变容,却在无意中促成中国公共空间广告的流行和发展。

一、上海日商广告的进入和发展

开埠前上海的广告,虽有许多精彩的形式,如金漆招牌、名家书字、墙漆砖字、旗、传单等,但"因只限于地位与范围的关系,其效力极微。虽然有很精致的市招,有美丽的说明书,有动人的音乐,以及装潢、传单等等,但总没有借他人的手而广告你的商品的"①。

新闻广告是伴随近代报刊的诞生而出现的。1872年《申报》创刊后,新闻媒体的广告作用开始被中国社会所重视。"报章是人人要看

① 吴铁三:《中国旧式广告之探讨》(1934年5月25日),上海市档案馆藏档,档号Q242-1-828。

的，但是在中国并不如欧美各国的那么发达，不过，在通商口岸，皆有日报发行，而差不多的识字者亦都看，所以广告效力很大。我国最大的是上海的《申报》、《新闻报》、《时事新报》等，天津的《大公报》、《庸报》等，每天的销路，约在数十万份，分发不止本地一埠，内地海外，亦是去的，故其范围极广，与人接触甚快，广告媒介中之最好者。”①

虽然长崎人田代源平经营的田代屋（1868 年）是上海最早的日本商店，但那时《申报》尚未问世。最早在《申报》刊登广告的是上野弥太郎、上野光太郎等人合营的杂货店兼旅馆“崎阳号”。1872 年 5 月 2 日，《申报》第 2 号以“东洋店”的名义刊登其广告：“今有日本国商人新开崎阳字号，在上海大马路（今南京路）河南路角口。专办东洋名窑瓷器，一切稀奇细巧、盆碗茶盏、大小花瓶、精工漆器、金花盘、盒箱匣，一应玩器杂物，无不全备，零趸发售。倘蒙仕商赐顾，格外公道，请至小号面议可也。”②崎阳号是受到长崎县政府支持的日本商店，由于初期来上海的日商主要是长崎人，其很快与田代屋齐名，成为日商在上海的活动中心。1886 年，上野光太郎去世，崎阳号因没有后继者而关闭。

同年 5 月 4 日，《申报》第 3 号也以“东洋号”的名义刊登了日商木绵屋的广告：“本行自运东洋各色巧样水晶器及漆器、细料瓷器，并各种异玩等出售，其价格外便宜，诸光顾者请至二马路（今九江路）第九十一号屋便是。”③木绵屋同时也是太平洋邮便飞脚船问屋，兼营旅馆。但是，三年后也因维持艰难而关闭。

这是最早在《申报》刊登的日商广告，也是《申报》最早的广告之一。说明刚刚进入上海的日商，就已具有一定的广告意识和营销手段，很快适应了国际化的经商环境。当时，与日商一起在《申报》刊登广告的西洋商人并不多，同一版面的，仅有马立师洋行（航运业）和大英书信馆等。

除了上述两家日商杂货店外，在 1870—1890 年的 20 年中，上海先后出现过三十多家日本商店和洋行，但大多是经营杂货的零售小商店，

① 《中国旧式广告之探讨》，上海市档案馆藏档，档号 Q242-1-828。
② 《申报》，1872 年 5 月 2 日。
③ 《申报》，1872 年 5 月 4 日。

其像走马灯似地不断开设和关闭,反映了初期日商在经营上的弱势。尽管如此,一些日商还是通过广告,力争风气之先,逐步在上海都市商业圈内形成日本商店和日本商品的特色。其中,最先占据上海商界地位的是日本照相馆和日本药房。

1839年,欧洲发明了照相技术。十多年后,上海就有了新型照相馆。上海得照相风气之先的是青楼艺妓。由于广东路、福州路一带是上海娱乐街中心,照相技术传入上海后,也成为照相馆的理想设立地。各种照相馆竞相为戏楼、妓院的名伶名花留影,出售美女佳人图片,以迎合市民娱乐之需求。1876年,上海竹枝词中就有“显微摄影唤真真,较胜丹青妙入神。客为探春争购取,要凭图画访佳人”①的诗句,反映了一些市民争相购买艺妓明星照片的情景。作为商业机构的照相馆,在一片美色中也顺势赚取了不少利润。

第一位来上海开照相馆的日本人是长崎人铃木忠视,他也是最早在海外开业的日本照相师。1882年5月,铃木忠视在广东路17号创立“日本照相馆”,5年后迁移到福州路16号(近河南路)。1889年2月,铃木在《申报》刊登《照相迁移》的启事,其实是为该店做广告:“本馆向开四马路(今福州路)之河南路东西,分设两家,所照干湿各片,清明洁净,有欧洲照工所望尘莫及者,是以十余年来蒙中西士商信重垂顾,日夜不遑。然本馆仍精益求精,以图久远。今因旧时房屋改造,故迁于四马路迤东近浦滨处,平和洋行对门,朝南三层楼房内,业已装饰一新,影镜间高爽明朗,自必照出之相愈佳。”②新馆于是年旧历二月初一(3月2日)启用。由于铃木忠视经营的“日本照相馆”始终位于福州路娱乐街的中心地段,因此招揽了不少艺妓拍照。他在上海经营了八年,就获取了数万元的巨额利润。③

佐藤传吉创设的佐藤照相馆,在广告方面具有国际视野,用中、日、英三种语言做广告,吸引上海的中外顾客。佐藤传吉于1875年来上海,曾在日本领事馆任职,利用业余时间向铃木忠视学习摄影技术。

---

① 葛元熙:《沪游杂记》,上海古籍出版社1989年版,第57页。

② 《申报》,1889年2月27日。

③ 《照相师铃木忠视氏》,《上海新报》第29号,1890年12月19日。

1890年辞去领事馆公职，在大马路开设佐藤照相馆。1890年12月27日，佐藤传吉在《申报》刊登《新设照相楼》的启事："本楼新式英国照相楼，机器精工奇巧，面相极其清白，形容与真一式。一月之内减取一半。贵商赐试者，请至英大马路新衙门西牌为记。"①次年1月10日，佐藤在日文报纸《上海新报》刊出"写真业开业广告"："英租界大马路469号，照相师佐藤传吉。"1894年甲午中日战争爆发后，日本人纷纷回国避难，日本领事馆也降旗，委托美国领事馆看管。但是，精通外交事务的佐藤传吉则留在上海，并向美国领事馆申请保护。结果，美国领事馆派出4名士兵保护佐藤照相馆在上海照常营业。

1903年12月26日，佐藤照相馆在《上海新报》(第三次发刊)第1号刊登大幅广告"天下无类的伟观，全景写真"，称本店是上海写真业的前驱，技术精巧，已博得好名声。现有5000多幅中国各地的照片，既有山川草木、台榭高阁等风景，也有经济实业的图像记录。"不管是否购买，希望各界人士在观赏后给予宝贵意见。"②同年，佐藤照相馆在英文报纸《上海案内》刊登如下广告：

> 上海佐藤照相馆，上海一流的人物写真师。
>
> 人物摄影：无论天气如何，实施最新式的及时摄影。无论尺寸如何，均能放大，能用彩蜡笔绘色。
>
> 风景写真：有最大型最艺术的上海风景照片集及嘉兴、杭州、苏州、北京风景照片等。
>
> 发行珂罗版上海风景照片集，共5卷，每卷配有25枚风景照片。③

由于佐藤照相馆技术精湛和具有较强的社交、宣传能力，因此开店不久便生意兴隆，最兴旺时店员多达三十余人。④

---

① 《申报》，1890年12月27日。

② 《上海新报》，1903年12月26日。

③ [日]冲田一：《沪上史谈——上海に關する史的随笔》，大陆新报社1942年版，第78—79页。

④ [日]池田行雄：《上海百话》，上海日本堂1923年再版，第27—28页。

其他在上海的日本照相馆,也利用广告宣传其经营特色。如1899年(明治32年)开业的井上照相馆,在广告中将其照相风格归纳为"高尚、优美、崭新"。该馆原在虹口西华德路(今长治路),后迁至百老汇路(今大名路)A242号。门面装潢非常洋气,店名用大幅的英语写成。1903年(明治36年)开业的吉阪写真馆,在广告中称,该馆拍摄的主要业务有"额面、肖像、集体照、幻灯画、绢画、各地名所写真、夜间摄影、建筑物、放大演员照片"等,并承诺无论远近都能派人摄影,随时为客人服务,保证做到"精确、迅速"。① 位于北苏州路3号的古龙照相馆以《写真与人格》为题做广告,称:"本馆非常荣幸能为高贵人士写真,作为您赠送和传家之用,实在是最高艺术的表现。"②

日商在上海的药房,有西药和"和汉药"之分。最早的日本西药房是篠田宗平创办的济生堂大药房。面对国际都市的大市场,济生堂药房用中、日、英三国语言做广告,中文广告是:"本药房系光绪十八年创设,自泰西及日本国精选药材,虔制灵验丸、散膏丹、各种药水药酒、内外药局需用器具、玻璃量杯、药瓶等,各物齐全,比众格外公道。大医绅士诸君赐爱顾者,请认明济生堂药房,庶不致误。"③

在上海经营"和汉药"的日本药店很多,他们对药房与医院在中国的关系有深入的了解:中国虽然医师很少,但药房很多,中国药房经营者具有丰富的医学知识,一般老百姓患病时。都喜欢到药房咨询后再买药回家,很少去医院。由于中国是汉药的故乡,老百姓对"和汉药"都持好评的态度,在西药和"和汉药"之间的选择上,"和汉药"更具优越性。同时,中国民众具有喜欢薄荷性味强的药品的特点。

针对上述情况,和汉药"仁丹"在上海的广告宣传就是一个成功的例子。1905年日俄战争后,"仁丹"代理商东亚公司在上海设立。东亚公司对作为"东瀛第一备急圣药"的"仁丹"的宣传集中在下列三点:1. 日本驰名医学大家三轮、井上两博士合议秘方,采自高贵药材,神验灵效。常服用仁丹,能防恶疫于未发。2. 化食、消毒、防疫、通窍,每食

---

① [日]上海出品协会编著:《扬子江富源·江南事情》,上海日本堂明治43年(1910年)版。

② [日]《上海日报》出版部编:《上海年鉴》,《上海日报》出版部大正15年(1926年)版。

③ 《扬子江富源·江南事情》,广告页。

后服用三四粒，必免肠胃各症之患。3. 其味优秀，其香馥郁，仅吃一二粒，忽觉心神爽快，并除口热口臭，兼使声音明澈玲珑，故为口中香剂颇佳。①

除了上述药方特点的宣传外，“仁丹”广告还根据中国社会注重人情的特点，以家人般的温情感受作现身说法，如：“我们一家子和睦平健，全是仁丹所赐的。父亲患胃，母亲忧郁，小妹虚弱，全家都染了病了。幸而家兄去年由日本留学毕业回来，就叫老子、娘每天嚼服仁丹，以后一天比一天健壮。”“全忘了世上还有可畏的病。”②由于“仁丹”广告遍及中国的城乡，“中国乡下都认识日本的仁丹，皆因广告犀利。现在人人皆知了，似乎无须再做广告，然而现在仍旧把广告获利之四分之三拨作广告费，比如一年赚 400 万元，就拿 300 万去做广告”③。

1904 年，四马路的日信大药房，作为日本汉方药“清快丸”的总代理商，在上海大做广告，积极推销。“清快丸”由日本大阪高桥盛大堂药局制作，登录为“狗头”牌商标，并在中国注册。广告称：“此药是各人常备之量剂，专治中暑中寒、感冒时邪、吐泻腹痛、头痛目眩、卒中昏倒、溜饮痰咳、饮食不消、胃脘疼痛、恶心呕吐、积滞痞闷、食物无味、精神忧郁、食思缺乏、赤白痢疾、山岚瘴气、水土不服、舟车晕眩、酒醉昏迷等一切危急诸症，服之即能解毒通窍，真有起死回生之功，极为灵验。”④1911 年 7 月，在辛亥革命前夕，“清快丸”的广告还在《申报》等中文报纸上大量刊登，声称“出门的人、看戏的人、精神忧郁的人、爱吃酒的人、吃烟的人、做办事的人、开地的人、访人请客的人、搭船乘车的人、游去的人”都需要它。⑤ 由于“清快丸”的汉字读音与“清快完”相同，后语的意思是“清朝快完蛋了”，因此，“清快丸”的出现，引起舆论的强烈反响，销售量也特别大。

日商进入上海的初期，由于大多是零售商人，杂货商品销量不大，

---

① 《申报》，1912 年 1 月 5 日。

② 《申报》，1911 年 7 月 18 日。

③ 梁得所：《广告术》，余之、程新国主编：《旧上海风情》，文汇出版社 1998 年版，上册，第 334 页。

④ 《扬子江富源·江南事情》，广告页。

⑤ 《申报》，1911 年 7 月 10 日。

既有资本实力的因素,也有品种不多和服务面狭窄的原因。明治二十年(1888年),大阪商社"吉田号"在洋泾浜(今延安东路)开设公司,这是大阪商社进入上海的"先鞭"。大阪是日本著名的商业中心,从公元7世纪中期难波宫迁都至今,有1300多年的悠久历史。到了近代,以批发商组织、外币兑换和期货交易为代表的新经济体制,使大阪成为具有独特魅力的创造性经济都市。"吉田号"正是近代大阪批发商中的代表性商社。除了上海以外,其在汉口、青岛、天津亦设有支店,在杭州、松江、无锡、江阴、南京、芜湖等地有事务所。该商社向中国输入棉布和针织物、海陆产物、化妆品、烟草、杂货(钟表等)等,开创了在上海销售日本杂货的新时代。从此,大阪杂货商人纷纷以"吉田号"为依托,"以洋泾浜、东棋盘街为中心,经营大阪杂货的日商洋行数量有很大的增加。手帕、毛巾、玻璃器皿、洋伞、挂表、牙刷等,是那个时期销售品中的大宗"①。

这一时期,日本商品是在与欧美商人以及华商的激烈竞争中进入上海的。日本商品一般以人们喜欢的名称作为商标名,既能用商标维权,也能用通俗的名字加深人们的印象。此外,其大多是低值易耗的生活必需品,贴近普通市民的日常需求,与万千家庭有割不断的联系。上海公共租界工部局在海关十年报告(1882—1891)中写道:"日本在中国是作为欧洲国家和本地工人的竞争对手而出现的。它输出了下列与欧洲相同的物品:常常是用中国棉花制成的棉布;棉织品,如短袜、汗背心、毛巾、手帕;普通火柴,由于价廉而挤走了大量欧洲的——主要是瑞典的——火柴;外国样式的肥皂——从普通黄色的条皂到一块块盒装的香皂——是便宜的德国产品的激烈竞争者;硫酸;用花格花布和羽纱做的有花式手柄的雨伞。同中国生产的类似商品竞争的日本商品,我可以举例如下:樟脑;燃料;扇子;铜和铜制品(前者由官方大量购入);草药;水产品;各种食用菌;纸张;瓷器和陶器;煤(大部分供轮船用,一部分供本地外国人作为家用);木炭;厚木板和廉价木板制成的木板。"②

---

① [日]米泽秀夫:《上海史话》,东京亩傍书房昭和17年(1942年)版,第186页。

② 徐雪筠等译编:《上海近代社会经济发展概况(1882—1931)——〈海关十年报告〉译编》,上海社会科学院出版社1985年版,第4页。

第一次世界大战爆发后，欧洲列强由于忙于战事，无暇顾及中国市场的商品贸易活动，以德国商品为代表的西洋杂货日益匮乏，日本商品遂以其价格、种类和数量的优势，迅速占领中国市场。至1919年，琳琅满目的日本商品占据中国日用品市场的半壁江山。这一时期，也是日商广告的黄金时期。仅以1918年7月—8月统计，在《申报》显目位置刊登的日商广告就有下列种类：

仁丹百宝药盒：作为“东瀛第一备急圣药”的仁丹广告在《申报》始终保持着高记录，特别是那个头戴双角帽、身着大礼服、蓄着德皇威廉二世式的翘胡子的外交官造型的商标早已为中国人熟悉。为了进一步增加销路，仁丹公司推出便捷型的百宝药盒，除装有仁丹外，还备有牙签、指甲锉、镜子等日常必需品，广告说：“随时应用，至便无限，真不负于百宝药盒之名也。”①

安住蚊烟香（大阪安住大药房）：广告中有母子安眠的图像，“众位若是焚着这个香，蚊子必纷纷坠毙，而后就得最快乐之安眠”②。

清快丸（大阪高桥盛大堂药局）：“喂，您服何丸，而可以面貌清秀，肌肤丰满，曰惟日服清快丸，始有此效。何不寄语各界，速购此清快丸为卫生之圣品。”③

大学眼药（大阪参天堂大药房）：“此药能治所有一切眼疾，奏效如神，实为可惊。”④

味之素（铃木商店）：有罐装和瓶装两类，“百味之素，滋味之精，调味之华”⑤。

美容药料花颜水（大阪顺河堂大药房）：“欲求自己颜容艳美者，须要重看花颜水。”⑥

哈郎清血补身丸（大阪顺河堂大药房）：“梅毒、淋毒、下疳等花柳病等诸症，虽坊间有卖药而其效能确实者，以哈郎清血补身丸为第一。”⑦

---

① 《申报》，1918年7月1日。
② 《申报》，1918年7月1日。
③ 《申报》，1918年7月5日。
④ 《申报》，1918年7月6日。
⑤ 《申报》，1918年7月8日。
⑥ 《申报》，1918年7月17日。
⑦ 《申报》，1918年7月18日。

森永糖果(东京森永制果会社):广告中的商品有牛奶糖、杏花糖、香蕉糖、真珠糖、花生糖、饼干等,“森永糖果为文明点心之最良者,精选材料,留意制造,滋养佳味,世间无比。幼者食之,百病不生。老者食之,延年益寿。妇人则愈加艳丽,男子则益添康健”①。

当时,除了一般的日本商品广告,东京民友社出版的苏峰德富猪一郎著作《支那漫游记》也在《申报》做广告。苏峰德富是东京国民新闻社社长,广告称此书为“东方治安策”,“爱国志士与救时政治家须各置此书一册,以资研究也”②。

随着日本商品在第一次世界大战期间的大量出现,日本文化也快速地在上海流行。1915 年 8 月落成开业的“新世界游乐场”也不甘寂寞,在《申报》大做广告,称自 1918 年 7 月 15 日起,引入日本式餐馆,为上海具有十大特色的“破天荒之新饮食”:“列位列位,请了请了!人生在世,吃喝为要。上海餐馆,中西都好,惟有东餐,独独缺少。为此组织日本餐寮,招待用日女,应酬颇周到;物品拣新鲜,厨师善烹调。各界士女,请来走一遭,换换新胃口,尝尝新味道。”③

二、岸田吟香的新奇广告术

1880 年 1 月 21 日,日本《邮便报知新闻》刊登一幅插图广告,日本商人岸田吟香以漫画的形象出现在图中,他得意地说:“我今日乘出航的邮船‘东京丸’到中国去扩大销售精锜水。”④

岸田吟香,1833 年出生在冈山县,原名太郎,后改名银次。幼时受寺子屋教育,12 岁开始学习汉学。17 岁以“大鱼不在小池里游”的志气,到江户学汉学。后因喜欢中国诗人“吟到梅花句亦香”的诗句,改号吟香。1864 年,因患眼病,到美国传教士平文在横滨开设的“医馆”治疗,体会了西洋液体眼药的效力。同年,帮助平文编辑《和英语林辞

① 《申报》,1918 年 7 月 18 日。
② 《申报》,1918 年 8 月 27 日。
③ 《申报》,1918 年 8 月 19 日。
④ [日]日本电报通信社编:《日本新闻广告史·电通创立四十周年纪念》,日本电报通信社昭和 15 年(1940 年)版,第 322—323 页。

书》。1866 年 9 月，随平文夫妇到上海，在美华书馆印刷《和英语林辞书》，1867 年 5 月回国。作为对协助编辑、印制《和英语林辞书》的酬报，平文授于他有关眼药水的配制秘方。① 得到平文的承诺，岸田吟香开始调剂、贩卖眼药“精锜水”。1868 年 1 月，他单身到上海，与小东门外的“瑞兴号”和洋泾桥的“万祥号”签约，将其作为贩卖眼药“精锜水”的代理店，店头挂上“东洋岸田吟香先生监制眼药水精锜水寄卖”的金字招牌。4 月回国。

岸田吟香曾参与创办日本最早的民间报纸《海外新闻》，1868 年协办《横浜新报もしほ草》，1873 年入《东京日日新闻》任记者、主笔。作为日本最早的新闻人，岸田吟香深知新闻广告对一般大众的社会影响力，1871 年 8 月 18 日，他在创刊不久的《横滨每日新闻》刊登“精锜水”的文字广告，强调“精锜水”是外国名医开发的西洋药。这对明治维新初期开始追求西洋文明的日本民众有很大吸引力。

1880 年 3 月 13 日，岸田吟香在上海英租界河南路老巡捕房旁开设销售药品和书籍的“乐善堂”。岸田吟香来上海后，按中国姓名三个字的习惯，将名字改为“岸吟香”，取室号名“借楼”，以“海上卖药翁”为别名。与当时一般矮个子的日本人不同，岸田吟香身高 1 米 80，体重 90 公斤，双眼皮，具有明治西式新派的绅士风度。岸田吟香的人生经历和人格魅力，使很多海上文人对他产生好感，将其视为挚友。

岸田吟香创设的乐善堂，是上海最早的日本药房，其以销售自制的西洋眼药“精锜水”起家，后来销售的主要药品是日本的“和汉药”。他在上海的经营成功，与其广告策划和运用的高明有很大关系，也可以说，广告是乐善堂成功的秘诀。

乐善堂开张后，岸田吟香利用与海上文人的深交，特别是与《申报》主笔何桂笙、黄协埙等人的交情，在《申报》大量刊登乐善堂的药品广告，其数量之多，空前未有。在 1880—1893 年间，仅药品广告就达 100 种以上，显示其广告宣传上的活动能力及争夺上海市场的决心。与之相配合，乐善堂在《申报》运用各种广告策略和运作手段，有的借用在日

---

① ［日］太田原在文:《十大先觉记者传》，大阪每日新闻社、东京日日新闻社 1926 年版，第 11 页。

本流行的宣传方法,有的根据上海的实际情况而具新的创意。凡此种种,在广告事业还处于初创阶段的上海,都被人视为来自“东洋”的新奇。

乐善堂的拳头产品眼药“精锜水”,原是美国医师平文发明的西洋药,岸田吟香在日本的广告中,都称它是根据美国名医秘方配制的“西洋药”。但在上海,岸田吟香却以祖传的“东洋仙药”的招牌登场:“日本处扶桑之东,古称蓬莱,中多仙山灵水,间产奇树药草,故医亦多神手。本堂在日本东京开设有年,所选制各种良药据系祖传秘方,而眼药精锜水之一项,尤属加意修合,神效异常。是以名驰远近,凡华人到东洋者无不购归,视如珍宝。”①岸田吟香的这一广告手法,不是贪天之功,而是针对“西洋”的上海,出“东洋”奇招,引起中国人对记忆中的“蓬莱仙国”祖传良药的兴趣。乐善堂的其他药品广告,也都以“东洋仙药”的名义出现,如“麦液润肺胶”的广告称:“东瀛仙传、治痰止咳圣药。”②

上海地理位置特殊,“地狭人稠,夏令熏蒸”,且开埠后“淫靡之风日益加盛”。地理气候和社会等原因造成上海的“花柳症”、“痧症”等被称为“时疫”的患者特别多。深悉上海风土人情的岸田吟香,为此在《申报》上大量推出治疗“花柳症”、“痧症”等“时疫”病的药品广告。岸田吟香还专门撰写《痧症・花柳辨症要论》等书,由《申报》主笔何桂笙作序,并在《申报》刊登。何桂笙在序文中说:“东瀛岸吟香先生居华多年,深悉中国之风土人情,故其卖药海上,莫不获效。近以卖药不如传方,遂著成《痧症要论》、《花柳辨症要论》二书,专治痧气及毒门,所列诸方,皆系万应万验,具所以惠济众生者,厥功非小。”③《申报》还刊登乐善堂免费赠送《痧症要论》的广告,注明“分文不取”,但声称《痧症要论》推荐的药品,如灵通万应丹、西洋万灵药水、东方公一粒金、广济至宝丹、急救时疫灵丹、救急痧气丸、泰西痧气神效药水、秘方紫雪丹、宝丹等,是乐善堂销售的“痧症良药”,并希望市民将其列为家居的必备良药。④ 显然,这是一次巧妙的广告策划。

① 《申报》,1882 年 3 月 6 日。

② 《申报》,1892 年 10 月 6 日。

③ 何桂笙:《岸吟香先生〈痧症・花柳辨症要论〉序》,《申报》,1888 年 7 月 27 日。

④ 《上海乐善堂老药房发售痧症・敬送〈痧症要论〉》,《申报》,1893 年 8 月 16 日。

除此以外,《申报》还大量刊登乐善堂有关“时疫”药品的广告,如:

东方公一粒金:“此丹通治瘟疫伤暑等一切男妇百病,其效不可具述。”①

广济至宝丹:“专治霍乱吐泻、腹痛诸般痧症。”②

急救时疫灵丹:“此丹不寒不热,以驱邪解毒为主,毫无有弊,即霍乱、痧症、一时难辨寒热,每服此丹,应效如神。奉告世人:居家旅行随身携带,可以自防,亦可以救人,真济世之良药也。”③

秘方紫雪丹:“专治伤暑霍乱、腹痛吐泻、瘟热瘴毒、疫疠虫毒、鬼魅惊痫、一切邪火穿经入脏等难症,俱用此药,无不应手奏效,诚卫生之至宝也。”④

宝丹:“专治伤暑霍乱、吐泻腹痛、一切痧气、水土不服、触秽受瘴等症,服之起死回生,其效如神。”⑤

月份牌是近代发祥于上海的新年画品种,其套用传统的木版年画、历画形式,用工笔画精绘神话传说、历史故事等,附上商品广告的文字内容,并以彩色石印技术精印。月份牌作为大众商品的宣传品,广为传播,深受民众欢迎。一些月份牌的研究者说,“月份牌”一词最早出现于光绪二十二年(1896 年),他们还将当时四马路鸿福来吕宋大票行随彩票奉送的《沪景开彩图 · 中西月份牌》画片,视为上海月份牌的开山之作。其实,早在 1880 年代初,岸田吟香创设的乐善堂,就已在上海发行“月份牌”。此后,“月份牌”一词也不断地在《申报》上出现。1880 年,乐善堂开设后,每年春节都通过《申报》,向读者赠送精致月份牌,扩大乐善堂及其药品的社会影响,使之成为人们熟知的上海名所。1893 年 1 月 29 日,乐善堂在《申报》刊文称:“本堂每年新正以来,附送铜版五彩月份牌为例,已经十余年,常蒙江湖之称赞。”《申报》在收到乐善堂月份牌后,总要在报上发表“鸣谢雅赠”的启事,说是感谢,其实是借机会又一次为岸田吟香和乐善堂做宣传。例如:“昨承自制中西合历,纸细

---

① 《申报》,1892 年 12 月 27 日。

② 《申报》,1888 年 4 月 18 日。

③ 《申报》,1893 年 4 月 22 日。

④ 《申报》,1892 年 9 月 9 日。

⑤ 《申报》,1892 年 8 月 13 日。

若牛毛,明于犀角,五光十色,分外新奇。本馆把玩之余,用志数言,以申谢忱。"[①]"昨承赠予本年中西合历月份牌,雕镂精工,颜色鲜丽,悬于座右,实足悦目赏心,不第蓂算周详,足备随时浏览也。谨缀数语,以表谢忱。"[②]"岸田吟香先生创设乐善堂药室于本埠河南路,历年新岁,必印成中西合历,惠赠同人,上方遍绘东国众仙及扶桑胜景,新奇佳妙,早已记诸报端矣。今岁岸老已返棹东瀛,延我友藤田重远主理一切。昨承以数十幅见赠,并胶版石印日本内阁诸大臣像。"[③]

乐善堂不但向《申报》读者赠送月份牌,有时还在恭贺新年时附送精美药单。1892 年 2 月的《申报》启事称:日本岸吟香先生精于岐黄,无微不至,制成妙药,独得真传。十余年前就沪上分设乐善堂药房,现先生归国,"由藤田代氏为经理,留心炮制,其药尤灵。兹用铜版印成药单,套以名人所绘云龙,并祝新年吉利语,请本馆于今日附送阅者鉴之"[④]。

从上述《申报》记载可以看出,乐善堂在上海发行的月份牌,采用铜版印刷技术,印制精美,颜色鲜丽,纸张优良,"细若牛毛,明于犀角"。乐善堂月份牌以中西合历,绘制日本民间传说中的神仙及东瀛风光,或配以日本明治政府大臣的图像。由于印制精美,人们将其"悬于座右,实足悦目赏心"。因此,月份牌既是乐善堂的宣传品,也是上海文人生活中具有雅趣意味的欣赏品。

乐善堂赠送月份牌的新奇方法层出不穷。1889 年 12 月底,东洋戏班"日本服部松旭斋"著名演员天一来上海献演。天一是东京人,曾游历欧洲,学习了西方的杂技艺术。他先在"西乐园"演出,后移至四马路"桃源趣",连演近两个月。在中国春节期间演出时,戏班以水戏、火戏、帽中取蛋、匣内藏表、谷壳变兔、碎纸化鸽、少女魔术等作开场戏。天一登场后,将钞票数十张装在盘中,说这是给大家的新年贺礼,但一转手,忽然变成乐善堂药房的月份牌分发给观众。[⑤]

---

① 《申报》,1885 年 4 月 8 日。
② 《申报》,1886 年 2 月 23 日。
③ 《申报》,1890 年 2 月 10 日。
④ 《申报》,1892 年 2 月 22 日。
⑤ 《申报》,1890 年 2 月 3 日。

乐善堂除了卖药外，也印制书籍。岸田吟香将中文书籍在日本制版，然后交给上海的工厂印刷。“约在明治 16 年(1883 年)前后，发行清朝高等文官科举考试的中国古典的袖珍本，虽然是在日本铜板雕刻，在上海印刷的，但是与旧有的 3 号活字的中国书籍相比，因其小巧便于携带进入考试场，出售了 15 万部，据说赚了大钱。”①

乐善堂印制的书籍在中国大受欢迎，原因很多，其印刷技术的精美是主要原因。“它首创铜板缩印小字本我国古籍，精美绝伦，其中以《吟香阁丛书》和《康熙字典》最为精致，超过《申报》馆铅印的《申报馆丛书》，使人耳目一新，震动了当时的书刊业，受到知识界的赞赏。”②此外，其广告手段也不可忽视。如袖珍本的广告称：“本堂缩刻各书，字画明晰，装订精雅，尤便舟车携带。”③“此外花样甚多，今不及备载，如其详细，本堂另有书目，定价格外公道。”④

1889 年春，岸田吟香离开上海回日本，乐善堂委托他人经营。岸田吟香离沪时，《申报》第一版发表主笔黄协埙的《春江送别图记》，这在《申报》的版面上是罕见的。岸田吟香离沪后，由于他在上海创下了活动的基盘，乐善堂广告到 1890 年代初期达到顶峰。

三、日商广告的变容期

1919 年 5 月 4 日，当西方列强在巴黎和会上瓜分中国领土的消息传回国内时，为表达对列强蔑视中国主权尊严的愤怒，青年学生打出“抵制日货”的标语，号召民众参加“抵制日货”的运动。抵制日货运动的一个重要内容，就是“不刊登日人及日货广告”。随着抵制日货运动的高涨，日商广告被迫全线退出中国报刊的版面。

但是，日货并没有退出中国市场，甚至一旦局势稳定，日货卷土重

① [日]芦泽骏之助：《中国・上海と日本——印刷技术の流れ》(《印刷同友会 20 年史》别册)，印刷同友会昭和 36 年(1961 年)版，第 1—2 页。

② 宋原放：《岸田吟香创办乐善堂书铺》，宋原放、汪家熔主编：《中国出版史料》(近代部分)第 3 卷，湖北教育出版社、山东教育出版社 2004 年版，第 216 页。

③ 《申报》，1885 年 8 月 4 日。

④ 《申报》，1885 年 8 月 13 日。

来,往往销量倍增。[①] 造成这种情况的原因之一,是日商成功地进行了广告战略的变容。失去了中国报刊阵地的日商,除了在日文报刊和专门书籍刊登广告外,将广告的战略重点放在行商和城乡的公共空间方面。

1. 强化行商的广告宣传

行商,即外出经营的流动商人。20 世纪初,在中国就有日商提着装满商品的皮包上门进行兜售并发布广告的景象。1906 年出版的《沪江商业市景词》中有题为《日人走卖各货》的竹枝词:"为贪生意上门来,手执皮囊到处开。岂是日人资本小,时来亦可积钱财。"[②]可见走街串巷的日本行商早已成为上海商业的风景。抵制日货运动后,日本行商的活动更为活跃。行商的主要广告宣传方法如下:

执旗游行:雇用民工,让他们拿着一枝枝五光十色的鲤鱼形旗子,身穿花布衣服,手敲皮鼓,排着单列队伍游行,由乐队在前头奏乐,并将样品送给路人,藉以招揽。

撒宣传单:将写着药品治疗功能的宣传单,散发给路人,或散发到马路两旁的人家。

雇用中国民船,沿水路到江浙两省的小镇宣传推销,并与乡镇药铺建立长期销售关系。

雇用时装模特儿,穿用日本洋纱制作的旗袍进行时装表演,并在南京路各大百货公司的橱窗里全部陈列日本洋纱。

2. 加强城乡空间的广告宣传

其主要方法是:

张贴广告:雇人在民居和茶楼饭店的墙上张贴彩印的大小广告纸。

挂广告招牌:选择地段好的房子,在征得同意后,爬上梯子,将画着油画或写着字的广告牌钉到墙上去。

在墙上画广告:一般在铁路两旁,有时也在轮船通过的岸边墙上,

---

① 有题为《抵制仇货》的竹枝词:"半壁山河一担装,普天同愤说扶桑。轰然国货宣传日,仇货倾销满市场。"其注释说:"'九一八'之后,沪人热烈抵制仇货。追津沽协定既成,仇货倾销倍于往昔。"参见顾炳权编著:《上海洋场竹枝词》,上海书店出版社 1996 年版,第 275 页。

② 《上海洋场竹枝词》,第 179 页。

或是在住宅、寺庙、城墙上,用油漆写上药品的名字。

日本商人的广告宣传方法,可以说为中国同行开了先例。后来,中国商人竞相仿效,在铁路、公路、水路沿线的房屋墙壁上,用色彩斑斓的油漆涂画商品广告,成为当时中国的一大流行景色。1922 年 1 月,芥川龙之介在《江南游记》中讽刺道:"离桑田较远的地方可以看到满是广告的城墙。在古色苍然的城墙上用色彩斑斓的油漆画上广告,是现代中国的一大流行。无敌牌牙粉,大婴孩香烟,这类牙粉和纸烟广告,沿线所有的车站,几乎没有一处没有。中国从哪个国家学来的这种广告术?对于这个问题给予回答的,就是此地到处都能看到见的狮子牙粉啦,仁丹啦,等等庸俗不堪的日本广告。日本在这一点上似乎对它的邻邦表现了一份厚谊。"①

吴铁三在《中国旧式广告之探讨》中亦指出:"路牌是最近的改进,昔日是没有的,凡是沿路的地方,人马往来容易看见的位子,用长方形的木架子,或是横的,或是直的,架上钉了马口铁,再漆上广告画,或将印就的广告画纸贴上,晚上,还装了灯。最近年红(neon light)灯发达,上海、广州、天津等处,都在高处装置了红光的广告,俾在晚上,可以吸引一般游人的注意。但是,路牌最早的雏形,乃是路招,写成广告,后来印成广告,去张贴在大街、闹巷、城门口等处,见下图即知。这种路招,如今还是应用,因为比较经济而方便,内地这尚是最好的广告法呢。""交通发达,于是便又成了广告的媒介点。最早的是航船,遂后是轮船,再进而至火车,如今则电车、公共汽车、长途汽车等等,都是广告的媒介物了。车站,轮埠,也是广告的地方,故路牌的设置是很多的。"②

很明显,1920—1930 年代中国广告的这些变化,在一定程度上受到了日商公共空间广告的影响。

3. 重视月份牌广告的人情化

进入 20 世纪后,月份牌的商业功能更受重视:"中西合历制成牌,

---

① [日]芥川龙之介:《江南游记》,《芥川龙之介作品集》(散文卷),中国世界语出版社 1998 年中文版,第 113 页。

② 《中国旧式广告之探讨》,上海市档案馆藏档,档号 Q242-1-828。

绘得精工异样佳。分送频年交往户,藉招生意贺同侪。"[①]月份牌广告与一般城乡公共空间的广告不同,它张贴在家庭、公司、茶馆、饭店等相对狭小的室内空间,容易与观众产生近距离的互动效果。日商聘请中国画家,绘制具有鲜明的中华民族文化特征的月份牌,图文并茂,具有令人愉悦的审美功能。表现手法充满人情味,还尽力拉拢与中国政府及民间的感情,在一定程度上满足了中国民众的审美观,在一定程度上发挥了宣传推销日本商品的功能。

例如三井洋行在1930年发行的月份牌贺岁广告,就以"民国万岁"为标语,将日商的丝、绢、绸产品,与中国古代传统服饰巧妙地联系在一起,让中国民众对这些商品产生亲近感。[②] 此外,三井洋行在宣传人造丝商品的广告中,用甜蜜的母子形象,配上中国的风景,还特地用"洒伊"(惬意)的上海话,贴近一般市民的日常生活,比较容易被接受。[③]

结 束 语

日商广告是伴随日本商品进入上海的。早期的日商虽然大都是零售商人,但在上海的国际化经商环境中,他们特别注重中国社会的人情特点,具有适应本地化的广告意识和营销手段,逐步形成日本商店和日本商品的特色。甲午战争后,在与欧美商人以及华商的激烈竞争中,日本商品大量进入上海,并占据一半以上的市场份额。其大多是低值易耗的生活必需品,贴近普通市民的日常需求,又以人们喜欢的名称作为商标名,充分显示了融入当地的活力。在因日本侵略中国而造成的中日关系恶化的环境里,日商广告被迫进行战略调适,从中文报刊走向城乡的公共街头,在中国创造了具有日本特色的街头广告术,并成为中国一些广告商仿效的对象。抗战前日商广告的调适与本地化,是日本商品长时期占领中国市场的原因之一。

〔作者系东华大学人文学院教授〕

---

① 《上海洋场竹枝词》,第162页。

② [日]高纲博文、陈祖恩主编:《日本侨民在上海》,上海辞书出版社2000年版,第79页。

③ 《日本侨民在上海》,第79页。

访谈录

上海美专拾忆

季晓蕙　整理

1912 年，上海美专成立，迄今已经 100 周年。

为了重拾那段记忆，我们除了搜集整理大量的与上海美专相关的史料文献之外，也寻访了分散在各地的一些上海美专师友，请他们以亲历者的身份重拾记忆中的上海美术专科学校。我们还辗转寻访了一部分故去师生的亲属，转存他们从父辈口中聆听到的对于上海美专的点滴记忆。

2011 年深秋，我们在杭州见到了著名版画家赵延年先生。1938 年，14 岁的赵延年考入上海美专，1939 年与同学组成"铁流木刻漫画研究会"，开始学习木刻，从此开启了漫长的木刻生涯。在他的印象中，求学时的上海美专，就在菜市路(今顺昌路)上，进入学校学习是需要考试的。那时应考，老师拿了花瓶让他画，后来就入学了。当时学校周围的地区已经沦陷，但是租界里还是很安静，于是在那样的环境里学素描，学其他一些课程。一进上海美专，他的授课老师是刘狮。刘狮是刘海粟的侄子，上海美专毕业后留日，回国后任上海美专教授，曾任西画系、雕塑系主任。赵延年记得刘狮教授他们木炭画时说："木炭要磨得很尖很尖，一根线都不能错。"他那时是班里最小的小鬼，很听话地照做。这点也在艺术上影响了赵延年一生，他觉得作为造型来说，必定需要有这样的能力。

1939 年以后，赵延年参加了抗日组织，那时候在上海租界里，到电影院、到大世界顶上发传单。那是很迫切的一种感情——爱国，而这实际上也是对他的一生有影响的。

谈到当时上海美专的教学是否比较严谨的问题,赵延年以自己在校期间遇到的老师来举例说明。他的第一个老师刘狮给予的是很严谨的素描教学。到了第二学期,换了一位刚从德国回来的老师,要他们用粗木炭画,不拘形,大块地涂黑暗,跟刘狮的教法不同,同学们因此罢课。后来又来了一位老师,教素描又讲求形,又讲求体面,又讲求结构。老师名叫陈盛铎,是 1920 年代美专西画系的毕业生,留日归国后在上海美专任教。赵延年说,他从 1938 年进入上海美专到 1940 年离开上海,前后一共三年不到、四个学期的时间,后来一半的时间都搞抗日了。但是在上海美专念书时,学校有进口书籍参考,加上两年多的系统学习,为其奠定了一个基础,特别是刘狮和陈盛铎两位先生在素描教学上给他的影响,对他以后的艺术发展都很有助益。

2011 年 11 月,北京。我们此行采访了美专校友、著名版画家王琦先生,美专校友、著名画家、导演许幸之先生之子许国庆,美专教师、著名画家蒋兆和先生之子女蒋代平、蒋代明,决澜社主将庞薰琹、丘堤伉俪之女庞涛。

《王琦美术文集》中这样记述他的"大学时代":

> 美专的校长刘海粟是著名的画家,他和徐悲鸿、林风眠、张聿光、颜文樑、汪亚尘等画家的名字和作品,我都早已在画报或杂志上见到过,正是他们的出色艺术成就才把我吸引到美术的道路上来。我在考试那天,第一次跨进美专的大门,便使我领略到艺术之宫的不同寻常的文化气氛。

1934 年至 1937 年,王琦在美专历经了画石膏像、自选画室学习、旅行写生等一系列的课程,直到卢沟桥枪声打响后,才从上海回到重庆,开始走上抗战美术的征途。对于当时为什么会选择上海美专,王琦如是说:

> 因为上海美专是一个开放型的全方位的学校,不是封闭的。古今中外,各家各派,它都吸收。学术的空气非常浓厚,可以自由

发展，这是上海美专的一个特点。上海美专除了校长刘海粟是当时的大画家以外，还有很多优秀的教师，包括西画、中国画、音乐各科，名家云集。记得那时副校长是王济远，教务长是张辰伯，有名的雕塑家。西画方面有王远勃，还有张弦、刘抗、倪贻德，后来还来了潘玉良。国画系有吴茀之、潘天寿、诸闻韵。高手云集，精英都在那里。所以在上海美专，不但受到良好的教育，而且在思想上也比较活跃。我记得傅雷先生也给我们上过课，刘海粟校长给我们讲艺术思潮，我们都很高兴听，影响我特别深些。我当时进的西画系，开始在张弦教室，他1936年去世了，后来在王远勃教室。图书馆是我经常去的地方。当时我在美专这三年非常好，不单是艺术从美专开始，而且艺术思想在美专这样自由的环境中也形成了。

上海美专不仅老师多，很多同学在社会上也很出色的。蔡若虹也是上海美专的，跟我同时代的还有王式廓，比我前一点的还有新波。新波、蔡若虹都是当时上海左联的成员。左联是左翼作家联盟，是个进步的文化组织。美联的成员很多是上海美专的。所以上海美专不但是有文化发展，还发展了木刻版画。有两个当时的新兴木刻版画团体，一个是MK木刻研究会，还有一个是铁马版画会，都是上海美专的同学组织的，非常活跃，社会活动频繁。不但是在绘画界，上海美专还培养了不少有名的演员和导演，赵丹、王为一。还有一个老同学，叫郭虹隽，他比我早三班，他的留校成绩是留校四张。当时我记得毕业的时候留校四张是最好的成绩：一张人体、一张风景、一张静物、一张自画像。郭虹隽、王式廓这些，都是留校四张啊！

上海美专还有一个特点是，很多老同学后来不搞画了，自己参加革命去了。特别是抗战以后，大批同学走向了抗日革命前线。我知道有很多同学参加了北方、南方的游击队，惨烈牺牲的很多。这些都是美专的光荣历史。

就我当时的亲身经历、所见所看，我觉得美专这方面，学术思想开放自由，同学们可以自由发展，这是很宝贵的一条。我觉得在上海美专这三年没白过，我的艺术根基就是靠我的母校把我培养起来。但是后来我又进了鲁迅艺术学院，鲁迅艺术学院培养了我的革命思想,上海美专培养我的艺术。这在我一生当中,起关键性的作用。我在大学时代美专这三年给我印象很深。

上海美专人才很多,有各方面的,还有很多我们都还不知道。许幸之是个人才,著名的导演。《义勇军进行曲》就是许幸之导演的《风云儿女》里的插曲。许幸之导演这部电影,田汉就作了《义勇军进行曲》。许幸之后来跟我是中央美院的同事,他儿子叫许国庆。王为一,他是珠江影片公司的创办人,在香港时我们在一起,后来他回到广州创办珠影。沈逸千跟他夫人也是上海美专的,沈逸千是现实主义中国画创作的先行者。

王琦在美专时,刘海粟已欧游归国,在学校给他们讲艺术思潮。艺术思潮,除了讲史,刘海粟还讲当时的艺术思想、流派。文艺复兴三杰,讲得很多。鲁本斯、伦勃朗、威尼斯画派的,讲得也很多。美术史的课有的学生不大愿意听,刘校长的课王琦每堂都不落,每次上课的时候,刘校长还提问题。下面学生没几人能回答,王琦总是回答得最多的两个人之一。除了刘海粟给学生讲艺术思潮,谢海燕当时教授艺术史。作为著名的版画家,王琦的木刻生涯并未在美专开始,那时候 MK 木刻社已经解散了。真正投身木刻是在延安,然而,他认为正是上海美专给他打下了西画的基础,假如没有这基础他也刻不好。上海美专一毕业,王琦就进入武汉政治部第三厅工作,之后又从那里走向红色延安。

王琦先生在采访中提及许幸之,恰好我们约谈了许幸之之子许国庆先生,通过他的讲述使这位优秀校友与美专的故事得以稍翔实地铺展开来。

上海美专学籍簿记载,许幸之以学名“许达”在上海美专求学。许国庆回忆,大概是 1912 年或 1913 年左右,父亲许幸之拜师吕凤子学艺。后来,吕凤子建议许幸之到他弟弟吕澂所在的上海美专去。有个教务主任或副主任把画拿去一看,就觉得可造就,免试就进入美专学习了。1919 年到 1922 年,许幸之在上海美专学习,受教于王济远、汪亚尘。他在自述里记道,人体习作作为范画,长期陈列于学校展厅。1920 年代中晚期,许幸之赴日本东京美术学校,进入著名画家藤岛武二画室深造，艺术水平进一步提高。而早在上海美专时代，他的绘画才能已经得到认可。然而，许幸之对于上海美专的回忆很少，在他的自述中，更主要是记录些1930年代左翼文艺活动的东西。所以，关于早期学校生活和学习，都相当简单。因此我们的记述也比较简单。

从上海美专走出了多元的艺术人才，这一事实在许幸之身上就是很好的例证。当然，提到许幸之就不得不讲讲另一位与他交好的美专校友——吴印咸。这位“摄影大师”在上海美专时用的是“吴荫诚”的名字，然而他更大的成就或许是从美专毕业到了延安以后获得的。许国庆说，父亲许幸之与吴印咸是终生的好友，他在上海美专的时候，吴印咸跟他是同学，年纪比他长几岁。吴印咸跟许幸之两个人当时刚刚合租在一个屋子里。后来许幸之导演《风云儿女》时，吴印咸担任影片的摄影。通过许国庆先生的引荐，我们在今年5月再次赴京时见到了吴印咸之女吴筑清女士，从她的细节回忆与《百年吴印咸》的文本中，找到吴印咸与上海美专的丝丝联系。

吴印咸在1919年进入上海美专开始接受正规的绘画训练，也是在美专求学期间，他在旧货摊上买下了属于自己的第一台相机——美国产的勃朗尼牌照相机。缘于美专绘画训练在构图、光线、色彩方面给他的帮助，加之对于艺术天生的悟性，他在学习绘画的同时，成功地转向了摄影创作。美专的学习为吴印咸的摄影生涯奠定了基础，开放的学习环境和自由的氛围也使他开阔了眼界，有机会见识更多的新鲜事物。1922年，从上海美专毕业后，吴印咸回到家乡教授美术，教课之余继续摄影创作。与王琦等校友一样，吴印咸是从上海美专走出，后来又奔赴延安继续艺术创造的人才之代表。

我们也有幸了解到美专教师在上海美专的教学经历。著名画家蒋兆和先生的女儿蒋代平向我们回述了蒋先生当年在美专教学时的情形：

从我个人收集的资料来看，我父亲应该是从1931年到1932年在上海美专任教。先说说1929年的事。有一个全国的画展，刘海粟倡导办起来的。我父亲拿了两张图案作品参展,刘海粟跟徐悲鸿都是编委、审委。作品入选了以后,有一个叫李毅士的中央大学艺术系主任,他就看上我父亲的图案作品,邀请我父亲去了中央大学艺术系,独立担任图案的教学工作,当时徐悲鸿也在学校。那段时间,我父亲住在徐悲鸿的画室里,是一个书房,里面藏了文艺复兴时期有名的作品。所以他说,他在那个时期饱览了名作。后来就因为李毅士因故被辞退,我父亲跟着也就下来了。之后就由李毅士、徐悲鸿推荐,到了上海美专。

到上海美专之时,刘海粟正在欧洲考察,代校长是王远勃。当时我父亲一到上海美专,就以教授的名义被聘请教授一个班的素描人体。我记得是有一个叫屈义林的是上海美专的学生。我父亲当时教授他们二年级的素描。一个班20个人,第一个学期画石膏雕像和半身人体,第二个学期画半身人体像和整身人体像,包括裸体人像。他说我父亲上课特别认真,四节课连着上,对20个学生,每个人辅导一遍,他觉得时间一晃就过去了。我父亲说那时候他对素描教学有一套独特的方法,他说别人画素描,都是用馒头擦,那时候画素描流行先打框框,阴暗部分,要用馒头擦。他说他不这么画,他教学生要强调结构,不用馒头擦。这是我父亲自己对教学的一点回忆。可惜那个时期的素描作品,几乎全部遗失了,所能够留下来的,通过我的研究,留下来的作品只有一幅。1932年"一·二八"淞沪抗战发生,上海美专组织宣传队、学生到南京去请愿,我父亲参加了临时的一个宣传队,去做抗日宣传,后来十九路军蔡廷锴将军的秘书来请我父亲去到前线给蔡廷锴、蒋光鼐画油画像,做成宣传品。

我父亲晚年讲过,徐悲鸿先生跟刘海粟先生都是对教育事业有着非常大贡献的美术教育家。他说他到上海的时候十六岁,目的是要考上海美专。当时他不知道上海美专是刘海粟办的,他就住在上海美专对面的里弄阁楼里。上海美专的学生跟他住在一起。他当时还辅导上海美专学生画素描,帮着修改。但是,他没有钱去上学校,他一心梦想想上这个学校,但是他没有钱。后来他就凭借给人画像,从事广告业了。

蒋兆和的素描教学和素描画作全部是在上海美专时期开始的，从刘海粟倡导画人体模特儿开始，教师也都习人体画作，用于教学上，但这些作品都没有留下来。刘海粟欧游回来后，王远勃离开了上海美专，蒋兆和也是那个时候离开上海美专的，大约是 1932 年。

1931 年，庞薰琹在上海美专代邱代明的课，教授素描。当时素描课分三个教室，一个教室是张弦，一个教室是倪贻德，一个教室是邱代明。在美专授课让庞薰琹结交了新识，庞薰琹先加入的“摩社”是以上海美专为中心的绘画团体。摩社的成员刘海粟、傅雷、倪贻德、潘玉良、王济远等大多是美专的教师或者与美专相关的人。后来由庞薰琹、倪贻德发起成立的著名的“决澜社”，是在摩社基础上发展而来的，以“摩社”名义出版、倪贻德担任主编的《艺术旬刊》也成了决澜社发表艺术宣言的主阵地。决澜社的其他主要成员张弦、周多、段平右等皆来自上海美专。庞薰琹的夫人丘堤也是决澜社的重要成员。对于父母与上海美专的一些关系，庞涛女士说因为那时候她还没出生，后来也未有提及，知道得实在太少。

这些讲述帮助我们于细微之处窥见、填补着一段围绕上海美术专科学校展开的极有意义的历史。并且，随着以上海美专为辐射源的民国艺术界交往历史不断地被发掘，关于许多个体、群体与这所民国史上最为活跃的美术学校之间的个中关系也随之步步厘清，一段段曾经失落的往事在回溯上海美专百年史的过程中将更为具象而鲜活地映现。

〔整理者系上海刘海粟美术馆学术部研究人员〕

读档随笔

书香银行家叶景葵*

邢建榕

上世纪 80 年代末，余尝痴迷于书画作品，经邹振环兄介绍，得以拜访著名图书馆学家、书法家顾廷龙先生。顾老洵洵长者，学问深厚，书法温润静穆，坐在他并不宽大的居室，真是如沐春风。其时他刚编辑出版《叶景葵杂著》，亲笔题签后送我一本。杂著有书跋、札记、诗词、回忆，全是旧时文人气息，不过也因此知道叶是大藏书家，自号"书寄生"。叶回忆，顾祖禹手稿本《读史方舆纪要》到手时，"则故纸一巨包，业已烂碎"，遂不惜工本请人修补，花费两年时间，"于是完整如新矣"。抗战初期，叶景葵与张元济等人在租界创办合众图书馆，不仅捐出全部善本书籍，而且在图书馆旁造屋居住守护。顾老说，他在合众随叶工作十年，受益良多，故有编辑此书之举。

彼时印象留存至今。近年因涉猎近代金融史研究，才知道叶景葵还是一名职业银行家，如果从 1915 年担任"南三行"之首的浙江兴业银行董事长算起，到他抗战结束后辞去这一职务，竟然连任长达三十年之久，这在上海金融界几乎是一个奇迹，更不用说之前他担任大清银行监督等其他经历了。

说起近代中国的银行家，他们中的大部分毕业于欧美或日本的名校，因为欧风美雨的熏陶，给人的印象总是风度翩翩、西装革履，外文流畅，善于与外国人周旋。而且，在中国动荡不定的社会背景下，他们的经营活动极大受制于政治因素，因此练就了他们八面玲珑、人脉广泛的

---

* 本文系为柳和城先生《叶景葵年谱长编》所作之序。

特质。在银行家中,几乎都与蒋介石、宋子文、孔祥熙等人保持有密切的私人关系,其中一些人遇到难以排解的纠纷,往往亲自寻求蒋介石的帮助,如金城银行总经理周作民要不是千里赶赴重庆面见蒋介石,他在战时上海的活动,就是跳进黄河也洗不清,那顶汉奸的帽子肯定是戴定了。

叶景葵是近代金融界当之无愧的元老,但为人低调,有很浓的文人气,与其他银行家作风迥异。他经历丰富,经营过多种企业,却是举人、进士出身的文士,曾为晚清大吏赵尔巽捉刀弄笔多年。他没有海外留学的经历,因在晚清官场的口碑和才干,在大清朝廷倾覆前,竟以三品京堂候补身份,受命署理大清银行(即中国银行的前身)正监督,得以一脚跨入近代金融业的最高权力圈内。武昌起义爆发,长河落日,落花流水。照理说覆巢之下安有完卵,叶景葵却在辞职前数日,毅然决然以长芦盐票三张向法商东方汇理银行作抵押借款,平息了一场因清皇室退位而引发的大清银行挤兑风潮。他辞职后,以秘书长项兰生为主联络部分浙江籍股东与高级负责人,发起成立大清银行股东联合会。随即由联合会主持,厉行改革,又得到孙中山的支持,迅速将大清银行改组为中国银行,开创了近代中国金融业的新纪元。这一切,不能说与叶景葵没有关系,因为实施改组事宜的基本班底,仍是他周围的一批挚友。

1916 年 5 月 12 日,北洋政府因财政枯竭,导致通货膨胀、物价高涨,社会动荡不安,竟下令全国中、交两行暂停兑现付现,禁止提取现款,两行的现金准备一律封存。中、交两行总行以及京、津分行等,由于处在皇城根下,迫于压力只得遵照执行。各地分行相继跟进,全国金融市场一片恐慌和混乱,酿成近代史上著名的金融风潮。

事情发生后,上海中国银行经理宋汉章、副经理张嘉璈决意抵制,宋秘密拜访已经离开中行、担任浙江兴业银行董事长的老上司叶景葵等人,商议由中国银行股东组织股东联合会,既可维护本身利益,也为了支持“抗拒停兑令”,大家推拥张謇为会长,叶景葵自任副会长,钱新之任秘书长。他们登报声明,此时骤行停兑,“无异国家宣告破产,银行宣布倒闭”,因此,“中央命令万难服从,沪行钞票势难停兑”。并称,中国银行事务“悉归股东联合会主持”,由股东联合会接收银行全部财产,即使政府提用款项,也要按照章程办理。不仅如此,股东联合会委托律师接管中国银行,并责令该行照常兑现。同时,叶景葵以浙兴财产向各钱庄抵押头寸,秘密支持上海中行备足现款,应付挤兑。在叶景葵等金融界元老的支持下,上海中行终因应付得当度过风险,史称"抗拒停兑令事件"。

1915年叶景葵为发展浙兴业务起见,与主持浙兴的蒋抑卮、项兰生、沈新三等人商议银行改革,其中最显要的一项,就是将浙兴业务重心由杭州搬迁到了上海,改上海分行为本行(后改为总行)。取消各分行事权不一、各自为政的总理制,改为董事长负责制,由叶景葵出任董事长。叶景葵也是华商银行中最早担任董事长的人,而且连任达三十年。与以后许多银行实行总经理负责制不同,董事长全权决定银行的一切业务和人事调遣,因而叶景葵走马上任后,立即大刀阔斧进行了一系列改革,如引进人才,把全行行政和业务重心移至上海,改杭州总行为分行,在上海成立统一的董事会,在董事会下设总办事处等。

上海特殊的地理位置和三方四界的政治格局,使上海迅速成长为一座远东国际大都市,浙兴的有备而来,无疑为银行以后的发展奠定了扎实的基础,这不能不说是叶景葵的远见卓识。这一时期,特别是1915年到1926年,可说是浙兴的全盛时期,资本和存款均列各大民营银行之首,"调剂金融,流通农产,辅助工商,推广营业,信誉日隆"。茅以升主持设计和兴建钱塘江大桥时,叶景葵首先响应,联合其他银行组成贷款银团,共同投资200万元,其中浙兴自认一半即100万元,可见叶景葵之不凡气度。

1927年南京国民政府建立后,在向新时代的转型和发展中,由于经济社会和市场氛围的发展,金融业的地位和作用不断增加,银行家开始逐渐崭露头角,他们不仅在经济活动中趋于活跃,而且不可避免地卷入政治圈内,有投怀送抱的,也有随波逐流的,与蒋介石政府关系日趋密切,因为在近代中国,没有政治靠山的企业家很难出人头地。"南三行"、"北四行"的总经理或董事长中,只有叶景葵始终不冷不热,游离在政治秀场外。这在某种程度上使浙兴的业务发展受到影响。而在近代中国的金融史上,他作为银行家的声名,也不及他曾经提拔的后辈,这或许是性格决定命运的又一个例证。

说起来,宋汉章出任大清银行上海分行经理,系由叶景葵推荐,清政府任命。辛亥革命后,叶去职,宋仍留任。除宋汉章外,叶景葵敦聘幼年同学项兰生为总办事处的书记长(后任浙江兴业银行秘书长),吴鼎昌为南昌分行经理。吴后任盐业银行董事长兼总经理,1921 年盐业、金城、中南、大陆四家银行成立联合营业机构后,吴任四行联合准备库及四行储蓄会主任。吴在任期内,兴建了著名的上海国际饭店,作为四行的营业场所。1935 年以后,吴鼎昌弃商从政,历任国民政府实业部长、贵州省政府主席、国民政府文官长、总统府秘书长等职。

在浙兴担任董事长时,叶景葵又从中国银行物色了两位得力干将徐寄庼和徐新六。徐寄庼,名陈冕,日本留学生,曾任中国银行九江分行经理,到浙兴后担任办事董事兼总司库。他在主持总司库时,倡导该行准备金实行百分之百的现金,使浙兴信誉大增。抗战胜利后,叶景葵辞去浙兴董事长职务,即由徐寄庼继任。徐新六,字振飞,留学英法等国,任过财政部秘书、中国银行总会计等职,到浙兴后担任书记长,后改任总经理。在徐任总经理期间,浙兴大量向民族工商业放款,1938 年因所乘飞机被日寇击落,不幸罹难。

上述几人均是近代中国金融界的精英,即使地位声望一般,只要具有真才实学,叶景葵总是求贤若渴,其情令人感佩。余在编辑《上海银行家书信集》一书时,曾收录杨介眉与叶景葵等人来往函件。杨其时任浙兴上海总行副经理,因故辞职,欲往上海商业储蓄银行另觅岗位,叶景葵得知后多方挽留不得,事后"痛苦万状",多年后仍在自责。在他掌舵中国和浙兴这两家银行时,深感银行管理和专业人才之不足,因而极为留意新晋才俊,罗致了不少金融界的精英人士,算得上金融界的伯乐。

叶景葵无疑是新旧转型时代中脱颖而出的第一代银行家,既有文人的铮铮风骨,又有现代银行家的独立精神。本年谱长编中,叶景葵身世经历、用人识才,以及卓异的现代银行管理经验和杰出的银行家精神风范等方面,无不资料详尽。更重要的,透过叶景葵的身世和活动,可以观照近代中国经济史乃至文化史、社会史的诸多要素。不用说,年谱的内容决非本文所能概括,笔者只是从叶景葵与近代中国金融业的关系上略作阐述。

本年谱的编著者柳和城先生命余作序,再三推辞不得,又有一点感触要说，乃恭敬不如从命了。这本煌煌巨编的出版，识者无不敬佩，自在意料之中。因长期从事档案资料的整理工作，余对此类编著的艰辛深有体会，因而敬佩的程度或许又在一般学者之上。简而言之，年谱长编类似史料汇编，往往算不上学术专著，但编著此类资料书，不仅须具有孜孜以求、锲而不舍的冷板凳精神，而且要具有相当的学术功底。一本书蕴含的学术成分和学术功底，无关乎书的形式，只关乎书的质量。柳先生不良于行，又是高度近视眼，笔者每每见他坐在上海市档案馆阅档室的电脑前，寒来暑往，查看那些天书般的旧档，然后复印，然后抄录，不知费尽多少心血，才得以成书。时至今日，这样甘于寂寞的专家几乎屈指可数，也难怪近年来有价值、有水平的资料书显得凤毛麟角。故而在向柳先生表示衷心祝贺的同时，还是要表达一下由衷的感谢和敬意，并希望能有更多的类似本年谱的资料书问世，于社会文化和学术研究功莫大焉。

〔作者系上海市档案馆研究馆员〕

不息的变动

——上海美专四十年简述

王　欣

今天,上海的时尚地标“新天地”的背面,顺昌路 550—565 号已是一处嘈杂拥挤的居民住宅。此地一些年长的住家仍然清晰记得上世纪 50 年代初刚刚搬入时,楼宇里留下的上一段历史的痕迹,一块悬挂在某间屋子门口的牌子,上面写着“上海美术专科学校结束办事处”。它昭告着这里曾经作为一座美术学校存在过。它就是一个世纪前,由刘海粟、乌始光等人创办的中国现代意义上第一所美术学校——上海美专。

1912 年底,年仅 16 岁的刘海粟和友人乌始光等在上海乍浦路 8 号,创立了一所短期教授西洋绘画技法的美术学校——上海图画美术院。这一年是中华民国元年。一个古老的国家在新生中积蓄着无穷的能量。学校所处的上海,此时也已经搭建好了现代都市的构架。新的时空际会将赋予这所年轻的学校以机遇和挑战。民国二年年初,上海图画美术院开始在《申报》上陆续刊登广告,发布招生或搬迁信息。1913 年 7 月 5 日的《申报》第一版登载着一则“图画美术院附设假期炭像水像速成科招生”广告:“本院藉暑假之余闲,图美术之进步,以最适用之炭像水像,用速成法教授之。自能便学者,达其登峰造极之目的。(学科)水像、炭像。(卒业)一月毕业,六月十五起,七月十五止。(纳费)全期十元。(院址)美界爱而近路六号洋房。详章至院取阅,报名从速,庶免额满见遗。院长乌始光白”

从这则广告中可以看到,学校在建立不到一年的时间里就从乍浦路 8 号搬迁到了爱而近路 6 号。作为一所初创的美术学校,一切还处于摸索与不稳定的阶段，教授内容也是一些简单的木炭、水彩技法，以满足正在兴起的商业美术人才的市场需求。首任校长张聿光、教务长丁悚等都是当时炙手可热的商业美术师，擅长于新舞台布景画和报刊插图等，还出版有个人画集。

但从 1915 年左右开始，新文化运动的影响和民国教育新制的需求，让学校的决策层，看到了一个更为广大的需求——美术师资。1917 年北京大学校长蔡元培在北京神州学会发表影响至深的文章《以美育代宗教》，主张“专尚陶养感情之术，则莫如舍宗教而易以纯粹之美育”。刘海粟迅速响应，旋即于三个月后在学校开设了师范科，培养高小学之师资。学校的教学结构开始向学院体系转型，鼎盛时期的上海美专开设有西洋画系、中国画系、雕塑系、工艺美术系、艺术教育系、音乐系及暑期学校、绘画研究所和成美中学等。

随着教学规模的扩大，对校舍的要求也越来越高，学校几次扩建，在最初的十余年间数次搬迁，扩容。1923 年上海美专将徐家汇路斜桥附近永锡堂旧址内的老建筑改建成西洋画科新校舍，称为第一院。它的具体位置在斜桥西面，徐家汇路北、杜神父路以南的菜市路，范围就是今天的顺昌路附近。菜市路的第一院是上海美专唯一保留下来的一处校址。由于租界的土地资源稀缺，学校只能分设几处校址扩建，白云观左近、林荫路上都曾有美专校舍的所在。

为了更大规模地发展学校，曾有一个宏大的建设计划，上海市档案馆保留的上海美专档案中有学校校董会议记录，在民国二十二年二月二十四日下午的会议记录记载：“美专现虽有校舍数座，以校务日见扩展、学生日见增加，原有校舍不敷应用，是以计划于徐家汇自置基地，从新募建新校舍暨美术馆，以树文化之基而为一劳永逸之计。”新校址在漕河泾，占地约 200 亩。这个宏大计划因为 1937 年抗战爆发而流产。

在学校美术各系中，“写生”是必不可少的课程。从“临摹”到“写生”是上海美专教学的重要转折。上海美专极重视写生，写生成为训练造型能力的基础课程。写生分为静物写生、风景写生，其中因为一段公案而闻名的莫过于“人体模特儿写生”。刘海粟与孙传芳的论战被演绎为 20 世纪中国现代美术演进中“新”与“旧”的较量、“先进”与“保守”的角力。一时间,对于人体美的思考与西方人体绘画的介绍,随着论战在知识和传媒领域展开。最终人体写生成为民国美术学校中普遍开设的基础课程。一年春秋两次的旅行风景写生是学校中很受欢迎的教学活动。为了组织好旅行写生,学校还专门制定旅行写生章程,由参加的西洋画系、中国画系和艺术教育系学生共同组成上海美专旅行写生队,由校长担任队长。在《上海美术专科学校二十五周年纪念一览》上清晰地写明了旅行写生的组织及教学细则。杭州、南京、常熟、青岛都是学校经常选择的写生地点。每次写生完毕,都会就地举行作业展。在保留下来的上海美专教学活动的图像资料中,以旅行写生为最多。

上海美专人才济济。西洋画系的教师有陈抱一、汪亚尘、倪贻德、潘玉良、张弦等,这些都是民国时代洋画界的重要人物。其中,倪贻德、潘玉良、张弦、刘抗、陈人浩还都是美专自己培养的学生,他们或东渡扶桑,或远涉欧洲,再度深造后回到母校执教。中国画系则在现代学校教育的模式下进行传统绘画的教习方面做出了尝试与努力。中国画系的教师中有名声赫赫的黄宾虹、潘天寿、吴茀之等,培养出了李可染、程十发等现代大家。

傅雷是刘海粟第一次欧游时在法国结下的好友。受刘之邀,傅雷学成回来进入上海美专,一边担任教务秘书,一边开设理论课程。后世可能不知道,以翻译《约翰·克里斯多夫》和巴尔扎克作品而名满天下的大翻译家傅雷,曾经在美术理论上也很有建树。傅雷在上海美专社团——摩社的刊物《艺术旬刊》上留下了《刘海粟论》、《薰琹的梦》等艺评文章。

作为一所现代学校,在完善自我学院体系的过程中特别注意提高学生的综合素养。将学生的培养与新国民的塑造相结合,使教学从技能培训转向审美教育转变,注重理论修养。在西洋画系中加入了美学、美术史、艺术概论等必修课,中国画系则有画论、诗学、题跋等课程,艺术教育系则开设了教育心理、教育概论等科目。这种理论与实践相结合的课程结构一直影响到今天的学院教育。

上海美专的教育氛围总体上是宽松活跃的,体现出刘海粟"不息的变动"的办学思想。教学随着时代与环境的变化而不断改进,吐故纳新,兼收并蓄。在这样包容的环境中也培养出一个活跃多姿的学生群体。学生自治，自主组织了各种社团，定时举行活动。在上海市档案馆保存了11本上海美专毕业纪念刊，这是由毕业班同学自筹经费，编辑设计印刷的。毕业纪念刊生动地展现了毕业离别时不舍的同学情和浓浓的师生情，闪烁着学生的思想与趣味。在丰富的社团活动和相对自主的学习中，涌现出许多跨领域的人才，在以后的中国文艺界大放异彩。他们中有：赵丹，《马路天使》、《林则徐》的主演；马徐维邦，《夜半歌声》、《秋海棠》的导演；吴印咸，《风云儿女》、《马路天使》的摄影；许幸之，《风云儿女》的导演；赵清阁，著名女作家；沙飞，著名战地摄影师；万籁鸣、万古蟾，中国动画片鼻祖；鲁少飞，著名漫画家《时代漫画》主编。上海美专可谓“不拘一格降人才”。

1937年，随着抗战的全面爆发，学校陷入了战时的困顿。直到1945年抗战胜利才稍有喘息，全面恢复教学。新中国成立后的第三年(1952年)，在全国高校科系调整和合并的政策下，刘海粟执掌的上海美专和颜文梁创立的苏州美专及山东大学艺术系合并，在无锡成立华东艺专，转年又迁到南京更名为南京艺术学院。

尽管上海美专的办学时间不长，只有短短的40年，但它仍然凭借自我完善的教学体系、发达的社会关系网络、决策层敏锐的市场洞察力和校长刘海粟的长袖善舞，成为了民国时代生存时间最久的私立美术学校，是中国早期现代美术教育的一次认真的实践。

〔作者系上海刘海粟美术馆二级美术师〕

档案指南

国内外所藏中国近代海关档案资料概况

孙修福

中国近代海关，即外籍税务司制度下的海关，是帝国主义经济侵略和干涉中国内政的产物。它滥觞于上海，拓展得益于不平等条约，统一壮大于其总税务司署移驻北京时期，被割裂于"九一八"事变之后，遭到破坏于抗日战争时期，部分被攫夺于太平洋战争爆发之际，恢复于抗日战争胜利之后，寿终正寝于国民党政权结束在大陆统治之时。

长期以来，人们对于中国近代海关档案的价值认识不足，一般认为它只是涉及海关史本身，不研究海关史者当然就没有必要查阅利用海关档案。其实不然。由于中国近代海关的特殊性，它是一个特殊的行政机构，虽然它的业务以征税为核心，但它的职能非常庞杂，包罗万象。除征收对外贸易关税外，还兼管许多与海关业务不相干的港务、航政、检疫、赔款、内债、外债、气象、水道勘测和疏浚等事务，还兼办邮政等多种洋务。第二任总税务司赫德还进行了大量的"业余外交"活动，代表中国参与不平等条约的谈判，并曾要求各地税务司调查当地的社情民意，搜集政治、经济、军事等社会各方面的情报。这些职能涉及经济、政治、文化甚至军事等各个领域。所以，中国近代海关在近百年内所形成的档案资料内容极其丰富、广泛，不仅涉及海关自身历史，还涉及中国近现代史的各个方面，几乎可以说无其不有，无所不包。

1983 年 4 月，中国第二历史档案馆（以下简称"二档馆"）指派笔者与中国社会科学院近代史研究所合作编译《中国海关密档：赫德金登干函电汇编》（*Archives of Chinese Maritime Customs：Confidential Correspondence Between Robert Hart and James Duncan Campbell*,

1874－1907),笔者便自此开始研究中国近代海关史。笔者在汗牛充栋的馆藏海关档案"海"中爬梳了几十年。笔者还于2003年去英国做学术访问三个月,专门查阅海关档案,对英国所藏海关档案也略知一二。现仅就笔者所知中国及世界各地保存中国近代海关档案情况作一简单介绍。

一、国内收藏情况

(一)中国第二历史档案馆馆藏海关档案概况

1."二档馆"原藏有海关档案:

(1)税务处档案,全宗号为一〇五九,180卷;

(2)国民政府财政部关务署档案,全宗号为一七九,1886卷;

(3)国民政府财政部缉私署档案,全宗号为一四五,3437卷;

(4)汪伪海关总税务司署档案,全宗号为二〇八五,1481卷;

(5)汪伪关务署档案,全宗号为二〇六五,19卷;

(6)汪伪政府财政部税则委员会档案,全宗号为二〇六四,328卷。

另外,在北京政府财政部、国民政府财政部、汪伪政府财政部、维新政府财政部的档案中也有不少有关海关的档案。如果在上述全宗的海关档案中没有找到的有些资料,不妨到这些全宗中去找;甚至可以到北京政府的国务院和国民政府全宗中去找,因为有些海关重要文件要转呈中央政府。还有些资料会出现在意想不到的与海关无关的全宗中。如国民政府外交部的档案中就有关于日本人在华北走私的有关资料、日本劫夺关产资料;在汪伪政府盐务署档案中,可以发现日本驻华大使馆交出的关余计算账。

中国近代海关档案因为其总税务司署先设在上海,后移驻北京,各地海关分设于各地,所以其档案比较分散。由于很长一段时间里人们对于海关档案的价值看得还不是那么清楚,许多海关因库房紧张,视历史档案为多余,故将近代海关档案移交给有关的综合档案馆。如1983年,原保存在上海的海关总税务司署档案和在北京的总税务司署档案都移交给“二档馆”保管。原来该馆就藏有原税务处和关务署以及汪伪政府海关档案。这样，属于总税务司署一级的档案基本都集中在“二档馆”，数量约有 59000 卷（捆）。

2. 外单位移交“二档馆”海关档案

近代海关的文件处理制度当时就采取西方先进的文件处理制度，海关档案分卷立档比较规范。从现在看来，虽然不尽科学，但还算分类清晰，不像其他单位档案必须重新整理才便于使用。所以，这部分档案“二档馆”接收后，基本按原来分类编号直接上架，未对其进行任何重新整理。根据“二档馆”编档程序，这部分档案全宗号为六七九；又根据案件的性质分类，给予子号加以区别，故有六七九(1)至六七九(9)。

六七九(1)主要是北京总税务司署时期的档案，分为 13 大类：一、海务科(4185 卷)；二、人事科(文件 10328 卷，职员录、职员卡除外)；三、秘书科(文件 1796 卷)；四、查缉科(1209 卷)；五、财务科(1417 卷)；六、统计科(81 卷)；七、审榷科(1929 年设立，专司税则、税率研究、修改，制订货物分类及货物估价的细目等，181 卷)；八、计核科(抗日战争胜利海关复员后，该科下辖计核股(原稽核股)、会计股、关产股、储金股，328 卷)；九、输出入管理委员会关税税则委员会(473 卷)；十、重庆总税务司署时期档案(1034 卷)；十一、专题卷(10501 卷)，分成 20 个专题：(1)总类，(2)人事，(3)组织机构(包括海关监督公署和税务专门学校)，(4)验估征税，(5)货运监管(包括贸易监管)，(6)缉私，(7)海务、江务、港务，(8)贸易统计资料与出版物，(9)国际会议、条约和协定，(10)考察外国海关行政报告，(11)涉外问题，(12)引水管理，(13)报关行管理，(14)各地关于当地人民革命、工人运动等情况报告，(15)财务及内外债，(16)海关舰艇，(17)关产、设备、供应，(18)文书档案，(19)其他，(20)专题附件；十二、重要机密函电(包括密令密函、半官方函电、其他档案)，已编译出版的《中国海关密档：赫德金登干函电汇编》以及《帝国主义与中国海关资料丛编》(现已出版 11 编)基本上都是利用这部分档案；十三、赫德与金登干往来函电缩微胶卷，从来没有人利用过。

以上为原北京海关总税务司署档案并由海关总署移交“二档馆”，构成了“二档馆”海关档案的主要部分，数量较多，涉及内容也较丰富广泛。

六七九(2)为1900年以前海关总税务司署与各关往来公文的合订本,2110卷。

六七九(3)为1896—1949年总税务司署与各关往来公文以及1900—1949年往来公文专题卷,3672卷。

六七九(4)为1873—1949年总税务司署与各关往来电报以及英文机要函电、1929—1949年密件合订本、1900—1949年半官方函件合订本,共1287卷。

六七九(5)为1900—1949年各机关往来公文及汉文卷,2017卷。

六七九(6)为1900—1941年、1945—1949年汉文专题卷,1901—1949年英文往来文件,1902—1941年英文专题卷,共1299卷。

六七九(7)为海关总税务司署在北京时期文件,335卷。这个数量与其应产生的档案数量很不相称,可能是1900年以前的档案被义和团所烧毁。根据赫德日记及赫德与海关驻伦敦办事处税务司金登干函电的记载,除了他的日记被一名四等帮办抢出来以外,其他一切都化为灰烬。

六七九(8)为1941—1949年海关总税务司署在重庆时期文件,647卷。

六七九(9)为各科室、办事处文件,8985卷。

以上档案为1983年上海海关所移交。

遗憾的是,目前“二档馆”所藏海关档案原件都不开放,要等数字化后才开放;但前几年与英国剑桥大学等合作做过部分专题数字化,按理这部分应该开放。可喜的是,“二档馆”将加大数字化力度,争取在5年内将300个查阅频率高的全宗全部数字化。

(二)国内部分档案馆馆藏海关档案情况

1. 天津市档案馆藏有原津海关以及北平、秦皇岛、塘沽等分关档案。由于津海关是仅次于江海关的大关,所形成的档案当然就比较多,共有13000余卷。

津海关的设立在天津近代史发展以及近代北方经济的发展进程中具有重要作用。该关的职能活动不仅涉及海关的本身业务方面,而且广泛涉及社会、政治、经济、军事和文化等诸多领域，其业务区域不仅涉及天津地区，而且涉及当时的华北六港（天津、龙口、秦皇岛、烟台、青岛、威海）、北京及三北地区。由此所形成的津海关档案不仅记录了旧中国口岸贸易发展的脉络，也从一个侧面反映了环渤海城市发展的历史进程，是研究城市政治、经济、文化、社会乃至民俗等诸多领域不可多得的珍贵资料。如津海关税务司与总税务司及直隶总督、海关道往来密函，除涉及一般海关业务外，还涉及创办近代邮政、电报电话，修建金汤桥和万国桥，检疫防疫、缉私缉毒，主持海河治理、港口建设及内河运输，政治局势和重大历史事件，参加万国博览会等方面。

2. 广东省是近代海关设立最多的省份，该省档案馆藏有省内原粤、潮、九龙、拱北、琼海、江门、三水、雷州、曲江各海关档案，共 12000 余卷。

除一般常规的海关工作有关文件外，海关收集情报资料比较突出，如有 1916—1942 年粤海关逐日情报记录；九龙关关于中国共产党和外籍共产党的组织活动情报等。还有反映辛亥革命、护法运动等革命活动的资料，粤海关与广州军政府关于接管海关、争取关余等问题的往来文件，大革命时期汕头军事当局要求动用关余的文件；有关香港问题资料，如省港大罢工委员会与海关进行交涉的文件，1917 年孙中山军政府争取收回辖内海关主权的文件；贩运华工出洋资料；1909 年九龙关对西沙群岛考察情况的记述；三水关关于 1915 年广东大水的报告等。

3. 广西壮族自治区档案馆藏有原辖区内北海、梧州、南宁、龙州各海关档案，共 3500 余卷。

主要是海关的正常业务文件，如进出口贸易统计，关税统计，人事任免、调动、奖惩，海关职员录、题名，缉私报告，与总税务司及总税务司署各科及有关单位的往来文件，海关通令、通告、代电等。

4. 福建省档案馆藏有原闽海关档案，约 1000 余卷。

1949 年闽海关大楼发生一次火灾，档案被毁，所以现存数量较少。内容有总税务司署通令、训令、往来文件，浚河捐征收规定、税务报告、视察报告、缉私报告、贸易报告、洋货进出口估价表等。

5. 浙江省档案馆藏有原浙海、瓯海、杭州等关档案，共有 4000 余卷。

除正统的海关各项业务工作资料外,还有汪伪海关的资料,如海关转口税宁波征收所(镇海分所)、杭州关转口税局的资料等。

6. 江苏省镇江、南京、苏州等市档案馆分别藏有原镇江、金陵、苏州等关档案,共有3000余卷。

与浙江省情况一样,除正统的海关各项业务工作资料外,还有汪伪海关的资料,如海关转口税征收所南京总所(芜湖分所)、苏州关转口税局(无锡分局、镇江分局)的资料等。

7. 山东省青岛、烟台、威海等市档案馆分别藏有原胶海关、东海关及威海卫分关档案,共有4000余卷。

胶海关档案中有反映日、德两国争夺青岛设关的资料,外国货船在青岛近海触礁的资料,海关与银行、商会、商号往来文件,与日本领事馆等方面交涉免征税、缉私等方面往来文件等。

8. 湖北省档案馆及沙市、宜昌等市档案馆分别藏有原江汉、沙市、宜昌等关档案,据不完全统计约有5000卷。

除一般常规的海关工作有关文件外,还有修正江汉关拍卖敌伪物资暂行办法,当地气象报告、水文报告、地方近事报告,中国与英、美、俄、德、法、意、日等国的通商条约、关税条约,中国汉冶萍公司与日本制铁所订立的矿石生铁价格及分年交额合同等,以及汪伪海关江汉关转口税局的资料等。

9. 湖南省档案馆藏有原长沙、岳州等关档案,约600卷。

除一般常规的海关工作有关文件外,还有1911年10月中华民国军政府湘军都督宣告独立,所有洋关及邮政局应归该军政府管理的照会;湖南都督谭延闿正式宣布脱离袁世凯,所有关税不再听袁世凯政府动支的通电等。

10. 四川省档案馆和重庆市档案馆都有重庆关档案全宗,万州市档案馆有万县关档案全宗,据不完全统计,三馆共有海关档案5000余卷。

除一般常规的海关工作有关文件外,还有川江整治文件,万县关按月编写的川东北一带政治、军事、经济活动的大事记,其中万县九五惨案、1921年"神兵"攻入万县县城事件、中共地下党及川鄂湘红军的活动等记述甚详;还有连续30年逐日观测万县段长江水位记录、船舶动态的报告等。

11. 辽宁省档案馆藏有原奉天(沈阳)关档案 400 多卷,营口市档案馆藏有原山海(营口)关档案 500 余卷,大连市档案馆藏有原大连关档案 200 余卷。

内容除海关正常业务文件外,还有外国人在东北活动情况、张作霖与冯玉祥之间的军事冲突、张作霖与吴佩孚在北京的动态、张作霖被炸事件、日本人在东北的活动、东北与苏联的形势、美国要求海关协助搜集苏联的难民情况等资料;搜集的解放军在长春一带活动情况及严禁与解放区通商贸易的资料;抗日战争胜利后,国民党政府派员接收沈阳、安东、山海、承德、大连等满洲国税关的资料。

12. 黑龙江省档案馆藏有原滨江、瑷珲等关及绥芬河、满洲里等分关档案,约有 100 余卷。

内容除一般海关各项规章制度外,还有查验放行黑吉官盐、东清铁路工用炸药文件,严禁无护照侨居外国华人入境文件,该关职员宣称不满为满洲国服务的签名簿等;太平洋会议议决有关中国各案文件,中国与智利、瑞士等国订立条约文件;规划领海及海关缉私范围文件,中俄暂行管理中东铁路协定文件,道署向俄官厅抗议不得向华岸放枪文件等;还搜集有大量的中国情报,为日、俄制定对华政策提供参考。

13. 安徽省档案馆藏有汪伪政府安庆关、蚌埠关转口税局档案,时间为 1943—1945 年,108 卷。

内容有两关转口税局成立、撤销、内部机构设置、人事任命、会议记录等文件;关税制度及规章、贸易报表、物资移动调查表、财务报表、缉私报告以及有关往来函电。这部分档案对于研究汪伪时期海关史具有参考价值。

芜湖市档案馆藏有芜湖关档案资料,约有 100 余卷。

14. 中国第一历史档案馆藏有近代海关早期档案以及海关总税务司署与其主管单位总理各国事务衙门的往来文件资料,约有 100 余卷。

由于笔者能力有限,对于一些省、市、县档案馆馆藏当地海关档案还不清楚,如云南省内的蒙自、思茅、腾越、昆明等关,江西省内的九江关,福建省内的三都澳关(福海关),台湾省内的台北关、台南关;太平洋战争后沿海地区海关大部分沦陷,国民政府不得不在内地增设的兰州、西安、洛阳、上饶、曲江、新疆等关。

(三) 港台收藏海关档案资料

1. 香港大学图书馆藏有赫德的信件500多封。

2. 台湾"中央研究院"近代史研究所藏有原淡水、台北、台南等关档案资料。

(四) 国内各海关档案馆或图书馆馆藏海关档案

1. 中国海关总署档案馆(天津市武清县)藏有的海关档案数量仅次于"二档馆"馆藏海关档案数量。

2. 上海海关档案馆馆藏海关档案最多,而且有一些重要的资料在1983年并没有移交给"二档馆",具体馆藏数字不详,估计在万卷以上。

3. 其他部分海关仍藏有一些原近代海关档案,并没有移交给当地档案馆,据笔者所知,有厦门关、天津关等。

需要提醒的是,中国海关总署档案馆及各地海关图书馆或档案馆馆藏海关档案,一般不对外开放,当然如能找到人帮助还是可以查阅的。

二、国外收藏情况

由于中国近代海关是个"国际官厅",它的历任首脑都是外国人,所以它的档案不仅国内档案馆、图书馆有收藏,国外有关机构也有收藏。

(一) 英国情况

1. 英国国家档案馆(National Archives)

它的前身是英国公共文献资料馆(Public Records Office),2003年4月1日改称国家档案馆。

该馆所藏中国近代海关档案比较丰富,时间跨度也很长,为1853—1949年。其内容关于海关本身业务的档案不是很多,主要是英国驻华公使馆、领事馆关于中国海关问题的报告及英国外交部对有关海关问题的指示文件。这些档案主要收在国会、外交部、国防部等几个全宗中的中国问题大类中，所以要想找到所需要的海关档案案卷号，比较复杂，没有一两天时间搞不清楚，还必须在该档案馆工作人员的指导下。其数量没有进行过精确统计，估计有四五百卷（笔者的《中国近代海关首脑更迭与国际关系》一书，主要根据这部分档案写成）。笔者查阅过赫德给英国外交部的信件，字迹潦草，较难辨认；1908 年赫德请病假回英国后给外交部的信，因为此时他已病入膏肓，字写得更加潦草，简直像垂死病人的心电图，笔者曾请教在查阅档案的英国人，他们也直摇头。

2. 北爱尔兰贝尔法斯特女王大学（Queen's University, Belfast）

该校为赫德母校。该校图书馆藏有赫德在中国长达百年的个人档案，以及他任职时期的海关档案。因赫德第三代唯一男孩早逝，最后由他的孙女将赫德带回英国的海关档案资料及有关中国的档案资料，特别是他的日记，全部赠给了该校图书馆。该馆所藏中国近代海关档案资料，除文件档案资料外，还有许多实物档案资料，特别是照片资料极其丰富。笔者于 2003 年去该校访问时，曾查阅过部分档案。

这部分档案内容极其丰富，赫德与金登干往来函电、赫德日记，以及因其私生子突然认父，赫德夫人要赫德发布的两个声明等机密文件，大量的海关照片和实物，为中国国内所没有，非常珍贵。

3. 伦敦大学亚非学院图书馆（Library of the School of Oriental and African Studies, London University）

该馆档案资料文献部藏有中国海关有关文件（Papers Relating to the Chinese Maritime Customs, 1860－1943），主要内容如下：

（1）江海关首任税务司费士来（G. H. Fitz-Roy）1860 年 11 月 16 日—1863 年 5 月 25 日在上海的书信手稿。1861 年中国海关首任总税务司李泰国（H. N. Lay）回国休假期间，他曾与赫德共同代理总税务司职务。

（2）赫德致金登干"Z"字函（1879. 6. 6—1906. 10. 14）、金登干致赫德"Z"字函（1874. 5. 1—1877. 5. 25）。赫德"Z"字函，有的有编号，有的没有，有的注"私人"（1868. 10. 7—1879. 5. 12）。还有半官方函件（1874. 1. 20—1906. 5. 20），中国舰队资料（1876—1894），赫德、金登干

往来函电打印件(1898.8.5—1907.9.29),赫德致中国海关第三任总税务司安格联(F. A. Aglen)函打印件(1888.11.26—1911.9.14)。

(3) 关于税务司包腊(E. C. Bowra)、包罗(C. A. V. Bowra)家庭及其服务中国海关的文件资料(1863—1923),包罗、安格联往来函电(1921.1.7—1924.12.23)。

(4) 安格联与税务司阿其荪(G. F. H. Acheson)、包罗、代理总税务司易纨士(A. F. H. Edwards)等往来机密函电(1921.1.2—1926.8.28)。

(5) 中国海关第四任总税务司梅乐和(F. W. Maze)带回英国并赠予的中国海关文件资料(1882—1943),不仅数量多,而且价值也很高,内容涉及海关行政和业务、英国对华政策、滇缅公路、日本侵华及对海关人事的要求、贷款、国债等及中国政治、经济、军事、外交各方面问题。可分为如下几类:

I. 机密函件及报告(1900—1943),22 卷。

II. 半官方函(1904—1928),9 卷;总税务司半官方通令(1911—1933),1 卷。

III. 总税务司私人往来函电(1937—1941),10 卷;总税务司与伦敦办事处主任私人往来函电(1939—1940),3 卷;总税务司与英国驻华大使馆私人往来函电(1938.1—1940.12),7 卷。

IV. 杂项往来函电:关于长江沿岸海关码头管理、1895—1898 年对华借款、江海关理船厅的设立、香港关务协定、黄浦江水利、沉船打捞、天津港扩建、关税存放及处理、治外法权问题、龙州共产党起义等。

4. 剑桥大学图书馆(Cambridge University Library)

剑桥大学图书馆和伦敦大学亚非学院图书馆都藏有原海关税务司魏尔特(S. F. Wright,他写的《中国关税沿革史》被译成中文出版时,他的名字被译为“莱特”)编撰的《中国海关的起源、发展及其活动文件汇编》(*Documents Illustrative of the Origin, Development and Activities of the Chinese Customs Service*),共 7 卷。该书大部分内容为海关总税务司通令和机要通令,海关与英国、美国等国的国会、外交部往来文件,中国政府关于海关问题的训令、指令等,可视为研究中国近代海关史的第一手原始资料。

剑桥大学图书馆还藏有一套“二档馆”馆藏中国海关档案目录的数据库以及几个专题的海关档案的数据库，这是几年前该校与“二档馆”的合作项目。

5. 英国海洋博物馆（National Maritime Museum）

该馆手稿部藏有梅乐和的回忆录以及梅乐和任总税务司期间研究的帆船模型。

6. 英国科学博物馆（Science Museum）

该馆图书馆藏有梅乐和的书信集（1929—1941）。

（二）美国情况

1. 哈佛大学东亚研究中心（East Asian Research Center of Harvard University）

安格联担任总税务司期间，认为赫德、金登干往来函电很重要，1928 年他被罢免回英国时便将其带回家，据为己有。梅乐和接任总税务司后，发现这部分书信被安格联带回英国，便向安索要。安拒绝归还，梅遂聘请律师向英国法院提起诉讼，仍无结果。后经国民政府外交部训令中国驻英公使向英国政府交涉，最后达成协议：书信手稿留在英国，交中国海关驻伦敦办事处保管；将书信的抄件交由中国海关总税务司署保管。梅乐和指示伦敦办事处将手稿打两份送回中国，梅乐和自取一份，另一份由海关存档。梅乐和退休时也将其中一份带回家，后经第五任总税务司美国人李度（L. K. Little）请国民政府财政部干预才索回。然而，李度退逃台湾时，也将其中一份带至台湾，并在 1950 年退休回美国时将其带到美国，后连同他从大陆带到台湾的其他海关资料以及他的个人资料，一并赠送给哈佛大学东亚研究中心。这就是为什么费正清（John K. Fairbank）、司马富（Richard J. Smith）及凯瑟琳·布鲁纳（Katherine F. Bruner）能够编出《总税务司在北京：赫德书信，1868—1907》（*The I. G. in Peking: Letters of Robert Hart, Chinese Maritime Customs, 1868-1907*）这本资料集的原因。

2. 康乃尔大学图书馆（Cornell University Library）

该图书馆藏有司戴德（Willard D. Straight，1902—1904 年曾任赫

德秘书)档案资料。

(三) 日本情况

1. 日本东洋文库

该文库藏有丰富的中国海关出版物,但真正的海关档案几乎没有。抗日战争时期,虽然汪伪政府曾任命日本人岸本广吉(Hirokichi Kishimoto)为海关总税务司,但是日本投降时汪伪海关档案全部被接受,岸本被遣送回国,不可能携带任何档案资料。东洋文库之所以有海关出版物,主要是中国一位收藏家收藏了不少图书,其中包括海关出版物,他本想将所藏图书卖给中国人,但没有人买,而东洋文库慧眼识珠,买下这部分图书,数量很大。东京大学东洋文化研究所滨下武志(Takeshi Hamashita)教授曾利用这些海关出版物写了《中国近代经济史研究:清末海关财政与开港市场圈》一书。

从上述部分海关档案的简单介绍可以看出,虽然很多地方档案馆都藏有海关档案,但是"二档馆"的海关档案以总税务司署所形成的文件为主,具有总体性;各地海关所形成的档案,以地方为主,具有个体性,当然也会有少量总税务司所发的文件及转发上级有关部门的文件。各地收藏的海关档案还因所在地域以及其他因素不同,内容各有侧重。如在东北的海关与俄、日发生关系,而在两广的海关则与港、澳发生关系,在山东的海关则与德、日发生关系。总之,各地档案馆的海关档案既有共通性,也存在差异;既可进行单独研究,也可以进行联合研究,研究者可以根据自己的课题利用不同的海关档案。

中国近代海关档案的内容极其丰富,虽然以贸易税收方面的资料为主,但还有很多与海关业务无关的各方面资料。若想做中国近代史任何一项研究,几乎都可以从中找到相关资料,这一点是毋庸置疑的。

〔作者系中国第二历史档案馆研究馆员〕

上海市档案馆开放第二十四批档案

邱志仁

2012年6月9日，上海市档案馆向社会开放第二十四批档案，数量共有17592卷，涉及上海市人民政府（全宗号B1）、上海市人事局（全宗号B23）、上海市统计局（全宗号B31）、上海市农业局（全宗号B45）、上海市第一商业局（全宗号B123）、上海市第二商业局（全宗号B98）、上海市财政局（全宗号B104）、上海市教育局（全宗号B105）、上海市交通运输局（全宗号B154）、上海市文化局（全宗号B172）、上海市卫生局（全宗号B242）、上海市广播电视局（全宗号B285）、上海市建设委员会（全宗号B289）、上海社会科学院（全宗号B181）、上海市总工会（全宗号C1）、中国共产主义青年团上海市委员会（全宗号C21）、文汇报社（全宗号G20）、上海市自行车公司（全宗号B156）、上海市针织工业公司（全宗号B200）、上海丝绸公司（全宗号G35）、上海市第一百货商店（全宗号G95）、上海大隆机器厂（全宗号G110）、上海大新有限公司（全宗号Q228）、出口行（全宗号Q562）等62个机关和企事业单位。这批档案主要反映了1949年至1985年期间上海从解放后百废待兴、经济恢复到各项事业逐步发展、变化的历史进程，记录了从新中国成立至改革开放前期上海在民政、工商业、公用事业、科学和文化体育等方面的发展变化。

近年来，随着上海史研究的逐步深入以及公众档案意识的提高，社会各界对于建国后上海历史发展的关注和对查阅档案的需求均大为增加。本次开放的档案，基本实现全文数字化，为公众的查阅利用提供了较大便利。

第二十四批开放档案中有不少档案较有史料价值,兹将其主要类别与主要内容分述如下。

一、知名老字号企业档案

1. 上海大隆机器厂(全宗号 G110)

上海大隆机器厂创办于 1902 年,是旧中国纺织机器制造业的佼佼者,创办人为严裕棠。1922 年 6 月中旬,该厂试制织布机成功,填补了国内棉纺织机器制造业的空白,1928 年正式向制造方面全面发展,开始大量制造棉纺机器。1937 年"八·一三"事变爆发,大隆厂遭日机轰炸,工人们冒着危险赶拆机器,一部分存放于租界内。1938 年 9 月,严裕棠六子严庆龄便利用这部分机器建立了泰利制造机器厂,以制造整套棉纺机器为主。

1954 年,大隆厂和泰利厂实行公私合营,改名为公私合营大隆机器厂,原大隆厂改为大隆一厂,泰利厂改为大隆二厂。随着国家石油工业的发展,大隆机器厂以生产石油机械配件为主。上世纪 60 年代,根据石油化工工业发展的需要,生产了氨冷冻机、大型二氧化碳压缩机等 50 多种设备。1980 年起,陆续开发了 4000 克注塑机、油田地面泵、注水泵、热采锅炉给水泵及各类超高压容静压设备。解放后,在社会主义生产建设过程中,涌现出众多模范先进人物。大隆机器厂的郁永康为其中突出代表,先后获得 1955 年上海市劳动模范、1956—1957 年上海市先进生产者、1959 年上海市先进生产者、全国先进生产者、1959—1962 年上海市先进生产者等荣誉。

此次开放的上海大隆机器厂档案共有 133 卷,涉及时间为 1949—1980 年。主要有:大隆机器厂、泰利制造机器厂的历史发展过程材料,上海市人民政府重工业管理局和大隆制造机器厂股份有限公司关于公私合营的协议书,大隆机器厂负责研制的超高压催化剂注射泵、WCB—10 超高压泵等荣获上海市重大技术成果奖的奖状;大隆制造机器厂股份有限公司解放后历年会计决算表、决算报告、统计报表;大隆制造机器厂股份有限公司股东会议决议、章程、调整资本方案、公私合营情形汇报，公私合营大隆机器厂历年工业企业年报、厂务会议记录、报告；大隆机器厂总支委员会关于民主改选后新一届总支委员会分工的批复、报告，中共上海市机电一局委员会关于孙岳泽任上海大隆机器厂党委书记、革委会主任的决定；上海大隆机器厂历届职工代表大会议程、报告、决议、章程等。

2. 上海大新有限公司（全宗号 Q228）、上海市第一百货商店（全宗号 G95）

上海大新公司是旧上海四大百货公司之一，开业于 1936 年 1 月 10 日，创办人是著名侨商蔡昌。开业伊始，大新公司在人力、物力、财力等各方面都不及先施、永安、新新三大公司充实，营业状况不尽如人意。1937 年 11 月，日军入侵，上海租界成为孤岛。孤岛时期大新公司营业额由 1937 年的 379.5 万元（法币）上升到 1941 年的 3925.97 万元（法币），利润也由 7.17 万元跳到 1150 万元，很快赶上新新公司，超过先施公司，位于永安公司之后而名列“四大百货公司”第二。但是随着孤岛时期的结束，1941 年 12 月太平洋战争爆发以后，大新的经营管理权落入日本侵略者之手，已不能进行正常营业。抗战胜利后，大新公司又出现了短暂的“繁荣”景象。但自南京国民政府颁布了“经济紧急措施方案”以后，营业又呈瘫痪状态，直至 1949 年上海解放。上海大新公司于 1951 年歇业。

此次开放的上海大新有限公司档案共 72 卷，涉及时间为 1932—1968 年。主要有：上海大新有限公司股份总册，股份过户收据列报表，黄培钎会计师事务所查核上海大新有限公司解放前历年账目报告书；上海大新有限公司注册章程及规划，上海大新有限公司私营时期经营概况说明，上海大新有限公司私营时期组织系统图；大新有限公司董事局历届股东总结册、决算总报告书；上海大新有限公司关于私营时期经营管理、人事制度、商品管理方面的经验总结及关于私营时期大楼建筑上的特点总结；解放前后上海大新有限公司职员出入证存底、个人信息登记表、志愿书、保证书、股东笔迹印鉴卡等。

1949 年 10 月 20 日，上海市日用品公司门市部成立。1950 年，改名为中国百货公司上海市公司第一商店（又称上海市第一百货商店，简称中百一店、市百一店)。1953 年 9 月 28 日,大新公司大楼改由上海市第一百货商店使用。1992 年 5 月 23 日,上海市第一百货商店改制为“上海市第一百货商店股份有限公司”。

此次开放的上海市第一百货商店档案共 53 卷,涉及时间为 1951—1980 年。主要有:国营上海市第一百货商店工作规程、经营情况汇报及商店调查研究报告;国营上海市第一百货商店会计决算年报表、财务分析报告及会计决算计划;国营上海市第一百货商店商品流转计划、商品流转费检查总结及各种制度办法;国营上海市第一百货商店工作总结、工作规划;国营上海市第一百货商店关于召开第十三届职工代表大会的决议、打算等。

二、行政机关档案

1. 上海市粮食局(全宗号 B135)

1949 年 5 月 27 日上海解放,中国人民解放军上海市军事管制委员会接管国民党粮食机构,成立上海市粮食公司,在郊县则成立粮食局,掌握粮源,平抑粮价,安定民生。1954 年 4 月,中共上海市委财经工作部(1956 年改称中共上海市委财政贸易工作部)成立,将上海市粮食公司和上海市零售公司合并,成立上海市粮食局,实行粮油计划供应,保证军需民食。1958 年上海市粮食局改名为上海市粮油公司,1960 年恢复为上海市粮食局。主要工作为统一领导和掌握全市粮食的购、销、调、存和加工业务,代管全市的粮油计划供应和市场管理,行使全市粮油市场宏观调控及储备粮管理等。

此次开放的上海市粮食局档案共 46 卷,涉及时间为 1978—1980 年,主要为:上海市粮食局关于新印粮食票证上使用印鉴的请示报告,中共上海市委办公厅关于同意新印粮食票证上使用印鉴的批示,上海市粮食局 1978 年第一季度至第四季度粮油票证样张等;上海市粮食局 1978 年中共党组织和党员统计年报表、汇总会计报表、事业费汇总会计决算报表、工业企业施工单位劳动生产率表、职工工资总额构成情况表等;上海市粮食局系统 1978 年度全国和市级“三八红旗手”登记表,上海市“三八红旗手”通讯录、概况表；上海市粮食局关于饴糖价格的请示及通知，上海市粮食局关于申请编印《上海调味品》期刊的请示报告，商业部、国家物价总局、市粮食局关于提高桐油(籽)柏油(籽)茶油(籽)等收购价格的通知；上海市粮食局1979年物价年报、工作总结和1980年工作安排的材料，上海市粮食局团委的工作打算、工作计划，上海市粮食局团委关于贯彻上海市第七次团代会精神的工作计划；上海市粮食局关于申请验收“上海市粮食局七·二一职工大学”的报告，上海市粮食局革命委员会关于成立“七·二一”大学的报告；上海市粮食局党委关于建立上海市粮油工业公司酿造科学研究所的请示报告，上海市粮食局党委关于转发上海市科学技术委员会《关于建立酿造科学研究所的批复》的通知等。

2. 上海市统计局(全宗号B31)

1949年5月28日，上海市军管会接管前上海市政府统计处，改名为上海市人民政府调研室，负责全市统计工作。10月，市政府调研室改为市政府秘书处第五科。1950年1月，市政府秘书处第五科改编为市政府办公厅统计室(简称市政府统计室)。1951年12月，与市财委统计处合署办公，两块牌子，一套机构，对外称上海市财政经济委员会统计处。1953年4月1日，上海市财政经济委员会统计处改为上海市人民政府统计局，1955年4月2日更名为上海市统计局。其主要任务是组织和领导全市的统计工作，统一管理全市的统计报表和和全市对外公开的基本统计数字，组织和协助有关部门进行基层统计建设工作。1969年3月4日，市统计局解散，绝大部分人员下放“五七”干校劳动。10月12日，市革命委员会成立综合计划统计组。1972年，在市革命委员会综合计划统计组内配备了统计干部，恢复统计工作。1977年11月13日，综合计划统计组改为计划委员会，内设统计局。1978年7月5日，重建上海市统计局，负责全市国民经济各项全年统计工作。

此次开放的上海市统计局档案共199卷，涉及时间为1956—1985年。主要有：上海市统计局关于历年工业统计、农业统计、物价统计等统计工作的方法、制度、通知、请示、意见等；上海市统计局编印的《1981年工交骨干企业主要经济指标一览表》，上海市统计局编制的商业报表、劳动工资统计年报、基本建设统计年报、定期统计报表以及各专业统计报表等;上海市统计局编制的历年上海市国民经济发展情况公报、统计工作简报;上海市统计局关于职工家庭基本情况、干部基本情况等的调查资料;上海市统计局局务会议纪要、工作总结、工作汇报、工作打算;国家统计局李成瑞、市统计局颜德纶参加南方九个省市统计局长座谈会的发言稿,国家统计局颁布的《中华人民共和国统计法》,国家统计局编制的历年工业产品不变价格以及关于农业统计制度方法改革的方案和国家统计调查项目的计划等。

三、社会团体档案

上海市总工会(全宗号 C1)

1949 年 5 月 31 日,上海总工会筹备委员会成立。1950 年 2 月,全市第一次工人代表大会决定恢复历史上的光荣名称,正式成立上海总工会。1955 年 1 月,上海市第二次工会代表大会召开,根据《中国工会章程》,改称上海市工会联合会(简称市工联)。1959 年 8 月,根据中华全国总工会决定,又改称上海市总工会。1967 年 1 月,市总工会被以王洪文为首的“上海工人革命造反派总司令部”所篡夺。1978 年 9 月恢复上海市总工会的名称。上海市总工会是全市各工会组织的领导机关,是中华全国总工会直接领导下的地方组织。

此次开放的上海市总工会档案共有 160 卷,涉及时间为 1978—1980 年。主要有:上海市工会第六次代表大会的议程和日程安排、筹委会会议记录、大会代表的简要情况汇报、大会部分代表的事迹简介,上海市总工会关于召开第六次代表大会党员会议的领导讲话提纲、记录、通知,市委领导韩哲一、市总工会领导王林鹤在上海市工会第六次代表大会上的讲话、报告等。此外还有:胡耀邦同志在全国各省、市、自治区工会负责人会议上的讲话材料;上海市总工会关于中国工会第九次全国代表大会的情况汇报,关于传达贯彻中国工会“九大”精神大会议程的材料,填报的中国工会第九次全国代表大会代表登记表;全国劳模、上海纺织机械专件厂厂长应忠发在传达贯彻中国工会“九大”精神大会上的发言材料“鼓足干劲学大庆、迎接1979年群英会”等。

四、文化出版档案

文汇报社(全宗号G20)

1938年1月25日,严宝礼等集资创办《文汇报》。为拒绝日方检查,利用洋商作招牌,向英方注册,成立英商文汇有限公司,并建立董事会。馆址设福州路436号。1939年5月18日《文汇报》因宣传抗日被迫停刊。1945年8月18日—9月5日,以号外形式复刊,报馆设新闸路小沙渡路(今西康路)印刷厂内。9月6日,改版复刊,报馆迁至圆明园路149号。发行全国各地,重点发行本埠、北京和江浙地区。1947年5月中旬,因报道南京“五·二〇”事件,被淞沪警备司令部勒令停刊,部分记者、编辑、员工转至香港,参加香港《文汇报》的创办。1949年6月21日在上海复刊,社址仍在圆明园路149号。

1953年,报社公私合营。50年代初期,以中小学教师和青年学生为主要读者对象。1956年5月1日,报社迁北京,参加创办教育部机关报《教师报》,《文汇报》停刊。同年10月1日,迁回上海复刊。1957年夏反“右派”斗争中,该报受到不公正批判。1965年11月10日,《文汇报》奉命刊登姚文元的文章《评新编历史剧〈海瑞罢官〉》,成为“文化大革命”的导火线。1967年1月3日,报社被“造反派”夺权。1977年开始,报社实行中共党委领导下的总编辑负责制。

此次开放的文汇报社档案有178卷,涉及时间为1938—1977年。主要有:《文汇报》关于吴晗历史观、道德观的主要论点和为吴晗辩护的主要论点的材料;《文汇报》宣传报道总结、宣传报道计划;徐景贤在《文汇报》誓师大会和“文汇报革委会”扩大会上的讲话,《文汇报》关于活学活用毛泽东思想积极分子大会的安排和大会的情况致张春桥、姚文元的信,《文汇报》关于“四·一二”事件(1968年)的证明函;《文汇报》关于声讨苏修侵入我国黑龙江珍宝岛地区集会、游行的情况汇报,关于动员干部参加上山下乡慰问团的情况汇报;《文汇报》关于文化大革命来信处理的请示报告和具体办法,关于批判资产阶级办报路线的报告、情况汇报;《文汇报》关于印报用纸告急的情况报告和协助纸厂解决设备、材料的请示报告,关于人员调配的报告等。

五、著名国营企业档案

1. 上海市自行车工业公司(全宗号 B156)

1955 年,上海全市自行车行业有 498 家企业,大多为弄堂小厂。1956 年,全市自行车行业实行社会主义改造。是年 1 月 3 日,上海市自行车工业公司成立,统一管理全市自行车业。按产品归类、协作对口要求,对企业实行经济改组,建成 35 家中心厂,保留 229 家独立厂。同时,钢材压延厂等 19 家小厂并入上海自行车厂,世界、协建、永记、安宁等鞍座厂及上海机器五金厂和福星橡胶厂合并为上海自行车厂配件车间,以生产自行车鞍座为主。同时,大顺、大康、亚同、自立和钱顺兴等小厂并入裕康制造厂,亚洲、怡隆、和泰、华达等厂合并成自行车钢珠厂,两家车铃厂合并为上海自行车零件五厂。1958 年,裴轮、鸿昌、中华生、德大、源兴、韩记富康等 6 家中心厂和永兴 1 个卫星厂合并组成上海自行车二厂,生产幸福牌自行车。上海铁床车具生产合作社、中华五金医疗器械生产合作社和同昌车行制造厂、亚美钢圈厂、商顺隆电镀厂、金山铁工厂等 18 家中心厂以及部分小厂共 267 家厂合并组成上海自行车三厂,生产凤凰牌自行车。1964 年,自行车二厂因生产摩托车,划归上海市机电局,改称上海摩托车厂。1978 年 10 月,上海自行车零件厂改称上海自行车四厂,生产小轮车。1980 年开始,市政府决定扩大自行车生产规模,部分业外工厂划入市自行车工业公司。上海第六阀门厂并入上海自行车厂,上海丰收拖拉机厂改称上海自行车二厂,上海第一拖拉机附件厂改称上海自行车飞轮二厂,上海汽车起重机厂并入上海自行车三厂。1990 年 7 月,上海自行车工业公司、上海自行车厂和上海自行车三厂联合组成上海自行车(集团)公司。

此次开放的上海市自行车工业公司档案有 45 卷,涉及时间为 1978—1980 年。主要有:上海市自行车工业公司关于报送 XM30 型小轮自行车建设方案的函以及各业务部门职责范围的汇总材料;上海市自行车公司编制的生产技术发展规划和下达行业内划产、调整年度指标的通知，关于更改厂名的请示报告与批复，关于试办生产公司对供应、销售和财务工作实行统一管理的意见，关于上海自行车厂提高产品质量、解决薄弱环节措施项目的通知等；上海市自行车工业公司关于坚持专业化协作、发展自行车生产的情况汇报，上海市自行车专业化调查组关于上海自行车工业进一步组织专业化生产的调查报告，上海市自行车工业公司关于上海凤凰、永久牌自行车车圈与各种牌号钢丝边轮胎配合情况的调查报告等；上海市自行车工业公司填报的 1978 年全国干部统计年报表、党组织、党员统计年报表，1978 年八项经济技术指标完成情况年报表，净产值、工业总产值结构分析表，主要工业产品生产能力、产品发外加工情况调查表、销售年报以及上海市自行车公司 1978 年度决算报告、劳动工资年报；上海市自行车公司工会委员会关于上海市劳模、先进工作者、三八红旗手、三八红旗集体的名单。

2. 上海市橡胶工业公司（全宗号 B82）

1956 年 1 月，上海全市 536 家私营橡胶企业被批准公私合营。1956 年 2 月，上海市橡胶工业公司成立。在公司的统一领导、统一规划和部署下，上海橡胶行业各企业进入了改组、改造和大发展时期。面对众多企业分散、设备陈旧、生产条件极差和相当一部分个体户小厂的特点，在市橡胶工业公司的领导和部署下，各企业进行裁并改组。大中华橡胶厂、正泰橡胶厂、大孚橡胶厂等 7 家企业规模较大、管理基础较好的定为独立厂，由市橡胶工业公司直接领导。另有 43 家企业定为中心厂，共同带动大批分散、小型企业实施管理和兼并。1986 年 10 月，随着经济体制改革的深入发展，行政性的上海市橡胶工业公司撤销。

此次开放的上海市橡胶工业公司档案共有 1555 卷，涉及时间为 1952—1980 年。主要有：各橡胶厂家如正泰橡胶厂、新华橡胶厂的基本情况调查表、清估自报表册等清估资料；1954 年上海市第二轻工业局生产技术处橡胶科关于上海市私营 36 户橡胶厂改造方案的初步意见，1955 年上海市橡胶工业公司属厂申请公私合营书等；上海市橡胶工业公司历年工作总结、企业年报、主要产品质量情况表、会计决算报告；1953 年橡胶工业工作总结，1954 年橡胶行业调查研究的报告，1958

年度中国橡胶工业十年建设成就资料汇编,1959 年上海胶鞋生产情况的专题报告;上海市橡胶业历年劳动模范候选人名册、主要事迹材料以及上海市橡胶工业公司 1959 年度上海市先进厂事迹材料、1959 年上海市先进生产者和先进集体名单及事迹材料;1975 年上海市橡胶工业公司关于任免厂级干部的批复,1976 年上海市橡胶工业公司有关物价工作的批复,1977 年上海市橡胶工业公司关于财务决算费用支出的通知,1980 年上海市橡胶工业公司关于裁并改组转产、更改厂名、基措项目的通知等。

〔作者系上海市档案馆整理编目部研究人员〕

档案架

丁福保《辛丑日记》释注(上)

袁家刚　整理

整理者按:上海社会科学院历史研究所资料室藏《辛丑日记》一种,著录作者为"秦宝锺"。日记由三种稿纸合订装成,内容连贯,笔迹统一,应出自一人之手。第一种稿纸,封面印"南菁书院课艺"、"□等第□名"、"光绪二十三年二",墨笔题"辛丑日记"、"秦宝锺",铅笔题"廿八岁",朱丝栏,每半页六行。第二种稿纸,版心上题"东吴大学堂日记",蓝丝栏,每半页八行。第三种稿纸,墨笔题"日记",朱印"薛福荪",版心下题"竢实学堂",蓝丝栏,每半页十行。日记起自光绪二十七年农历辛丑年正月初一(1901 年 2 月 19 日),迄至当年十二月二十九日(1902 年 2 月 7 日),后附书账。

秦宝锺、薛福荪者,初皆未审何人,是故日记亦度藏高束,识者甚尠。整理者偶检及之,初亦漫不经意。然揆之事情,作者既以此三种稿纸连续书写,则当于辛丑年前后,曾在江阴南菁书院、苏州东吴大学堂、无锡竢实学堂三处,或就学或任教,方为合理。执此线索,详绎日记内容,索隐钩深,日记作者之生平影迹辄斑斑可考。复核《畴隐居士自订年谱》,其人当日著述行止、师友交游,与《辛丑日记》所载若合符契,因知是稿为丁君福保之日记,确然无疑。

今坊间所见丁氏墨翰,一则《王献唐师友书札》内,收录丁氏与王献唐交流古泉撰作之函,计三首;一则《赵凤昌藏札》内,收录丁氏与赵叔雍讨论词籍版本,并托赵叔雍在《申报》上刊登丁氏著作广告之函,亦三首。两者均用丁氏医学书局专笺。然日记系丁福保廿七八岁时记事备忘之录,信笔率意,间有潦草涂抹处,有别于艾耆之年所写请托交际书翰之谨饬端整。中惟二月初九日起,新换"东吴大学堂日记"稿本,数日所记尚从容工整,且与函札之运笔转折,面目庶几近之。丁氏生前,即曾于《中西医学报》刊布其辛亥二月初六日至十九日间在江苏一带的出诊日记,题曰"日记之一斑",虽吉光片羽,要知其人有记日记习惯。《自订年谱》于宣统三年条下,更明记"三月六日,余将移家上海,故回无锡部署一切。检旧书,得少时日记阅之,觉十年前事,历历在目前"。屈指数来,辛亥年所检"十年前事",恰是辛丑年所记。

丁氏生前藏书今多归复旦大学图书馆,谭畅女史撰有《"丁氏文库"研究》之硕士论文,然内中并未论及丁氏日记,固知丁氏日记实未随其藏书一并捐赠原震旦大学。犹幸百年前一段文献故实,虽湮没无闻今乃犹存于霄壤间尔。其内容所关吾国近世教育史、出版史、医学史者甚夥,故整理者不惮强作解人,略加识注,刊之于世,以供研史者探赜。

(一)

正月初一,晴。拜年。至三等公学①。买洋墨水瓶等物。

二日,晴。至三等公学。整齐书籍。

三日,晴。至三等公学。至北门洗浴、剃头。买磁碗一桌。

四日,晴。至三等公学。访王子和,访杨维翰先生②。寄信与李伯

---

① 1898年"戊戌新政"时期,无锡士子俞复、丁宝书、杜嗣程、吴稚晖等在无锡毁寺兴学,于城中崇安寺创办三等小学堂,诸人分任教职。

② 杨维翰,无锡人,曾在基督教监理公会(The Methodist Episcopal Church, South)所属之苏州博习医院学医,得医学士学位后,即在博习医院任医生,并兼庶务主任,旋回无锡,于南门外跨塘桥行医。因笃信教义,遂弃医为信徒,并任监理公会松江圣经堂主任多年。1897年无锡竢实学堂创立,杨维翰任英文教习,时丁福保任竢实算学教习。据丁氏《自订年谱》所记,在竢实学堂时,杨维翰即曾为其诊病。杨维翰之子杨永清,1902年入东吴大学堂求学,1909年毕业获文学士学位,此后在监理公会所属之清心中学、东吴附中任教。后考入清华大学深造,1914年获选派资格赴美留学。先后获法学学士学位、文学硕士学位。1922年至1927年任职北京外交部。1927年杨永清出任东吴大学首任华人校长。

莲先生①。余好谈人之短处,此为大恶,从明日起宜痛改前非。

五日,晴。至三等公学。访胡善米。

六日,晴。鼎先生②之祖百岁阴寿,余亦往祝。接李先生复信。家兄与孙直翁③书。

七日,晴。

八日,晴。至三等公学。至竢实④晤尤幹臣、顾子彦,同访刘石香先生⑤。整齐书籍。

九日,晴。至三等公学。

十日,晴。接惠卿⑥信。

---

① 李伯莲,江苏南汇人,时任东吴大学堂提调,后任校监。1869年由沪迁居苏州的李子义、李伯莲父子,偶遇在苏州布道的基督教监理会传教士蓝柏(Rev. J. W. Lambuth),父子二人遂受洗入教。李伯莲为监理差会所属苏州博习书院(Buttington Institute)首届毕业生,毕业后即在监理会所属博习书院、宫巷中西书院任教。李子义育有四子二女,长子李伯莲、次子李仲覃、三子李叔青、四子李福生,昆仲叔季皆毕业于博习书院,后均为教会牧师。李仲覃为李政道祖父。

② 应即《辛丑日记》封面题名之秦宝镛,字鼎臣。1897年无锡竢实学堂创办时,任国文、历史教习。1901年无锡士人成立"励志学会",推裘廷梁为会长,秦宝镛、俞复为副会长。鼎臣久领学务,辑译有《最新学校管理法》,光绪二十九年上海文明书局初版。

③ 即后文所记孙直斋。孙直斋,常熟人。其父孙士达,号竹堂,咸同年间入曾国藩幕府,后佐李鸿章办理洋务,于天津海关道上卸任后卜居常熟,并在常熟、上海两地广置地产,有《孙竹堂观察书牍辑要》行世。孙直斋秉承家业,在沪经营钱庄、房产和轮船公司。直斋并与传教士交往密切,1902年曾在常熟捐资兴建礼拜堂。受教会影响,1897年又在沪创立"上海医学会",并办《医学报》,对于近代西医人才的培养、西医知识的传播,亦有贡献。孙直斋长子孙伯绳(祖同),亦毕业于东吴大学堂,有诗名,精鉴赏,撰有《虚静斋宋元明本书目》。孙直斋长女孙凤兰,适席正甫之孙席德燿;另有一女,适荣宗敬。直斋之孙,名树棻,今为作家。

④ 1897年无锡士人杨模在本邑连元街购进上寿僧庵,改作学堂。于翌年正月,正式开办竢实学堂,成为近代新式私立学堂之始。第一届即招学生25人,并资助侯鸿鉴、顾倬两人赴日本弘文师范学院留学。杨模自任监院,延华蘅芳为总教习,秦鼎臣为国文、历史教习,蒋仲怀、蒋留春、丁福保等为算学教习,杨维翰为英文教习,另延日本人松本教授日文。1904年学堂因筹捐经费与当地米商发生龃龉,导致商贩毁学罢市,其后学堂亦拨付地方,改为县立高等小学。丁福保于1898年受聘为竢实学堂算学教习,直至1901年初至苏州东吴大学堂肄业,遂荐族弟丁锦自代,并撰有《竢实学堂最初之历史》一卷。竢实学堂与当地的三等公学、励志学会、理化研究会等,实际构成清末无锡趋新士人活动联络、传播新知的重要场域。

⑤ 刘继增(1843—1905),字梁渔、长高,号石香,又称寄沤,江苏无锡人。精书法丹青,喜搜罗金石,考订古籍,撰有《寄沤文钞》、《寄沤诗钞》、《寄沤词钞》、《惠山竹枝词》和《忍草庵志》等著作,编著有《南唐二主词笺》、《泰伯梅里志》等。

⑥ 廉泉(1868—1932),字惠卿,号南湖,又号岫云、小万柳居士。父仲皋,随刘铭传征战太平天国,积军功至山东知县。廉泉早岁肄业江阴南菁书院,于无锡趋新士人中隐然为领袖。1892年补博士弟子员,1894年举于乡,1898年会试京师时,因德国侵占胶州湾,与(转下页)

十一日,晴。至三等公学。连日整齐书籍、物件,颇匆忙。

十二日,晴。张子嘉先生来拜年。午后下船赴苏。阅《使西纪程》①毕。

十三日,晴。早晨抵天赐庄②,访李先生(伯莲)及何莲君。至孙先生③处。至礼拜堂内看做礼拜。访张云搏先生④,未晤。访美国毕立文⑤先生及斐医生⑥。住博习书院。午后在外闲走,晤医院学生张安甫,谈甚久,遂至伊房内坐片时,后再至余房间内。因倦极早睡。

十四日,晴。作书与王海涛,内附家信及与鼎先生、慕韩⑦等书。请狄医生诊病。午后至饮马桥胡公馆,访杨果臣。又沧浪亭中西学堂,

(接上页)众士子联名上书。后入赀为户部主事,荐晋郎中。因廉泉父仲皋任职山东时,与吴汝纶之弟吴宝三同官交好,廉泉遂娶吴宝三之女吴芝瑛为妻。丁福保 21 岁至 24 岁时曾在廉泉家就馆,直至 25 岁考入南菁书院。1902 年廉泉与丁宝书、丁福保兄弟及俞复等人在上海设立文明书局。

① 郭嵩焘任清政府驻英、法公使期间游洋所撰见闻日记。

② 原名天师庄,因宋高宗赐地韩世忠得名,清末传教士至苏州后遂附会"天主所赐"之义,于 1879 年在此设立"存养书院",粗具规模;1884 年又扩大校址,提高程度,改称为"博习书院"。1900 年庚子事变后,教会得美国总会国外宣教部核准,于美国田纳西州之州政府立案,于博习书院旧址开办"东吴大学堂"。

③ 即孙乐文(Rev. D. L. Anderson, 1850—1911),美国华盛顿州人,神学博士,监理公会传教士。1882 年来华,在沪传教。1884 年调苏州,1894 年在苏州创立中西书院。1901 年东吴大学堂成立,为首任校长。生平事迹详见嵇长康撰《东吴大学校监院孙公传》,载《东方杂志》1913 年第 9 卷第 10 期。

④ 张一鹏(1871—1944),字云搏,张一麐之弟,苏州富绅。早岁肄业江阴南菁书院,1898 年在苏州创办唐家巷小学堂。后日本法政大学学习,归国后历任地方、省检察厅长,北洋政府代司法总长。辞官后至苏沪业律师,曾任上海律师公会会长。编有《普通学歌诀》(光绪二十六年苏州中西小学堂刊)、《皇朝掌政》(光绪壬寅浙江贡院西桥杞庐刊)等蒙学读本。

⑤ 毕立文,美籍传教士,1895 年来华。生平参见《湖州教区长毕公立文行传》,载《中华监礼公会第四十一次年议会纪录》,1927 年苏州天赐庄圣约翰堂发行,第 93 页。

⑥ 即监理会女医师 Mildred M. Phillips, M. D., 1884 年来华,1885 年至苏州,于博习医院隔壁之医室内设诊,为救治妇孺疾病。1887 年裴医师正式成立妇孺医院,并与博习书院其他外籍医师合作教授中国学生。

⑦ 丁锦(1879—1958),字慕韩,号乾斋,江苏无锡南门外南塘人,丁福保族弟。1901 年任竢实学堂数学教习,1901 年底与丁福保一同考取南洋公学东文学堂。1904 年考入保定北洋将弁学堂。辛亥革命后赴日本帝国大学留学。1912 年回国,初执教于保定军官学堂,后长期在北洋政府陆军部任职。1952 年被聘为中华人民共和国农业部顾问。丁氏兄弟等人创办文明书局时,丁锦编译出版了《蒙学体操教科书》、《高等小学游戏法教科书》、《汉尼拔》、《华盛顿传》等多种著述。

访章式之①，未晤，遂至金大场章宅，晤焉，谈甚久。出遇林蘅如，再至盛公馆坐谈片刻。日落时，医院内有两学生来，坐片刻。是日共行约十四里。

十五日，晴。与孙直垒〔斋〕书。复廉惠卿书。与赵静涵②先生书。与林贞甫书。至医院小坐。医院学生皆来。

十六日，阴。至医院。至知新学堂，晤中文教习徐姓者。寄书两种与林乐知先生③。

十七日，晴。搬入第十四号。谒美国文乃史先生④，其人和蔼可亲，教余英字上记号⑤。张安甫等来。夜饭后至医院谈甚久。

十八日，晴。今日开学⑥。学生皆排放床铺、书籍等物。接孙直翁

---

① 章钰(1864—1934)，字式之，号茗簃，江苏长洲人。著名藏书家、校勘学家，著有《四当斋文集》等。1898年苏州开办中西学堂，江苏巡抚陆元鼎委派曾任苏州知府的田庚为提调，后由蒋季和、费屺怀、江瀚等先后任监督，正教员为即用知事郑签，副教员有章钰等人，校址在沧浪亭可园隔壁。

② 赵元益(1840—1902)，字静涵，新阳人。幼失怙，依母家读书，与华蘅芳、华世芳昆仲为表兄弟。1869年应华蘅芳之邀，入江南制造局翻译馆，与传教士林乐知、傅兰雅等翻译西籍。傅兰雅《江南制造总局翻译西书事略》云："华士赵静涵，原通晓中国方书，因欲探索西医与格致，即改故业而来译书，开馆后三年即进馆，至今所译成之医学格致等书不少。"在馆时先后译成《行军指要》、《测绘海图》、《数学理》、《儒门医学》、《西药大成》、《内科理法》、《法律医学》、《济急法》、《保全生命论》等制造、医学、算学著述多种。撰述有未成者有《小学校新律》、《测绘算器图说》、《英民史略》若干种。1888年中举，1890年以医官身份随薛福成出使英、法、意、比四国。不乐仕进，复入馆译书，曾兼上海格致书院掌教。光绪二十八年受京师译学馆聘赴京，未久染病卒。丁福保于1901年夏至沪后即投奔赵元益处拜师习医，赵元益殁后，丁福保撰有《赵静涵先生家传》，收入闵尔昌编《碑传集补》卷四十三。

③ 林乐知(Young John Allen，1836—1907)，美国乔治亚州人，监理会传教士。1860年初偕妻女至上海传道。1864年任上海广方言馆首任英文教习，后又加入江南制造局翻译馆教学译书。1881年教会重聘林乐知总理在华布道事宜，林遂辞去广方言馆教职，担任中西书院监院，后又兼东吴大学堂校董。林乐知一生事业重要者，厥有三端：一为教育，在华先后创立中西书院、中西女塾、东吴大学等教会学校；一为办报，1868年创办《教会新报》，1874年改名《万国公报》，成为晚清中国士绅吸收西学新知的重要来源。此外尚办有《中西教会报》、《华美教报》、《教保》等教会报刊；一为著书译书，生平著述有三十五部之多，其中影响最大者为《五大洲女俗通考》、《中东战纪本末》及《中西关系略论》等。

④ 文乃史(W. B. Nance，1922—1927)，美国田纳西州人，监理会传教士。1895年来华，1896年任教苏州博习书院。1901年东吴大学堂创办后任校董，并教授英语文学。1922年任东吴大学校长。1927年因国民政府收回教会学校教育权而辞去职务，1950年回美国。文乃史并撰有《东吴大学》一书，有珠海出版社1999年中译本。

⑤ 当即为英语音标。

⑥ 1901年3月8日，东吴大学堂正式开学，不过此时所办实为预科，相当于中学。丁氏此处所记为私人文献中记载东吴开学最为明确者。

信。谒王墨菴先生①。

十九日,晴。夜雨。今日考定诸生班次。托斐医生所带鱼肝油一介伦已到。张安甫、林蘅如来。

二十日,阴。礼拜日。至礼拜堂②听讲。摘英文文法。寄第一本新读本与俞仲佩③,内附与杨维翰、薛遂安④书及家信。服大剂鱼肝油。

二十一日,晴。开课仅读英"泼立母"⑤,自一课至三课。教习系美国文乃史先生。张云搏先生云,欲将《卫生学问答》⑥刻木板。午后至文先生宅内,见孙先生、白先生⑦均来议课程。访潘慎章⑧先生谈甚久。午后,牙痛甚,至医院谒狄医生,请医院学生马君福泉为通事,狄先生云此牙须拔去,予不允,遂给药水半瓶,痛稍止。张安甫、李永和来。李紫璈⑨

---

① 此处系丁福保误记,日记后文中又写作"黄慕菴"、"黄梦菴",实即黄人。时人亦有用英文写其名为"Wong Mu-an"者,参见 *The Chinese Recorder*, 1903, Vol. XXXIV, p. 31。黄人(1866—1913)原名振元,字摩西,又字羡涵、慕韩、慕庵,别署江左儒侠。常熟人。光绪七年(1881年)庠生,于经史、诗文之学皆精。中年后至苏州,1900年入中西书院为国文教习,东吴大学堂成立后,为教育委员会华教习之首,并留教终身。1902年,黄人招致章太炎至东吴讲学,相与鼓吹西学新理。在东吴期间黄人编撰有《普通百科新大辞典》、《中国文学史》等著述,其好友金天羽甚至谓"君前好浪游,若不至东吴,不能积学至此",黄人以为知言。

② 初名首堂,光绪七年(1881年)由美国监理会传教士潘慎文建造于天赐庄之折桂桥弄口;1915年由监理会差会扩充重建,改称"圣约翰堂"。

③ 日记后又写作"仲培"、"仲倍",皆指俞复。俞复(1866—1931),字仲还,号仲培,无锡人。1889年肄业江阴南菁书院,1894年中举。1897年与吴稚晖、丁宝书、杜嗣程等人创办无锡三等公学,并编纂三等公学《蒙学读本》。1901年夏与杨荫杭、裘廷梁、秦鼎臣等人在无锡创立"励志学会"。1902年夏与廉泉、丁宝书等在上海创办文明书局。辛亥革命后,先后任锡金军政分府民政部部长、锡县民政署民政长、无锡市公所总董等职。

④ 薛遂安,为丁福保表兄,见《日记之一斑》。锡山薛氏、丁氏两姓为姻戚,故后文有"薛二姨母"之称。《辛丑日记》稿本第三册封面朱印"薛福荪"者,疑即为此人。

⑤ 日记中所记"泼立母"、"泼立满"、"泼立漫"、"泼拉买"、"拍拉买"诸种,当均为英语Primary之对音,意即英语初阶读本。

⑥ 《卫生学问答》为1899年丁福保任教竢实学堂时所编之卫生知识普及读本。1900年初版,刻于山西武备学堂,此后再刻于无锡竢实学堂,三刻于苏州中西学堂。后经多次修订重版,并收入盛宣怀所编《卫生丛书》,丁福保在《家庭新医学讲本序》中称"今已印至第十八次矣"。日记此处所指当为中西学堂第三版,十月一日所记为由上海会文堂重刊之第四版。

⑦ 即白约瑟,监理会传教士,1899年来华,长期在东吴任教。

⑧ 潘慎章,又名罗格思,美国监理会传教士。1893年来华传教,1902年由教会派往常州传教,后又调往南翔。

⑨ 李超琼(1846—1909),字紫璈,四川合江人。同治十二年举人,曾两任元和知县,居官有政声。包天笑《钏影楼回忆录》云:"那时元和县知县是李紫璈,是个两榜出身,俗呼老虎班知县,这些考生们,就不敢戏弄他。"李超琼著有《石船居剩稿》二十五卷,后人并辑有《合江李公紫璈年谱》。

先生少君慕驹及侄慕陶均来院学习。

二十二日，晴。读英文第四课。云搏先生来。寄信与慕韩，托伊寄书来。接九皋信，知伊东、西①不甚水乳，遂辞馆。

二十三日，晴。上中文课。因书未齐备，坐片刻。英文至第六课8②。洋教习教法甚善，钦佩万分。

二十四日，晴。英文因初来者不能多读，故迟迟至第七课9。温印度读本③。张安甫来。代人写信。

二十五日，晴。英文第八课10。读《明夷待访录·原君》。张安甫来，送余玻璨瓶一个，以置鱼肝油。

二十六日，晴。英文第九、十、十一课13。读《原臣》④。下午无功课，访林蘅如。洗浴。至医院请张安甫诊病，服燐汁。李永和来谈甚久。盛世兄来。

二十七日，晴。余在此间肄业，本为同人所不及料，今已至此两礼拜，有甚幸者数端，略举于左：语云"吃尽苦中苦，方为人上人"，余果能耐苦，一幸也；老氏云"挫其锐，解其纷；和其光，同其尘"，余在此间并能留心涉世之道，二幸也；凡受人所不能受、忍人所不能忍者，必能成人所不能成之事业，余在此果能忍耐，三幸也；西教习教法甚善，四幸也；中教习识见明通，不强人所难，五幸也；同学诸君颇能相安，六幸也；医院内诸同志亦相得，七幸也；未出修金，八幸也；并未出膳食，九幸也；家中少内顾之忧，十幸也。余身体孱弱，当以保养为第一义，其下手处当以心气和平，终日无忧虑为第一着。在堂内看作礼拜。孙师母教英语十二句⑤，即礼拜功课。再至礼拜堂看做礼拜。秦炳生来。接慕韩寄来书及鼎先生信、家信。温英文法程。

二十八日，晴。今日添习体操。英文第十二课15。读《原法》。

---

① 指东翁、西席。

② 阿拉伯数字，为丁福保上英文课自作的记号，下同。

③ 教会学校最初在中国教授英语时，因教材不敷，选用英国在印度殖民地所用之英语课本，后被淘汰。

④ 《原君》、《原臣》、《原法》、《置相》、《学校》、《取士》、《建都》、《方镇》、《田赋》（梨洲原书作"田制"）、《理财计》（梨洲原书作"财计"）、《胥吏》，诸篇均为黄宗羲《明夷待访录》中篇目，黄人在东吴大学堂即以此书作为教本，又据丁福保所记则略去《兵制》、《阉宦》未讲。

⑤ 自宫巷中西书院时期，即由孙乐文夫妇及其侄女在学堂共同教授英文。

二十九日,晴。至医院买药水两瓶,寄无锡。英文第十三课 17。演英文法程第十七课。读《置相》。

二月一日,晴。中文课读黄梨洲《学校》。英文课读第十四课 18。演英文法程第十八课。习哑铃体操。李永和、潘莲生来。温“而里特”①。

二日,阴。中文读《取士·上》。英文读十五课 19。演英文法程第十九课,将近日功课,略举于左。温“而里特”。六点钟起。九点钟上中文课(价值五分)。十点钟进英文课堂,温印度“而里特”(价值五分)。十一点钟上英文课,读“泼立满”(价值一角)。一点半钟进中文课堂,演英文法程一课(价值一角)。三点一刻钟再进中文课堂,习英国字、温英文(价值五分)。四点半钟习哑铃体操(价值五分)。

三日,阴。中文读《取士·下》。孙乐文先生赴上海,英文未读。温“而里特”第八课。今日黄慕菴先生出中文题二:头班“国民之义务论”;二班“志士论”。余随笔直书两篇,并无草稿。黄先生批云:“于古今中外政治上洞若观火,故百姓之权力数语尤精确。”与惠卿书明日发。演英文法程第十二课。

四日,阴、晴。中文读《建都》。温“而里特”第九课。阅谭嗣同《寥天一阁文》。午后告假至唐家巷中西小学堂,代友人买书。至医院谈甚久。海澄②赠余《断腕记》。

五日,晴。礼拜日。上午功课同前礼拜。冯守之③来谈甚久。习琴谱。作书与鼎先生,家信坿,明日发。自去年十二月二十日服铁丸,至今日始毕。

六日,晴。闻昨晚倒一庙,压死二十余人,惨哉!是故“知命者不立严墙之下”④,信然!中文读《方镇》。英文读第十六课 20。温“而里特”

① 日记所记“而里特”或即英文 Elementary 之对音,意即基础英语读本。又云“印度而里特”,或即印度人学习英语所用之基础读本。

② 即陈海澄,后考取南洋公学。

③ 清末苏州名士,热心西学,在苏州推行戒烟,反对缠足,并曾在《万国公报》上刊登《天足旁论》一文。曾在苏州创立东文学堂。见《蔡元培日记》,北京大学出版社 2010 年版,第183页。

④ 语出《孟子·尽心上》。

第十课。午后听讲《支那通史》①首篇第一章“地势概论”。作英文短句数句。习体操。黄君之来，住第八号。

七日，阴。中文读《田赋一》。英文读第十七课 22。作短句。温“而里特”第十一课。午后听讲《支那通史》第二章“人种之别”。习体操，另点名。后与诸同学到大园内闲走多时，见有无数荒坟，均已掘坏，其地颇大，甚觉畅快。

八日，阴。中文读《田赋二》。英文读第十八课 24。温“而里特”第十二课。听《支那通史》第三章“朝家屡易”。习体操。中西小学堂算学教习徐燕庭(继高)②来谈甚久。晚八下钟，文先生、白先生来查房间。

(以上为“南菁书院课艺”稿纸)

(二)

二月初九日，晴。六下钟起，习体操。记昨日日记。九下钟上中文课，笔述《原君》大义，听黄师讲《明夷待访录·田赋三》半首。十下钟上英文课，温“而里特”第十三课，读“泼拉买”第十九课 25。午后一下半钟在中文课堂作英文句。三下一刻上中文课，作《支那通史》问答。四下半钟习哑铃体操。晚八下钟接云哥③信，并扇一页、画绢一张。知近有西人姓慕与麦者④到无锡开学堂，其规模欲与梵王渡约翰书院相等

---

① 日本人那珂通世所撰中国史著作。分四卷五册，明治二十一年至明治二十三年(1888—1891 年)陆续出版，1899 年有东文学社翻印本。首卷为总论和上世史。总论分三章，分别为“地势概论”、“人种之别”和“朝家屡易”，阐述中国地理变迁大势、人种类别和朝代更替的概况。是书在中国的翻译和传播对于晚晴史学观念的转变有重大影响。

② 徐继高与叶澜合撰有《算学歌略》一种，光绪末年刊本。又有《小学普通学读本》，由张一鹏撰稿、徐继高参校，光绪二十八年刊本。

③ 丁宝书(1866—1936)，字云轩，别署芸轩，无锡人，丁福保之兄。1893 年恩科副贡，肄业江阴南菁书院。1898 年与同邑吴稚晖、俞复、杜嗣程等人创办无锡三等公学，任国文教习。于三等公学任教期间与吴稚晖等诸教习共同编写具有新学内容的蒙学教科书，出版后影响巨大。丁宝书擅长绘画，三等公学蒙学读本中的插图多由其绘制。1901 年丁宝书与廉泉、俞复等人在上海创办文明书局，任美术编辑，并绘著有《蒙学历史教科书》、《蒙学毛笔习画帖》、《蒙学毛笔新习画帖》、《蒙学铅笔新习画帖》等书出版。辛亥后加入中华书局。

④ 此处“麦”者，当为美国圣公会传教士麦甘霖；“慕”者，当为后任无锡圣公会会长的美国圣公会传教士慕高文。据《中华圣公会江苏教区九十年历史》(中华圣公会江苏教区议会发行，圣公会书室经售 1935 年刊本，第 36 页)载：“一九〇一年划分教区以后，郭(斐蔚)主教首遣麦甘霖会长偕同朱葆元会吏前往无锡开工，先以开办英文学校入手，深合地方之需要，颇受欢迎。明年慕高文会长再偕张子明会吏同至该地，正式租屋进行布道工作。”

云,并闻有约翰书院英文教习朱姓者①亦欲来锡,拟住在竢实学堂。吴稚晖先生已与范丈②商定矣。张安甫、潘莲生来。

初十日,晴。九下钟以前功课同上。九下钟至中文课堂听讲《田赋·三》下半首。十下钟上英文课,读第二十课 27,温“而里特”第十四课。下午一下半钟在中文课堂作英文句。三下一刻钟上中文课,听讲《支那通史》,兼作对问。四下半钟习体操。余近数年来懒散已极,向无一定之课程,今岁至东吴大学堂肄业,功课颇严,身体几不能耐,幸诸教习皆善于体恤,并不强人所难,否则殆矣。

十一日,晴。九下钟以前功课同上。九下钟至中文课堂。十下钟至英文课堂读第二十一课 28,温“而里特”第十五课。凡礼拜六下午无功课。徐燕庭来,遂同至唐家巷中西小学堂谈甚久。见徐君案头有《日本文法问答》一册,极佳。徐君有演英文法程细草,拟假录一通。再同至元妙观游玩,在茗室中小坐,遂返。访张安甫未晤。余至此已将近一月,同学之外相识者亦有数人,俱觉可畏可敬,学问俱优于余。少时失学,良堪浩叹。

十二日,晴。礼拜日。十下钟至礼拜堂看作礼拜。是日有礼拜功课,授英文短句十余句,至下礼拜背诵,系孙师母教授。午后读前一日所授之英文课作文句。四下半钟至礼拜堂听鼓洋琴及歌诗。张安甫、何莲君来。

十三日,晴。功课如前。徐燕庭来。余十五日本拟回锡一次,闻单日有轮船至锡,遂拟明日行,收拾行李等物,至晚间始毕。

---

① 即后文所记之朱葆元。朱葆元为圣约翰书院毕业学生,1901 年随美国传教士麦甘霖至无锡创办“锡金圣公会”。1903 年起,朱葆元在上海圣公会救主堂担任牧师。1935 年熊希龄与毛彦文结婚时,由其担任证婚牧师。晚年曾任昌世中学校长。

② 杨模(1852—1915),字范甫,号蛰庵,无锡人。1872 年考取秀才,1886 年举拔贡,有文名,肄业南菁书院与裘廷梁、华世芳等无锡文士并称“梁溪七子”。嗣后相继应直督李鸿章之招任天津武备学堂汉文教习,应鄂督张之洞招任自强学堂国文教习。1894 年考中经济特科举人,次年会试未中,遂绝意于功名。1896 年应山西巡抚聘任山西武备学堂监督兼总教习。1897 年在无锡创办竢实学堂,1898 年初正式开学,成为中国近代新式私立学堂之始,所聘教习皆一时之选。1903 年春赴日本考察学务,归国后曾担任京师大学堂历史、地理教习,不久仍回籍主持学务。1904 年因米商毁学罢市,捣毁竢实学堂,杨模住宅亦遭焚烧,遂意志消沉。此后应张之洞聘充湖北学务处专门科,专办监督“汉黄德道师范学堂”。又任学部总务司,并在京师大学堂兼课。有《蛰庵文存》、《竢实学堂创始编》、《锡金四校事实汇存》、《师范修身学小儿性质述》及《锡金学校重兴记事》等撰述。

十四日，阴。早六下钟即起，唤仆人先挑行李至阊门戴生昌轮船局①。余出葑门至马路，雇东洋车至阊门，游散片刻，遂下船。十一下钟开行，五下半钟至无锡，回家后即至竢实学堂，谈许久而回。

十五日，晴。访遂菴、剑岑②借英文法程草稿。至竢实学堂，闻杨管西③随徐仲虎④在湖北试验无烟火药，均为轰毙，惜哉！杨君系武备学堂卒业，生戊戌年，曾在竢实教习体操，志愿颇卓。徐公为吾邑维新党先辈，一旦俱以身殉，何吾邑之不幸也。

十六日，晴。清明。早晨杨君异来，请余吃点心，遂同至拱北楼，后至竢实学堂，与鼎先生谈学堂事甚久。午后，同至北门洗浴。再至三等公学堂，与诸同志论教育法甚久。王道平请余至天香馆吃夜饭，在座共四人。今日三等公学堂因蒙学书无善本，遂另编四种，一曰“造句”，二曰“述事”，三曰“修词”，四曰“达理”。“造句”者，皆极浅之短句，与西国“泼拉买”相似而不同。“述事”者，用浅文句述一切事情。“修词”者，修饰字句之谓，惟所述之事，皆不杂一切学问，专择十二三岁之学童脑质中所有之事，不用断语。“达理”者，用修词编之题目，作为短论说。⑤

---

① 戴生昌轮船局为浙江镇海人戴嗣源于1891年创办的内河航运企业。初航行于上海至杭州之间，1895年起开辟上海与苏州之间的定期航线，并在上海北苏州路苏州河北岸及苏州阊门吊桥处各设一处码头。1901年陆续将客运航线延伸至无锡、常州、镇江等地，成为当时最具规模的私人内河航运企业。嗣后戴氏因触犯清朝法律，遁入日本籍。

② 裘锴，字剑岑，无锡人。毕业于南洋公学。曾译注有麦皋莱(Macaulay)所撰《约翰生行述译注》，由商务印书馆出版。并撰有《论女警察》(译十九世纪报)一文，载《东方杂志》第12卷第5号。为杨绛二姑夫。

③ 杨管西，即杨荫桓。毕业于湖北武备学堂，为杨荫榆、杨荫杭长兄。

④ 徐建寅(1845—1901)，字仲虎，无锡人，徐寿次子。1901年张之洞委派徐建寅总办钢药厂，3月制成无烟火药，3月31日合药时发生爆炸，徐建寅等不幸遇难。张之洞《请予徐建寅等优恤折》(《张文襄公全集》卷五十二奏议五十二)云：“是月十二日，该道在厂监工，亲至拌药房，督同委员、工匠人等拌合药料，不意机器炸裂，该道徐建寅及委员、五品衔、候选知县戴振麟，五品顶戴、监生杨荫桓，蓝翎把总储仁发，暨工匠等共十四人同时轰毙，尸骸焦烂碎裂，收检不全，惨不忍睹。”又《郑孝胥日记》(中华书局1993年版，第790页)记：“十二日……钢药厂南厂炸裂，徐建寅、杨荫桓(哨官)死之。”

⑤ 1898年初无锡三等公学创立，俞复、丁宝书、吴稚晖、杜嗣程等教习遂自编教程，初草《蒙学读本》。同年吴稚晖、杜嗣程进入南洋公学师范班，并在公学附属之高等小学堂任教，二人且参预编纂南洋公学《蒙学课本》三编。嗣后吴稚晖等因教学理念与南洋公学校方发生冲突，吴遂辞职由南洋补助旅费赴日本自费留学，其余无锡士人亦有离开南洋公学回无锡者。故日记后语痛诋南洋课本，斥为“野蛮”读本。无锡三等公学之《蒙学读本》，因编纂者多有实际教学经验，并据《辛丑日记》所载，有机会借鉴东吴学堂等教会学校之蒙读课本，(转下页)

同人今日痛诋南洋公学蒙学课本,以为此真是野蛮读本。余谓亦不甚确,凡论事不可太尽。

十七日,晴。族弟慕韩来,同至拱北楼吃点心,谈竢实一切情形。杨焕之来,谈极久。至三等公学。

十八日,晴。收拾行李书籍等物。黄昏下船赴苏。

十九日,晴。早八下钟抵阊门,雇东洋车至葑门,到学堂时已十一下钟矣。冯守之先生来谈甚久,赠余张子《西铭》。周赞君来谈甚久。其人颇诚实。读赵静涵先生十二日致余手书,颇诚恳。六月中旬拟至上海赵先生处肄业医学。又得鼎先生书,谓自余辞竢实,益觉左支右绌等语,阅竟惭愧无地。张安甫来。

二十日,晴。九下钟上中文课,听讲《理财计三》。十下钟上西文课,读第二【十】八课 41,温前数日所旷之课。下午一下半钟在中文课堂作英文句。三下一刻钟在房内补辑《卫生学问答》,以代上中文课。阅《体用》十章,第一卷毕。晚间作书复赵静涵先生,明日发。与顾绍仪[①]书。

二十一日,晴。九下钟上中文课,听讲《胥吏》。十下钟上西文课,读第二十九课 43。午后一下半钟在中文课堂作英文句。三下一刻钟在房内补辑《卫生学问答》。阅《体用》十章,第二卷毕。马福泉来。张安甫来。

二十二日,晴。早晨作书致秦亮工及戎文彬[②]。嗣后上课时刻从省。中文听讲《胥吏》。英文读第三十课 44。作英文句。辑《卫生学问答》。阅《体用》十章,第三卷毕。习体操。余向不善应酬,每以质直获咎,然惟有以至诚待人而已。近方悟有事托人,凡信,力当先付讫,此系

(接上页)其宗旨大抵在"就眼前浅理引起儿童读书之兴趣"。《蒙学读本》随课配置插图,共成七编,先由上海文澜书局石印发行,至 1902 年无锡籍士人兴办之"文明书局"成立,又重印。据蒋维乔云:"自此书出,一时不胫而走,至光绪三十三年,已印十余版,而各地翻印冒售者,多至不可胜计。至光绪三十三、四年间,各家渐有国文教科本出版,而是书销售数乃渐衰落。计此书前后占据我国小学教育史上一部份势力者,实有五六年也。"

① 后文又写作"顾绍衣",无锡人,理化研究会会员。为中国最早研究飞机制造的学人之一,撰有《飞行学要义》一书,1924 年由商务印书馆出版。顾氏曾在《东方杂志》、《教育杂志》上发表文章多篇。1918 年 9 月,其刊登于《东方杂志》第 15 卷第 4 号的《嗅觉与性欲之关系》一文,被视为第一篇向国人普及性知识的科教文章。

② 晚清上海书局理文轩、华英五彩石印书局、画盛五彩石印书局、五彩地图印书会的店东。

一定之理。如与师长通信，亦当如此，惟与至熟之人不在此例。又设若同人中有一人，做事或读书有些差误，内有数人皆相视而笑，此时宜慎默，万不可助人之兴强作笑容。盖受我之助者未必感德，而受我之笑者将衔之刺骨矣。此等事宜慎之。

二十三日，晴。九下钟在房内译《支那历史问答》。上英文课第三十一课46。午后在房内作英文句，辑《卫生学问答》。嗣后凡上中文课时刻，均可在房内读书或编书等事。

二十四日，阴。译《支那历史问答》。读英文第三十二课48。作英文句。作书与族弟慕韩，借东文书及《性学举隅》①。林蘅如送来会洋十元。阅《便蒙丛编》②。

二十五日，晴。译《历史问答》。读英文第三十三、四课51。今日是礼拜六，下午无功课，至书店购《性海渊源》③。张安甫来同门外散步。访蘅如，伊赠余鱼肝油一小瓶、铁丸数十粒。接家信，即复，明日发。

二十六日，阴。温英文。到礼拜堂。功课如前。午后阅《支那教育改革》④，梁励学译编。作英文句。

二十七，晴。译《历史问答》。读英文第三十五课53。作英文句。辑《卫生学问答》。录华译英文之法。徐燕庭、陶少农来谈甚久。乡先达薛叔耘先生⑤，终日作事皆有一定课程，先吏事，次阅书，次阅报，次札记，凡散步应酬等事，亦有一定时刻。余最无恒心，故十余年来不能成一事，嗣后宜严立课，不使或作或辍。课程如左：早六下钟起，折被、体操、洗面、辫发，至七下钟止。七下钟，作杂事，大便，至八下钟止。八下钟，录英文文法，吃鱼肝油，至八下半止。八下三刻钟，至礼拜堂。九下钟，译东文书籍，至十下钟止。十下钟，温英文，至十下半止。十下三刻，上英课，至十二下钟止。一下半钟，作英文句，读英文，至三下钟止。

---

① 美国传教士丁韪良(William Alexander Parsons Martin，1827—1916)所编撰的问答体心理学著作，1898年出版。

② 或即张一鹏所编之《便蒙丛书》，有苏州开智书室 1902年刊本。

③ 德国传教士花之安(Ernst Faber，1839—1899)的著作，1893年由广学会出版。

④ 日人辻武雄撰有《支那教育改革案》，载罗振玉编《教育世界》卷三，辛丑五月上。

⑤ 即薛福成。

三下一刻钟,编《问答》书,阅医书,至四下半止。四下半钟,体操,至五下半止。八下钟,温习英文,至九下钟止。九下钟,阅杂书,记日记,至九下半止。九半钟,体操,至九下三刻止。十下钟,寝。

二十八日,晴。译《生理学》。读英文第三十六课 55。作英文句。辑《卫生学问答》。录英文文法。日前托狄医生所买鱼肝油一介伦,今已到。张安甫借与余《救生烟书》一小册,余拟编作问答书。顾绍仪寄来洋二十七元六角,托余买书。作家书,明日发。

二十九日,晴。译《历史问答》。读英文三十七课 57。作英文句。辑《卫生学问答》。录文法。今日英文课,始不温理熟字。余谓读英文之法,起头宜读之极熟,其后自易,故每日须读三下钟之久,以致日无暇晷。作书复顾绍仪。接慕韩寄来之书籍。

三十日,阴。译《历史问答》本朝事毕。读英文第三十八课 59。作英文句。李先生来议书楼章程。文先生来谈片刻。接到戎文彬信。整理书籍。

三月一日,晴。校代数。读英文第三十九课。作英文句。常熟薛道腴先生来谈甚久。录文法。阅英文典问答,拟译。

二日,晴。盛佑卿①先生来谈甚久。读英文第四十课。至中西小学堂。阅《性学举隅》。辑《卫生学问答》。寄地志两册与绍仪。昨晚与今晚均接绍仪信。

三日,阴。是日礼拜,功课如常。下午孙直斋先生来,伊寓潘慎章先生宅内,余亦去还看一次。张安甫来。徐燕庭使人来取所补《卫生学问答》。接秦亮工信,并小洋三十七角,皆余去年寄售《算学书目提要》②帐也。

四日,阴。今日堂内考核中西功课。上午考英文,先读书,次笔述西语。下午考中文,题为“商鞅变法论”。今日晚膳泡饭已冷,似未沸过者。余令堂使至橱〔厨〕房另取稍热者,伊谓已无,时饭间内泡饭亦已吃完。诸同学与余不允,掌使遂至橱〔厨〕房,立刻取泡饭出,余因其欺余

---

① 其人未详,《王同愈集》内有《盛佑卿像赞》,叙之甚略。

② 《算学书目提要》,丁福保撰。初有光绪己亥(1899 年)十月无锡竢实学堂刊本,三卷。首华蘅芳序、例言、卷上“中算类”、卷中“西算类”、卷下“中西算总类”。1902 年,丁福保将是书送呈学务大臣审定,编入大学堂审定书目,又由无锡群智书室重刊。

也，遂怒甚现于词色，后甚悔之。余至此间本为学问而来，一切小事皆宜忍耐，能忍人所不能忍者，而后能成人所不能成。区区琐事，竟累我心，愧极！

五日，阴。校代数书。读西文第四十一课。作英文句。至藏书处整理旧报纸。习体操。晚间读英文三十遍。

六日，阴。录文法毕。读英文第四十二课66。作英文句。辑《卫生学问答》。习体操。晚间读英文三十遍。近日每多戏言戏动，嗣后宜痛改。

七日，阴。作书与孙直斋。读英文第四十三课67。作英文句。至书楼整理藏书。习体操。晚间读英文三十遍。作书与遂安，并寄家信。

八日，阴。见《便蒙丛编》内所刻卫生学问，错误颇多，为校阅一过，然层次紊乱，不能佳也。读英文第四十四课69。作英文句。整理藏书。读英文三十遍。

九日，晴。收拾书楼及贴章程等事。读英文第四十五课71。作书寄广学会，购《马氏文通》。接云哥信及《算术提要》板、棉袄等件。知上海约翰书院西教习朱葆元与两学生已到无锡，现住竢实学堂，惟闻学堂之房产尚未租赁，迨赁定后有三西人同到锡矣。

十日，晴。作礼拜。功课如常。午后作英文句。晚间读英文二十遍。是日腹痛，甚早睡。

十一日，晴。拟编《产科学问答》，阅书许久，不得要领。读英文第四十六课73。作英文句。拟补《卫生学问答》内之医病浅理，转辗以思，亦不得要领。晚读英文。

十二日，阴。阅《天演论》。补读英文。读英文第四十七课75。作英文句。辑《卫生学问答》。接广学会回信。午后胸中无端作恶，大约因身体孱弱之故。年未三十，时露衰息之象，日内功课虽轻，而几不能耐，可恨可悼！

十三日，阴。昨晚因牙痛，半夜未睡，至今早痛愈甚，使人至医院索药水等物，痛稍止。本拟请狄医生拔去一牙，畏剧痛而未果。日内牙痛、腹痛几至不能忍耐，拟每早晚叩齿二次，每饭后摩腹二三百周，想行之半年，必能或效。因牙痛不能阅书，勉强读英文第四十八、九课。作英文句。体操后牙痛稍发，早睡。

十四日,阴。牙痛时发时止。读英文第五十课。作英文句。晚读英文。

十五日,晴。作代数书后。读英文第五十一课。作英文句。与鼎先生书。寄家书。

十六日,晴。杨仰燔来谈甚久。读英文第五十二课。常熟徐君念慈①过访,谈算学许久。午后,还谒徐君。至贡院前各书肆闲看多时,见有乡先辈文集数种,如孙文靖、张端甫之类②,因索价甚昂,故未购。购《东游日记》③及王梦楼④字。至唐家巷中西小学堂访徐燕庭。至医院访张安甫。阅《东游日记》毕。

十七日,晴。礼拜日,功课如常。午后至贡院前买《适可斋纪言》、《(适可斋)纪行》。张安甫送来鱼肝油一小瓶,内和鸡蛋及磷质,颇适口。近见医院内诸人,其衣服颇洁净。其最要者,为假衣领、假袖管二物。余托张安甫代办数副,今日始成,计洋六角,颇适用。

十八日,晴。余读书向不能熟,忆十一二岁时,每日仅读五行,虽百遍亦不能背诵,⑤故近读英文甚觉竭蹶。每日约读四十遍,早晨二十遍,午后十遍,黄昏十遍。读英文第五十三课85。作英文句。杨生寿柯⑥来,余问以无锡学堂情形甚详,伴伊至医院游玩多时,再至余房内谈甚久。在外忽遇同乡,觉亲爱逾于平日。惟谈及竣实情形,余心内每

---

① 徐念慈(1875—1908),常熟人。早岁任教于常熟蒙养学堂,入兴中会,创办速成算学社与竞化女学。1901年组织教育同盟会,又任中国教育会常熟支部负责人。1904年加入曾朴在上海创办的《小说林》社,任编辑主任。生平撰述有《中国历史讲义》、《中国地理讲义》、《算术教科》及小说《新法螺先生谭》、《海外天》、《黑行星》、《美人妆》、《新舞台》等。徐氏早年热心算学,故曾朴挽联云"初本以算术著,继乃以教育著",又因与丁福保交善,后亦在文明书局出版翻译著作《海外天》等数种。

② 指清代无锡人孙尔准、张岳骏的文集遗稿。

③ 清末题名《东游日记》之书甚夥,未可遽定,其内容一般记载国人至日本游历观学的见闻,当时此类书售价亦廉。

④ 王文治(1730—1802),号梦楼,江苏丹徒人,擅书法。

⑤ 《畴隐居士自订年谱》"光绪六年庚辰七岁"条下记:"是年始入家塾,识方字约一千。读《大学》,每日仅三行,尚不能成诵,吾父遂令余至楼上读书,吾母任督课之责。第一日读《大学》,泪如雨下,所读之书尽湿,右手执竹箸点之。书著竹箸尽破,余以碎纸补之,而粘以饭粒,少顷,纸尽皱。"又"光绪十二年丙戌十三岁"条下记:"余天性甚钝,幼读《四书》,日仅三四行,非百遍不能背诵。"

⑥ 杨寿柯,字伯庚,无锡商人杨宗瀚之子。杨宗瀚1896年创办的无锡业勤纱厂是中国最早的新式机器纺纱企业。

觉不安。至五下钟后始别。薛君道腴来谈学堂事甚久。晚间读英文。张安甫来。近日颇多戏言戏动，恐习惯成自然，今日起当痛改前非。

十九日，阴。读英文第五十四课。作英文句。阅医书。潘叔重①先生来。晚读英文。

二十日，阴。读英文第五十五课，内有一生字为 cheese 者，即牛乳饼。孙先生云，去年上海约翰书院请某观察②吃酒，伊取一 cheese，全置口内，即不能吞又不可吐，此时甚觉为难。盖此饼甚硬，可缓食，不可大嚼也。作英文句。见狄医生来与同学治病，余示以日前所痛之牙，伊云牙已坏，须拔去，四下钟当再来何如？余本欲拔去此牙，闻言甚喜。至四下钟狄医生果来，带来麻药一瓶、牙钳三把。先上药，次以钳取牙，不能拔；再换一钳，又不能拔；再换，仍不能拔，盖拔出时钳皆滑脱故也。然此时之痛几不能耐，血亦甚多，余与狄医生皆汗出如油。余遂云狄医生已吃力矣，缓日再拔何如？伊云后日再拔。痛极不能体操，遂卧一下钟。晚膳后，痛稍止。

二十一日，晴。牙痛稍愈。昨日不能读书，今晨补读。在礼拜堂闻孙先生云，此学堂非为赚束脩而开，学堂内费用有百倍于束脩者，各人亦须体谅此意，万不可屡次告假，致荒功课，以坏学规；又既为此间学生，应守学生本分，无论年纪之大小、身分之高下、处境之贫富，本学堂皆一律相待；又体操时万不能不到云云。闻者莫不悚然。孙先生真能办学堂者！故同学有患病者亦不能回家，令医院内医生医治，如重病方准回家。并闻将令医生来验各人身体，如有病症必令早治云云。读英文第五十六、七课。作英文句。作书与顾绍仪，又接绍仪书，因英文书到苏故也。读英文。至书楼理书。余以石砚一方赠狄医生，以酬昨日钳牙之劳。

二十二日，晴。读英文二十遍，颇觉有意味。读英文第五十八课。作英文句。狄医生来堂查验各学生身体情况。洗浴。

---

① 潘敦先，字叔重，江苏元和人。潘与《辛丑日记》中所记之王植善、张一鹏、汪钟霖等人光绪二十三年（1897 年）同肄业南洋公学，而吴稚晖、沈桐生、杜嗣程（孟兼）、许士熊（吕肖）皆于光绪二十四年肄业入学。其中王植善、吴稚晖、杜嗣程、许士熊等均为师范班学生。

② 某观察推算当为余联沅。余氏自光绪二十五年（1899 年）八月起任上海道，至光绪二十六年（1900 年）十二月由岑春萱继任。

二十三日,晴。作书与徐燕庭,并《算书提要》[①]十五册。读英文第五十九、六十课。作书与王曜西及孙节菴。接鼎先生复信及家信并折扇。冯君守之来谈甚久,议论颇明通。闻吴稚晖先生已赴东洋,作师范生出洋例。[②] 仲坚之弟与袁子明皆至东洋玻璃厂。无锡开学堂之洋人皆圣公会中人,即为约翰书院之备馆。

二十四日,晴。礼拜,功课如前。下午作英文句。黄昏读英文。

二十五日,晴。辑《卫生学问答》数条。读英文第六十一课。作英文句。接顾绍仪信并洋二十六元,代伊买书十六元九角,即交来人带去。余小蝉来云,吴某病肺痨,此次同来看病,余问吴某病情,知已无可挽回。适狄医生来,余告以吴某之病,狄即至吴某船上看病,亦云此病不治。后小蝉又来谈及秦仲宽、范补程、嵇涤生与南洋公学监院不合,均回无锡。余颇为惋惜。盖即在学堂作学生,宜刻苦用功,非争意气之时也。

二十六日,晴。读英文第六十二课。作英文句。辑《卫生学问答》一条。接家信及高耀南先生信,因高君之子目将失明,欲来就医故也。家信内述吴稚晖先生及仲宽等出南洋公学之故甚详细。余谓在外学习各种学术,宜忍耐,不宜有意气。

二十七日,晴。读英文第六十三课,"泼拉买"已终。作英文句。作书复高耀南先生,附家信。孙乐文先生至余房内云,每日下午须至伊宅内助伊译书云云,余诺之。

二十八日,晴。上英文课时孙先生云,今日与明日须温书。午后至孙先生处,同学诸君所译《万国略史》,余为讲解一遍,与原本有不合处,随时删改。改毕,孙先生欲留一底本,余素不能抄书,拟另设妙法。晚读英文。

二十九日,晴。录英文法程第二课。上英文课。温书。下午至孙

---

① 即《算学书目提要》。

② 杨恺龄撰编《民国吴稚晖先生敬恒年谱》1901年记:"先生以提出师生同理校务之主张未通过,乃辞职,请求学堂补助旅费赴日本自费留学,获允。三月,整装携眷由上海乘轮赴日本东京。"又《蔡孑民口述》云:"南洋公学自开办以来,有一部分之教员及管理员,不为学生所喜。吴稚晖任公学教员时,为组织卫学会,已起冲突,学生被开除者十余人。吴君亦以是辞职赴日本。"

先生处，改《史略》译本。洗浴。听冯守之先生之议，颇痛快。同学诸君因议论不合颇有意见，盖涉世之法不可不讲也。五下钟时，狄医生来验各人身体，遂使人送来铁丸三十粒。

月小尽。

四月一日，晴。温书。读第一本"而里特"第一课。下午与克家至养育巷东来书庄①，代海澄购书一元二角，代绍衣购文部省英语读本。路甚远，顺道访杨果臣，伊岳家适今日开丧，未晤。张安甫送来铁丸、牙剔等物。路遇潘慎章先生，伊欲托余代写一信与孙直翁。梦境颇不安静。

二日，晴。礼拜，功课如前。接家信并《东洋史要》②等书。作英文句。

三日，晴。读英文第二课。因孙先生小病未复元，故未往。作英文句。

四日，晴。读英文第三课。至孙先生处，译《史记》。杨伯庚③来，同至医院看死人骨。体操。时潘先生④来，云孙直翁住上海英马路贵州路第二号。又云代余写一信，说委托之事，尽可放心。尤律师今日来苏，余亦即刻赴虞，以致不克晤谈。余在虞约一礼拜，即可返棹。总之，绅富捐事尽可不必介意，如有不妥处，尤律师必先告余，余必即飞告左右也。

五日，晴。作书与孙直翁。读英文第四课。午后至孙先生处，忽堂

---

① 东来书社，位于苏州胥门内养育院巷北女冠子桥北堍(见辛丑年《励学译编》杂志内页广告)，专售东西洋各种书籍、地图、学堂用品，并代售各种书报。据包天笑《钏影楼回忆录》云，书店得名，原意为出售商品"都是从东洋来的罢了"。开办之初，因当地学堂新学教本、教具缺少，故生意发达，后又成为太湖流域趋新士人接受、传播新学知识的重要窗口。嗣后东来书庄亦曾为丁福保代售其《算学书目提要》、《卫生学问答》、《传种改良问答》等书。

② 《东洋史要》，日人桑原骘藏原著，明治三十一年(1898年)出版。桑原骘藏氏所称"东洋史"，实际是打破当时日本一般东洋史以单纯中国史为主体的面目，而以东亚多民族盛衰兴亡为主线，参照西洋史时期的划分，试图构建世界史全景中东亚史的面貌，故对于当时较少研究的满、蒙、西藏等边疆地区以及中国周边东亚、中亚、南亚各国的历史都有所述及。1899年东文学社出版樊炳清中译本。梁启超《东籍月旦》称："此书为最晚出之书，颇能包罗诸家之所长，专为中学校教科用，条理颇整。"东文学社中译本出版后，"盛行殆遍于东南诸省"，曾多次重印，对于中国近代历史教科书的编写有巨大影响。

③ 即前记杨寿枬。

④ 指潘慎章。

使持惠卿信及日本人名片名小村俊三郎[①]者来,余遂至学堂与小村君相见。伊谓,各国各有特长之学,在西洋各国彼此有城郭之见,不甚相通,但日本则尚属末学,一意欲采各国之长以备我短,故欲知各国之长则读日本译出之书较便。又云,前说不过小就之法,如有志探赜索玄,则不得不径习西文而讲求之,盖由西洋各国而看我日本犹末弟子也,虽曰入室,而不如直传万万。又云,年虽稍大而果有才学者,习英文二三年,文理必已通顺,于是诸学皆可不费力而通之。又云,无论中西学问,所尚在脑筋之发达与否,如已于中学练过脑力,则转入西学,但其语言异同之门相趾一间耳。至讲求学理,则入手尤易。又云,余寓在盘门外大东公司内,拟明日下午四下钟向杭州去,今夕有领事馆之约,张先生处不在〔再〕去矣。惠卿信颇详,伊所办学堂现已有三百学生[②]。吴挚甫先生之子好学多病[③],欲问余卫生之法。接顾绍衣信并洋十元。

六日,晴。七下半钟,从学堂至盘门大东公司,答拜小村峻〔俊〕三

---

① 小村俊三郎,时任日本驻华公使小村寿太郎之弟,曾任东京日日新闻社、大阪每日新闻社记者,与中国维新士人交往密切,戊戌政变时,曾掩护梁启超由天津逃至日本。据《蔡元培日记》"辛丑三月二十七日"条记:"日本人近藤政来(即小村俊三郎),戊戌时在京师常见者也。近欲由苏州而杭州、而绍兴,为作致何阆仙书。"此据丁福保日记,则辛丑年四月五日其人在苏州。又《蔡元培日记》"辛丑四月十五日"条记:"日本小村俊三郎来,为作片介绍于领事馆深泽暹(小村寓虹口南浔路常盘馆,美领馆左近)。"(《蔡元培日记》,北京大学出版社2010年版,第169—170页)另据辛丑年五月《郑孝胥日记》载:"五月初九日,日人小村俊三郎持王小航书来见。""初十日夜,小村俊三郎复来,谈至十点乃去。""十五日,南皮托约小村俊三郎往见,傍晚返局,即以书致小村。""十六日小村俊三郎来,言明日往谒制军。"(中华书局1993年版,第800页)可知其人五月则在鄂。又同年冬,罗振玉奉张之洞、刘坤一之命赴日本考察学务,《扶桑两月记》"辛丑十二月初三日"条记:"午后小村俊三郎来谈,言近日各学堂已开校,可以阅看。"则年底小村已回日本。次年吴汝纶任京师大学堂总教习赴日本考察学务,《东游丛录》卷二"五月廿八日"条记:"赴高等师范学校,校长嘉纳治五郎,外部派小村俊三郎伴客,文部则派野田义夫日日伴往各学,外部今日始有人相伴,其国待外国人可谓尽礼。"(《吴汝纶全集·第三册》,黄山书社2002年版,第715页)又《桐城吴先生日记》卷十"六月三十日戊午"条记:"与小村俊三郎携启儿赴古城吉之招。……小村俊三郎云:'变法必先变俗,变法属事,变俗关教学,其大任在君身握要也。'"(《吴汝纶全集·第四册》,黄山书社2002年版,第703页)绍英任京师大学堂支应提调,与吴汝纶同赴日考察,《绍英日记》"六月初一日"条亦记:"在东京视察学务,小村俊三郎邀至花园午餐。"同年严修亦赴日考察,日记内亦有"小村俊三郎迎于新桥车站"之记录。其人交游范围之广、活动能力之强,可见一斑。

② 东文学社为1901年初廉泉、刘鹗等人在北京创办的日文学校,学社聘中岛裁之等日人为教习,开学初期有学生280余人,后因与中岛裁之不合,廉泉遂退出东文学社。

③ 指吴闿生,时在日本求学,因身体不适常咳嗽有血,故有此说。吴汝纶致吴闿生信云:"以信医为第一要义,一起居,一服食,无不惟医之从。"见《吴汝纶全集·第三册》,第568页。

郎君。伊昨晚住日本领事公馆，尚未回来，余遂至领事公馆。伊云，吾兄如到东京，从现在驻京钦差小村寿太郎家，问弟之踪迹可也。又云，他日如往日本，弟得与知，即应函托密友代为照料。又云，如欲购东洋书，托此处邮政局长冈君甚为妥便。遂写一名片与余，谓以此交与冈君必能代为照料云云。又云，此时为吾兄越俎而计，宜在东吴学堂研究英文，然后东西任其所往，最为便宜。此说余极以为是。迨回至学堂已十一下钟矣。下午至孙先生处，以英文书两本托伊写英文名字。作英文句。

七日，阴。读英文第五、六课。作书复顾绍衣。又作书与鼎先生，为刘希明托范丈照料戒烟局事之故。作英文句。孙先生处未去。

八日，晴。读英文第七课。午后与赵仲敏至盘门日本领事署，托购东书。冈君谓书价可带回，待书到再付价。遂出盘门，坐马车而回。忽患腹痛，约两下钟之久。作书复廉惠卿。

九日，晴。礼拜，功课如前。阅《累卵东洋》①，此书颇能发人之志气。作英文句。

十日，晴。与仲敏开议购东书。请黄先生作《集股启》。读英文第八课。作英文句。至孙先生处。

十一日，晴。读英文第九课。至孙先生处。作英文句。阅《伟人小说摩西传》。"凡对我而谤他人之人，即对他人而谤我之人，并即面谀他人及我之人。此种人于自己毫无益处，忽谤忽谀，徒增烦恼而已。"古人云："欲人不知，莫如不为；欲人不闻，莫如不言。"②吾其戒之哉！

十二日，晴。顾斡臣③先生来，因治病之故。携来云哥信，知仲

---

① 《累卵东洋》，日本大桥乙羽著，中国忧亚子译，为晚清较有影响的政治小说。今所见版本为日本爱善社明治三十四年(1901 年)西历五月十三日印刷、五月二十日发行之版本。惟据书后兰陵氏跋，译本较之原书，"芟改之，盖十之五六；增益之，亦十之三四也"。此书在当时曾引起士人相当注意，1901 年《蔡元培日记》(北京大学出版社 2010 年版，第 172 页)"四月二十九日"条记："阅《累卵东洋》，宗旨与《国民报》同，而写扶汉抑满之旨(印度汉也，英满也)。"随后又抄录卷末所辑欧美诸大学自由格言多条。《周作人日记》中亦有相关记载。东来书庄的寄售书目中即有《累卵东洋》一种，售价每部二角五分(见辛丑年《励学译编》内页广告)。译者忧亚子又译有《男女交合新论》一书，由上海理文轩书店出售，孙宝瑄《忘山庐日记》1901 年 7 月 3 日、7 月 7 日条有记。

② 语出枚乘：《上书谏吴王》。

③ 无锡人，经营药材、典当业，为顾毓琇祖父。

宽、涤生、亦侯已赴东洋。托顾先生带回家信一封及东洋读本两部。上英文课。写孙先生口述之句。至孙先生处谈自由、民权等公理甚久,始知此等议论在西国已为陈言。孙先生赠余 *Falls and Rhymes* 一册。

十三日,晴。读英文第十课。至孙先生处。

十四日,晴。上英文课。写孙先生口述之句。至孙先生处,谈及傅兰雅《戒礼须知》①。鱼肝油到。

十五日,阴。温书,读英文第十一课。至医院。与潘莲生同至玄妙观前后分路。余至开智书室,晤陈仲平先生之弟②谈甚久。访徐燕庭。

十六日,晴。礼拜,功课如常。作英文句。接绍衣信,并洋十四元。

十七日,晴。读英文第十二课。下午至孙先生处讲《马氏文通》。接家信,知仲宽未赴东洋。作英文句。

十八日,晴。温书。作书与绍仪。共存洋六元八角。至孙先生处讲《文通》。

十九日,晴。温书。寄家信。至孙先生处讲《文通》。

二十日,阴。第二次考期。英文自觉错误甚多。华文题为"原民",亦不惬意。

二十一日,阴。读英文第十三课。作英文句。同乡王子和来,谈及惠卿之母愿为惠卿加捐道员。接家信。至孙先生处讲《文通》及空谈多时。补辑《卫生学问答》。

二十二日,晴。读英文第十四课。访徐燕庭,同至开智书室,再至医院及学堂内闲谈多时。忽欲与黄钧铸同回锡,遂收拾行李等物。

二十三日,晴。与黄君乘东洋车至阊门,趁〔乘〕船而回。抵南门已七下钟矣。云哥至孙直翁处吊孝,适已下船,故未晤。

二十四日,晴。至竢实学堂谈甚久。至三等学堂阅稚公在东洋所

---

① 《戒礼须知》与《西礼须知》本为一书之两卷,原书作者未详,书名 *Etiquette of Western Countries*, *Outline*,系专门介绍西方礼仪、礼俗的著作。1886 年两书均由傅兰雅翻译出版。《戒礼须知》后又收入傅兰雅辑《科学须知》二十五种,1898 年出版。

② 仲平指陈懋治,详见后注。陈懋治至少有兄弟二人,陈懋功字起潜,1898 年肄业南洋公学;陈懋铣字桂一,1900 年肄业南洋公学。此处不能确指。

记日记①，甚详，谓东洋之文明迥非意料所及，各种学校遍地皆是，长住客栈每月房饭金八元，学东文每月二元，此外如西文、算学、化学等每月一元半。晚间剑岑来。

二十五日，晴。访赞卿等，谈西文甚久，均谓无捷法。至竢实学堂。闻龚峻臣将成肺痨，其初不过伤风，因食酸味之故。凡习各种学问，须要耐苦，方能有成。余在苏，觉每日读书颇吃力，然较诸在东洋诸君自措资釜者，其难易苦乐如判霄壤。

二十六日，晴。访顾竹君。晤王少平，同访赞卿，谈甚久。至竢实学堂。至三等学堂。收拾行李书籍等物。

二十七日，晴。早晨至南门黄钧铸家，待船甚久，至十下钟始开船。在船内读英文。泊浒塾〔墅〕关。

二十八日，晴。午十二下钟抵天赐庄。地志等书，托船户带回交与顾君。午后读英文。

二十九日，晴。上课读英文第十九课。安甫来。接云哥信，知常熟一切情形。因知凡事须自立，切勿倚人。作《人物竞争论》。海澄住余房内。

五月一日，阴。礼拜日，功课如常。作英文句。盛君蓴初来谈甚久。同乡胡来，云小剑叔欲来医病。

二日，阴。读英文第二十课。此课系押韵诗句，文理甚深。作英文句，习问答。七下半钟至八下钟与同学诸君温习东文，期不间断。寄家信。

三日，阴。讲英文第二十课。每句共分十二字，不能参差，明日要背诵。作英文句。古人云："其为人也多暇日，其出人也不远矣。"②余近数年来废弛已极，自今以后当于"懒"字上痛下针砭。心能作恶，因不能耐苦，并无耐性，故刻刻不自安适。诵背英文第二十课。作英文句。作书与慕韩，附家信内。整齐书籍。

---

① 中国国家图书馆藏《吴稚晖先生东游日记》（后附导游东洋告白）抄本一种，为吴稚晖辛丑三月二十六日至三月二十九日在日本的游学日记，为"艮庐"抄本，内题"辛丑四月寄至南洋公学"。知吴稚晖在日本时，即将其日记随时寄回国内，并多处传抄，对于宣传至东洋留学起过相当作用。后丁福保于九月十五日自己亦抄写吴稚晖日记。

② 语出《荀子·修身》。

五日,阴。至盛霞初家,因伊兄招饮故也。归遇雨。至中西小学堂访徐燕庭,谈甚久,假雨具而归。接云哥信,并扇一页。作家信甚长,因有事托宗子翁也。

六日,阴。温英文。午睡甚酣,因昨夜辗转不寐、百忧丛集之故。洗浴。夜间又不得酣睡。

七日,晴。温英文。读摄政王《与史可法书》及史可法《复书》。夜间帐内蚊多,不能安睡。杨维翰先生来。张安甫来。

八日,晴。礼拜,功课如常。温英文。

九日,晴。读英文第二十一课。作英文句。检书。

十日,上半阴,下半晴。读英文第二十二课。作英文句。习体操。

十一日,晴。换背第三十二课。作英文句。接云哥信,闻竢实学堂英文教习程君因病回申,现系梵黄〔王〕渡约翰书院教习朱君代馆,始用石板抹写英字。

十二日,晴。抹写第二十二课。读第二十三课。作英文句。抹写英国字。温书。

十三日,晴。读英文第二十四课。作英文句。抹字。寄家信。

十四日,阴。读英文第二十五课。作《变法本论》。因无暇,不能出外游散。

十五日,晴。同学多患吐泻,皆因昨晚食肉之故。善矣,曾文正之言曰:“未可以一事之偶强而遽信为寿征,一事之偶弱而遽信为败征也。”今日之病者,其身体素系壮健,而弱者反未病,观此可以知所养矣。未做礼拜。张安甫来。

十六日,晴。换背第二十五课。作英文句。晚患腹痛而泻。同学新病亦有数人。狄医生来医病,余谓皆因水土不洁之故。

十七日,晴。下午阴。读第二十六课。作英文句。张安甫来,谈甚久。

十八日,晴。因病未上课。作书与赵丈静涵。

十九日,晴。读第二十八课。余以语言不谨慎几与同学不睦,以后当以“寡言”二字为座右铭。凡事宜自责,细心查验,平日果无失德处,心地自然平静,慎勿与人计较得失也。张安甫赠余白兰地酒一小瓶,此酒价颇昂,诚美物也。

二十日，晴。孙先生因事未至，白先生代馆。读第二十九课。闻赵君澄怀云，往年每逢大考，必有许多意外功课，大半皆孙师母主之；今闻孙师母病，大约不过寻常之大考矣。余问曩日何种考法？伊云约有四种：一、同班数人，内以一人算在外国读书十年，今始回来，先有二人与之寒暄，再有数人算从学堂内出来，猝然相遇，皆喜出望外，问外国风俗及学问，而外国回来者，问中国近日各种时事与各种交涉事件，约谈一下多钟，乐极唱歌而散，观者皆鼓掌。一、择学生中声音最佳者，背书数首。一、令小学生作体操。一、背拼字，令同班学生数十人分为两排，俨若敌国，择最熟拼字者两人为元帅，教习口诵一字，则此排之首一人拼出；教习再诵一字，则彼一排之首一人拼出；以后教习每诵一字，则以次互拼；如有不能拼者，则退出如阵亡然；元帅不能拼，亦须退出云云。是日，三县及各学生父兄、师友均请到，约有三四百人。学生作以上四种功课，均令在家读熟，然后登台演出，纵人来观。西人中如李提摩太等亦来。

二十一日，晴。今日未教生书，因大考在迩，温书故也。接曜西信，即复。作"英雄造时势说"。

二十二日，阴。礼拜，功课如前。温书。接云哥信，甚详。

二十三日，阴。温"泼立漫"，自第一页至三十九页。上课先抹书，次拼字。

二十四日，晴。下午阴。温"泼立漫"，自四十页至七十一页。

二十五日，阴。温"泼立漫"毕。接吴稚晖自东洋寄来信。接曜西信。接赵丈静涵复信，情词诚笃，真不可及。

二十六日，阴。温"否斯特而里特"①，自第一页至十九页。见李君慕驹所录之《东吴大学堂记》，确系古文好手，询之，乃伊尊人紫璈先生所作也。闻孙先生云，六月初五放暑假，故作书与鼎先生，托伊代雇一船。戏言戏动，易招人侮，戒之！

二十七日，晴。温"而里特"，自二十页至三十九页。午后日本领事馆内冈直孝君有函来，知日前所购东书已到苏。晤尤怀皋②之尊人鼎

---

① 疑为英语"First Elementary"之对音。

② 苏州实业家，包天笑之表兄弟。曾留学美国，与胡适为同学。归国后在沪经营乳业，1923年联合同业人员在上海成立奶业同业公会。

甫先生,谈甚久。温书。盛君蕚初使人赠余《渐学庐丛书》①三册,并约明日下午四下钟来访。

二十八日,阴。温"而里特",自四十页至五十七页。下午与黄师仲敏等至日本邮局,知东书并未到苏,所到者书目而已。寄复吴稚晖先生书。与黄师在茶肆内畅谈甚久。

二十九日,阴。礼拜,功课如常。写西字。安甫来谈甚久。近日外肾忽患痒,几不能忍,安甫赠余癣药二种,稍有效。

三十日,阴。霞初因病回家。下午中文大考,题为"内乱清源论"。

六月一日,阴。上午考洋文,先背拼字,次读书,次抹书。作书与张丈聿青②,未毕。

二日,阴。作书与徐燕庭,托伊印《卫生学问答》,赠宜《代行》、《微积》二种。续张书毕。安甫来谈甚久。接云哥信,知道平戒烟丸已效,拟集股大做云云。与怀皋同榻。

三日,阴。又接云哥信,附来孙直翁复信,知南洋公学总办已换劳乃宣③。整齐书楼上藏书。收拾物件。作书赠怀皋。

四日,忽阴忽晴。收拾物件。作书与盛蕚初、杨朴人、张安甫。船已到,云是昨日开船。蕚初来谈甚久。安甫使人送来酱鸭一只、鸡蛋糕数十枚。霞初使人送来物件甚多,受桃子数十只,桂圆、莲心、枣子三包,后又以火腿、茶叶送来,受茶叶,璧火腿。晚八下钟,文先生来做影戏④,极好看,但觉目迷五色,至九下钟始毕。安甫来闲谈。

五日,上午阴,下午晴。今日放暑假。孙先生云,本堂上半年声名尚好,此皆学生之好处,我当谢尔等者云云。十下钟与黄钧铸遂下船。暮泊新安,夜卧不宁。

---

① 胡祥鑅、沈恩孚等辑校,光绪二十三年(1897年)元和胡氏石印本。收录朱孔彰《咸丰以来功臣别传》等著作十六种,大多为清人史地撰述,内有《立方奇法》一卷、《求一捷术》一卷为算学著作。

② 张乃修(1844—1905),字聿青,江苏无锡人,著名医师。其父张甫崖为无锡名医。聿青绍继家学,以《伤寒》、《金匮》为宗,每多独到之处,五十岁以后迁居上海,锡、沪两地从游者甚众,时丁福保、萧蜕、吴子深等均从学于张氏。有《张聿青医案》(又名《且休馆医案》)二十卷行世。

③ 辛丑夏间,劳乃宣接替张元济任南洋公学总办,秋间托病辞馆,遂由沈曾植继任总办。

④ 文乃史在东吴学堂所做者实即电影,初传入中国时称"影戏"或"活动影戏"。

六日，晴。早十下钟抵家。至竢实学堂，谈甚久。夜至三等学堂。

七日，晴。倦甚，似患病者，将息一日。陶介如来。

八日，晴。钧铸托余问游学东洋情节，还来洋七元。至汪宅访补塘①。至布衣巷王宅访锡和，访晋帆。至三等学堂。晚九下半钟晓莲来，同余至伊家看细妹病，此系心本体病也，奈何医者俱以为肝。

九日，晴。整齐书籍物件。

十日，晴。

十一日。

十二日。访赞卿，谈终日。晤程千②。

十三日。至三等学堂。接徐燕庭信。

十四日，晴。复徐燕庭书。作书与奚柏寿，请伊代余管理书籍也。

十五日。

十六日。

十七日。

十八日，晴。在赞卿处闲谈一日。

十九日，晴。腹泻未愈，至竢实养病。接赵澄怀信。

二十日，晴。因腹泻吃戒烟丸药一粒。范补程来谈甚久，一别半载，相见甚欢，约同赴上海。

二十一日，阴。腹泻仍未愈，服药不效。接尤怀皋信并照片，喜极。至尤幹臣处，服白术一两、车前子五钱。午后两县③及大营邹渭清先生等均至竢实议事。夜间腹泻数次，稍倦怠。

二十二日，阴、晴。泻未愈，服白术一两、车前子五钱、木香四钱、砂仁末二钱。云哥赴江阴。

二十三日，晴。泻愈。下午至朱葆元处演说。至王海涛处。晚

---

① 应即后文所记杨补塘。杨荫杭（1878—1945），字补塘，笔名老圃，无锡人。1895年考入天津中西学堂，1897年转入南洋公学，1899年夏以南洋公学官费生身份留学日本，组建励志会，创办《译书汇编》，后毕业于日本早稻田大学。1901年暑假归国时在无锡竢实学堂创办“励志学会”，宣传西学新知。辛亥革命后历任江苏省高等审判厅长、京师高等检察厅长。辞职后曾任《申报》副总编兼主笔。生平译有卢梭《民约论》、孟德斯鸠《万法精理》、穆勒《自由原论》、《代议政府》等多种西方政治学名著，在《申报》所刊文字后被辑为《老圃遗文辑》。

② 即马程千，曾任无锡三等学堂教习。

③ 指无锡、金匮两县县令。

检书。

二十四日,晴。

二十五日,晴。将余去年所存在竢实书籍一律搬归家中,整齐终日。闻介如明年将就馆,余大不以为然,急至薛二姨母处劝说。张叔滋来。阅新闻纸,知陈海澄已考取南洋公学。

二十六日,晴。整齐物件,拟二十八日赴沪。下午范补程来。接陈海澄信,即复。与黄师梦菴①书,明日发。

(以上为"东吴大学堂日记"稿纸)

(未完待续)

〔整理者系上海社会科学院历史研究所资料室研究人员〕

① 即黄人。

吴鼎昌、钱新之往来函电选辑（1927—1933年）

董婷婷　彭晓亮　整理

整理者按：吴鼎昌（1884—1950），字达诠，又作达铨，原籍浙江吴兴，生于四川华阳。1917年7月起任盐业银行总理（后改称总经理）。1922年9月起任盐业、金城、中南、大陆四行准备库主任。1923年1月起兼任四行储蓄会主任。1930年4月起兼任盐业银行董事长。

钱新之（1885—1958），名永铭，原籍浙江吴兴，生于上海。1926年2月起任四行准备库副主任及四行储蓄会副主任。1930年起兼任中法工商银行中方副董事长。南京国民政府成立后，历任江苏兼上海财政委员会委员、财政部次长、浙江省财政厅厅长、驻法公使等公职。

吴鼎昌与钱新之祖籍同地，年龄又仅相差一岁，同于1903年官费留学日本，皆毕业于高等商科学校（吴在东京，钱在神户），日后均成为金融界与政界的显赫人物，且共事多年，私交甚笃。著名报人徐铸成曾仿《史记·管晏列传》作《吴鼎昌、钱新之列传》（收于徐铸成：《报人六十年》，学林出版社1999年版），对二人生平、事业作了概述评价。

本辑史料分别选自上海市档案馆馆藏交通银行、联合商业储蓄信托银行、盐业银行档案全宗（全宗号Q55、Q267、Q277）。

1. 吴鼎昌致钱新之函(1927年2月16日)

新之仁兄阁下：

十二日手书奉悉，弟一时未克南下，此间情形，公权①今日南下省亲，当可晤悉一切也。储会②上半年生意事，弟意七长仍以出售为是，前函已言及，不知续售若干矣。海关必生问题，不可再迟疑致误。内债目前绝不可着手，地皮押款亦殊危险，千万少做。弟意可着手者，惟善后及中法各项外债，其理由有三：(一)外债基金系关税，较稳固，而价大跌，其利益与内债相仿，何必做内债；(二)海关纵有变动，上海一关，外人必不肯放，仅此已敷外债本息，故内债、外债危险之程度不同；(三)金价似无大落之可能，故现在方针，请兄从速售出七长，陆续购入善后及中法等为要。《新经济政策》③正在赶印，日内即寄上。兄汉行何日？至念。此请

大安

弟制鼎昌顿首

十六日

2. 吴鼎昌致钱新之函(1927年3月11日)

新之仁兄阁下：

再奉手书，敬悉一切，绍贤④兄回，略知沪状。浙战未了，兄何日能离沪，似尚难定也。兹将各事列陈如下：

一、免安⑤后公债当然下落，此事本在预料之中，惜吾辈着手少迟，弟从前电请债票缓购，固虑及之矣。好在已售出部分，余者底价甚低，绝无大害。前函谓七长六折以上尚可酌售，意在再减轻若干之数量也。至外债，弟决其不能与内债同等，已购者自勿庸售出。售出七长之

---

① 指张嘉璈(1889—1979)，字公权，江苏宝山人，时任中国银行副总裁，后升任中国银行总经理。

② 指四行储蓄会，1923年1月成立。

③ 指吴鼎昌(笔名前溪)撰《中国新经济政策》一文，最先发表于1927年1月2日《国闻周报》，1927年3月国闻周报社发行单行本，1928年1月修订再版。

④ 指王寿彭，字绍贤，河北宁河人，曾任盐业银行上海分行经理、北平分行经理，后升任总行总经理。

⑤ 指安格联(Francis A. Aglen，1869—1932)，英国人，曾任中国海关总税务司，1927年1月底被免职。

款,若善后及中法美金债票,视市价若何,尚可陆续购入,合银百万元左右,因实在无生意可做,不能坐视也。如何,请详复,并将计划头寸见告。

二、库[①]款年底钱庄既经结清,正二月拆息亦不好,弟意浙战前后或不免金融风潮,拆款到期陆续收库,暂缓存入钱庄,务俟浙战了后再说。至七长售出洋款,亦可收库,暂不必贷。此七厘利息在浙战前后,务使实力格外丰富,二三个月损失不必计较。务请兄即行计划见告。

此请

大安

弟制鼎昌顿首

十一日

《新经济政策》想已由政之[②]兄送上矣。

再,兴记公司押款已允转期,信附上。该公司人极殷实,故只略添押品,未予苛求也。兴记来信已交下。

3. 吴鼎昌致钱新之函(1927年4月1日)

新之仁兄阁下:

连日得电,似上海情形尚未安稳,至以为念。财委[③]有十余人之多,责任较轻,若大家允就,可不必坚辞,由兄就近自由斟酌。惟单独负责任之事,则不可轻易从事,时局情形与外交关系似未可乐观也。内债事尚难言,现在外债价落,金价稍定,储会正可着手外债,盼兄进行。储款甚多,弟正在筹划,现在存放四行者过多,收回公债款亦不少,请兄陆续收存现款一百万至二百万数目入库(需现款)。此项现款,弟有计划,正在与四行商量作四百万押款,津、沪各半,惟必须交出现款(即不要拨款及钱庄款),请兄事前筹备,将储款调现二百万入库,以便进行。并盼兄将筹现情形预为电告,以便与此间四行商议进行,但不必告知沪四行,只陆续提出可也。北方情形尚难断言,弟当然暂不进京,只在津指

---

① 指四行准备库,1922年9月成立。

② 指胡政之。

③ 指江苏兼上海财政委员会,于1927年4月20日正式成立,至当年8月18日撤销。钱新之为该委员会委员之一。

挥一切,较为便利也。此请

大安

弟昌顿首

四月一日

4. 吴鼎昌致钱新之、章宗元函(1927年7月9日)

新之、伯初①两兄阁下:

荣业公司②事交定后,作③、丹④不大以为然,弟为避嫌计,遂决计储会不加入,俟弟另行组织办理若干时,再定储会之加入否,故仍令张献之经理其事,期详查情形再定从违也。弟明日赴海滨。此请

大安

弟制昌顿首

七月九日

四行百万押款,王必允加息,可先告各会照旧转,但未归沪会做之。意见若何,希与津会迳洽。弟昌又及。

5. 吴鼎昌致钱新之电(1928年2月8日)

北京来电,十七年二月八日上午八时到。

新兄:密。关税谈判进行若何,盼随探告。昌。

6. 吴鼎昌致钱新之函(1928年? 月11日)

新之仁兄执事:

萧、李两君来,连奉手示,敬悉一切。弟与作兄商后,已请子健⑤兄面达一切。局势混沌,变化必多,吾辈只求各方谅解,不宜一时深入,盼兄随时伸缩应付,只要各方无恶感,足矣。生意事,七长在六折上仍售出,其他国内债票暂时缓购,国外债票金价已涨,着手又嫌稍迟,但仍不妨进行。储会存款宜一部分调存库中,不必贪此小利。时局正不可知,

① 指章宗元,字伯初,浙江吴兴人,时任四行储蓄会秘书。
② 应指荣业房地产公司,由溥仪岳父荣源创立,设于天津南市。
③ 指周作民,时任金城银行总经理。
④ 指谈荔孙(1880—1933),字丹崖,江苏无锡人,时任大陆银行总经理。
⑤ 指汪有龄,字子健,律师,时任四行联合营业法律顾问。

不能乐观，而一切准备总以存在库中为妥也。此请

大安

弟昌顿首

十一日

《经济政策》一书已寄与李子宽[①]兄，随时饬取可也。

7. 吴鼎昌致钱新之函（1928年[②]）

新之仁兄阁下：

本日得九日电，知二数已陆续预备，顷暇将此事详细奉告。时局如何，不得而得〔知〕。前次作民、孟锺[③]、丹崖会商云，时局结束为期恐远，万一金融发生风潮，不可不为最后准备，现在各行头寸极宽，储会浮存各行之款亦无用处，不如将储款收现，以现金寄库，以备将来万一之用。用意甚是。遂商定以四行名义借会洋四百万元，分两期，大约本月起二百万，下月起二百万。其详正商，一二日内可定，即调现寄津、沪库各二百万元，即以寄库证作抵，不另给押品，年息一分，期半年。此款现不动用，如万一有动用之时，由四行公议决定，非有金融大风潮时不用，即完全作四行公共准备最后之现金也。动用之时，以章程许可之押品向会作抵提用。所议大致情形如此。弟因库力足以自保，而会有余力，正无法作生意，借与四行为有大风潮时最后准备，而得年息一分，确为人己两益。而此刻以现金存库，将来提用时以章程许可之押品作抵，亦属稳当万分。如此办理，不但四行稳固，会、库亦因之受益也。合同大致已议定，明日孟兄回津即可定局（再行电告日期）。惟此款必须以现款，用储会封条封箱寄库，由库出寄库证交会作抵，方名副其实，不可丝毫蹈虚。四行既白花利息巩固行、库、会基础，我辈自应切实办理也。沪存二数有一部分新洋最好（不必全部，将来是否北调不可知也）。其他一切容再详告。此事业经笔兄[④]赞成，惟其他经、副理均未告知，因完全作四行总处秘密，预备头寸并未告知经、副理，不过略备万一有大风潮之用而

---

① 李子宽（1898—1982），江苏武进人，曾任上海大公报馆经理、上海新闻记者公会常务理事、上海报业同业公会理事长等职。

② 原函无日期，年份由整理者考订。

③ 指王锲基，字孟锺，江苏吴县人，曾任中南银行天津分行经理、总行副总经理。

④ 指胡筠，字笔江，时任中南银行总经理。

已。请兄除伯初兄外勿容告人,总处不欲令经、副理知之,轻其责任也。半年一过,此约当然解除,届时时局或可稍有眉目也。匆此,即请

大安

弟制昌顿首

伯初兄同此不另。

8. 吴鼎昌致钱新之函(1928年? 月5日)

新兄阁下:

润民想已到申,弟所托寄之函计达尊览矣。时局情形,内债似宜仍本从前方针进行,惟现在金价稍低,外债价亦落,似可乘机购入若干,以内债易外债较为稳妥也。前函请将储会存放在外各款陆续调现寄库另存二百万元一事,想已进行,亟盼见告。此间已着手办理押款手续矣,非现洋不可,其详俟条文拟就后再奉告。库存各钱庄款情形若何,亦盼兄就近注意,能多存现最好。北方事弟已布〔部〕署就绪,勿念。此请

大安

弟昌顿首

五日

9. 吴鼎昌致钱新之、章宗元函(1928年? 月13日)

新之、伯初仁兄阁下:

兹有私事奉托,大小儿元龙,年十八,今夏在中学毕业,因国内无可进之大学,弟拟令其赴英留学,苦无同行之伴,特恳两兄探询沪上经管学生出洋机关,在阳历七、八、九月中(小儿系在六月毕业)有无赴英之人。水陆均无不可,得一同伴足矣。如无赴英者,赴法同伴亦可。船票及护照事可否一并在沪办理? 琐琐奉者,罪甚。此请

大安

弟制昌顿首

十三日

10. 吴鼎昌致钱新之、章宗元函(1928年? 月19日)

新之、伯初两兄再鉴:

处员李君病故后,遗缺尚未派人,仲和兄力荐其婿江勉(翊云兄之子,现在汇业)。弟前允于新旧年头酌派,现仲和兄已卸却行务,嘱弟践

约，另条附呈，请两兄于新历年或旧历年头予以发表为盼（或旧历相宜，俟结帐事务办了，免不接头也）。此请

大安

弟昌再上

十九

11. 钱新之致吴鼎昌电（1928 年 8 月 7 日）

北京。达兄：密。冯有津二五券百万，拟向金城及沪会作押，折扣及利息约仿上次津、沪会放与财部例，此次津会要否搭做，电示。弟佳日①偕作兄等赴宁出席交通会议。铭。阳。八月七日。

12. 吴鼎昌致钱新之电（1928 年 10 月 6 日）

天津来电。十七年十月七日下午六时到。

新兄：闻中央银行②人选及资金已定，盼详示。昌。鱼。

13. 吴鼎昌致钱新之电（1928 年 10 月 9 日）

天津来电。十月十日上午十时到。

新兄：庚电③悉。话局事遵嘱办理，希告钟君。再，舍弟复任丰财场④盐知事已三月，运使⑤新易冯齐平，闻即过沪来津，希兄设法一言维持之。昌。佳。

14. 钱新之致吴鼎昌电（1928 年 10 月 11 日）

中华民国十七年十月十一日十一时一刻发。

天津。达兄留转冯运使任臣兄鉴：恭贺任喜。丰财场知事吴复练达多才，系弟至好，务恳逾格提携为感。永铭。真。

15. 吴鼎昌致钱新之函（1928 年 11 月 4 日）

新兄阁下：

浙财长事，奉示即转告同人，均极佩尊见，事甚无谓，即希坚却为是。

---

① 指 9 日。

② 中央银行于 1928 年 11 月 1 日在上海正式成立，钱新之为中央银行理事会理事之一。

③ 指 8 日电。

④ 指丰财盐场，场署设在天津塘沽。

⑤ 指长芦盐运使，丰财盐场直属长芦盐运使署。

房产将来趋势甚为可虑,投赀过巨似不相宜,前电奉复,想荷亮鉴。中兴[①]事,股东、债权两方内部意见能否一致,不得而知。作兄嘱言兄来申,便询各债权者之意见,以便讨论。以债权论,兴[②]、交似应先为主持,提出具体办法方好商议,但其言亦不应自吾人口中说出,姑待各方意见表示再定应行步骤,弟一无成见。且盐行、储会关系均极轻,亦无多发言之权利,不过为朋友、为事业,不能不从旁量力为之耳。南京房子(只要二三间)不易觅得,行期尚未定。笔兄近状奚似如病人已愈,希晤时致候,弟尚未得其来信,深以为念。砥青[③]下星期可回沪。时局尚不能完全乐观,有闻尚希见示一二。匆请

大安

弟昌顿首

四日

16. 吴鼎昌致钱新之函(1928年11月11日)

新兄阁下:

政治活动,弟与作民兄均始终仗兄进行,绝无不赞成兄出山之意,且勿宁为怂恿之人,惟财厅[④]一席太犯不着,恐因此有碍进行。若勉强屈就,人将疑为太喜做官,殊于个人今后社会及政治上之地位生影响,且其事又极难讨好,故弟电意直率言之,恃知或不以为忤也。辞事与谋事不同,何须远避,充量尽致得罪人,程度极有限也。

中兴事,桂老[⑤]已有腹案,详请询绍文,大意将旧债发新债结束之,日前五十新借款与社债[⑥]并列,同为优先。(除社债及新借款五数外,其他各债一律易新债,但津会房产抵押当然另系一事,不在其中。)不过此次中签付息,暂付新债票一次(社债之损失只此而已)。另以新债募集新资四五数(即备恢复矿上工作之需),以无担保透支,债权者平均任

---

① 指中兴煤矿,钱新之于1929年出任中兴煤矿公司总经理。

② 指浙江兴业银行。

③ 指周砥,字砥青,会计师,1927年3月起任四行准备库总稽核处专任稽核、四行储蓄会总会秘书。

④ 1928年11月钱新之出任浙江省财政厅厅长,但次年即辞职。

⑤ 指朱启钤,字桂莘,又作桂辛,时任中兴煤矿公司代理董事长。

⑥ 社债即公司债。

之(储会无此债务,当然不分担)。办法甚为公道,只要兴业、交通等银行赞成,事可立成,吾辈可勿庸说话矣。至车头担保款,拟暂不交车头,大成公司必再垫款赎之,此刻不必说明耳。董事长拟推桂老,总、协理改为聘用制,经董事会得债权团同意办理,会计由债团派工程师同意任之,大致如此。想兴业等银行或可赞成,一切由桂老自向各行交涉,吾辈自宜少发言,免得罪人也。匆此,敬请

大安

弟昌顿首

十一月十一日

余详致伯初兄函。

17. 吴鼎昌致钱新之函(1928 年 11 月 28 日)

新兄阁下:

在宁先有约会,兄又亟于赴新,致远来未得即晤,慊何如之。履新之初,未必即能莅京,容弟得当趋杭候教。库会事砥兄略告大致,好在有事可随时商决,兄已有部署在先,一切可放心矣。行中派人租旅舍太迟,致现寓下关,一切不便,已托人赴城中觅屋矣。匆此,先请

大安

余容面罄。

弟昌顿首

廿八日午后

18. 吴鼎昌致钱新之函(1928 年 12 月 21 日)

新兄阁下:

手书奉悉,承示之件,弟完全同意。惟如何数目为宜,请兄密告斟酌,但发表之期以明年一月中为宜,因津会库人员连年未加(沪、汉两处已加过一次),本年拟予酌加,由弟就近在津酌办后奉告。沪库会练习生薪水太小者,本年亦似应酌加数人,可不必一律,请兄就近在沪办理后见告。汉库会生意不好,暂缓,俟结帐后将此事发表后再发表大人员之增薪案较为合宜也,想兄当以为然。弟已准于星一(廿四日,请勿告人)通车北上过年,明春再来。本拟赴沪倾谈一日,因笔兄来此,不克成

行,谅之。此请

大安

弟昌顿首

廿一日

19. 吴鼎昌致钱新之函(1928年12月23日)

新兄阁下:

此次匆匆,未得畅谈机会,为歉奚如,明春当再南下。会库事请兄费神就近主持,因公忙督率考察纲要,日前业已面陈,兹再述如下:

一、准备金成分,务严格的照前次会议办法,准备存库及存外四二成分,并须严格办理。

二、存外之银钱号数目、成分均须随时注意,不宜在一家过于多存。

三、储会放款,随时接洽后行,不可听其过于随便。

四、各行领券,务严格照章办理。(近颇有人云,四行来领券者,现金部分有临时以本票充抵若干时日之事,想必不确,请兄注意。)

以上四事,除请伯初兄随时代弟等注意外,并请兄每星期回沪之便,务按四项考察一次。其他一切皆小事,只要基础办法规定,不甚要紧。一切请伯初兄有闻随告可也。此请

大安

弟昌顿首

二十三日

20. 周作民、谈荔孙、吴鼎昌致钱新之电(1929年3月26日)

十八年三月廿七日上午九时到。

新兄:马电[①]悉。库会事与官职不同,辞职一节万难赞同。目前请安心治丧,库会如有重要事件,由所司赴宅请示可也。作、荔、昌。宥。(廿六日)

21. 吴鼎昌致钱新之函(1930年1月24日)

新兄阁下:

虞[②]兄来,得悉一切。各事弟均赞同,惟经营地产一事,弟以为可

---

① 指21日电。

② 应指朱虞生,时任盐业银行天津分行经理。

虑甚多，终以限于做零星地产押款为是耳。沪库会人事，自兄认真整理，当必有进步。同人加薪事，已得伯初兄信，自可更为鼓励，极佩荩筹。倘为时间所容，各事能先告尤感。分红事（即奖金事），亦请裁夺见示。昨承电示外财借便领经费一事，因虞兄早已预告，久已接洽在前，事已成议，遂未另复。生意极可靠，惟储会方面应如何出帐方合章程，请裁夺办理。弟日前来平度岁，寒病日昨方愈，并以奉闻。即请
大安

弟昌顿首

一月廿四日

22. 吴鼎昌致钱新之电（1930 年 1 月 25 日）

民国十九年一月廿六日上午九时到。

联密。新兄：铣函[1]悉，丹、作、弟均同意。作病，孟不在平，不能取会议形式，请以此电一商笔兄即定，余函详。昌。有。（二十五日）

23. 吴鼎昌致钱新之函（1930 年 1 月 27 日）

新兄阁下：

顷奉径电[2]，与弟意、初意相符，前函已奉告，继思下级不加上级独加似欠公允，不如留存下届上下酌量同加为是，已复电，请再酌，未知尊见如何。弟预计如此办理，下届上级同人酌加一千，下级同人酌加一月，或可敷裕，似较为公允也。如何之处，仍请大酌。年内各事想已料理清楚，来年方针如何，弟预料储金减息之后，收数或不如前，办理或较为容易。未知近状若何，希调查见示。沪上弟久拟添设分会，来年似更不可缓，并希注意择地，弟意仪辰桥[3]一带及法租界一带，或不可缓矣。此请
大安，并贺
年禧

弟昌顿首

一月廿七日

---

① 指 16 日函。

② 指 25 日电。

③ 似指泥城桥，亦即西藏路北京路交界处。

24. 吴鼎昌致钱新之函(1930年2月22日)

新兄阁下:

二月十五日手示今日方奉悉,恐信件已由海道来矣。各事奉复如下:

一、周君事照办,另纸附呈,即请伯初兄函知。薪津等未填入者,因不知兄如何接洽在前,即请兄决定照办可也。

二、汉事照尊意解决,亦请伯初兄分别办理。惟弟意汉事稍定,宜令重元①在沪实习三四月(仍照兄意,以瑞兄②暂代),以便联络一气。何时相宜,请兄酌定实行可也。

三、嘱著序文,当照办,容即拟就寄呈。

匆此,即请

大安

弟昌顿首

二月廿二日

25. 吴鼎昌致钱新之电(1930年7月5日)

中华民国十九年七月五日下午五时卅分到。

新兄:俭电③悉。作兄云已有公函允照办,惟希望将来酌改办法等语。弟意上期结帐,四行七厘户一律按廿五万结,以期公允。下期起,请行会协商酌定,七厘户最低限额或减低为五万,若何?余照四厘算,会愿多得息者准向四行存定期,以期会章、行意双方顾及。如兄同意,即希洽办。汉产过储会户事,作晤及,已同意,丹未晤及,储会自应照章办理。昌。微。

26. 吴鼎昌致钱新之函(1930年10月5日)

新兄阁下:

时局似可告一段落,各事自应略作计划。前函请兄商笔兄同来一谈,不知能否办到,万一目前不能,亦请兄预定一时期,在两兄来会商之

---

① 指刘重元,名翼,湖南湘潭人,1923年5月任四行准备库汉库经理,6月兼四行储蓄会汉会经理。1930年四行准备库汉库改隶沪库,任沪库副库长,仍兼四行储蓄会汉会经理。

② 应指杨瑞生,1925年2月任四行准备库沪库副理兼四行储蓄会沪会副理。

③ 指28日电。

前，并将各种应准备之件从容拟好，以便商洽。前次筱兄来此，一切均洽。弟因侦察密布，不能不格外谨慎，各事均由作兄一人接洽。现在工商、经济两会将开①，弟揣作兄或将南下一行。关于汉行地产押款过户事，沈、王均可照吾辈之意办理，其所希冀者不过一厘利息之差，兄可否送一人情。日前有函来询，弟未予答复，因俟兄复到后方好措辞也。顷因陈亦侯兄赴沪之便，特托带此笺。

奉候起居。

弟昌顿首

十月五日

27. 吴鼎昌致钱新之函（1931年2月15日）

新兄阁下：

十二日手书奉悉。兄出游之计②，自应决于此次影戏演完之后，今非其时，以不出国为佳。沪上无人主持，且恐生误会也。弟之南行期亦然，目下暂不必谈。汉事已详前函，各事能摆脱若干，自以摆脱为是，弟早预料兄将不胜其苦矣。时局如何竟不得知，只觉得片段大事太多而已。生意方针当然本此进行，津二五押款再有一二月本息即足。现在时局暂不向前途提及亦好。此颂

大安

弟昌顿首

二月十五日

光甫③兄来平，已晤谈一次，即将赴济转沪矣。

28. 吴鼎昌致钱新之函（1931年3月26日）

新兄阁下：

三旬前颈上生一小疮，不料竟为顽固之症，脓头半月后始拔出，余脓至今未尽，满头绷带捆扎，执笔维艰。医云全愈尚须一星期，疮口大致平复，痛亦大减，幸勿为念。函电迟迟详复，并希原谅。金债事屡承兄存

---

① 1930年11月1日至8日，全国工商会议在南京召开。

② 钱新之于1931年1月被南京国民政府任命为驻法公使，但未赴任。

③ 指陈光甫（1881—1976），名辉德，江苏镇江人，时任上海商业储蓄银行总经理。陈光甫于1930年年底至1931年年初在北平视察。

注,思为未雨之绸缪,甚盛甚盛。弟谨将所见敷陈于后,藉供参考。

一就投资方面言:

一、收回金债之银款将如何安顿,在此时局之下,若全数皆投诸内债、地产,是否安心。

二、现在投资约三分之一在金债,约三分之一在地产,约三分之一在内债,比较匀妥,纵有时局风潮,亦不足摇动根本。

三、弟意地产投资数目似不宜加增,金债收入之数无已,只好在内债方面设法,然不能不看时局。是否可即时着手,请兄酌之。非投资方针解决,遽然大宗处分,将如何安顿也。

二就金价言:

一、弟自储会购金债以来,早即着手研究金银问题,虽不能看如此之涨,却向来不看跌,其理由想不详述。现在弟可下断语者:(1)短期间金价容或跌;(2)长期间金价终必涨。因之投资款项,若系短期性质者危险多,若系长期性质者危险少,故弟看见一时的落价并不着急也。

二、现在禁金出口,看金价须分两次,标金完全变成投机物品,大涨大落,徒乱人意,并非实在汇价,更非实在金银价。实在金银价数月来均在每盎斯十二便士以上、十四便士以下,涨落不过十分之一零上下,决非如标金之情形。弟意相当期内必然如此,大涨之分数或仍多于大落之分数,纵不然亦只能小落,不能大落。须知世界产银之数并未大减,而用银之数毫未稍增也。

三就债价言:

一、债价已渐涨,时局若好,必将逐步再涨,时局若不好,则将金债变成内债更险。

二、金债市场甚小,若须处分,亦须逐渐行之。

综上三项理由,弟意以逐渐办理为合算,故请兄再为研究。第一,投资之出路假定为内债,似应酌量情形逐渐进行;第二,看金价合式〔适〕时酌量进行;第三,看债价合式〔适〕时逐渐进行。弟不脱书生气习,每一事总喜预先定一计划,好在弟不久势必先兄之行来沪,一切可以详商。希望兄一为详细之研究,并预请转嘱章、周、周、杨、施诸君分别各述所见。好在事不在忙,不妨从容也。

又,关于入股造车事,不但储会不宜,银行亦何尝相宜,盐行未加入，添许多零碎的函，非银行之生意精神关照不来也。

建房事，图样非精不可，应详细研究，万不可草率。弟来沪时，当与兄实地考察。图样若打好，可留会稍待，不必寄平，因非目睹不能决定也。

政局情形何似，弟想已渐有进步，兄有所闻希随时见告。兄行期定否，盼早告。中兴股权敝行已集齐，应如何办理，亦盼告。（可否由弟通告，交蔗兄①代表，嘱其遵照兄意办理。）匆复，即请

大安

弟昌顿首

三月廿六日

29. 吴鼎昌致钱新之函（1931 年 9 月 21 日）

新兄阁下：

前奉飞函，以为兄即来，故未致函。顷奉個〔箇〕②电，敬悉一切。各事复下：

一、内债暴落自在意中，倘国内能藉日事③统一，当即有转机，否则日内恐难望涨，如此政府财政至为可虑。

二、金事因英国预算成立（新内阁减政关系），一时必小跌，但无大落之理，修改币制说并无所闻（请将尊处所闻见告），尚须详探。这几日内标金价不足为标准，因世界市场对日金及其债券皆必暴落，不能为金价标准，先令、美金必不与之为同程度之下落也。总之，银之销路不扩张，金价或不至大下落。世界若发生战事，自然为另一问题也。

三、东省甲、乙两行被看守，库似未动，东三省官银号有挂美旗说（有借款关系），边④、莱⑤亦与甲、乙同例，外面谣传乙、边库动之说（弟以为不确），果尔，则边票在关内者必生问题。前、昨两日，东、边两票均因挤兑情形幸无恙，能持久否，全视关外之票继续来否，此可虑者一；三省兵十余万在关内者，饷源大部分断绝，必来商金融界接济，此二可虑

① 指陈介，字蔗青，时任盐业银行上海分行经理。

② 指 21 日。

③ 指日本发动的九一八事变。

④ 指边业银行。

⑤ 指东莱银行。

者;张长腿①、石②之流是否在东省活动(已有此谣言),此三可虑者。至山西、山东当局之程度,非张、石比,弟料其决不至乘危。日事不扩大,北方暂时可勿虑。

四、日事扩大至何程度,现难测,全看中央与国际之交涉若何。大难当头,如何得了?!

五、国内能否藉此罢兵言和,生死关头,一系于此。

六、现在一切尚看不明瞭,库会生意只好完全观望,内外债宜不进不出。

七、兄究竟何日来,亟盼见告。

电不尽言,特此函闻。此请

大安

弟昌顿首

九月二十一日

再,津市东汇关系重在大连,故预料各钱庄尚不至受大影响,又及。再□就闻英兰银行有突然停兑之说(即禁止金出口),果尔,金价当有大问题矣,且看情形再说。

30. 吴鼎昌致钱新之函(1931 年 11 月 3 日)

新兄阁下:

得电知公已返沪,政局内幕情形若何,暇盼告知一二。沪市观察若何,应作何计划,并希示及为荷。此颂

时祉

弟昌顿首

十一月三日

31. 吴鼎昌致钱新之函(1931 年 11 月 8 日)

新兄阁下:

六日航空手示奉悉。政局似尚有变动,如何如何。伯〔博〕群③明

---

① 指军阀张宗昌(1881—1932),字效坤,时有“长腿将军”之绰号。

② 指军阀石友三(1891—1940),字汉章。

③ 指施济元(1895—?),字博群,浙江杭县人,曾任四行储蓄会沪会经理,抗战胜利后任四行储蓄会副主任。

早归，旅馆事即嘱其认真进行。仲文本可缓回，但因江不能任事，故隲瞻盼其归来甚切，缓旬日则可，多则不便，因结帐在即也。如何，仍请兄主持。江事弟已与翼云商有办法，一切由伯〔博〕群面陈，届时此缺如何补人，亦请兄斟酌。弟意如有人可即派，否则令仲文暂兼，再徐觅适当者。重在得人，不重在填缺耳，请兄参考之。弟日前因事已有南下之意，继复中止，本年内有无南来必要，且看情形，并无成见，但库会事，兄尽管放手为之。匆此奉复，即颂

时祉

弟吴鼎昌顿首

十一月八日

32. 吴鼎昌致钱新之函（1932年1月1日）

新兄阁下：

十二月廿九日手示奉悉。各事复下：

一、弟抵津已一星期，津库会情形尚好，市面亦不紧张，惟锦州问题告一段落后，退兵加多，当局亦无办法，且不明进退，得过且过，而派别纷纭，不知发生若何变化，令人悲观之至。作兄前日来津，匆匆一谈，仍盼兄与笔兄旧历初五后北上详谈一切。

二、唐款事，因沪盐行头寸弟在沪时筹划至旧历年底为止，安排楚楚，今骤令搭放，略生变化。弟不在沪，蔗兄又非久经战场者，筹码不宽，筹恐不甚妥洽，故未遵办。今早奉续电，遂商津会搭放半数（已电告），继思津款亦存沪，仍系一碗水，恐不合式，适因津盐行在沪款尚多，头寸亦宽，遂告虞兄由津盐行搭放十万两，遂有第二电奉闻。惟期限、利率均未见告，不知合式否，请兄酌量支配可也。沪会、津会、津盐行如何支配，悉听尊便。

三、储会存四行五数到期收回一节，未知事实如何，可否先发一函预告沪四行，若当面与总经理接洽，恐不免来说人情，颇为难也。

四、清恙务须特别保重，不可多劳，明春时局稍缓，休养若干日，弟自当来沪代劳，但一年之期太久耳。匆复，即颂

年禧

附呈近作一纸,另两纸请转交伯初兄。

弟昌顿首

廿一年元旦

33. 吴鼎昌致钱新之电(1932年1月2日)

廿一年一月二日

新兄:冬电①悉。两事均照尊意办理。昌。冬。

34. 吴鼎昌致钱新之函(1932年1月12日)

新兄阁下:

六日手书奉悉。汉会拟添仲雍②为副理,西区拟请师复③兼充,弟亟同意。但汉添副理及请仲雍事,照章须函请四行同意,即请兄嘱办手续为荷。(此手续不可忽略,从前津会派仲文④事,少此同意手续,即闻有人说话。)又,中央理事事⑤,承电告一切,已遵照办理矣。匆复,即请

大安

京沪情形何似,公债基金情形如何,亟盼见告一二。

弟昌顿首

一月十二日

35. 吴鼎昌致钱新之函(1932年1月22日)

新兄阁下:

前日丹兄来津,告渠与作兄意,二月一日满期之五数,因年关关系,希望取半转半,故弟有一电奉商,得兄复电主张全收,当即转达,并附注说明。一、二月中,有英金十五万镑借款到期,昨日又往返电话,两公仍盼再商,弟要求共同署名发电,故昨日有三人联名之电。兹得复电,已

---

① 指2日电。

② 指项仲雍,名诸彊,浙江杭县人,1932年3月任四行准备库汉库副理、四行储蓄会汉会副理,后任四行储蓄会沪会副理。

③ 指赵师复,1930年12月任四行准备库、储蓄会沪库会秘书,1934年3月任四行准备库津库副理、四行储蓄会津会副理。

④ 指胡仲文,名振名,1931年2月任四行准备库津库副理、四行储蓄会津会副理,1934年3月任四行准备库沪库副理。

⑤ 吴鼎昌于1932年1月兼任中央银行理事会常务理事。

用快信转达，俟得复再行奉复。弟因有盐行关系，故此事完全以兄意为准分别办理，弟意无所谓，不过失平等待遇之旨，于存款往例不合耳。一俟丹、作两兄复到，再行奉复。国难会议[1]兄出席否？弟似无赶来必要。如何，盼示。匆此，即请

大安

弟昌顿首

一月二十二日

36. 吴鼎昌致钱新之电（1932 年 1 月 29 日）

二十一年一月二十九日

照录吴主任来电。下午三时半由天津发，同日下午七时到。

新兄：电悉，并转总处。晚车赴平，告蔗。昌。艳。

上电已抄送盐业银行。

37. 吴鼎昌致钱新之函（1932 年 7 月 16 日）

新兄阁下：

各事均详。近致伯初兄两次函中，废战经费即宜募捐，非怕垫也，嫌疑不可不避。天太热，八月六日大会即请兄代表，好在各事均在大会后次第办理。弟秋间必赶回，决不躲懒也。匆此，即请

暑安

弟昌顿首

七月十六日

时局仍不看好，奈何。

38. 钱新之致吴鼎昌函（1932 年 9 月 19 日）

九月十九日午后一时快寄杭。

抄函

达兄台鉴：

弟前日勉强到库后，旧病复发，连日寒热，卧床未起，昨日起又患足疾，寸步难行，焦急万分。想台从今明定可返沪，何时北上，是否仍须赴汉一行，便乞示知。并颂

---

① 国民政府于 1932 年 1 月 18 日下令召集国难会议，4 月 7 日至 14 日在洛阳（国民政府行都）召开。

日祉

弟永铭顿首

十九

39. 钱新之致吴鼎昌电(1933年8月12日)

牯岭大林冲吴庐。达铨兄:六矿事[①],据作、绍来电,矿委定谭锦韬[②],监委定绍贤、济成[③],不日在平成立。监委会促我会推一监委,鄙意此职较重要,可否由兄自兼,兄离平时可委托代表。如何,盼复。铭。文。

40. 吴鼎昌复钱新之电(1933年8月13日)

廿二年八月十三日下午三时到,关于六合〔河〕沟煤矿公司选举监委事。

实无暇自兼,请兄另选得力者充任。昌。

41. 吴鼎昌致钱新之函(1933年10月3日)

新兄阁下:

别后极念。北局除滦东麻烦非一时可了外,余尚平平,已另电奉闻矣。各种计划进行如何,暇希见告。政局内幕消息,盼有闻即告(或电或航空,随便草草数字),于行、馆[④]均有益,至盼至恳。王绍贤兄有信(注意三点)嘱弟与儒堂[⑤]先生接洽者,信到沪,弟已上车,顷由沪转来,附呈一阅。请兄便中与儒堂先生一谈,即说弟与兄两人之意见,不必提及绍贤,俾渠辈好应付也。匆此,即颂

时祉

弟昌顿首

十月三日

〔整理者系上海市档案馆编研部研究人员〕

---

① 河南安阳六河沟煤矿系北四行重要投资项目之一。

② 谭锦韬(1899—?),辽宁沈阳人,曾任安庆电灯厂厂长,后任金城银行重庆管辖行专员。

③ 指杨济成,名允楫,安徽怀宁人,1926年4月入金城银行,曾任大连分行经理兼哈尔滨分行经理,后任北平分行经理。

④ 吴鼎昌时兼任天津《大公报》社长。

⑤ 指王正廷(1881—1961),字儒堂,时任中华全国体育协进会主席董事、中华民国红十字会会长等职。

故宫文物南迁档案资料选辑（上）

王良镭　整理

整理者按：故宫博物院成立于1925年10月10日，是在明、清两代皇宫及皇家收藏的基础上建立起来的国家级综合性博物馆。1929年3月改称国立北平故宫博物院。“九一八”事变后日寇占领东北、进逼平津，为了在时局恶化时保证文物安全，故宫博物院管理者在得到国民政府批准后毅然决定将部分珍贵文物南迁。

从1932年秋起，经过半年的遴选、登记、装箱，确定南迁的珍贵文物总计19557箱（其中故宫博物院的古物馆、图书馆、文献馆、秘书处藏品共计13491箱，北平古物陈列所、颐和园和国子监等机关附运文物6066箱），于1933年2月5日至5月15日，分成五批，先后从北平运往上海，存放于法租界天主堂街（今四川南路）26号仁济医院旧址和公共租界四川路（今四川中路）32号中央银行堆栈，并于当年7月在法租界亚尔培路205号（后改331号，今陕西南路147号）成立北平故宫博物院驻沪办事处，负责保管和整理存沪的故宫文物。

在沪期间，南迁故宫文物中的部分精品曾被挑选出来，参加了1935年4月8日开始的伦敦中国艺术国际展览会上海预展会，公开展览四星期，展览地点在外滩23号中国银行。之后，参加了上海预展的故宫文物又于1935年6月7日从上海运往伦敦，参加中国艺术国际展览会的正式展览，展览结束后于1936年5月17日运抵上海。

1936年12月8日至12月22日,在上海的南迁故宫文物又分五批先后转运至南京保存,并于年底撤销北平故宫博物院驻沪办事处和驻京办事处,同时于1937年1月1日成立故宫博物院南京分院,负责保管和整理存京的故宫文物。

上海市档案馆藏有关故宫文物南迁的档案资料,在金城银行档案全宗之中较多。因为当时担任金城银行总经理的周作民,被聘任为国立北平故宫博物院理事,所以金城银行保存了一些故宫博物院理事会寄送周作民的会议记录复本。这些故宫博物院理事会会议记录,主要涉及故宫文物南迁转运上海的过程,存放上海与留在北平的故宫文物的日常管理、清点登记、展览陈列等相关活动,以及筹建故宫博物院南京分院和文物库房的情况等,还附有不少相关文件资料。兹选编部分与故宫文物南迁直接相关的档案资料刊出。档号Q264-1-377,原文有标点,选编时略作更动。

1. 国立北平故宫博物院理事会第二次会议记录(1935年4月22日)

国立北平故宫博物院理事会第二次会议

日期:二十四年四月二十二日下午三时

地点:行政院

出席:蔡元培、蒋梦麟(傅斯年代)、傅斯年、李济、李书华、王世杰、褚民谊、张继、周诒春、张人杰(褚民谊代)、陶履谦(葛敬猷代)、罗家伦、翁文灏(罗家伦代)、叶楚伧、傅汝霖

列席:马衡

主席:理事长蔡元培

记录:赵家杰、申庆桂

主席恭读总理遗嘱——全体肃立。

甲:报告事项

兹将第一次理事大会以后,常理会经办之重要事件,分别报告如次:

（一）关于前任院长[①]以基金抵押向银行透支款项一案，经第一次常会决议："(1)由马院长尽去年六月底以前，向各关系银行切商解决办法。(2)由马院长将办法提本会转呈行政院核定。(3)前任院长透支款项及用途之彻查办法，应俟马院长将接受经过情形，及关系文件，送会审议，再行决定。"嗣准马院长函陈：透支款项各银行均坚持以存储基金相抵，并检附与基金有关之文件及存欠清单，经第二次常会决议，为避免损失起见，请由行政院令知马院长以基金存款抵充，至前任院长以透支方法间接动用一事，前任院长报销，已送审计部，本会应将马院长送来之接收文件，提请行政院转审计部并案详核，以明责任。嗣又准马院长函陈：与各银行清算抵补，尚余洋九万一千零六十四元八角九分，仍分别存放各该银行。(清单印附)

（二）关于选取本院物品参加伦敦中国艺术国际展览会一案，前准王理事世杰提议办法，及附送该会筹划近况报告，经第三次常会决议："大体通过，关于安全问题，应由政府与英国政府及发起人商订妥善办法，在物品选择以前，英方得提出标准，及选定后，亦得提出意见，以供中国方面之决定。"嗣准王理事报告：该展览会筹备委员会第二次会议决议：(1)在展览古物运出之前，在国内先行举行预展，回国时亦举行展览，以示公开。(2)与本国文献有关之特殊重要价值之古物，不运往展览，特征询本理事会意见。当经第四次常会决议，对于该筹委会以上决议，予以同意。嗣又准伦敦艺展筹委会函请转饬本院驻沪办事处迅将选送物品，送交该会驻沪办事处，并指派代表二人，共负保管责任，事关移转古物，时间迫促，不及召集理事会议，因以理事长名义，电陈行政院，准其先行移送，并在沪举行审查会，及公共展览，至移送物品详情，及其数目，由马院长另行报告。

（三）关于建筑保存库一案，第一次理事会大会准史理事量才等提请设立保存库于上海，经决议在京[②]先行建筑保存库，为博物院之一部分，其预算由常务理事详细拟定，嗣经第一次常会决定，关于建筑南京保存库，应于临时费项下增加二十万元，嗣又准马院长提议，此

① 国立北平故宫博物院前任院长为易培基。
② 京指南京，下同。北京时称北平，简称平。

案遵经编列概算,送转中政会议,中政会议以此项临时费二十万,未将建筑计划及其所需经费若干,声叙明白,暂不置议,则此项建筑,似有先行确定地点之必要,经第三次常会决议,由马院长商承内教两部当然理事,妥定地点,并经第四次常会决议,仓库应从速建造,以朝天宫为地址,建筑费总数定为六十万元,二十三年度内三十万元,二十四年度三十万元,由马院长拟具详细概算及计划。(概算及计划列后讨论事项)

(四)关于李修达侵蚀公款一案,本会第四次常会准马院长报告:本院第三科科长李修达侵蚀公款至七千余元之多,第四科科员苏永中有通同舞弊之嫌,均于发觉前畏罪潜逃,当将经过情形呈奉行政院指令,李修达苏永中由院咨请司法院,转饬依法缉办,总务处长王士铎,疏于防范,应准免职,第四科科长郭世绾,应予记过一次,该院长自请处分,应毋庸议,并经本会第四次常会决议,本院负责会计人员,以后应由马院长商请主计处遴派,以昭慎重。嗣准马院长函复,该院会计主任一职,业经主计处遴派章宗传于本年二月到院服务。

(五)关于王莽铜权一案,前经第一次理事大会决议,准由基金项下动支五千一百元,作为拨付尊古斋购得王莽权衡之价款,旋准马院长函复,此件已由院遵照接收保存,嗣因甘肃省政府力争收回该省兰州教育馆遗失之王莽铜权等五件,经本会提经行政院会议,议决交中央古物保管委员会决定,嗣准行政院秘书处函,据该古物保管委员会呈复三点:(1)本会拟派员接收北平分会时,即将扣存在会之权柱钩等五件,移运来京,交由国立博物院筹备处保管。(2)现存兰州教育馆之大权一件,拟请令甘肃省政府派员齐送来京,发交本会,转交国立博物院筹备处保存。(3)故宫博物院价购之权衡两件,拟请钧院转令国立博物院筹备处,备具原价五千一百元,向该院接洽移交,该筹备处于收齐全器后,应照制模型,赠送甘省一份,以作纪念,并分送各学术机关,藉资参考。奉院长批:应如议办理,由处函知到会。

(六)马院长提:古物、图书、文献三馆馆长人选一案,经第二次常会议决,依所拟以徐鸿宝任古物馆长,袁同礼任图书馆长,沈兼士任文献馆长。

(七)马院长函陈:前任院长以中法教育基金委员会补助本院之

三次年金七万五千元，向中法工商银行抵押借用，现在本金已经该行扣清，惟到期未付之息金，二千七百余元，应如何付给，请核议到会，经第三次常会决议，准在本年度基金利息项下拨还，并送行政院备案。嗣又准马院长函陈：本年基金利息，与应付该行之欠息，相差当在二千元以上，可否在基金活期存款内先行垫付，俟明年此项息金全部收到时，再行归账之处，经第四次常会议决，准在基金活期存款内先行垫付。

（八）马院长提：皇史宬修理费约计二千余元应如何支付案，经第三次常会决议，由经常费项下先行设法迅修，并另提追加案于行政院。

（九）第四次常理会准行政院秘书处函，据故宫博物院呈报，去年（廿三年）国庆日特别开放期内，遗失乾隆写生图小贴落一张，及分别惩处在事人员情形，当经由院密令平市府转饬公安局协同侦缉，并指令严密追究，函达查照到会。（原呈印附）

（十）马院长函陈影印清德宗实录，拟将存院正本第八十五至九十四各函运沪，与清史馆稿本校对，请核复一案，经本会函奉行政院准予照办，并令故宫博物院遵照。

（十一）马院长提：关于李理事元鼎所提故宫博物院印刷所，应从速签订正式合同，及行政院令拟妥善办法一案，经拟具意见两点：(1)由商方招足六万六千元股本，组织纯粹商公司，院方所投之资，作为借款。(2)将二万二千元商股，尽数收回，完全公营。经第四次常会议决，由马院长会同李理事书华、蒋理事梦麟、傅理事斯年详细估计财产价值、营业情形，并妥拟以后进行办法，报会核定。

（十二）第三次常会议决，关于故宫博物院基金之动用，应经本理事会议决，并呈报行政院备案。其支付时，应由当然理事二人之签名。

（十三）本会史理事量才、黄理事节，先后病故，现黄理事一缺，已由行政院聘任傅汝霖继任。

（十四）马院长函陈：本院图书馆所存图书，前规定章程，公开阅览，并拟在太庙分院设置图书分馆，将馆内普通版本，及重复图书，移置分院，业经呈奉行政院准予备案，并准将各种书籍提出院门，送往太庙分院庋藏，兹检送提交该分馆之普通版本重复书籍目录清册，请鉴核案。

(十六)[1]故宫博物院暂行组织条例,业经国府修正公布案。(条例印附)

(十七)马院长报告:一年来故宫博物院工作及点收情形。(报告印附)

乙:讨论事项

(一)理事长提议:本会会议规则,前经第一次理事大会议决,“由本会秘书处起草,提出下次理事会议”,嗣经代理秘书褚理事根据此项决议,拟具草案,提经第二次常会议决通过在案,兹检同会议规则,请追认案。(规则印附)

决议:理事会大会改为每年开会一次,常务理事会议改为每两月开会一次,余通过。

(二)理事长提议:前准叶理事楚伧提请准予辞去本会秘书职务,当经第一次常理会议决议,仍由叶理事担任,在理事会第二次大会以前,得依叶理事之提议,由叶理事委托褚理事民谊代理,现届第二次理事大会,褚理事代理秘书之期已满,请大会重行推举秘书一人,以专责成案。

决议:推褚理事民谊为本会秘书。

(三)理事长提议:前准马院长提请将存沪之老满文档案八箱,运回北平整理翻译一案,当经第三次常理会议决,“留送下次本会全体会议”,兹检同原提案,请公决案。(原提案印附)

决议:存沪老满文档案,应迁运北平整理。

(四)马院长函送文物点收及整理办法草案,暨文物点收委员会规则、文物分类整理委员会规则,请核定案。(原函办法、规则均印附)

决议:交常务理事会。

(五)马院长提议:点收存平文物,因北平市党部迄未参加,未便开始点收,应如何办理之处,请公决案。

说明:查存平文物,浩如烟海,加紧点收,尤虞莫及。现因北平市党部迄未参加,不便开始点收工作,长此因循,实非得计,宜速筹实际办法,以免徒耗时日,并使初步点收工作,得以早日完成。

---

[1] 报告事项第十五项缺。

决议:(一)请中央党部转饬北平市党部,从速派员参加。(二)以后点收存平文物,俟各机关参加人员多数到齐,即可开始工作,以便早日得以完成。

(六)马院长函送建筑本院南京分院及保管仓库工程计划概算书,请查核备案案。(原函及计划估价单印附)

又马院长提议:建筑故宫博物分院及仓库地址,应请提早拨用,以便向占住之机关及民居先行办理迁移手续,当否,请公决案。

说明:查本院建筑南京分院及仓库一案,业经第四次常务理事会议决议,呈奉行政院核准,并拨定朝天宫为建筑地址各在案。惟查朝天宫地址内,现占住之军事机关及民居,为数甚夥,将来交涉迁移手续,必极繁重,且需相当时日,兹拟请将该地址提早拨交本院,俾便预先办理此项手续,一俟经费拨到,立可动工,俾免延误。

决议:建筑南京分院及保管仓库,应组织工程委员会,负责设计及监督工程之进行,推内政部长、教育部长、罗理事家伦、李理事济及马院长衡为委员,并由常务理事会添聘委员二人。

(七)马院长函:准伦敦国际博物院协会来函,以本年七月在比京开年会,请派代表出席,本院应否派员出席,并应如何派遣之处,请核议案。

决议:毋庸派员参加。

(八)马院长提送本院二十四年度概算书,请查照备案案。(概算提要印附)

决议:二十四年度岁出经常概算数,仍定为三十六万元,其中须以八万元为南京分院各种设备费;其他各项支出,即就余数二十八万元内统筹支配,由故宫博物院依此标准,另编概算书,并须将俸给及办公费尽量撙节,事业费设法增加,于编就后,送常务理事会议定。

(九)决议:推王理事世杰、傅理事斯年、马院长衡,拟具惩罚不能严密保管文物之失职人员办法,提送常务理事会核定。

(十)决议:由本会函请审计部,将故宫博物院易前院长培基之报销,关于动用基金一节,迅即审核见复。

(十一)决议:在南京分院及保管仓库建筑工程未完成前,由常务理事会及院长从速觅定适当房屋,将存沪古物,迁运南京保管。

(十二) 马院长折陈,今后该院整理方法,及保管计划,请派员监督一案,前准行政院秘书处函达到会,以此项方法及计划,业经行政院会议通过,并由行政院及内教两部指派职员前往监督。(折陈印附)

决议:关于马院长折呈整理故宫古物案第一项子目“清室善后委员会点查之不科学”,其“不科学”三字,不可解,作“不可依据”。

(附件四)

院务报告

衡自奉命受事迄今,十数阅月,对于院务,虽悉心擘划,不遗余力,但时逾经年,成绩不著,一切计划,仍未能尽量推行,此固缘于智能之弗逮,实亦感于事实之困难。兹将近一年来院内工作情况,择要报告如次:

(甲) 文物点收工作情形

(一) 存平文物,自二十三年一月二十四日开始点收,至七月奉命改组,暂告停顿。旋复迭请中央添派监点人员,以便加紧进行,期于短时完成初步点收工作。嗣以北平市党部迄不参加,因之未便继续点收,至二十三年七月以前之六个月中,经点收完竣者,计有乾清宫正殿,及其东西两阁、昭仁殿、宏德殿、端凝殿、上书房、南书房、懋勤殿、坤宁宫、钦安殿、绛雪轩、摛藻堂、万春亭、养性斋、千秋亭、四神祠、延晖阁、澄瑞亭、位育斋、斋宫等处。

(二) 存沪文物,从二十三年十一月二十日开始点收,迄今将近五月,均未间断,但自二十四年一月二十四日起,迄四月九日止,因为提选艺展物品,不能按箱逐件全点,然所提选之件,均经完成点收手续。自开始点收手续,皆订有点收存沪文物规则量记尺寸及权重量之方法说明、点收清册备考栏记载顺序及说明、出组工作人员须知,各种章则,缜密规定,现并与监盘委员商洽,将于本月二十二日起,分组点收第二库文物,与第一库同时并进,俾得早日完成点收工作。查沪处开始点收迄今,计共点古物馆装运箱件五百八十九箱,此项箱件,均用沪字编号,将来点至图书、文献两馆及秘书处装运箱件,则拟用“上”、“寓”、“公”三字,分别起编。

(乙) 各馆处之工作情形

(一) 关于古物馆者　该馆自前年承古物南迁之后,专事整理剩存物品，努力恢复旧观，现已规模略具，从去年七月迄今，编印发行各种定期刊物，及再版刊物、日历，合计达二十七万三千余件，传拓铜器、砚、石、墨一百余种，摄影洗片一千余份，修理钟表、装裱书画三百八十余件，增设折扇、文具、雕刻陈列室三处。

（二）关于图书馆者　整理群籍，分别庋藏，计分经、史、子、集、丛书、殿本、满文、杂书八库，编订丛书分类目录，及故宫书录，装订修补之书，都凡一千一百六十余种，增设慈宁宫佛经陈列室，及太庙图书分馆。

（三）关于文献馆者　整理内务府档案、剧本、舆图二万余件，军机照会、电报、奏折、咨文四千余件，内阁大库黄册、乡会试录满文档一万余件，编印文献丛编月刊、库房物品目录及尚在编订中者六种，增设帝后像、清钱、内务府、内阁、军机处等专门陈列室五处，恢复有关文献旧址二处。

（四）关于总务处者

（1）财政收支概况　编制之详细报告，尚未寄到。

（2）工程概况　查本院修缮工程，除院内各处房屋道路沟渠，遇有损坏，皆经随时修葺外，其他各属房屋亭阁，多有年久失修，败坏倾圮，但凡属工程较巨者，必先经过精密设计而后兴工，近如北上门、皇极殿、景山门外，北大墙，承先、接福、延和三门，皇史宬，景山五亭，及改建太庙打牲亭，为图书分馆等处之修理，皆为近年重大工程，或已竣工，或尚在修建之中。

（丙）奉命提选参加伦敦中国艺术国际展览会物品情形

查此次提选参加展览物品，费时两月有余，工作殊称繁重。计共提选铜器一百十七件、瓷器九百五十九件、书画四百五十一件、缂丝四十七件、玉器二百三十一件、景泰蓝五十八件、剔红三十六件、折扇六十件、图书三十八函、木器十二件、杂项五十五件，总共二千零五十四件，计装一百二十一箱，以博字编号，均于二月十六日开始分批移送艺展会仓库，以备筹委会专门委员复选，及英方委员决选。现在决选结果，计铜器六十件、瓷器三百五十二件、书画一百七十件、缂丝二十八件、玉器六十五件、景泰蓝十六件、剔红五件、折扇二十件、文具十六件、家具三件，总共七百三十五件，皆经陈列于预展会展览，并代撰目录表册说明，及作者小传，冲洗影片一千七百余份，一俟照片等备齐，即将会同筹委会报告到会。其余未入选各件,定本月二十二日运回本院库房。其每次移送箱件时,均有武装探捕护送,以昭郑重。

(附件六)

提案:拟请将存沪之老满文档八箱运回北平整理翻译

老满文档系满洲未入关时旧档,其记事起天命以迄崇德元年,所用文字多为天命汗时代之无圈点满文,间有天聪间加圈点体,亦与后来之新满文有别。此档在明清史上为极珍贵之材料,国际间学者亦莫不重视之。盖其价值不仅关系明清间之历史,并可利用之以研究满洲之古语言文字,且清人在关外称后金时代,对于高丽日本之关系,亦可藉之多所证明。此档原本凡三十七册,乾隆四十年曾重抄一部,并其草本及原档均藏内阁大库,今归本馆,于去岁运沪保存。此外,乾隆四十三年又重抄一部送贮沈阳崇谟阁。往者金梁曾据之选译刊行,其所据既系重抄本,译文又多事藻饰,取舍之间,亦有不合。本院前曾选聘专员依原档直译,继以该档南运,遂尔中止。现因国内外学术界之希望,决定继续工作,而专家之延请、图藉〔籍〕之参考,均以北平为宜,故拟请将该项档案妥运回平,克期从事整理翻译,俾此希世史料得早日公布。

计开:

南运老档原档及重抄本共八箱

第二三一二号、第二三一三号

以上两箱为天命天聪时代之原稿。

第二三一四号、第二三一五号

以上两箱为乾隆时重抄草本。

第二三一六号、第二三一七号、第二三一八号、第二三一九号

以上四箱为乾隆时重抄正本。

(附件七)

抄北平故宫博物院原函

查本院建筑南京分院及保管仓库一案,业经贵会于二十二年七月十五日决议:

"原则通过,进行办法待下次会议讨论。"

及第四次常务会议决议:

"仓库应从速建造,以朝天宫为地址,建筑经费总数定为六十万元,

二十三年度内三十万元，下年度三十万元，由马院长拟具详细概算及理由，送请本会理事长、理事及汪院长提请中政会议核定。”

各等由，在案。除经呈请行政院转饬教育部将朝天宫地址照拨备用外，现查朝天宫旧址全部面积共合一三八亩二分九厘二毫，其中原有建筑均已破败，不堪应用，仅中部二殿两庑配房，及东部明伦堂，尚可保留修缮，作为办公或陈列展览之用，其余地基，多为居民占用，自宜一律拆除。现拟就东部明伦堂后之尊经阁等处地基，盖建仓库。关于此项工程计划，除建筑材料当以钢骨水泥为主外，内部设备如消防、警卫、抗热、保温、防湿等等，亦宜采用现代科学方法，以资垂久，总期于力求撙节之中，仍寓切合实用为主旨。兹经延聘工程专家，根据上述原则，妥为设计估价，编具概算，除分呈行政院，并函教育部外，相应检同草图概算及基泰工程司估价单，备函送达，敬希查核备案为荷。

此致

国立北平故宫博物院理事会

（附件十一）

抄马代院长折呈

敬陈者，衡代理院务十月，于兹勉竭愚诚，维持现局，今奉新命，悚惕益深。查本院系由清室善后委员会递嬗而来，处北政府肘腋之下，中经多故，勉底完成。院中最困难问题，厥惟文物之整理与保管。盖十年以来，半在风雨漂〔飘〕摇之中，点查则本甚粗疏，整理亦仅及局部，保管更责任难专，非有根本改进之决心，难树永久不拔之基础。譬之故家田产，略无统计，试询其子姓以田亩四至，率茫然不能置对，乃欲责其管理难矣。谨将本院前此经过情形，并拟具改进各办法，分项陈明于左：

一、十年来整理与保管情形

（子）清室善后委员会点查之不科学　清室善后委员会所订点查物品规则，以网罗各界公开办理共同负责为主，恉立意固善，但点查人员复杂，颇多牵制，进行濡滞。例如同一地点，点查人员日各更易，而登记物品详略不同。同一之物名称互易，并以同地前后非一人经手，遂有遗点之物品，按图索骥每多乖误。工作之效率既少，责任之负荷不专，且普通家具物品，其破烂残缺不完者，亦登记挂号侪于文物之例〔列〕。故点查一事，虽积之五年以上，始克藏事，但仅完成初步工作，而不能谓为精确完备之记载。

(丑) 十四年博物院成立后委员会负责人员之更替　十三年冬间驱逐溥仪出宫后,于十二月成立办理清室善后委员会,委员长为李煜瀛。至十四年十月改组为博物院,设临时董事会及临时理事会,李煜瀛任董事兼理事长。十五年秋杜锡珪内阁改组,故宫管保委员会选赵尔巽为委员长,孙宝琦为副委员长。嗣后因故未克成会,时理事长李煜瀛已离故都。后又公推庄蕴宽、卢永祥等为维持员。是年十一月成立故宫博物院维持会,推江潮为会长,庄蕴宽、王宠惠为副会长。不久,王辞,叶公绰继之。十六年十二月改组故宫博物院管理委员会,任王世珍为委员长,王式通、袁金铠为副委员长。

(寅) 十七年博物院改组后接收之经过　自国民政府奠都南京后,至十七年六月始北伐成功,中央派农矿部长易培基接收故宫博物院。是时,易方卧病沪上,不克北来,乃电嘱马衡、俞同奎、沈兼士、吴瀛、萧瑜代表接收,以委员名义共同处理院务。十八年三月八日奉行政院训令,故宫博物院理事会议推李煜瀛为理事长,易培基为院长,案经呈准备案,即于同月就任院长,本院始正式成立。历次人选虽有变更,而文物之移接则尚无手续,辗转相因,遂成今日之局。

(卯) 文物提取与挪移之情形　按自十四年秋间改组博物院议定后,虽各宫殿物品点查未经全竣,然以筹备开放,开辟陈列室展览文物,遂有分别提取或挪移各处物品之举。其后因陈列或整理或审查,提移之事亦多。在十八年以前,提取或挪移物品,均系由各馆自行派员出组,至各宫内办理所提移之件,当时记入收发单,以资稽考,但有时以陈列迫促,提取频繁,所提物品过多,当时不及记载而事后补填收发单者,亦所不免。迨至十八年三月本院改组后,以关于物品簿册保管事项系秘书处职掌,乃由秘书处制定各馆处提取物品三联单应用,规定各馆处欲提取某物品时,须先填就第三联物品单,送由秘书处审查后,由秘书处派员会同该馆人员出组,提出交馆,掣取第二联收据,交秘书处登记入册。

(辰) 物品南迁之忙乱事实　二十二年初榆关告警,平津岌岌。本院物品为东方文化渊薮,关系我国历史文献至巨,遂呈准装箱南运,以策安全。开岁后,即令各馆处人员日出多组,分别包扎装箱,以待起运。

会以时势日迫，加紧工作，每日多至四五十组，每组职员三四人、工役十数人，每组每日装箱，约可十余件至二十余件。职员不敷分配，则加入守护队，协助装箱记账工作。故每日组员恒在百人以上，工役恒在五百人以上。除本院外，兼派员分赴颐和园、国子监等处装箱，为时四阅月，装箱一万余只，分五次装运南下，庋存沪栈。其工作紧张时，匆遽忙迫，不可名状，譬之拯溺救焚不是过也。

（巳）有派员履勘与彻底整理之必要　查本院从前以经费竭蹶，清室余孽之觊觎，屡频〔濒〕于危，维持保管，迭有变更，而主持及在事人员，亦时有更替，恒不惶极处理，故组织迄未完全。历年除点查及至各宫内工作，有清室善后委员会所订之点查物品规则可资依据外，其他关于整理保管之重要方法及章则均付阙如。而宫内建筑物因捐款之修葺，或以无款而失修，以及各项物品之因提取陈列及装箱南运，在在已非旧观，实有彻底整理之必要。兹以事关重大，苟非目睹实际情形，决不明瞭其真实之内容。拟请行政院派员来平，履勘会商办法，俾有遵循。

二、现在不经切实整理无从议及保管问题

（子）现行保管方法之不周密　查各宫物品除南运者外，其留存者尚多，现虽开始复加点验，而告竣无期，各物品亦以暂存原处为原则，仍复散漫，未能集中。其各馆已集中于库房者，均未订有保管章则及方法，亦未指定专员负责保管，诸多疏漏。

（丑）保管人负责之不分明　按本院物品其提存于各馆者，无非集中于各库房，至于提出、陈列、审查、整理或送还库房等事，亦无非按照出组方法办理。同是一物经手者，非止一人，亦非一次，虽从无舛误，然设有疏虞，以保管人既非专员，颇难课以专责。

（寅）长此迁延与将来之危机　如简陋相仍，不图及时改进，长此因循下去，果能安全渡〔度〕过，亦属行险侥幸，万一发生事故，有所疏虞，何以对社会，何以对国家。即使人有怀刑之惧，亦难涤不白之冤，甚至并机关本身同就澌灭，亦意中事。心所谓危，奚敢缄默。

三、现在整理之方法及保管之计划

（子）现在应整理之方法

1. 加速点验　查本院从前点查物品时间，每日皆分上午下午，两组为期,五年方克藏事。兹奉准点查,并由驻平政整会派员代表监视,暨省市党部会同派员监察,每日仅下午一组,时间有限,工作自嫌迟缓。现拟商同政整会及省市党部,加紧工作,每日仍分上午下午两组,自较从前略速。

2. 细分类别　所有文物均当细分类别,如古铜器类之鼎鬲,凡鼎之属,皆归鼎类,凡鬲之属,皆归鬲类。更以时代相从,中间复加以细别,如花纹、款识之种种,皆以类从。又如瓷器类,先分品类,继以宋元明清朝代为先后,更以花纹、颜色为细别,均以科学方法出之,务求精审。

3. 登记装箱　物品依类登记,择要装箱。既有登记簿,复按照每箱所装品类,标一细目,粘贴箱上。每件物品均附以品类卡片,务使有条不紊,不得少涉凌乱。

4. 除库房外存放物品宫殿之整理　本院现在库房容积甚小,仅能庋置比较珍贵物品,以故各宫殿存放物品者甚多,不啻为物品之库房,然日久尘封,不堪寓目。拟就各存放物品之宫殿充分整理,物品之安放位置,一一皆有固定之所。务使井然有序,一览了然。

5. 南迁文物之根本解决办法　现在南迁物品悉数存放上海,不过一时权宜之计。查上海一埠华洋集处,夙多莠民,为时既久,难保无窥伺之心。况诡计百端,极难防杜。兼之每逢夏令,黄梅应候,霉蠹发生,滋蔓极速,箱内物品一经浸润,倘有霉烂及虫蛀情形,则损失甚大。现既议定南京建筑库房,似宜早日运至南京为宜,或择适宜地方分存皆宜,从速解决。

6. 从速建筑南京库房之必要　此案既经本院理事会陈明,行政院决议通过,仰见维持本院及保存文物之盛心,曷胜钦佩,惟望早日饬部按照预算拨给款项,以便克期兴工,早日竣事,俾得储藏。

7. 无关文化物品之亟应处理　本院除古物图书及重要档案外,其他无关文化物品,虽经前任呈明,招标出售一次,现所存者,仍形充斥,如药品、皮衣等类,均应设法处分,以免与各类文物相混淆。其不易久存之物品,更须提前处分,以免腐蛀。

(丑)将来保管之方法

1. 文物存放之集中　本院各类文物仍多散存,各馆处必须一切集中，方能系统一贯，实为保管之先决问题。集中之法仍以类从，每类之集中，则数目之统计方可切实明了，于保管上自多便利。

2. 保管制度之科学组织　本院现在管理之法多不周密，已如上述，改弦更张，尤为切要。拟参照各国博物院及图书馆之先例，细分物品类别，编制总目、分目，以及各物品每件上均设卡片，斟酌繁简，分别记注，或分类储藏，或提取陈列，使管理者取携应手，如数家珍。一切组织，务使合乎科学之方法。

3. 各种保管法规之厘定　保管制度既已改良，自须分别性质，订定各种管理法之法规，以资遵守，俾专责成。

4. 文物整理后目录之编印　各种文物经专门家鉴定后，各类之中均分别甲乙，以及优劣真赝，均详加记注，即行编印目录，公诸社会。

四、行政院、理事会应为本院解除困难

（子）行政院、理事会应于〔予〕本院有整理物品之全权　在整理物品期间，责任宜专，应总括一切，为彻底之办法，俾得一劳永逸。应请行政院、理事会赋以全权，遇事予以便利，使得放手办理，完成重要工作。

（丑）行政院、理事会应予整理人以相当之保障　整理人既负此重大职责，敢不任劳任怨，以竟厥功。复遇理事会纤微毕照，尚可瞻顾之可言，但珠薏之嫌，见于盛世，惟望予以相当之保障，庶得祛除疑虑，努力工作。

以上所举办法，原为本院内部当然之工作，似无陈述之必要，但以每一举措动辄得咎，疑虑益多则着手愈难。衡受理事会、行政院之重寄，敢不竭尽棉薄，冀有裨补。举凡一切政策，悉取公开，决不积存敷衍塞责之心。如蒙采择施行，力为主持，为本院解除此等困难，衡虽驽下，深愿秉承钧怡，切实施行。否则衡虽献效有心，措施无术，不惟上负行政院、理事会之倚任，亦殊乖国家阐扬文化之初衷。早夜思维，难安寝馈。除分呈行政院外，用敢披沥直陈，伏乞理事会鉴核。

谨上

本院理事会

2. 国立北平故宫博物院理事会第五次常务理事会议记录（1935年6月20日）

故宫博物院理事会第五次常务理事会议

日期:二十四年六月二十日下午五时

地点:行政院会议厅

出席:蔡元培、蒋梦麟、王世杰、李书华(王世杰代)

列席:葛敬猷(内政部代表)、李济、褚民谊、马衡

主席:理事长蔡元培

记录:赵家杰、申庆桂

主席恭读总理遗嘱——全体肃立。

甲:报告事项

(一) 审计部密函:准函请将故宫博物院前任易院长培基,以透支方法,间接动用基金一事,与该前任之报销,暨新任马院长送来之接收文件,并案详核用途以明责任一案,查故宫博物院历年支出计算书类,除经本部详加审核外,迭次派员赴平沪调查,据报该院所报透支数目,虽与银行帐册列数相符,并经该院记入院款帐内,惟该院院款部分支出计算书类,除十七、十八两年度业经本部审核发给证明书外,其与透支款有关之十九、二十、廿一年度经临支出计算书类,迭经本部发给审核通知书查询,均以前院长行踪不明,迄未答复,且因重要单据,经本部调查,认为有伪造及浮报嫌疑者,及该院易任内重要帐册,大部分早经法院调去,本部对于该院透支款之支用,是否尚有其他重大情弊,一时无法断定,函复查照案。

乙:讨论事项

(一) 理事长提议:本会第二次大会准马院长函送故宫博物院文物点收及整理办法草案,暨文物点收委员会规则、文物分类整理委员会规则,经决议交常务理事会。兹复准马院长函,以原订规则,按之事实,尚未能切合实际,悉臻完善之处,拟具修正草案,并专门委员会章程,请并案核议到会,检同原送办法及修正规则暨章程,请公决案。(原办法及修正规则章程印附)

决议:通过。

(二) 理事长提议:关于建筑南京分院及保存仓库,前经第二次理事大会决议:"应组织工程委员会,负责设计及监督工程之进行,并推定内政部部长、教育部部长、罗理事家伦、李理事济及马院长衡为委员,并由常务理事会添聘委员二人",在案,拟请照案推定委员二人,并请就委

员中指定一人，召集工程委员会议，决定施工计划，以便兴工建筑案。

决议：由内政部、教育部于部长不能出席时，各指派熟悉工程之员参加会议，工程委员会议，由马院长召集。

（三）马院长提议：建筑南京分院及仓库经费，除经中央核定二十万元外，其余不敷概算之四十万元，应如何筹划，请公决案。

决议：二十四年度就核定之二十万元，先行建筑仓库一部分。

（四）马院长提议：存储平沪文物，拟与点收工作同时进行分类集中审查，以期从速完成。并拟具办法三项，请公决案。（说明印附）

决议：通过。

（附件五）

存储平沪文物，拟与点收工作同时进行分类集中审查，以期从速完成，当否请公决案

（说明）本院文物，浩如渊海，点收审查，至非易事。在衡任内，虽经数度点收，卒因人事牵率，停顿迄今。兹复开始工作，除南迁古物，集中分类，装箱较易着手，而在平文物犹多，日久尘封，散存殿庑，有未经检点者，足见初步点收，尚须相当时日，遑言集中分类，审辨真赝。工作既日益繁重，而进行又刻不容缓，若不及时改进，将岁月蹉跎，永无观成之望。衡早见及此，曾于前次折呈中，几经规划，指陈綦详。现拟在点收期中，同时分三步进行，随点随即分类，提取集中，积有相当数量，即付审查。关于沪存书画，业经点收者，亦即拟交由专门委员分别鉴辨。如此同时并举，时日既较经济，进行自速，告竣可期。在初步点收时期，已经监盘人员之监视，则一切物品之形状量数，咸有记载可查。倘或犹嫌疏陋，为慎重缜密计，可由监盘人员将认为重要之物品，一一加以不易磨灭之识别，或予以详细之记载，以便对照，则以后凡经点收之文物，其分类集中，审别真赝，评定优劣之工作，已无需再由院外人员之监视，当不致再耗无谓之时日，自可增进工作之效率。兹拟定办法如此：

（一）初期分类，不必过事精密，当整理审查时，如发现物品性质有属于某馆某处者，即交由某馆某处保存。

（二）凡经点收物品，随即分类，分类后，即由各该管馆处分别造具提单，照提取手续，将物品提取集中，积有相当数量，随时分别性质，召集专门委员开会审查，且在提取集中之前，先腾出宫殿若干所，以作物品集中存储之临时库房,保管之责,亦即属于该管之馆处。

(三)物品一经专家审辨评定,随即按照审定名称,编制卡片,并详注点查原号原名于其下。

上列三种工作完成,当宜参照各国博物院及图书馆成例,细分类别,编制目录,公诸社会。

3. 国立北平故宫博物院理事会第六次常务理事会议记录(1935年9月11日)

国立北平故宫博物院理事会第六次常务理事会议

日期:二十四年九月十一日下午五时

地点:行政院会议厅

出席:蔡元培、王世杰、李书华、蒋梦麟(王世杰代)、罗家伦

列席:张伯苓、陶履谦(周森代)、马衡、褚民谊

主席:理事长蔡元培

记录:赵家杰、申庆桂

主席恭读总理遗嘱——开会如仪。

甲:报告事项

(一)本会第五次常务理事会议,通过故宫博物院修正文物点收委员会规则、文物分类整理委员会规则及专门委员会章程,经函奉行政院准予备案。

(二)本会第五次常务理事会议,马院长提议,存储平沪文物,拟与点收工作同时进行分类集中审查,以期从速完成,并拟具办法三项,经决议通过,并函奉行政院准予照办。

(三)本会第五次常务理事会议,决议:建筑南京分院及保存库工程委员会,由内政部、教育部于部长不能出席时,各指派熟习工程之员参加会议,工程委员会议,由马院长召集一案,经函奉行政院准予照办。

(四)马院长函:查本院二十二年决算书类,前次以出版物印刷费收支,未奉明令指定办法,未能编制。嗣奉行政院训令,该项印刷费收支,仍在经常门内列报。惟以该年度印刷费支出,为数甚巨,除将经常费支付者先行列报外,其他以借款垫付部分,前曾呈请行政院并函请贵会转呈在案。现该年度决算书类,业已编制完竣,检同收支决算书及收

支对照表，请鉴核准予备案案。

（五）马院长函：查本院参加伦敦中国艺术国际展览会选送展览品一案，当经本院依照点收及提物手续，提选存沪文物，经该会筹备委员会专门委员选定铜器六十件、瓷器三百五十二件、书画一百七十件、缂丝二十八件、玉器六十五件、景泰蓝十六件、剔红五件、折扇二十柄、家具文具十九件，共计七百三十五件，于六月七日，一并启运出国，并派本院科长庄尚严，科员傅振伦、那志良、宋际隆，办事员牛德明等五人，先后前往伦敦，以资照料，检同参加伦敦中国艺术国际展览会出品目录一册，函请詧照备案案。

（六）马院长报告：建筑南京分院及保存库工程委员会第一次会议及招商绘图设计情形。（原报告印附）

（七）马院长报告：点收留平文物及沪方点收工作情形。（原报告印附）

（八）马院长报告：本院与旧都文物整理委员会接洽整理本院古建筑物经过情形。（原报告印附）

（九）马院长报告：本院所属堂子祭神殿、拜天圜殿及附属房屋之收回及另租经过情形。（原报告印附）

（十）马院长报告：依照第四次常务会议决议，函请主计处遴派办理会计人员，于本年度起，正式成立会计主任办公处，现正规定章则，增订表式，以期周密执行。

（十一）马院长报告：自二十四年四月起，至八月底止，关于本院基金收支概况。（原报告印附）

乙：讨论事项

（一）马院长提议：拟收买外间发现与本院有关系之图书、文献、古物等，请准动用基金项下息金案。（提案印附）

决议：准于基金利息中，提拨四千元，为收买上列各件之准备。至于购置各件，应经专门委员决定。

（二）马院长提议：请准予处分本院所藏皮货及药材、绸缎、布疋，以其售价，补助南京分院及保存库建筑费，并请订定处分办法，以昭慎重案。（提案印附）

决议：原则通过，售价备充补助建筑南京分院及保存库之用。其详细办法,由马院长拟订,提经常务理事会议决后,转请行政院核定。

(三)马院长提送故宫印刷所财产现值估计表(总计八万四千九百六十余元),请核定案。(表印附)

决议:准予核定。

(四)王理事、傅理事、马院长提送本院保管文物人员失职惩罚规则草案,请公决案。(规则印附)

决议:原则通过,文字交王、褚两理事整理后,由院公布施行。

(五)马院长报告接收朝天宫及办理占住各机关居民住户交涉迁移经过情形。(原报告印附)

决议:请行政院再行严令各关系机关,并转饬住户,迅即迁让。至于接收详细办法,由马院长会同工程委员会斟酌决定。

(附件一)

工程委员会开会及招商绘图设计情形(马院长报告)

本年四月二十五日,遵照第五次常务理事会议决议,召集"建筑南京分院及保存库工程委员会"第一次会议,详细讨论,当经决定本年度工程计划,按照中央核定建筑经费二十万元,及本院经常费项下节留之八万元数目分配,以二十五万元建筑保存库并一切仓库设备,三万元修理办公房屋及各种设备费用,并指定基泰、华盖、李锦沛三建筑师,根据预算及需要条件,设计草图后,再行审查选定。其时除基泰尚未设计外,当由本院派员会同华盖、李锦沛两建筑师,前往朝天宫实施勘测,制成初步设计草图暨计划说明书,对于仓库部分设计,全部立体容积,分由六十八万以至九十五万立方呎数种。每立方呎,按二角五分计算,全部造价,亦约由十七万元以至二十四万元。但库内一切设备,尚未计算在内,修理部分,因占住宫内各机关,尚未迁去,无从核实计算,约略估计,当需十万元左右,因该宫年久失修,原有两殿建筑,面积甚广,东西两庑、甬道、门楼、棂星门等处,均已破败不堪应用,范围既大,修理工程,自属艰巨。以上各项计划,当俟下届工程委员会议详细讨论后,再行决定。

(附件二)

平沪文物点收情形(马院长报告)

本院留平文物,于本年七月十九日开始点收,每日暂分五组,每组设组长一人，查报一人，监视兼写票一人，登录一人，警察一人，并各带工人五人，由上年未经点竣各宫殿继续点收。第一组先点锺粹宫，继点景阳宫，现点奉先殿；第二组先点储秀宫库房，继点交泰殿，现点同道堂；第三组先点景仁宫后殿配殿，继点惇本堂，现点毓庆宫；第四组先点承乾宫，现点永和宫；第五组现点永寿宫前殿。现在暑假期满，上下午均出组分点，由三馆各派值日委员一人，间一日轮值一次，监盘委员七人，亦系轮流到院监点。八月二十九日以后，行政院所派监点委员，因政整会取消，即未到院，内政部遵令所派监点委员，仍照常到院。至沪方点收工作，自开始后，迄未中断，每次出组，均由本处主任轮赴第一、第二两库房，会同监盘委员及其所派代表到场监视工作，有时加派科员前赴第一库房帮同监视。总计自点收之日起，截至七月底止，共点古物箱件六百七十八箱，文献箱件一千五百五十三箱，两共二千二百三十一箱，经专门委员审查之书画，共六百六十七件。

4. 国立北平故宫博物院理事会第七次常务理事会议记录（1935年11月7日）

国立北平故宫博物院理事会第七次常务理事会议

日期：二十四年十一月七日下午四时

地点：行政院会议厅

出席：蔡元培、王世杰、李书华（王世杰代）、罗家伦、蒋梦麟、陶履谦

列席：褚民谊、周诒春、张伯苓、李济、傅斯年、马衡

主席：理事长蔡元培

记录：赵家杰、申庆桂

主席恭读总理遗嘱——全体肃立。

甲：报告事项

（一）伦敦中国艺展会展品，业经开箱点交及补摄影片各情形。（报告印附）

（二）建筑分院及保存库，经选定华盖工程事务所设计图案，并经建筑专门委员分别修改情形。（报告及审查意见书印附）

（三）故宫印刷所拟改归商办案接洽情形。（马院长口头报告）

（四）平沪点收文物情形。（报告印附）

(五) 保管文物人员失职惩罚规则。

查第六次常务会议,王理事、傅理事及衡提送本院保管文物人员失职惩罚规则草案,经决议:"原则通过,文字交王、褚两理事整理后,由院公布施行。"嗣经王、褚两理事整理后,当即呈报行政院备案,由本院公布施行。

(六) 接收朝天宫养正堂房屋,拟先招标兴工拆除,请予备案。(原函印附)

乙:讨论事项

(一) 朝天宫占住各机关住户迁移等费,请分别追认公决案。(报告及褚理事来电暨行政院训令印附)

决议:四、五两项,由马院长会同褚理事斟酌办理,余通过。

(二) 拟订处分无关历史文化物品暂行办法草案,请公决案。(草案印附)

决议:关于存沪皮货,照下列办法:

一、皮货之出售,可利用上海大公司公开标卖,即由马院长负责与公司接洽,并将接洽结果会商理事长及当然常务理事决定办理。

二、皮货上原来所标价格,应照现时市情,如何改标,应由马院长调查后,与理事长及当然常务理事决定之。

三、皮货标卖,应从速举行。

(三) 拟具二十五年度经临各费概算草案,请议决案。(概算提要印附)

决议:经临两费,仍照二十四年度原额。至将来沪库移京后,所需增加之经常费用,届时可由本会酌量就临时费预算内酌拨。

(四) 王理事提:太庙各殿清代帝后神座神龛,可否撤除,改设历代帝王座,请公决案。

决议:缓议。

(附件三)

续报平沪文物点收情形

查平沪两处所存文物,现仍继续点收。前平方监点委员周委员传经等五人,因北平政整会奉令结束,随同去职。本院一面呈奉行政院改派蒋校长梦麟、徐校长诵明、梅校长贻琦、李校长蒸为监盘委员,一面仍请由罗委员、钱委员逐日到院监点，故点收工作，迄未停顿。所有景仁宫、坤宁宫东西各物及储秀宫库等处及锺粹宫、承乾宫、景阳宫、奉先殿、惇本殿、交泰殿、永和宫、毓庆宫、玄穹宝殿、雨花阁所存各物业已点竣，现正点查永寿宫、咸福宫、如意馆、古董房南库五处。至沪方仍由舒委员楚石监点，截至十月底止，点收完竣者，计古物馆七百三十四箱，文献馆二千七百零九箱，并自十月二日起至九日止，共点本院前秘书处存沪皮货四十一箱，内皮货三十八箱、衣片两箱（该项衣片系前任处分皮货时所拆存之衣面），又皮货衣片合装一箱。查明原装中，置有樟脑丸者，损坏较轻，其未置樟脑丸者，箱内有蠹虫、蛆虫，皮货致有损伤，板硬、板烂、毛脱、针断者，亦居多数。是项情形，业经分别载入点收清册备考栏内，现为补救计，所有各箱均于箱内衬以牛皮厚纸，并加放多量樟脑丸，俾免再受虫伤。

（附件四）

抄马院长函

查本院奉准拨定朝天宫建筑仓库工程，早经计划藏事，期在速成，卒以占住该宫各军政机关，相率观望，延不迁让，以致因循至今，尚未兴工，其交涉困难情形，业以沥陈贵会，无待赘述。现在宪兵医院占用之养正堂（即顾亭林祠）一部分房屋，业经让出移交本院接收清楚，其他各部分房屋，尚在索取交涉中。因查养正堂部分基地，系在划定建筑库址之内，现拟先将该处房屋，招标兴工折〔拆〕除，俾得加紧工作进行，并藉以促起其他未迁机关注意，而知仓库工程之急切，绝其观望游移之念。相应函达，敬祈詧核备案，并盼见复为荷。

（附件七）

抄行政院训令（第五五六二号）

令国立北平故宫博物院：

查该院在京市朝天宫建筑分院及保存库一案，前据呈请分别函令占住朝天宫内各机关及居民迁让，经令行南京市政府转饬迁让，并令催该市政府将办理情形具复在案。兹据该市政府本年十月十八日第六二〇九号呈称：

“此案并准故宫博物院函达过府，遵经转饬本市社会、财政两局及卫生事务所遵办去后，兹据该局等先后呈复，略称：(1)朝天宫简易小学,正值二十四年度第一学期开始,该校现有学生六级,所需校舍房屋颇多,如另建筑校舍,必需六教室始可敷用,连同宿舍、厨房、厕所等,约共需建筑费一万二千元,校舍需地,至少约五亩,地价约需八千元,两共需银二万元。又该校现用之校舍,总计历年修理费,约已用去二千数百元,此时若必令该校迁让,似应由钧府转请故宫博物院补助该校建筑费一万二千元。且购地建筑,复甚需时,在该校新校舍未落成以前,似亦应由钧府转请将该校现用之房屋,暂缓拆却,并一面转请其与金陵兵工厂交涉,让出所占用戒烟医院南首之房屋,或与军事杂志社交涉,让出所占用戒烟医院北首之房屋,作该校临时校舍,以免学生辍学。(2)朝天宫戒烟医院,为本市烟贩勒戒之所,成立已历年余,现正奉令赓续办理,且尚有烟犯三百余人,一时实难觅得能容数百人之相当房屋,可资迁让,设因此停顿,非惟功亏一篑,亦且势所不能,又该院内部装修等费,亦曾用去一千数百元,此时如令该院迁让,则该院势必另行觅屋迁移,惟遍查京中各寺院,或公共场所,有能容纳数百人可作医院之空房,尚不易求,几经斟酌,拟于邓府山酌建简单房屋,以便迁移,惟建筑及设备等费,恐非万元莫办,亦拟恳求钧府转请故宫博物院补助建筑及迁移费五千元,以竟事功。(3)朝天宫现有租户三十七家,共计取押租银一百八十三元,内有吴钱礼、王玉久二户押租十八元,系财政局接管后更换租户时所经收,其余各户押租一百六十五元,系前学宫及奉祀宫经管时所收,现故宫博物院收用该处房地,此项押租,除原经收十八元由财政局发还外,其余之旧押租一百六十五元,此款并未移交,似应由接受机关担任偿还,再该处内有基地租户二十八户,均各自建有浮房,其余九家租户,亦皆多历年所,略有自置装修,若饬令全体迁让,设各房地租户要求收买建筑物,及贴补装修迁移等费,似亦应由故宫博物院分别估价收买贴补,各等请前来。查核所陈情形,均属实在,除迳函故宫博物院商洽外,理合具文呈复,仰祈鉴核。”

等情前来。除指令外,合行令仰该院迅与南京市政府妥商办理。此令

5. 国立北平故宫博物院理事会第八次常务理事会议记录(1936年2月15日)

国立北平故宫博物院理事会第八次常务理事会议

日期:二十五年二月十五日下午三时

地点:行政院会议厅

出席:蔡元培、罗家伦、王世杰、蒋梦麟(王世杰代)、蒋作宾(杨在春代)

列席:周诒春、李济、张伯苓、翁文灏、马衡、褚民谊(翁文灏代)

主席:理事长蔡元培

记录:滕固、赵家杰、冉鹏、申庆桂

主席恭读总理遗嘱——开会如仪。

甲:报告事项

(一) 关于理事会报告事项

(1) 本会前以现当冀北多故,遗留故宫之珍贵文物,及攸关历史典籍,亟应先行选择,预备南迁,经呈请行政院密派监点各员为将来南迁监点人员,及密饬铁道部准予随时调车备用,并准故宫博物院有紧急处理之权。当奉指令照准,并转据铁道部呈复:“准予援照上次故宫古物南迁成例办理。至其经行途径,似以由平汉路转陇海、津浦、京沪三路运沪为宜,如经行首都轮渡过江,仍应遵章核收全价现款。”经密函故宫博物院查照。

(2) 李理事元鼎函:以归里后,足疾时发,理事一席,拟请辞去,另举贤能案。

(二) 关于马院长报告事项

(1) 本院驻沪办事处审定存沪皮货一案,前经由院聘陈道德、王贵万两专家,并由处指派职员分任组长,查报物品及事务记载,当经审定箱数共三十九箱,内全装皮货者计三十七箱,皮货与衣片合装者两箱,兹将审定手续,分列于后:(1)审定品名:本院前秘书处存沪皮货,前因南迁清册所载品名不一,品类亦未详细划分,此次审查,业经逐件重行审定。(2)分别等级:是项皮货,除成衣件之皮外,整只兽皮实占多数,如整貂整狐等,虽品类相同,而质地优劣不一,经按其品质分别等级,计将貂皮分别为白貂、大毛貂、板貂、次大毛貂、次板貂五级,将狐皮分别为白狐、次玄狐、刷狐三级,各类薰货充货亦经分别注明,检同统计表,请察核案。(表印附)

(2) 点收北平各殿宇文物号数件数,及存沪文物箱件,分别列表,

请察核案。(表印附)

(3) 查收买外间发现与本院有关之图书、文献、古物一案,前经第六次常理会议决,准于基金利息中提拨四千元备用。兹本院文献馆觅购端方家藏电信稿件五百五十五册,又五十六包,共价九百元,又购黄册八十一本,共价一百六十元。上列两种,经本院专门委员会审查决定,并依照动用基金程序,缮具基金请款单,函由当然理事签名发还,谨报请鉴察案。

(4) 查存沪老满文档八箱,前奉行政院令运回北平整理校对。兹以校对完竣,复奉行政院电令,亟宜运回沪库,当经准备起运。惟照章一应物品移出神武门,均须由院警及公安局所派区警及保安队,会同查验放行。经迭次接洽,多方解释,始于一月二十五日商准冀察政务委员会及北平市政府,先将老满文档案底册四十册运回沪库,并已于二十七日起运,送存沪库。其余抄本各满档,惟有随时向各方疏解,相机进行案。

(5) 关于首都地方法院检察处鉴定本院存沪书画,认为有疑问,须提出另封者,约共七项,计三百四十六件,经已鉴定者,共八箱计九百三十一件,拟具简略报告,请察核案。(报告印附)

(6) 二十四年度经费统筹支配情形:查二十四年度经费,前奉第二次理事会议定,以八万元充南京分院各种设备费,并须将奉给及办公费,尽量撙节,事业费设法增加。经遵照原案,依此标准及原则,统筹支配,议定撙节办法,除照中央核定预算数编造预算分配表,送关系各部处外,更就实际情形,编制实支预算分配表。计俸给费一项,除裁汰一部分职员及工人外,依原薪额七折至九折实发,可节省四万三千余元,较上年度实支数,节省约六分之一。办公费一项,可节省一万四千九百余元,较上年度节省约三分之一。其他购置等费,亦加以紧缩,但因增加事业费(刊物印刷费及传拓影印费,移列“特别费”项下“其他”目内。全年总数增列为二万八千八百元,较上年度增四分之三强。),及应在临时费开支之驻沪办事处一部分费用,以无科目可以报销,只得列入经常费内。故统筹支配结果,经临两门,合计可节省五万六千余元,其不足之数,原拟以年度超收之一部分抵补,但此半年来,经验所得,因市面不景,及受华北时局影响之故,收入奇短,恐亦不易筹补。检同实支分配

表，诣察核案。（表印附）

乙：讨论事项

（一）蔡理事长提议：本会第七次常务理事会议，关于处分存沪皮货办法一案，决议办法第一项："皮货之出售，可利用上海大公司公开标卖，即由马院长负责与公司接洽，并将接洽结果，会商理事长及当然常务理事决定办理。"嗣准马院长报告，上海各大公司以市面不景气，不愿代人销货，至向各皮货洋行探听，亦仅允代运至外国标卖，故接洽经过，毫无结果。经与王、陶（履谦）两常务理事会商决定："以上海大公司既无意承销，准采用马院长在第七次常会所提办法，将第三条'惟分批配搭办法……'等二十字删去，提请下届常会追认"案。（修正办法印附）

又马院长提：处分皮货经第七次常会决议办法第二项："皮货原来所标价格，应照现时市情，如何改标，应由衡调查后与理事长及当然常务理事决定之。"及第三项："皮货标卖应从速举行。"兹经调查现在市情与原标价相差甚远，可否暂缓处分，以免损失，请公决案。

决议：一、办法修正通过。二、处分皮货应于三月间招标。三、组织皮货处分委员会，以马院长、李理事济之、周理事贻春为委员，并请行政院，内政、教育两部派员参加。四、由常务理事监标。

（二）马院长提议：建筑故宫南京分院保存库工程设计事宜，业经该工程委员会审慎筹划，积极进行。惟本年度建筑经费，中央核定仅为廿万元，连同故宫经常结余项下，亦不过廿八万元，总核此次建筑所需，相差几及三十余万元之多，此项不敷经费，请从速决定，转请筹拨，俾利进行案。（报告清单及表印附）

决议：(1)建筑南京分院，及保存库，不敷经费四十万元，拟请中央准于列入二十五年度概算，由马院长编具概算，迳送教育部核转。(2)工程投标，以六合厂商为合选。

（三）马院长提：内政部礼俗司请将古物陈列所存沪古物，移存南京新建仓库，应如何答复，请公决案。（原函印附）

决议：函复内政部礼俗司，俟仓库建筑完竣后酌定。

（四）王理事世杰提议：在英艺展古物回国时，是否直运首都展览案。

决议:本院参加在伦敦艺展古物回国时,应直运首都展览。如筹备不及(如展览地点等),即暂存沪仓库。

(五) 决议:关于遗留故宫之珍贵文物,及攸关历史典籍,应设法南迁,由马院长相机接洽,随时报告理事长及当然理事。

(六) 决议:李理事元鼎辞职案,转陈行政院核办。

(附件三)

关于首都地方法院检察处鉴定本院存沪书画情形简略报告

一、开始鉴定日期:二十四年十二月二十日

二、到库鉴定人员:由首都地方法院检察处所派检察官、书记官及所聘鉴定员,前来本院第一库房鉴定。兹将该处到库工作人员姓名列下:

检察官:莫宗友(最高法院)、张维东(地方法院)

书记官:顾如纶、王启新

鉴定员:黄宾虹、罗恩奎

三、鉴定手续

1. 由本处按照出组手续,指派职员到库,检提书画箱件,逐件交由法院鉴定。(选送参加伦敦艺术展之件,留待运回时提交鉴定。)经鉴定后,认为无疑问者,仍交还本院归封原箱。其认为有疑问者,均提装另箱,由法院会同本院签封编号存库。所有提装另箱之件,由原箱提出时,逐件由本处缮写提单一式两份,以一份封存原箱,一份汇存本处备查。其认为全箱须另封者,则将原箱会同签封,不另装箱。

2. 鉴定是项书画时,本处备有记载册,派员专司记载。所有提装另箱封存之件,均分别根据法院鉴定员临时评语,择要记载。综合月余以来之记载,法院鉴定认为有疑问须提出另封者,约有下列诸端:

(1) 款识不符。款有疑问,款伪,挖款,补款,洗款,改款,款劣,或款字太差。

(2) 印章错误(如"盛懋懋字从必")。画中如印章颜色相同,颜色不纯,印泥不古,色泽太新。

(3) 薰绢。绢不古,染绢,绢劣。

(4) 有疑问。伪作,旧伪作,作品与作者声名相去太远,作品不古,或太新,所书有错误遗漏,欠佳,尚佳,年代不符,年代尚远有误字,画笔无法，匠笔摹本，旧画庸平，不列格，真而不精，或作者不甚有名。

(5) 题签不符(如题签作宋画原系明画)。题字不合，题确画平。

(6) 御印在补绢上及无御印。御印有油渍，御玺描摹，御题有疑问。

(7) 无款。无印章，无题，裱后加印。

3. 本院存沪书画，业经先后在平沪两地组织专门委员会，开会审查，分别评定等级。此次提交法院鉴定之件，均已完成审查手续。法院此次鉴定是项书画真伪，其结果与本院专门委员会审查结果，不无出入。故经鉴定后认为无须另封之件，亦有业经本院审查列入丙等者。

四、鉴定箱数

自开始之日起，截至本月十日止，共鉴定书画八箱，计九百三十一件。

五、另封件数

自开始之日起，截至本月十日止，法院认为有疑问提出另封者，计三百四十六件。

(附件七：国立北平故宫博物院建筑南京分院保存库工程委员会报告)

为报告事。查建筑故宫南京分院保存库工程设计事宜，业经本会审慎筹划，积极进行，先由指定基泰、华盖、李锦沛三建筑师，分任设计，竞选结果，以华盖当选，聘定为本工程建筑师。嗣因添建防空密库，更改计划，复就选定原图审度规划，斟酌损益，始于去岁杪确定最终图案，乃于一月十五日起，分在京沪招标，至二月七日午后二时，由审计部委派稽查安维泰莅场，监视开标。计到厂商泰来等十七家，旋就其中标额较低者，选出新金记、泰来、六合、利元〔源〕、大元、陆根记、江裕记等七家，重行调查其资本信誉，以昭慎重，藉资抉择。(其结果详见开标记录及减价比较表)并经本会第六次会议，决议原则三项：(一)工程限五个月完成。(二)就新金记、六合、利源三家，个别接洽，令其据实减价，报告理事会决定。(三)此次标价，因加造防空密库，以致超过预算，其不足之数，应请理事会转请政府在二十五年度列入预算。嗣经向该商等接洽结果，以利源减价最低，总额为三十七万八千四百元，应请决定得标承造。惟此项工程造价，仅就保存库、防空密库两项而言，已需三十七万余元,溢出原定预算十万元以上,而一切机械设备修理杂支,尚不在内。即如预计人造空气、电气、暖气、消防库门等设备,约需八万元,修理朝天宫大殿工程,约需八万元,建造警卫工役房舍,修理明伦堂飞云阁,约需三万元,建筑师手续费,约需一万六七千元,补助机关迁移费、发还民房官价,约需三万元,以及其他零星杂支等项,总计仍非有二十四五万元,不敷应用。此尚系就目前一般市价预估之数,而现在物价日见飞涨,机械钢料价格,起落靡定,更难保将来不再超出预算。今查本年度建筑经费,中央核定仅为二十万元,连同故宫经常节余项下,亦不过二十八万元,相差几及三十余万之多。防空密库机械装置,既为万难省免急要之图,则此项不敷经费,应请责会从速决议,转请筹拨,俾利进行,而免停滞。谨此报告。

国立北平故宫博物院建筑南京分院保存库工程委员会

(附件十)

内政部礼俗司函请将古物陈列所存沪古物移存南京新建库房原函

本院接准内政部礼俗司函称:“查二十二年本部古物陈列所南【迁】之古物,寄存贵院上海库房,复承代为保管,无任感纫。兹闻贵院决在南京另建古物保存库,规模宏伟,誉满新都。该项保存库建筑完成,贵院存沪古物料一律运京保存。惟关于该所之存沪之前项古物,届时可否一并运京,寄存于贵院新建之保存库,并仍请代为保管之处,相应函请查照见复。

(未完待续)

〔整理者系上海市档案馆编研部研究人员〕

中华书局十年报告(1937—1946年)

樊　琳　整理

中华书局于1912年元旦在上海创办,上海设有总办事处、发行所、编辑所、印刷所、图书馆等部门,并先后在国内各地以及香港、新加坡等地设有四十多处分支局,各项业务蓬勃发展。1937年全面抗战爆发,中华书局总办事处转移到昆明,上海改设驻沪办事处,另在香港设立办事处。战时上海及各地中华书局遭受战火摧残,损失颇大。1942年中华书局撤销总办事处,在重庆成立总管理处。抗战胜利后,在重庆的中华书局总管理处于1946年6月1日迁回上海。

此次公布的一份中华书局档案史料,名为《十年来之报告(民国二十六年至三十五年)》,系由中华书局股份有限公司董事会提交给1948年3月28日召开的股东常会的总结报告,主要反映了中华书局在八年抗战期间及战后初期的艰难发展历程,颇有参考价值。原文有句读,现由整理者改为现代文标点符号,并酌加注释。选自上海市军管会新闻出版处档案全宗,档号Q431-1-219。

十年来之报告

本公司股东会,以抗战多年,交通阻隔,久未召集。今兹复得同聚一堂,共谋进展,实为欣幸。谨将十年来本公司经过情形,摘要报告,敬希指示。

一、上海方面

本公司总办事处设上海，民国二十六年春季，遵照二十五年股东会议决案，增加资本为国币肆百万元，一切手续，当即办理清楚，扩展业务计划，亦曾粗告就绪，营业本可乐观。不料同年七月七日，即发生芦沟桥事变，八月十三日，沪战继起，故总经理陆费伯鸿①先生，痛感战事一有迁延，必将波及沿海沿江之工商区域，爰告诫员工，及时准备，应付时艰。先将应造之货，限期完成，分运各处，以免日后货源之枯竭。至十一月二日，各事勉告就绪，即决定将总办事处结束，移至昆明，将上海总办事处改组为“驻沪办事处”，委由舒新城②先生代拆代行，已则赴港居中策划。十月杪，国军西撤，上海沦陷，对外水陆交通，备感困难，本局支持至二十六年底，不得不将员工裁撤，仅留少数主管人员，负保管之责，藉节开支。由此引起一部分员工之不满，发生工潮。若干员工，更住入澳门路新厂，几经调解，直至二十七年十月始告平息。当时上海情形险恶，各家厂屋之在租界外者，多有损毁。我局澳门路工厂，因在租界，勉可开工，但为避免敌伪之压迫计，与美人沃特生君商妥，将该厂改为合资之永宁公司③，推故吴常董镜渊先生与汪董事伯奇先生为代表人，藉资掩护。同时召回少数员工，恢复工作，赶造一部分急需之货，分运各埠分局，接济应销，本局业务，差可维系。三十年十二月八日，太平洋战事发生，日军进驻上海租界。翌日起本局各处所及新厂改组之永宁公司，即遭日军宪警等之不断视察查询，业务完全停顿。至二十二日上午八时，永宁公司先遭封闭，发行所及驻沪办事处，则于二十六日与

---

① 陆费逵(1886—1941)，字伯鸿，号少沧，浙江桐乡人。1911年秋，筹备创设中华书局。1912年1月1日中华书局成立于上海，陆费逵为总经理。从此没有离开过中华书局，毕生尽瘁于此。中华书局上下咸以伯鸿先生称之。

② 舒新城(1893—1960)，又名玉山、维周、心怡、遯庵，湖南溆浦人。1928年应中华书局之聘，在局外主编《辞海》，先后在南京、杭州设立中华辞典编辑部。1930年初，被中华书局聘为编辑所长，直至1953年退休。其间曾被选任为中华书局董事、常务董事及代理总经理。

③ 1938年10月，陆费逵与恒丰洋行经理美籍A. F. 沃特生商妥，向美国注册作为掩护，上海中华书局印刷总厂改挂“美商永宁公司”招牌，以避免日伪胁迫破坏。原沪厂职工抽签留沪的一百多人回厂，于10月16日开工，恢复营业。

沪埠各大同业同时被封。① 发行所内之书籍文具，工厂内之机械车辆，亦遭日军任意取去，岂仅无法看管，抑且无处追查。同时舒新城先生因公陷港，沪处无人主持，爰由在沪董事会洽议，加聘吴叔同先生任经理，主持其事。至三十一年一月十八日，发行所与其他被封同业，同时启封，但发行所中之图书文具，已损失不赀，书栈中之存书，被日军车去销毁者甚多。半载后虽曾收回一部分，然不及被毁数之万一。② 永宁公司被指定为"军管理"，交由所谓"华中印刷公司"者经营，由日人主持，所有机件，任意拆迁，原贮物料任意取用，淫威所迫，无法抗拒。直至三十二年四月，始解除"军管理"，然一部分厂屋机件，仍被占用，其损失之惨重，诚非笔墨所能尽述。③ 另有《辞海》暨纸板、文具等件，秘运后方，备销备用，但运至温州，值该埠沦陷，经设法托人保管，仍于胜利后运回，惟文具颇有短缺损坏。三十三年六月十六日深夜，发行所复遭失慎，三、四两层楼所贮之书籍文具，被毁甚多。④ 事后勉力修葺房屋，经月余后始复原状，而于八月五日在原址复业，暂以文具、仪器、古书、工具书等营业，胜利后始复原状。

三十一年起，上海改用伪币，本公司曾于三十一年十二月增资，变更资本为捌百万元，分为八十万股，每股十元。复员以后，遵照法令，予以调整。

三十四年秋，胜利来临，重庆总管理处为推展业务，策划复员事宜，即派姚协理戟楣来沪，成立驻沪办事处。三十五年六月一日，总处正式在沪复员，同时驻沪办事处即告结束，正式成立总管理处于上海，并加聘

① 据赵家璧在《上海出版界的旧恨》中写道："1941 年 12 月 26 日，上海出版抗日及进步书报的八家同业遭日帝查封，计有中华书局、商务印书馆、开明书店、良友图书公司、世界书局、兄弟图书公司(即生活书店)、光明书局、大东书局等。所有被认为宣传抗日、共产的书刊，全部被劫。"转引自《中国出版史料补编》第 400 页注②。

② 中华书局被封期间，文具图书等损失颇巨，仅纸栈存纸一项即达二千筒左右，存书被运走六十余车，半年后仅收回一小部分。被日本宪兵队运走的书籍，后于 1943 年 1 月 19 日查明，计中小学教科及杂书共 2,425 种 12,342,818 本，仅发还 98 种 90,999 本。

③ 1943 年 4 月 6 日，"美商永宁公司"经由经理吴叔同与日本军方多次交涉，方才正式收回，改称"中华书局永宁印刷厂"。

④ 1945 年 6 月 17 日零时二十分左右，中华书局上海发行所文具、仪器、书栈失火，三至五楼东部全毁，四楼西栈剩余一部分，三楼西栈及一楼店堂除水浸及被窃外，无大损失。保险公司赔偿 980 万元，烬余归书局所有。

郭农山、李虞杰两先生为协理。同年八月姚协理戟楣辞职，复加聘顾树森先生为协理。三十六年六月顾协理树森复辞职，现任协理只郭、李两先生。

二、香港方面

民国二十六年十一月间，故总经理陆费伯鸿先生由沪来港，成立香港办事处，主持迁移总办事处及一切临时应付事宜，即在港积极印制各级教科书及参考图书，除不断供应后方外，更谋大量积聚，以为抗战胜利后复兴全国教育之需，在万分困难之中，仍谋为国家教育文化事业作切实之贡献，不幸积劳致疾，竟于三十年七月九日突然在港逝世。先生为本公司创办人，任总经理垂三十年之久，毕生尽瘁教育文化事业，一旦去世，不但本公司直接受莫大之打击，即我国教育文化界亦遭受巨大之损失。当经董事会推选李董事叔明继任总经理，李总经理即于同年八月八日，在港到局视事。

三十年十二月八日清晨，太平洋战事爆发，本公司香港印刷厂立即直接中弹两枚。变起仓猝，事态严重。李总经理当即到厂主持，除慰勉员工、暂停工作外，并召集重要职员，筹议种种紧要措置。十一日下午，敌兵前哨冲入九龙，本局在港厂屋及货栈均被敌侵占，所有机器材料及账册文件等，遂陷于敌手。李总经理在极端困难之环境下，将港方事务予以布置后，即不避艰险，间关赴渝，重立机构，为本公司争取立场，为后方教育文化继续努力。

自日本投降后，李总经理即由渝派郑监理健庐赴港，主持总管理处驻港办事处，就近办理本公司华南各分支机构之复员工作，并筹划恢复华南区一切业务，更派白纯华、赵俊两君，于三十四年十月间到港，接收整理。经营数月，港厂渐具规模。厂屋方面，在战时虽曾遇炸，损失尚轻，全部厂屋，大致幸尚完整。被占时期，稍有改动装修及防空设备，惟房屋年久失修，屋面罅漏，经雇工修葺，即已恢复旧观。机器方面，计损失压平机、小凹版机暨其他小型机件等若干，又凹版大电机壹架，前被日人拆往日本，经设法由外交途径追查，已于三十六年十月间由香港政府发还，惟重要机件，多已损坏，暂难装配应用。其余如大型卷筒机壹架，被敌人拆散，且已发锈，经修理装配，试用尚能满意。并以日人侵占期内，曾将本厂机器自由搬动，经各处探访，获悉有一部分机器，迁往广州沙面广东印刷厂印制伪钞，另一部分则迁往香港商务印书馆，估计价值约港币数十万元，但均被列入敌产范围。经设法认明后，分向财政部驻粤桂闽区特派员及新一军司令部香港敌产处申请交涉，提供证明，于三十五年一月始将被迁机器追获运回本厂。计有德式全张橡皮机三架、美式切纸机二架、小凹版机三十一架，及对开胶版机装订机等多架。至纸张方面，以在沦陷时被日人取去及被窃者，损失颇多，至胜利后，经半载余之努力，向敌产处申请领回者，有邮票道林纸、钞票纸、书面纸、牛皮纸等，共计当时时价约值港币一百万元以上。计自三十四年冬接收以后，即着手整理机器、修葺房屋，于三十五年二月间即开始复工，开印国定本教科书，并承印较大之彩色印件。

三、重庆方面

李总经理于三十一年二月六日由港脱险，间关跋涉，历四十三日抵达重庆，当即召集在渝董事，会商决定成立总管理处，加聘姚戟楣先生为协理，设总务、业务、编审、印制、会计五部办事，并召集各分局经理会议，确定营业方针，同时并注全力于建树印刷及业务之机构。兹略述其经过大概如次：

筹设印刷厂　李总经理到渝后，即以筹设印刷厂为当务之急，经多方察勘，始租定重庆李子坝正街安庆印刷厂厂屋，加以修理添建，并收购桂林之西南印刷厂及安庆印刷厂之机器为基础，佐以前此内运及在渝定制之机器，分铅印、凸版及加签三部。至三十二年秋，生产能力每月可印邮票一万二千万枚，教科书一百五十万册，及加印钞券签章二千万张。其时职工方面，雕刻部人员已全部由港到渝，其余各部主要技工，亦均陆续由港到达。惟因后方物力维艰，限于设备，仅能印制书籍、邮票及其他零星印件。良以物价高昂，设备及材料购置，诸费周章，资金周转不易，故不得不因陋就简。迨胜利后沪港两厂相继开工，渝厂遂逐渐缩小，至总管理处迁沪复员后，即行全部结束。

加入联供处　自政府决定统一印行国定本教科书后，本局为协助国策之推行，叠与商务、正中等各大同业讨论参加印销问题。经数度商榷后，始于三十二年四月十九日组成七家联合供应处，本局分配率，与正中、商务两家同为百分之二十三。

参加华南印刷公司　自太平洋战起仓猝、港地沦陷之后,港厂熟练之技工,陆续到渝。当时以无适当工作,待遇菲薄,纷纷各有去志。该项熟练技工,本皆有多年经验,为国内不可多得之人才,不得不急筹办法,使之安心工作。适三十三年有华南印刷公司一部分股东退股,本局为安插此大批技工及减少本局开支计,遂承购其股票四分之一,计国币六百万元。胜利以后,因该公司业务,无从发展,亟图紧缩,且以前安插于该公司之本局技工,亦亟须赴香港复工,因将持有该公司之股份,以国币三千六百万元出让。

成立东南办事处　三十三年夏,粤汉路为敌阻断后,重庆与东南各分支局失去联系,指导业务,一唯电报是赖,欠缺灵活,自在意中。同时遂川及赣县两处复告失守,赣局移货于瑞金及宁都。总管理处为使东南半壁各分支局之业务相互取得联络,不致因而中坠计,乃设立东南办事处于赣境,就近策划一切,由赣局经理李仲谋君兼任主任。

成立驻渝办事处　总管理处于三十五年六月一日迁沪复员,即日在渝成立驻渝办事处,办理结束未了事项。

四、分局概况

南　京	太平路分局及下关支店,二十六年底首都沦陷即停业,房屋被占用。三十四年九月胜利后,即派员前往复业,但大部分房屋尚被占用,现正在陆续迁让中。下关支店未复业。
徐　州	二十七年秋,徐州沦陷,除将存货分运他局外即停业。房屋被毁,基地已被充筑道路,尚未复业。
杭　州	二十六年底,杭市沦陷,即迁金华,与金华支店合设杭金联店。三十二年金华沦陷,即迁江山,设立江山办事处。胜利后,于三十四年十一月迁还杭州复业。
金　华	三十二年秋复业,三十三年五月改为金华书馆,旋即停办。胜利后,于三十四年十月复业。
安　庆	二十六年冬,安庆沦陷,即停业。本年春末,派员前往视察,因业务上需要不大,暂不拟复业。
芜　湖	二十六年冬,芜湖沦陷,即停业。现未复业。
南　昌	二十七年秋,迁往赣州营业。三十四年,一度迁往吉安。三十五年春,迁返复业。

续 表

九　江	二十七年春，浔埠沦陷，即停业。现未复业。
汉　口	二十八年夏，汉市沦陷，迁恩施，设办事处，继续营业，三十四年秋收复后，迁返复业。在汉原另有汉栈，沦陷时曾派员留守，于三十二年夏派员前往结束。
武　昌	沦陷时期内停业。三十四年秋收复后，即告复业。
长　沙	二十七年冬，长沙大火被毁，损失甚巨，遂即停业。另在邵阳、沅陵分设办事处，继续营业。胜利后迁返营业。
衡　阳	三十三年湘桂战起后，一度沦陷停业。收复后已复业。
常　德	沦陷期内，在沅陵设办事处，继续营业，三十四年收歇。
梧　州	战事发生后，移往柳州，惟梧州仍设办事处，继续营业。三十三年，曾一度沦陷停业，旋即复业。
柳　州	原为梧州分局之办事处，旋因战事关系，梧局重心即移于此。三十三年，湘桂战事发生，沦陷停业。收复后复业。
桂　林	三十三年，湘桂战事发生，桂林沦陷停业。收复后复业。
广　州	沦陷期内，初在广州湾设支店，旋在肇庆设立办事处，继续营业。胜利后复业。
香　港	三十年冬，太平洋战争发生，港岛被陷，曾一度停业，秩序恢复后即复业。
汕　头	沦陷期内，在梅县、曲江分设办事处，继续营业。胜利后迁返复业。
福　州	二十七年冬，一度沦陷，在永安、南平分设办事处，继续营业。胜利后迁返复业。
厦　门	二十八年，厦市被陷，迁鼓浪屿，旋即迁回复业。
青　岛	二十七年春，胶埠沦陷，停业数天，旋即复业，暂以文具、仪器、古书、工具书等营业，胜利后始复原状。
北　平	二十六年秋，平市沦陷，仅停业数天，秩序恢复后即复业，暂以文具、仪器、古书、工具书等营业，胜利后始复原状。
天　津	二十六年秋，津市沦陷，秩序恢复后即复业。另设前法租界之支店同。
张家口	二十六年九月，张埠沦陷，停业数天即复业，暂以文具、仪器、古书、工具书等营业，胜利后始复原状。
邢　台	二十六年十月，邢埠沦陷，停业数月，秩序略定即复业，暂以文具、仪器、古书、工具书等营业，胜利后始复原状。
保　定	二十六年十月，保定沦陷，停业数月，秩序略定即复业，暂以文具、仪器、古书、工具书等营业，胜利后始复原状。

续 表

太　原	二十七年春,晋城沦陷,停业数天,秩序略定即复业,暂以文具、仪器、古书、工具书等营业,胜利后始复原状。
开　封	二十七年夏,沦陷停业。胜利后始复业。
许　昌	沦陷期内停业。三十五年春末复业。
南　阳	三十四年迁往内乡。三十五年春末迁返复业。
星加坡	三十二年,星埠被占,停业数月,至同年十月间复业,暂以文具、仪器、古书、工具书等营业,胜利后始复原状。
沈　阳	三十五年夏,派员前往视察,于四月间复业。
重　庆	无变动。
成　都	无变动。
昆　明	无变动。
贵　阳	无变动。
西　安	无变动。
兰　州	无变动。

五、营业概况

本届营业结算,起自民国二十六年,迄三十五年底,恰为十年,营业总额计国币八十三亿九千九百一十九万三千二百九十三元〇四分。

二十六年上半年,社会秩序稳定,本局营业颇佳。不料至七月七日发生芦沟桥事变,八月十三日沪战继起时,适值秋季开学前,营业遂大受影响。幸当时战事动荡,尚限华北及华东,故华南及西北、西南各区,营业上仍获有进展。

惟自二十七年起,战云弥漫,华北各局如平、津、晋、张、保、邢、汴、徐等分局,或疏散他迁,或被迫停闭,或停闭数月而随众复业,营业大逊,仅恃若干存货,勉强支撑门面;而华中,如京、沪、杭、金、皖、芜、浔、赣及汉、湘各分局,所受战祸较烈,除沪、金、赣、汉、湘外,皆以无法支持而停业;所幸港厂尚能适量供应,举凡华南、西南及西北未遭战祸各分局,仍能照常营业。

二十八年春,在昆明设西南办事处,派郭农山先生为主任,前后购进卡车十七辆，由港、沪经安南、缅甸运进大量教科书及文具，供应西南及西北各分局，各该分局营业，遂益得进展。

三十年十二月八日，太平洋战事爆发，上海日军进驻租界，本局发行所被封，所有各级教科书、文具等被劫夺甚多，损失颇巨。一个月后启封，其时交通不便，营业清淡，批发停顿，不过门市零星交易而已。三十三年货房失慎，损毁文具、书籍甚多，幸未几即行修复，照常营业，但只能以文具、仪器、古书、工具书等应市而已，直至胜利后始复原状。

六、出版概况

自二十五年至三十五年，中经八年抗战，本局编辑及出版方面所受之无形损失，亦极巨大。回溯民二十五六年间，工作进度甚速，二十五年出版数达九三〇册，约四千万字，为民十九年度（一三五〇万字）之三倍，比之二十二年度（二五七二万字）超出三分之一，达开局以来之最高生产额。二十六年上半年生产数字，仍逐月增加。兹摘录"八一三"前夕（二十六年一月至七月）之统计数字，以资参考：

出版图书杂志	约五百册	二千八百万字
编辑所及图书馆职员总数	一六六人	薪额平均数每人约七十九元
杂志种数	月刊一种	《中华教育界》
	半月刊二种	《新中华》、《小朋友画报》
	周刊四种	《中华少年》、《小朋友》、《初级英文周报》、《高级英文周报》
函授学校	国文、英文、日文、算术、商业、书法计六科（选科在外）新旧学员总数达三千余人	
收购书稿稿费	一至七月平均每月付出约一千五百元	
图书馆购书	一至七月平均每月约值三千三百元	

当时（二十六年七月）《辞海》上册，虽已出版，而下册则尚在印刷中；《四部备要》之标点洋装缩本，仅出至四期，尚有五至八期未出；而在进行中之字典、词典及其他工作，更难数计。"八一三"战事一起，遂使整个编辑所工作及计划完全停顿。

是年冬，国军西移。至年底因裁减员工，编辑所仅留少数人员保管文件,维持对外关系,二十七年移至静安寺路老厂办公。

是时政府迁渝,教科书虽在内地逐渐翻印,然沪港印本仍得源源内运接济,直至三十年十二月八日太平洋战事突发,沪、港同时沦陷,教科书供应始告断绝。

次年春夏间,在渝成立总管理处,编辑工作,亦渐渐开始,印刷厂之筹备,几经困难,始在李子坝开工。除重印沪版教科用书及重要参考书外,并恢复《新中华》杂志,暂出月刊。其后,《中华少年》、《小朋友》、《英语半月刊》亦陆续编印,并承印《文史月刊》、《中山文化教育馆季刊》等多种。内地材料艰困,工作颇难,但彼时内地文化界群称本局校印之精工,甚至有以为后方之出版物,因本局之出品而提高水准。

此时期对于新稿之收印,亦不断进行,在渝、蓉各大学约请专家学者,编辑新标准高初中教科书(非国定各科目),先后成稿送部审查者计二十余种,约二百数十万字。此外大中学参考书、中央研究院丛书、中山文化教育馆丛刊专刊、社会部行政丛书、中苏文化协会丛书、中国教育学会年报等,至胜利时,共计出版图书、杂志数约三百四十种。又《辞海》一书,因内地需要至切,为纸张及运输便利计,在江西赣州影印发行。

三十一年至三十四年间,上海处于敌伪胁迫之下,本局最初被劫去销毁之教科书及所谓禁书,多至六十余卡车,店、厂数度被封,印厂、编辑所及图书馆终至被敌占据,比及发还,幸物质损失尚不过大。而最可庆幸者,则为图书馆五十余万册之藏书,几无若何损失;又教科书之纸型,均经设法保全。当时员工维护应付之艰苦情形,殊难缕述。厂屋虽经发还,敌伪恶势力仍旧。除添印少数重版书外,力避编印新书,并百计避免各种外来之书稿印件。图书馆仅着手清查及防御危险之工作。

三十四年八月,胜利来临,国定本教科书首先由七联处成立沪供应处办理。当时部令得采用审定本,故在沪少数同人,于胜利最初之一个月中,尽最大努力,加速赶办,尽先供应,本外埠各学校一时称便。至三十五年一月,乃迁回新厂,编辑工作,始逐渐恢复。

尚有一种新事业须述及者。本局鉴于电化教育为现代教育之最进步的方法,亦曾注意研究,曾应上海市教育局及国立社会教育学院之邀，合制识字电影片，并由中华教育界社购置必要器材，及美国百科全书影片公司之教学影片，供编辑参考及各校教学之用，同时自制注音符号及识字幻灯片与识字动画（卡通）电影片，以期为推行电化教育于民众及学校之助，而冀能使基本教育之工具得迎头赶上，不落文明国家之后。

在胜利后一年余之期间，虽尚无长足进步之表现，然而新旧事业，已在尽最大可能多方策动分头进行之中，希望能于两三年后，重达战前生产之水准。

兹附二十六年至三十五年出版统计概要如后：

教科图书	四三五册	二四三七万字
儿童读物	一〇三册	八八万字
普通图书	一〇〇四册	八四二四万字
杂　　志	四五五册	一七三四万字
	共计一九九七册	一二六八三万字

七、损失统计

本公司分支机构，遍布各大城市，在抗战八年中，其物资之损失，随战火之蔓延而日益扩大，加之历时过久，人事纷纭，物价激增，时值随变，故详确之损失数字，殊难统计。兹就有材料足供参考之实物损失情形，列表报告于左。至其他损失，如上海发行所货栈之被焚，战区分支机构被迫迁移及疏散物资之损耗，以及战时在运输途中损失之货品，因一时无法查明，尚未列入也。

局名		物品	购置时价值	损失时价值	损失时间	备考
(1)	沪厂	器具	（单位：元） 2,600	（单位：元）	三十年十二月	
		原料	171,012			
		机器	942			
(2)	港厂	图书	1,698,629		三十年十二月	
		原料	2,882,712			包括纸张原料等

续 表

局名	物品	购置时价值	损失时价值	损失时间	备考
	机器	240,408			
(3) 京局	建筑物	89,915		二十六年十二月	
	器具	14,300			
	现款		85,218		
	图书	164,372			
	其他	22,105			存出证金等
(4) 杭局	建筑物	58,000		二十六年十二月	
	器具	14,570			
	图书	143,790			
	文具、仪器	35,615			
	其他	82,782			往来货款
(5) 津局	现款		21,639	二十七年三月至三十年八月	
	图书		20,000		
	其他		65,000		防空设备疏散救济
(6) 渝局	建筑物		4,500,000	二十九年八月	
	器具		709,360		
	图书		342,829		
	文具、仪器		18,619		
	其他		761,404		防空设备迁移疏散
(7) 成局	建筑物	37,000	301,800	二十八年五月至三十四年四月	
	器具	2,000	25,500		
	图书	3,180	67,856		
	文具、仪器	536,215	2,043,381		
	其他		141,532		防空疏散迁移等
(8) 胶局	图书	58,350			
	文具、仪器	1,112			

续 表

局名		物品	购置时价值	损失时价值	损失时间	备考
(9)	金局	器具		300,000	三十一年五月	
		图书		1,005,000		
		文具、仪器		600,000		
		其他		160,000		行李
(10)	厦局	图书	68,400	1,284,200	二十七年五月至三十三年九月	
		文具、仪器	2,260	4,770		
(11)	保局	器具		299	二十七年六月	
		现款		22,616		
		图书		24,950		
		文具、仪器		312		
		其他		1092		化学药品等
(12)	宛局	建筑物		105,296	三十年一月至三十四年三月	
		器具		1,020,750		
		图书		8,843,933		
		文具、仪器		583,750		
(13)	闽局	建筑物	2,000	100,000	三十二年十一月	
		器具	1,600	80,000		
		图书	6,000	300,000		
		文具、仪器	4,000	200,000		
(14)	汕局	器具		19,238	二十八年六月	
		图书		42,000		
		文具、仪器		6,000		
		其他		4,680		行李
(15)	曲局	器具	6,000	30,000	三十四年一月	
		图书	336,000	560,000		
		其他	336,000	420,000		

续 表

局名		物品	购置时价值	损失时价值	损失时间	备考
(16)	黔局	建筑物		200,000	二十八年二月至三十三年十一月	
		器具		150,000		
		现款		160,000		
		图书		300,000		
		文具、仪器		50,000		
		其他		1,140,000		迁移疏散
(17)	柳局	建筑物	8,000,000	16,000,000	三十三年十一月至三十四年六月	
		器具	2,600,000	4,600,000		
		图书	29,540,000	41,940,000		
		文具、仪器	2,300,000	4,600,000		
		原料	610,000	1,220,000		
		其他	2,200,000	2,200,000		
(18)	梧局	房屋	5,000	25,000		
		器具	38,165	1,086,900	二十九年至三十三年九月	
		图书	120,000	12,000,000		
(19)	常局	建筑物	2,400	3,120	二十八年六月至八月	
		器具	6,200	8,060		
		现款		43		
		图书	39,568	51,438		
		文具、仪器	3,227	4,195		
(20)	衡局	建筑物		1,000,000	二十九年八月至三十二年九月	
		器具		900,000		
		图书		8,600,000		

续 表

局名		物品	购置时价值	损失时价值	损失时间	备考
(21)	湘局	建筑物		279,007	二十七年十一月至三十四年四月	
		器具		451,957		
		图书		28,833,585		
		文具、仪器		1,230,494		
		原料		2,892,400		
		其他		162,000		
(22)	许局	器具		13,434,000	二十七年至三十三年一月	
		图书		16,806,500		
		文具、仪器		2,608,600		
		其他		1,346,046		行李
(23)	皖局	建筑物	997		二十六年	
		器具	429			
		现款		22,629		
		图书	47,319			
		其他	6,206			
(24)	芜局	建筑物	568		二十六年	
		器具	494			
		现款		35,195		
		图书	31,423			
		其他	7,291			
(25)	浔局	建筑物	546		二十六年	
		器具	466			
		现款		26,458		
		图书	25,458			
		其他	4,894			
(26)	徐局	建筑物	180		二十六年	

续 表

局名		物品	购置时价值	损失时价值	损失时间	备考
		器具	18			
		现款		26,194		
		图书	36,074			
		其他	3,641			
(27)	沙局	建筑物	376		二十六年	
		器具	982			
		现款		6,045		
		图书	20,171			
		其他	2,624			
(28)	汉局	建筑物	981		二十六年	
		器具	5,617			
		现款		98,336		
		图书	96,302			
		其他	3,432			存出证金
(29)	赣局	建筑物	1,890		二十六年	
		器具	91			
		现款		71,624		
		图书	52,610			
		文具、仪器	18,138			
		其他	9,976			
(30)	邢局	建筑物	2,118		二十六年	
		器具	151			
		现款		70,099		
		图书	30,915			
		文具、仪器	1,899			
		其他	508			
(31)	张局	建筑物	32		二十六年	

续 表

局名		物品	购置时价值	损失时价值	损失时间	备考
		器具	326			
		现款		33,629		
		图书	21,537			
		文具、仪器	7,200			
		其他	3,459			
(32)	星局	器具	星币 130	190	三十一年	
		图书	星币 3,600	3,600		
		文具、仪器	星币 2,574	3,018		
		其他	星币 3,300	3,300		敌人勒索等
(33)	平局	图书		7,054,725	二十六年	
		其他		286,000		
(34)	晋局	器具	76,600		二十六年十月	
		图书	120,000			
		文具、仪器	50,000			
(35)	秦局	建筑物	296		三十年一月	
		器具	750			
		图书	80,955			
		文具、仪器	3,750			
(36)	汴局	器具	2,666		二十七年六月	
		图书	408,500			
		文具、仪器	15,200			
(37)	甘局	建筑物	630		二十八年十一月	
(38)	滇局	图书	403,066		二十九年六月	
		文具、仪器	164,159			
		其他	106,000			
(39)	粤局	建筑物		170,000	二十七年十月	
		器具		1,560,000		

续 表

局名		物品	购置时价值	损失时价值	损失时间	备考
		现款		48,500		
		图书		48,480,000		
		文具、仪器		46,000,000		
		其他	3,647,500			
(40)	桂局	器具	751,190	4,204,000	三十三年十一月	
		图书	7,600,000	11,400,000		在金城江损失
(41)	港局	文具、仪器	446,246	709,658	三十年十二月	
		图书	798,250	1,117,550		
		器具	32,552	48,829		
		其他	93,282	93,282		
(42)	金站	建筑物		50,000	三十三年十一月	
		器具		25,000		
		文具、仪器		52,000		
		原料		8,200,000		
		其他		180,000		

上项损失,业已列表呈请政府要求向日本赔偿中,合并声明。

八、历届垫付股息

本公司自二十六年二月二十八日召开股东常会以后,因战事关系,未能循例结账,历届股息,均由董事会议决垫发。兹将历届股息垫发数额列后,应请股东会追认者也。

二十六届股息	每股(票面五十元)	国币一元五角
二十七届股息	每股(票面五十元)	国币一元五角
二十八届股息	每股(票面五十元)	国币一元五角
二十九届股息	每股(票面五十元)	国币三元
三十届股息	每股(票面五十元)	伪币三元
三十一届股息	每股(票面五十元)	伪币一元五角
三十二届股息	每股(票面十元)	伪币一元

三十三届股息　　每股(票面十元)　　伪币一元

九、结论

综上报告,对于本公司十年来经过情形,已略具梗概。回忆抗战时期,本公司遭遇之艰危、营业之困难,幸赖全体同人努力,共同奋斗,勉渡难关,深引为慰。本公司自民元创办,即以发扬文化教育为职志,丁兹战后复兴之际,更宜一本初衷,继续努力,庶几于国家文化前途有所贡献。想亦为我股东诸君所乐观厥成者也。

〔整理者系上海市档案馆副研究馆员〕

业的团体。”第三条规定:“本会宗旨系根据中国人民的需要,从事福利方面实验性及示范性的工作,并为中国人民的救济工作进行国际宣传。”第五条规定:“根据本会宗旨及当前需要,逐步开展下面几项工作:(一)妇儿福利保健工作;(二)少年儿童文化工作;(三)国际宣传。”第八条规定:“本会最高权力机构为执行委员会,由主席一人、委员若干人组成之。”第九条规定设主席办公室为执行执行委员会的决议及领导经常业务的机构,由主席、主任秘书、副主任秘书、各处处长及顾问组成之。第十条规定设国际宣传委员会。第十一条规定设妇儿工作处主管妇儿福利工作。第十二条规定设人事处主管人事工作。根据章程规定,主席办公室会议订了办事细则、各级会议及各种报告等办法,并以协商及会议方式,处理日常会务。除了国际宣传计划,因为事关对外宣传尚在政府审核之中外,所有工作,都已在一九五〇年很切实很具体地开始执行了。

改组第二件大事,为建立新会计制度。过去中国福利会的基金都由国外捐募而来,又在反动集团统治压迫之下,故一切帐册文件,悉用外文以为掩护。捐募所得外汇在反动统治集团通货恶性膨胀之下,亦有保存外汇之必要,故即以外币记帐。解放以后,应即更正,但以改组问题,费去不少时间,故在一九五〇年九月以前,仍沿用原有办法。自十月份起,始建立新会计制度,调整会计组人事,确定分工办法,陆续公布了会计规则、稽核办法、会计组内部办事手续,规定了各种表报帐册的格式,实行预算决算,以人民币为记帐单位,一切帐册表报,全用中文,以符合政府规定。原存基金外汇,为遵守政府法令及保障基金安全计,经商得执行委员会财务委员之同意,除保留极少数量备用外,所有原存国外基金,已悉数调回国内,售与中国银行,并将人民币存入中国人民银行。兹将一九五〇年全年收支列表报告如下:(略)

改组第三件大事,为清点财产物资,建立财产物资记帐制度。原来本会会计组无物资帐,改组以后,即积极整理仓库,清点物资及财产(家具),以便按照新会计制度,登记帐册。现清点财产物资,业已完成,并经主席办公室会议决议公布本会财产物资处理暂行办法,定于一九五一年一月一日起,所有财产(家具)物资收付,均需一律登记帐册。兹将清点后本会及各单位财产估计价值报告如下:(略)

改组第四件大事，为建立新文书制度。本会原来文书，不但悉用外文，而且由各部门自行处理。改组以后，首先建立文书部门，议订文书处理暂行办法，集中收发撰拟缮校，统一登记，并一律改用中文。所有会议记录各项报告文件需要翻译者，亦多由文书组办理。三个月来，业已规模初具。惟各部门原有档案，因为各部门便于检查起见，暂仍由各部门自行保管。

改组第五件大事，为设立妇儿工作处，主管妇儿福利工作。这是本会的主要工作，内容包括一切妇儿福利保健工作及少年儿童文化工作，必须以较大篇幅，详为叙述。兹分别报告如下：

一年来的妇儿工作，是处在转变与发展的过程中，在工作方针方面，从政策不明确、工作不稳定、沿用着旧的工作方式的情况，走向重点的试验性的工作，确立了服务对象和工作方式，因而对今后示范工作打下了基础。在组织形式方面，由原来的儿童工作组、保健组和儿童剧团三个分立的单位，改组合并为妇儿工作处，下设妇幼福利保健科、少年儿童文化科及年终开始建立的调查研究科。在业务部门方面，由原来的三个儿童福利站、一个儿童剧团和一个刚成立的托儿所发展为两个妇幼保健站、一个大规模的托儿所、一个婴儿托儿所、一个儿童剧团、一个少年儿童文化站、一个少年儿童图书馆和一个儿童时代社等八个单位。这个转变与发展的过程，又可分为两个时期，即十月份改组以前的转形〔型〕期和改组后的奠定基础的时期。

现在就一年来妇儿工作的工作方针、组织的演变和工作概况三方面来加以陈述：

一、工作方针：

在陈述如何确立了妇儿工作的工作方针之前，让我们先来追述一下一九五〇年开始时的工作情形是有必要的。一般地说来，当时的工作情况与思想情况都是相当混乱的。自从一九四九年五月上海解放以后，我们就感到旧的儿童福利站已经完成了历史任务，我们必须改换一个工作方式来继续为人民服务。一九四九年下半年一直在追求一个新的工作方针，摸索一个新的工作方式，这中间曾提议过福利站下乡，提议过放弃儿童工作，提议过把三个儿童福利站分别改为专搞保健工作、图书活动和识字教育的三个单位，也提议过集中人力搞一个文化宫。

一个计划跟着一个计划,致使工作陷于迷惑而趋于自流,造成这种现象的原因首先是领导得不够,领导上没有及时给予工作上的指示,其次大部分同人变成单纯地等待新计划而忽略了对当前工作的责任感,最后也由于本会总的工作方针的未能确定和经费的不稳定。

这种情况一直延续到本年三月间才有了初步的改善。通过二月份一个集中的业务学习确定了工作上的两项原则,即(一)在原有的基础上调整工作;(二)把样子间式的儿童站转变为重点的专业化的工作部门。根据上面的原则,在三个儿童福利站的基础上出现了妇幼保健站、少年儿童文化站、少年儿童图书馆和儿童工作研究室。同时托儿所与儿童剧团也在筹备扩大。这一个转变基本上是正确的,当时工作方针的确定与工作的调整,不但部分地结束了工作的混乱与不稳,不但使得当时的工作能够更有效地为儿童服务,而且为后来的改组工作打下了基础。

在从五月间就开始的改组计划的拟定和讨论中,最主要的问题之一,就是业务工作的方针与方向问题。这一问题的结论,具体表现在八月间由本会执行委员会通过、九月间由中国人民救济总会批准的本会章程内的第二章第五条第一、第二两项中,现在把原文抄录于下:

(一) 妇幼福利工作:从事母幼保健、托儿医药卫生等工作,改善儿童生活环境,保护母幼身心健康。

(二) 少年儿童文化工作:举办识字教育、图书阅览、休闲活动、戏剧活动和出版读物等工作,以团结教育少年儿童,并以取得经验,达成示范目的。

以上本会章程中,关于妇儿工作的范围,是根据这样的方针而确定的:即"在现有的条件下发展,在普及的基础上提高。"由于这样的方针,所以我们的工作是依据现有的条件稳步开展,而不是突然地扩充。同时,我们的工作是在为群众服务的基础上从事实验工作,希望逐渐提高到示范工作。本年十月间本会改组后,妇儿工作便是完全依据上面的方针与范围来进行的。三个月来的经验,证明了这样的方针是正确的,我们将遵循着这个方针所指示的方向继续努力。

二、组织的演变

一九五〇年十月份以前,本会的业务工作仍分立为三个部门,即上海儿童工作组、保健组和儿童剧团，业务单位除了儿童剧团之外，三个儿童福利站和托儿所都隶属于儿童工作组，保健组只能对各单位的保健工作，尤其是三个站的保健室予以指导。这样一种分立的形式是由历史的发展而来的。但是这种形式对于工作的联系与开展都产生了若干障碍。因此在三月间第一次调整工作时，由原来第一儿童福利站改成的妇幼保健站便直属于保健组。及至十月份本会改组时，便把一切业务部门，统一在妇儿工作处了。妇儿工作处系根据本会章程第十一条组织成功的，把原有的业务划分为妇幼福利保健工作与少年儿童文化工作。妇儿工作处下设妇幼福利保健科及少年儿童文化科，分别推动业务。十一月间为了建立调查研究工作，以便整理资料，总结经验，将业务提高到示范标准起见，经主席办公室会议决议在妇儿工作处下增设调研科。但因人选问题，调研科迟到十二底才开始建立。

在业务单位的组织方面，除原来的儿童剧团及托儿所外，于三月间在原来三个儿童福利站基础上建立了少年儿童文化站、少年儿童图书馆、儿童工作研究室，并开始筹备妇幼保健站。五月间妇幼保健站开始工作，同时托儿所迁到虹桥路新址，由四十个名额扩大为二百个名额。八月间儿童工作研究室改组为儿童时代社。九月间与纺织工会合办的沪西女工妇幼保健站开始工作。十一月间婴儿托儿所开始收托婴儿。至年终为止，妇儿工作的业务单位共有八个，计属于妇幼福利保健方面的有托儿所、婴儿托儿所、妇幼保健站、沪西女工妇幼保健站，属于少年儿童文化方面的有儿童剧团、少年儿童文化站、少年儿童图书馆及儿童时代社。

以上便是本会妇儿工作组织方面的演变，这一演变到改组后而逐渐趋于稳定，妇儿工作处的组织形式配合了行政上的各项制度，使得工作逐步走向巩固和提高了，当然改变组织、建立制度进而巩固工作，并不是一件轻而易举的事，这是需要好几个月甚至一年以上的斗争过程。这里首先要克服旧的组织形式和制度在工作中存在的不良影响，克服人们对新制度的抗拒力，克服在执行制度时发生的偏差与缺点，解决一些具体困难，然后才能使得新制度与新组织从开始建立走向巩固。这一任务在本年内是初步完成了，但是需要继续不断的努力来使工作得到更进一步的巩固与提高。

三、工作概况

甲、本会妇儿工作的特点

本会妇儿工作的第一个特点，是工作上的多样性。本会妇儿工作包括妇幼卫生、保健托儿，少年儿童的文化、艺术及出版等工作。把这许多性质不同、工作方式不同的业务摆在一个机构里，优点是能够多方面进行实验性的妇儿工作，多方面为妇儿服务，缺点是行政领导上和业务指导上都会发生若干困难。

本会妇儿工作的第二个特点，是工作上的创造性。本会妇儿工作中的各项业务大半都是新兴的工作，很少有现成的理论和经验可循，同时大部分工作人员也不是专门人才。因此本会的妇儿工作直到现在还是摸索阶段，一直在工作中摸索着来创造经验，来提高自己的业务水平。到现在为止，虽然我们摸索出来的一些经验还是非常不够，但是不能否认我们已经获得了若干成绩，如在儿童戏剧方面，和纺织工会合作来进行女工保健工作方面，以及儿童文化活动方面，都曾创造了一些经验而为有关方面所重视。

乙、各单位工作概况

1. 托儿所

托儿所在中国还是一种新兴的事业，解放后大量妇女参加工作，因此对托儿所的需要也就突然增加了。原则上虽然托儿所以日托为较合理想，但目前因为父母工作的忙迫，还是以全托较能解决问题，所以于一九四九年冬季本会即将原日托托儿所迁至五原路改为全托，共容儿童四十名，但是这数量距离客观需要还很远，于是当借到虹桥路原虹桥疗养院房舍后，于四月下旬即将托儿所迁入虹桥路新址，共可容纳全托儿童二百名。

托儿所的对象是供给制干部及职业妇女的子女，至本年十月份全部共一百六十二名孩子，最高曾收到一九八名，其中父母均系供给制的占百分之四十二，父母一人系供给制的占百分之三十六，职业妇女的占百分之二十，工人占百分之二。

一年来托儿所的工作是从小到大、从创办到稳定的过程，她曾经历过剧烈的人事变动，经历过可怕的麻疹传染，但同时也曾光荣地获得亚洲妇代和西南各民族代表莅所参观。工作人员曾于第一阶段忙得精疲力竭，得不到适当的休息，也曾于后一阶段调整了工作，建立了工作制度与学习制度，合理地分配了工作、休息与学习的时间，解决了隔离病房及同人宿舍问题。这些都说明一年来托儿所已经从动荡中走向稳定了。这成绩是应该归功于工作人员的努力与各方面的帮助的。

这样一个容纳二百个孩子和八十五个工作人员的托儿所，在规模上说，可算得相当大了，托儿所的经费（托儿费收入未减掉）占本会全部经费的三分之一，它的工作人员占本会全体工作人员的五分之二，但这样大规模的一个托儿所，却只是经过了很短的筹备时间便开始工作的。它的发展几乎是一个飞跃。这个飞跃式的发展表现于好的方面是我们针对着客观的需要，即时地为许多干部和职业妇女解决了托儿问题，表现于坏的方面是没有充分的准备，在人事上、设备上及制度上都没有事先准备好，更缺乏足够的经验，以致工作展开以后问题便都暴露出来，甚至严重地影响了工作，如在五六月间发生的大规模的麻疹传染、同人的过度疲劳、大量的人事变动等。但是靠了工作人员的高度热情，靠了她们忘我的工作热情，而使得托儿所渡过了这些困难而于八月间初步地奠定了基础。到年终为止，托儿所在总的方面已经完成了人事配备，健全和改善了各种制度，建立了经常性的业务学习，完成了御寒设备和冬防工作。

保教方面，孩子们都已养成良好的生活习惯，教学上尽量利用图画和音乐，让孩子们练习绘画和剪贴，从律动的练习提高了音乐水准，这些成绩都表现在十二月三十一日的家长会上。这次家长会已表现工作人员的成绩和孩子们的进步。家长们看了孩子们的表演，看到孩子们的作业都觉得非常满意。保教工作是在不断的改进中，如改善了儿童衣物的管理，各班分钉异色号码，便减少了衣服穿错及遗失现象；由轧伤孩子手指事件开始对顽皮孩子加以了解，并进行研究与教育等。

保健方面，托儿所的优越条件是以一座独立的房子做〔作〕为保健室，能够做到完成隔离，并且有一位小儿科医生和五位护士担任工作。托儿所的保健工作是以预防为主的，本年下半年曾完成了白喉接种、卡介苗接种和牛痘接种，全所百分之九十以上的孩子已经出过麻疹，由于适当的护理，这些患麻疹的孩子都很安全地渡过了病期。

托儿所后一阶段的工作是着重于提高工作人员的质量。为了达到这一目的,一方面对新聘人员要求系幼师毕业并具有工作经验,另一方面加强工作人员的业务学习,经常的业务学习除了个人阅读之外,由专人讲授"儿童发育"和医药卫生常识等。

托儿所开辟工作的一年已经过去了,今后将是如何在已经初步巩固了的基础上来提高工作。一年来托儿所的工作人员始终是紧张地工作着,今后将是发扬这种工作热忱并积极提高业务水平。我们的托儿所今后将致力于为新中国的托儿事业提供经验,并为新中国的下一代更好的服务。

2. 婴儿托儿所

婴儿托儿所是在本年八月间开始筹备的,至十一月开始收托,十二月底共收托了廿一个婴儿(全部名额为四十名)。

婴儿托儿所的对象是供给制干部及劳工,特别是劳动模范的婴儿,年龄自三个月到十八个月,这种月龄的婴儿在护养方面是比较困难的,尤其有关婴儿托儿所的现成经验比较少。因而我们创办婴儿托儿所还可以说是一个尝试,我们希望在托婴工作上创造经验,并对婴儿营养和发育问题进行研究工作。

婴儿托儿所吸取了托儿所的经验,从开始筹备时起就采取了稳步前进的原则,第一批吸收进来的工作人员,于九月间开始了筹备工作,设计房屋的装饰、监制家具、为孩子们缝制衣服及床具,此外,并往各托儿所参观,吸收经验,成立学习班,进行业务与政治的学习。一般地说,筹备工作是比较充分的,因而避免了如托儿所开始工作后的忙乱现象,即至收托婴儿时也是分批分期收进来,间歇的时间较长,这样可以使得工作逐渐熟悉。如在收进十个孩子时,全体工作人员常忙到晚上七时半才吃饭,但到廿个孩子时已经能在晚上七时交班。

婴儿托儿所开始工作未久,所以工作上能够提出报告的较少。今后的工作是及时收满名额,健全制度,巩固基础,提高业务,进而从事婴儿营养及发育,疾病预防的研究工作。

3. 妇幼保健站

妇幼保健站是利用原第一儿童福利站的站址,集中了三个福利站的保健室而成的。在工作性质上,由原来消极地为儿童治疗变为积极地进行妇儿保健工作。其工作内容包括孕妇的产前产后检查及赴产家接生，儿童的健康检查、分发奶粉及营养指导，卫生宣传方面的候诊教育、母亲会、到工厂内进行妇婴卫生宣传以及预防注射等。工作对象开始限于工厂女工，后来又扩大至男工配偶及有组织的妇女。

妇幼保健站经过一段筹备时间之后，自六月间开始工作，首先确定地区，然后进行对工厂的联络工作，计先后联络了二十九个工厂，工作便逐步展开了。接生数字由每月接生八次增加到卅次；化验室由于工作的需要，由简单的检查扩充至进行康氏血液反应，化验次数也从每月一百五十次增加到五百八十六次。领取奶粉的孩子已经达到六百人，而且可以预料妇幼保健站的工作将会一天比一天忙碌起来。

半年来妇幼保健站已经初步地奠定了工作基础，工作制度也日趋健全，并且逐步地纠正了自由散漫的现象。一般地说妇幼保健工作是比较辛苦的，尤其在工人区内进行家庭接生工作。与这个工作同时还要和迷信思想以及非科学的产婆接生工作斗争，因而必须把医药工作和群众教育工作结合起来才能收到效果。

工作中，感到的最大困难是很多产妇因距离远或遇难产，需要产床，而我们限于房舍，暂时无法解决这一问题。据各工厂意见，都希望能有产房的设备，而且有几个厂已经在我们的鼓励下进行筹备产房，但因房屋困难，迄今还未实现。

妇幼保健站只有两幢活动房屋，房屋不敷应用，限制了工作的开展，而且站址系借用晋元小学操场的一角，本年内该校曾屡次催索地皮，但是新的房屋一直没有解决。因此应该说妇幼保健站的工作成绩，是在这种不稳定和受限制的情况下创造的。

妇幼保健站今后的工作，除了继续发展原来各项工作外，将特别着重于更广泛地展开妇婴卫生宣传教育工作和解决产床问题。因此把妇幼保健站扩充为妇幼保健所的计划将列入一九五一年第一期的工作计划中。

4．沪西女工妇幼保健站

沪西女工妇幼保健站是在上海纱厂工会（后改为纺织工会）与中国福利会的合作之下产生的。本年七月间通过上海总工会，中国福利会与上海纺织工会同意在沪西合办妇幼保健站,并组织管理委员会进行筹备工作,后来管理委员会便成为该站的决策机构,由中国福利会三人,上海纺织工会二人组成之。经费由中国福利会和纺织工会各负担百分之五十。利用纱厂工会旧址(陕西北路一五七九号)房屋为站址,于九月一日开始工作,十月廿二日正式开幕。

工作对象起初划定在沪西以本站为中心的廿个公私营纱厂的女工计三〇二六四人。至十月初旬工作对象扩大至男工配偶计一〇五四三人。上海纱厂工会改为纺织工会后,基础扩大,乃于十一月间工作对象再增加十一个私营厂,包括男女工人三二六四二人。据了解,多数工人在科学及卫生认识方面还是相当落后,即以接生来说,仍有百分之九十操纵在旧式稳婆之手。同时厂方和工会对于妇幼保健工作也没有给予应有的重视。因此女工妇幼保健站的工作方式,主要的是在工人中进行妇幼保健的宣传教育工作,联系各厂特别是有医务设备的工厂,协助和推动他们进行妇幼保健工作,以及进行产前产后检查、接生及预防接种等工作。

女工妇幼保健站四个月来的工作,在妇幼保健的宣传教育方面,除利用候诊演讲、母亲会以及直接下厂演讲外,并于各厂工会的赞助下,于十二月开始举办简易妇幼卫生学习班,计有各厂女工一五二人,其中并有女工负责同志数人来站学习,将来学习两个月结业后,这些学员将回到车间起妇幼卫生教育的骨干作用,以便配合本站以及上海市工厂妇幼卫生宣教委员会来进行工作。

在协助各厂推进妇幼卫生工作方面,已经进行联络各厂医务室,本站愿在技术上协助他们进行工作。为了照顾路远女工生育困难,争取各厂医务室床位为女工分娩之用,在本站与工会的共同努力下,申新二厂和申新九厂均已增设产床。

四个月来的工作,已使得女工妇幼保健站初步地奠定了基础,但在目前,大部分的工作时间,还是被检查、接生等事务性工作占去了。今后的工作方向,将从进行妇幼保健的宣传教育工作进而推动各厂自行建立妇幼保健机构,那时女工妇幼保健站将处于推动和技术协助的地位了。

附妇幼保健站及女工妇幼保健站工作统计表于后：

项　目	妇幼保健站（6—12月）	女工妇幼保健站（9—12月）	两站总数
产前检查	731次	934次	1665次
产前访视	189次	36次	225次
接生	100人	91人	191人
产后检查	66人	25人	91人
产后访视	628次	401次	1029次
种牛痘	200人	74人	274人
白喉预防注射	663人	283人	946人
百日咳预防	10人	—	10人
霍乱预防	66人	—	66人
化验	2250人	1118人	3368人
儿童健康检查	1581次	20次	1601次
母亲会	680人	276人	956人
卫生教育（个别谈话、候诊教育、团体演讲）	4812人	1909人	6721人
牙科治疗	320次	—	320次
内外科治疗	681人	—	681人
领奶粉儿童人数	600人	—	600人
发奶粉	4289磅	—	4289磅
放映幻灯	—	2次	2次
简易学习班人数	—	152人	152人

5. 儿童剧团：一年来儿童剧团表现了工作上的发展和提高。

一年来儿童剧团的孩子从四十三人增加至五十八人，由于解放后客观形势的日趋稳定，使儿童剧团的工作也能转入以少年儿童为主要的服务对象，初步结合了该团全心全意为少年儿童服务的一贯方针，工作方式也由游击式的混乱情况逐渐纳入正轨，初步掌握了以训练为主、演出为辅的原则，完成了分组学习制度，为专业化的训练工作创造了有利条件,从而使得儿童剧团的工作在一九五〇年内大大提高了一步。

一年来儿童剧团先后创造了新型歌舞剧“大拜年”、秧歌剧“报灾荒”、花鼓“解放海南岛”、广播剧“解放台湾”、舞蹈“少年先锋舞”、儿童独幕剧“中朝人民是一家”和“保卫祖国”,结合课程排练了苏联民间舞,参加中央文化部、上海电影制片厂的工作,完成了木偶戏“和平歌”、卡通片“谢谢小花猫”和“小铁柱”等影片,并于年底赶排了“歌舞胜利年”大歌舞剧。

一年来儿童剧团受邀参加有关集会及受文化局艺术处分派演出工作,共计四十八次,接触观众约七九〇〇〇人,其中以欢迎世界青年代表团、欢迎西南各民族代表团及慰劳防空部队等演出最为突出。

“小雪花”的演出不但标志着儿童剧团的工作已经提高到新的水准,而且也是中国儿童演剧中划时代的举动。“小雪花”在国际儿童节以后在兰心连续演出了三十场,共计观众五万多人,十一月间为劝募寒衣义演了二场,共募得到寒衣代金五百余万,十二月间举行周末实验公演,曾在解放剧场演出了四场,共计观众二九七九人。通过“小雪花”的演出,一方面提高团员们的技术水平,另一方面更对广大的少年儿童起了深刻的国际主义教育的作用,很多小学教师承认孩子们看一次“小雪花”比上若干次政治课所收的教育效果为高。

自从儿童剧团于下半年确定了以训练为主的原则后,训练工作已获得了显著的进展。文化学习和政治思想教育,由于工作人员补充后已有专人负责,而逐渐正规化。技术训练由于分组后的有利条件,使孩子们在业务技能上都有了飞跃的进步,如音乐组已能搞简单的合奏,美工组在素描和速写方面已有了初步基础,部分孩子已能设计舞台布景,表一组进行了舞蹈的基本练习,并能自己创作简单的舞蹈,表二组通过“小雪花”的演出,已能分析剧本和角色,能批判演技,化装技术也提高了。

儿童剧团仍存在若干缺点,主要的如演出工作仍处于被动,因而影响了训练进度,更因为工作上缺乏计划性以致常常赶任务、搞突击,又如对团员要求过高,课程太繁重,加以时常搞突击,而没有照顾到团员的体力和健康。

一九五〇年是儿童剧团长足发展的一年,今后的任务将是克服缺点，指导员和团员更进一步地专业化，在训练与演出上争取更大的成绩，为新中国的儿童戏剧工作创造更多的经验。

6. 少年儿童文化站：少年儿童文化站是在沪东第二儿童福利站的基础上建立起来的，自三月份开始工作以来，一直是在贫乏的物资条件下开展工作。

少年儿童文化站是一个新型的工作，几乎没有任何完整的经验可资参考，一切的经验都要在工作的摸索中来创造。在文化站一开始工作便遇到了三个问题，第一是工作的内容和方式；第二是需要有较大的空间、足够的房舍和设备；第三是适当的人事配备。在第一个问题上直酝酿到十月间召开了两次座谈会才确定下来，即少年儿童文化站应以广泛组织少年儿童的休闲活动、文娱活动、图书活动、体育活动、各种性质的集会等为其主要工作方式。在第二个问题上，因原来房子破旧而且狭小起先决定在原址重造，但由于建筑费直到九月份才有了着落，十一月份华东建筑公司完成建筑图样，并估价建筑费约需人民币九亿元，但当时为了配合抗美援朝运动和节约开支起见，便把这项建筑计划暂时搁置起来了，因而直到年终，房子问题还未获得解决。在第三个问题上，由于房屋设备都未得解决，工作不能展开，因而人事配备一直没有进行，而相反地工作人员由十一人减到八个人了。

在这样的人力和物力的条件之下，少年儿童文化站在这一年中做了些什么工作呢？

上半年只能把原福利站的识字教育继续下去，招收了劳工及贫民的子女二四〇名参加识字班，另外补习班包括小先生八十名，暑假后因为计划建筑站房把识字班停办，加强补习班并把它正规化起来。计三个补习班共有学生八十九人，半年来介绍就业的有九人，介绍转学的有六人，参加革命及军事干校的有十二人，还可能有人参加防空学校。半年来除了一般的文化课程外，并在补习班进行了抗美援朝的政治思想教育，举行美帝暴行的控诉会，普遍地提高了爱国热情，并在组织少年儿童活动方面曾于十一月、十二月两个月中连续举行了臧大二子控诉大会、抗美援朝故事会和新年联欢大会，先后共计接触了榆林区少年儿童达四千五百人。这些活动深得区政府、区团工委、小学教师们和少年儿童们的赞许和拥护，因而打下了今后文化站工作的基础。

一年来,少年儿童文化站虽处于艰苦的条件下,但是工作人员并没有气馁,相反地他们发挥了创造性,而获得了今天的成就。今后的问题,首先是如何尽早地解决房子问题,然后才能正式展开站的工作,以便为新中国的少年儿童的休闲活动创造经验。

7. 少年儿童图书馆

少年儿童图书馆是在原第三儿童福利站的基础上建立的,自本年三月开始筹备,四月十八日开放。

少年儿童图书馆的图书是以原第一儿童福利站移交的图书为基础(大部分已不适用),后来每月添购新书五六百册,到年底已有供儿童借阅的图书共七千余册。

九个月来少年儿童图书馆的工作情况如何呢?

来馆阅览的孩子共计八六五三八人,每日平均约三四百人。由于两个阅览室只能挤下一百个孩子,所以有时孩子们要站在门外等待入室阅览的机会。

登记借书的小读者已有五百名,平均每日有七八十人借书,借书次数至年底共九七六三次。先后展览了苏联儿童生活图片六套,这些图片在馆内展览后,并转借给复兴小学等六个学校展览。自十一月初,为了配合抗美援朝运动,继续进行漫画展览。

每周举行文化活动一次,共举行三十八次,参加者三〇四〇人。活动内容主要的有故事会、演讲比赛会、连环画座谈会、时事座谈会、作家见面会等,其中作家见面会举行过十一次,把儿童文学作家请来与小读者见面,亲自向小读者报告作品内容,征求小读者意见,在引起小读者阅读兴趣上起了积极作用。

初步完成了整理图书的工作,完成了旧书的审查,拟订了新的分类编目法,并开始有计划地收集全国出版的儿童读物。

在十月间,对工作方式进行了检讨,发现馆内工作项目繁多而效率低微,并认识到图书馆的一切活动必须与加强图书流通的效率相配合才能收到效果,因而确定了图书馆工作以“推广图书流通”为重心,结果先后建立了八个集体借书户(包括儿童晚班、家庭妇联、伤残机构等)和一个里弄流通站,推广工作使馆务纳入一定方向,并为今后扩展业务铺设了道路。

由于在全国范围内，儿童图书馆还是很缺少的，所以少年儿童图书馆今后的工作目标是要在儿童图书工作方面，创造经验，培养典型，以便推进新中国的儿童图书事业。

8. 儿童时代社

儿童时代社的前身是儿童工作研究室，这是在本年三月间第一次调整工作时成立的机构。儿童工作研究室的工作分为出版与研究两部分：出版方面出版了《儿童时代》杂志，由于适合于客观需要、主观努力，社内全体同人的努力获得了发展的可能。而在研究方面，由于当初系凭主观拟订的计划，主观力量的估计和客观情况的了解都不够，一开始便发生了困难，因而在八月间便把研究工作停顿下来，以全力放在什〔杂〕志上，并且把儿童工作研究室改名为儿童时代社。

《儿童时代》是半月刊，以小学三四年级的儿童为主要对象。自创刊以来，到年终已出版到十五期，连同创刊号共十六本。从创刊号印刷二千份起到第十五期已增加到一万七千份，十六本发行总数为十六六，〇〇〇本，实销数为十四一，五八五本。在营业方面除了薪金及办公费外，什〔杂〕志本身达到保本的程度。

《儿童时代》已受到儿童的欢迎，受到儿童文艺工作者和教师的关心和帮助，也受到教育当局的重视。根据一千张读者意见调查表的统计，每本《儿童时代》的读者平均是五人，就是说每期的读者有七万五千人了。

《儿童时代》已建立发行网，重点在上海市各区小学校，并委托新华书店、三联书店和邮局代销到全国。

《儿童时代》在编辑上、印刷上都还有一些缺点，有待于今后的继续努力，来使这个为儿童们所欢迎所爱好的什〔杂〕志更好地“为儿童服务”。

9. 业务学习

自从本会工作范围明确规定为“从事福利方面的实验性及示范性的工作”之后，如何提高业务水平便成为重要工作之一。同人们也认识到把政治学习与业务学习结合起来是搞好业务的基本环节，从而普遍地产生了学习业务的要求。

在十月份工作处扩大处务会议上通过了分科的业务学习计划，布置了第一个单元的学习。两个月来各单位已经普遍地展开了业务学习。一般地都已阅读了文件,展开了讨论,在托儿所和保健站都有定期的专题讲演,可以说已经得到了相当收获。

但是由于处科对业务学习的领导与检查不够,个别同人对目前的业务学习也不够重视,因而业务学习仍停留在开始的阶段而没有深入。今后必须强调业务学习的重要性,必须把目前的学习加强起来,为着提高工作人员的业务水平进而把工作提高到示范阶段而努力。

以上对于本会妇儿工作作了一个非常概括的报告,一九五〇年度本会在妇儿工作方面获得了些什么成绩呢?

主要的成绩表现在调整了组织,建立了制度,确定了工作方向,扩充了工作。在这一年中把分散的旧方式的妇儿工作改组过来了,有了明确的组织系统和领导关系。妇儿工作处在主席办公室领导下贯彻了各项制度,使得各单位的工作逐渐正规化了。由于本会的改组,使得妇儿工作获得明确的方向和内容,因而工作上也就大大地开展了。因此我们说妇儿工作方面在一九五〇年获得的主要成绩在于获得了工作的稳定、明确、正规和发展,所有其余的成绩,都是在这个基础上产生的。

成绩表现在各业务单位的工作都获得了进展。如前面所说,各单位在"为群众服务"的指导原则下,都获得了一定的进展和成绩,而且都能发挥创造性和积极性来搞好业务,尤其有一两个单位虽处于非常贫乏的物质条件下,如少年儿童文化站和妇幼保健站仍能想尽办法来开展工作,更是应该肯定成绩的。在这一年中除了少年儿童文化站外,各单位都已经打下了工作基础,因而铺平了在一九五一年向实验性及示范性工作的道路。

成绩表现在工作人员的积极为群众服务。一年来各单位工作人员通过了政治学习和批评与自我批评,纠正了若干对于工作的不正确的看法,通过了改组澄清了若干混乱思想,在工作中一般地都是服从领导,重视业务,积极为群众服务。很多工作人员的工作都超过了规定的时间,有的一星期只有半天休息甚至全无休息。有的单位中途有人辞职,余下来的工作便由大家自动地分担而不再添人。有的发挥创造性解决了工作上的困难,尤其当几个单位开办时,工作人员更是不顾疲倦地拼命工作,这种积极为群众服务的观点便是创造成绩的主要因素。

成绩表现在不断地掌握原则改正错误。如发现儿童工作研究室的研究工作没有前途,便马上停止下来。发现文化站的补习班成了工作上的负担,便及时拟订计划进行结束工作。发现托儿所的同人过度疲劳,便设法增加人手,设立同人宿舍。发现妇幼保健站因房子问题,一度不能安心工作,便提出在原址的两月工作计划,来稳定工作。发现图书馆的工作没有中心,便经过检讨后,订出了以推广图书流通为中心的原则。发现了儿童剧团的演出任务过重,便订出训练为主、演出为辅的原则。

最后成绩表现在建立了业务学习制度。虽然今天的业务学习还非常不健全,但是已经认识到业务学习的重要性,而且开始使业务学习变为制度,这就意味着有计划地提高业务水平,意味着把业务提高到实验和示范的阶段。

一年来的妇儿工作有着飞跃的发展,获得了显著的成绩,基本上完成了任务。所有这些成绩应该归功于主席的英明指示(为群众服务,加强团结,避免浪费),归功于行政领导,归功于工作人员的积极负责。

那么一年来在妇儿工作方面有哪些缺点呢?

主要的缺点表现在目前的业务与示范性仍有相当距离。虽然业务上初步地奠定了基础,但一直是停留在事务性搞工作的阶段,主观上没有力量把工作提高到示范性,因此便在若干单位中看不出较清楚的远景,因此又在若干单位中产生了对工作方向与方式的怀疑,这都是与工作有害的。主要的原因就是在于不能正确地掌握原则,把工作及时提高,以致“示范性”变成了一个口号而与工作脱节。

缺点表现于领导上的不够。妇儿工作处对各单位的工作多半是一般性的号召,而缺乏具体的帮助与检查,多半是事务性的忙碌,而缺乏计划性的推动,多半是事后的补救,而缺乏预见与防止,因而不能使工作做得更好一些。

缺点表现于残余的旧制度、旧作风、旧思想的作祟,因而影响新制度的建立。由于一种堕〔惰〕性,使得残余的旧制度、旧作风、旧思想仍在不知不觉中发生作用,因而产生一种对新鲜事物的抗拒力,成为建立制度开展工作的障碍。

缺点表现于若干具体问题迄未获得解决。如文化站和妇幼保健站的房子问题,直到今天还没有解决。固然客观上有困难,但领导上没有积极地重点地集中力量来谋取解决也须负一部分责任。

最后缺点也表现在个别工作人员的服务态度不好,业务水平不够,以致影响了工作。

所有这些缺点,应该说,是正在逐步改正中,在今天没有任何力量能够阻止中国福利会的发展,因此,以上这些缺点也就绝不能永远成为我们业务中的障碍。让我们决心纠正这些缺点,扫除这些障碍,为了迎接一九五一年的新任务,为了创造更大的成绩而努力吧。

改组第六件大事,为设立人事处,主管本会人事工作。

一年来的人事工作,也有着显著的进步与发展。一九四九年底工作人员由三十余人增加了一倍。为了适应事实的需要,一九五〇年一月初步建立了人事制度。由于业务的发展,如托儿所由日托四十名扩大至全托二百名,工作人员陆续增加。八月中旬,中国福利基金会改组为中国福利会时,工作人员已增至一百四十余人,到年底则已增至二百余人了。原章程规定,人事部门,系在主任秘书下设立人事组,为了配合政府重视人事制度起见,经执行委员会讨论修正,改为人事处。人事处设行政、福利、教育三科,在主席领导下负责人事管理工作。四个月来,以人事配备、人员调整、加强学习等为重点工作,以作为达到定员定额制及建立革命的人事制度之准备。兹将一年工作概况,简述如后:

一、行政部分工作

(一)人事配备:工作人员的配备是应该与业务计划互相配合的,但因改组前各单位业务的飞跃发展,人事部门与业务部门事先未有周密的计划与步骤,急于增添人手,以致有粗枝大叶的决定,对于新进人员的工作能力、工作经验、工作态度、政治水平等都未能重视,又因人手不够,未能至各单位了解情况,这就不免于工作进行上发生或多或少的困难。因此,人事处成立后,对人事配备、人员调整、录用办法等逐步重作合理的部署,惟十月份正在本会改组期间,各单位人员的增加迁调者较多,因应付临时需要,物色人手方面,有时仍不免处在被动的情况中。本会各单位中托儿所工作人员有八十余名,十月份起在该所增设教育干事一名领导学习,至十一月底人事配备大致完毕,已可达到定员定额制。为了了解人事、工作学习等情况,自十一底起随时派员至各单位联系，又为普遍了解同人情况，由工作人员再填写人事登记总表，此项表格随其迁调而转移。

关于录用人员等情况如下：

1. 录用人员的规定

本会业务具有实验性示范性的作用，因而工作人员的质量必须是不断的提高才能达到预期的收获，故除原有的工作人员加强政治学习、业务学习外，新进人员录用办法也规定为——

第一、新进人员以政府人事部门、总工会、机关、团体之介绍为原则。

第二、托儿所保教员、托婴所保育员等以毕业或肄业于幼稚教育学校，或曾任小学、幼稚园教师者为标准，其他人员则视工作性质之需要，量才录用。

根据上项原则，最近托儿所新进五位保教员均符合标准，但原有的保教员虽非幼稚师范或专科学校毕业，亦具有多年的小教经验或工作热情，现一般正在加强业务学习以提高业务水平，向着示范的目标迈进。

2. 人员的迁调与选拔

本年二月间儿童工作组领导下的三个儿童福利站因为改组关系，工作人员有所迁调，八月中旬本会改组时工作人员也有不少调动工作岗位，关于职位之更调则系根据实际需要及人尽其才的原则而规定之。

工作人员中有因工作努力及其能力已超出原任职位之工作，由单位主管人或经多数同人意见，提请上级及行政上予以升调或由行政领导直接选拔者，已有多人。

3. 工作人员统计

工作人员除正式任用者外，尚有兼职及义务人员、见习人员等。兼职人员八人大多系专门及艺术人才。义务人员多系热心社会事业的医师或营养专家或工友（医师十三人，营养专家一人，工友二人）。医师则担任妇幼保健方面之医药顾问，或医师、托儿所所长。营养专家则担任托婴所托婴师、儿童饮食设计与指导。见习人员系上海医学院派至本会各单位医务见习，金陵女子大学学生三人于暑假间至本会托儿所见习。工作人员统计表附后。

(二) 各种章则之制订及实施情况

本年一月拟订的工作人员征聘办法、解聘办法、请假规则等,经执行委员会批准后即开始实行(考绩办法已批准尚未实行)。人事处成立后,将征聘解聘办法重订为职工任免办法,请假规则也略加增删,并于改组后实行签到以作考勤时资料。在人事制度建立期中,个别同人因业务繁忙及对新制度尚未习惯,同时人事处在具体的指导方面也做得不够,因此各单位在执行时多少发生一些偏差。例如有个别单位的主管在处理请假制度时,就不能充分掌握请假规则的精神。还有一部分同人对制度的认识也不够正确,认为制度是用来约束大家的,而不是为了改进工作而拟定的,因此也就不能主动地来遵守,间有自由散漫之表现,经过解释矫正后,现也渐上轨道。为求贯彻与健全制度起见,因此,在重订考绩办法、拟订奖惩办法草案后,先送本机关工会征集同人意见,通过从群众中来又到群众中去的群众路线后,相信于执行时必能减少困难,及不至流于形式,因本会同人均具高度的工作热情,都热望搞好工作以达到实验与示范的目的,现该草案尚在同人研讨中。

(三) 人事问题

本年上半年曾有三次的人事问题发生,但并不严重。寻究其发生根源,系与服务观点的不正确有关。因为工作人员中多系小资产阶级出身的知识分子,过去受着多年来反动统治的影响,在未经过政治学习前,还不免带有雇佣观点与个人主义的思想,经过同人的批评与帮助,或工会的帮助改进后,问题即告解决。其后又经过几个月的政治学习、整风学习,及在党团的配合帮助下,同人的政治思想大大的提高,已不再有人事问题发生。惟个别同人有时因生活上的困难而引起情绪不安,尚未能全免,须在加强政治学习从思想改造中来克服困难。

二、教育部分工作

甲、教育科的工作任务

教育科自从一九五〇年九月初成立以来,已经整整四个月。这四个月以来,中国福利会工作人员已增加到二百多人。在这些工作人员中间,其情况大致是如下的:

(一) 原有工作人员,经过一年多的政治学习的有六十人左右。一年多以来他们经过了人民大宪章、社会发展史、国际主义、批评与自我批评、各阶段时事……等的学习，在政治上、在思想上、在工作上已经提高了许多。但是因为这些同人多半是小资产阶级出身的，所以也还有着自由主义的工作作风。

（二）在这二百人中间，有党员、团员、积极分子，在学习中发生相当作用。

（三）在本会工作扩大以后增加了大批的新的工作人员，他们有的是旧社会的技术人员，有些是家庭妇女，从前都缺少系统的政治学习，但大部分人有着政治学习的要求。

（四）在这二百多人中间有四十多人是工友，文化水平多不一致，有的高小毕业，有的是文盲。

（五）中国福利会过去的学习组织中，有学委会过去对同人的学习进行了不少的工作，但教育科至今尚只有一人。

根据这些情况，教育科的工作方向与工作方法，不外如下：

第一、因为中国福利会学习中有一些骨干分子，同时未经过政治学习的同人也有政治学习的要求，而且因为教育科工作必须依靠全体同人，因此，在自觉自愿的基础上，必须把学习造成一个经常性的群众运动，运用同人已有的学习组织——学委会来开展工作。

第二、因为本会的工作人员，多半是小资产阶级的知识分子，因此教育科的工作重心必须放在改造旧知识分子的政治学习上。

第三、毫无疑义，工友的教育也是不能忽略的，但主要的是文化学习、识字教育。因为工友工作忙、教育科人手少，且本会各单位地区分散，因此工友的文化学习，也必须依靠同人的阶级觉悟，发扬阶级友爱，逐步开展文化班的工作。

在自觉自愿的基础上，展开本会工作人员的政治思想教育，推动和建立工友的文化学习，以提高工作，这便是教育科的具体工作任务。但除此以外，教育科也必需配合与推动会内会外的各种文化活动。

二、教育科四个月以来做了些什么？

在主席办公室及人事处的正确领导之下，更由于本会全体工作人员的通力合作，以及学委会和工会文教委员会的合作，教育科四个月以来，大致推动了如下的工作：

（一）自九月初到十一月初完成了本会的正〔整〕风学习。在这一学习中的主要收获是同人大多数严格地批判了在工作中的错误思想与作风,特别是自由散漫与极端民主化的现象,有了初步的纠正;其次是给新来本会的工作人员打下了学习的基础,使他们初步了解了建立革命人生观的重要意义,从而改变了工作态度。

(二)自十一月十日至一九五一年一月十日进行了时事学习,在这一学习中,本会同人大致上认识了美帝侵略朝鲜,中国人民不能置之不理,以及美帝侵略本质的概略的认识。经过这一学习,本会机关工会在这一爱国运动中有了许多表现,如捐献子弹代金、捐献慰劳袋及制定劳动公约及爱国公约等。

(三)自十一月初工会成立后,即与工会文教委员会配合,推动并健全了工友的文化学习,特别是在以前没有建立工友文化班的地区里——如总会、托婴所等,都建立了文化班。

这一切就是教育科四个月以来配合本会各群众组织所进行的工作,可以这样说,本会的政治学习是大家在自觉自愿的基础上的同人的自发运动,而教育科所做的只是组织领导、推动展开、定期计划、定期总结,以及对各小组的帮助等。

三、福利部分工作

(一)工作人员待遇

本会职工薪金系依照前中国福利基金会薪金标准向例核发的,一般说来都系平均主义,例如教师职位一律为一百四十单位,保教员一律为一百单位,但同一职位中,各人的工作成果未必一致。为逐步矫正是项缺点,先从个别人员着手调整,因于改组后新进人员试用期中先根据其资历初步核定薪金,试用二个月期满后,审核其德才以决定任用,再作合理的薪金调整。现时会中工作人员薪金部分仍存在着不合理的现象,虽曾有适当调整的拟议,但因考绩制度尚未建立,而批评与自我批评尚在初步进行,必须经过一个酝酿与准备阶段以后才能实行评绩,作合理的调整。

(二)对工作人员健康的重视:

行政领导上对于同人的健康是时常关心着的,我们的服务对象多是儿童,工作人员的健康与否,与儿童有密切的影响,故本会新进人员必先经体格检查,合格者方录用,但在工作期间如因病不能工作时,也尽量给以照顾，除由本会医师诊视并尽可能给予药品或补药外，并照一般机关规定假期可延长至三个月以资治疗休养，薪金也照规定办法支给。总会又设医药室免费为同人家属诊病，其他福利工作如教育贷金、医药费贷金、丧葬费贷金等则由本会协助，或配合本会机关工会共同进行。

四、工作中存在着的缺点

（一）行政福利部分：

1. 没有人事计划，致未能主动地配合业务，掌握人事配备与调整工作。

2. 与各业务单位联系不够密切，以致未能充分地了解工作、人事、学习等情况，同时与工作有时发生脱节现象。

3. 由于人事处与各业务单位联系不够，在执行制度时缺少说服教育工作致执行制度还有困难。

4. 待遇方面尚存在着部分不合理现象。

（二）教育部分：

四个月以来，教育大致有下列的缺点：

1. 对组织领导工作不够：基于本会同人的自觉自愿，教育科当加强学委会的组织领导工作，但教育科未能把学委会常委会充实，特别是未能发挥各常委的力量，更未能把学习积极、认真帮助同人学习的工作人员组织起来，使发挥学习指导员的作用，这些都是教育科对组织领导不够的地方。

2. 因为缺乏组织领导工作，各学委力量及其他同仁之力量未能充分发挥，因此教育科形成了事务主义的工作作风，原则方面掌握不够，精力用在琐碎的事情上不少，因而深入了解情况不够，对各学习小组帮助不多。

3. 因为有事务主义作风，所以未能使学习逐步提高，形成了安于现状、不知改进的状态。

造成了这些缺点的主要原因，主要的是由于教育科对组织领导重视不够，但另一方面也因为教育科人少，事情集中在一个人身上所致。改进这些缺点的办法，主要是教育科当重视组织领导工作，更依靠全体同仁，发挥同仁的学习热情，大家共同搞好学习。

中国福利会一九五〇年工作人员人数及文化程度统计表(略)

中国福利会一九五〇年工作人员请假统计表(略)

中国福利会一九五〇年各单位工作人员统计表

改组前各单位工作人员数(8月14日)						一九五〇年底各单位工作人员数					
工作单位	职员数		工友数		合计	工作单位	职员数		工友数		合计
	男	女	男	女			男	女	男	女	
总　会	9	8	6	0	23	总　会	17	13	8	0	38
儿童时代社	5	1	1	0	7	儿童时代社	4	2	1	0	7
儿童剧团	5	2	2	0	9	儿童剧团	13	2	3	0	18
文化站	5	5	1	0	11	文化站	4	4	1	0	9
图书馆	2	3	1	0	6	图书馆	2	3	1	0	6
托儿所	0	43	16	12	71	托儿所	2	57	16	10	85
托婴所	0	1	0	0	1	托婴所	0	14	2	1	17
妇幼保健站	2	12	1	0	15	妇婴保健站	2	11	1	1	15
女工保健站	1	0	1	0	2	女工保健站	1	7	1	1	10
合　计	28	76	29	12	145	合　计	45	113	34	13	205

〔整理者系上海市档案馆编研部研究人员〕

报刊资料

《申报》中的信义银行资料选辑

叶世昌　辑录　孙大权　校订

辑录者按：信义银行1907年由尹克昌（寿人）、马良（相伯、湘伯）发起创办。实际掌权人是尹克昌，马良名为总董，实不管事。信义银行总行设于镇江，但经营重点在上海分行。该行资本不多，却盲目发展，甚至发布不实广告，两年不到就因挤兑而于1909年倒闭。倒闭后处理善后事宜成为难题，波澜迭起。《申报》报道信义银行事件特别详细，具有较高的银行史料价值。相关报道辑录总字数约达55000字，因篇幅过巨，以下仅刊登信义银行从创办至倒闭时资料，供研究者参考。有些完全相同的广告，仅取其一，以避免重复。

1. 光绪三十三年八月初八日（1907年9月15日）

商办镇江信义工商储蓄银行

本银行为便利苏、常、扬、镇，长江里下河各处士、农、工、商起见，特创信义银行，已禀度支部立案，农工商部注册，在镇江西柏街开张。依镇江市面情形，凡存款均照十二个月起利，与别银行仅发周息十个月者不同。在本行存款者，长年月息六厘，六个月者月息五厘，三个月者月息四厘半，存付无定期者月息三厘半。如六个月未经付利者，即将利作本，即日利上生利。并备有支解簿，以便存款之人随时随意，自行写发支票，由本人或别人在本银行支付。所存之银依期交付，与钞票一样通行，诚为内地绅富官商所不可少之第一要事。另有婚嫁储金、养老储金各法。如有父母为其子女，自其初生之年起，每年到行存银十四元二角九分,满二十年可付还婚嫁费五百元。少壮之人为其父母,或为其本身,每年来行存银二十八元五角九分,二十年后即可付还娱老费一千元。以上二款如未满二十年,而本人因有他事取回应用者,本行仍照周息四厘付还该存户本利。其余良法美意不可尽述。诸君光顾,请就近来本行照章委办。道远者请赐函交邮政局或妥实信局送回本行,均一律照办妥善。

2. 光绪三十三年八月十五日(1907年9月22日)

镇道演说储蓄银行开办之利益　镇江

镇郡信义工商储蓄银行于初十日开办。是日请镇道荣观察莅行演说。其演说大意略谓:今日处商战时代,务须预为储蓄。凡儿女婚嫁之费、向学之资,皆不可不先期筹及。现幸信义银行成立,以营业之性质,寓利济之婆心。非惟存本可靠,且能生利,更能利上生利,诚工商致富源泉,慎毋忽诸,云云。

3. 光绪三十三年十月十六日(1907年11月21日)

公电(汉口)

申报馆鉴:苏浙路股,克昌与相伯先生以申、汉、镇、淮、扬五处信义银行,保入股诸公本利。尹克昌叩

4. 光绪三十三年十月十九日(1907年11月24日)

信义储蓄银行代招苏浙路股广告

本银行总董马相伯谨代招苏浙路股,凡我爱国同胞,请到镇江(西坞街)、扬州、清江、汉口(大董家巷河街)、上海(铁马路鹏程里)本银行,照新章认股为盼。

5. 光绪三十三年十月二十二日(1907年11月27日)

信义银行拟设分号　汉口

商办镇江信义储蓄银行总理尹观察寿人,前日来汉设立分行。现已租定大董家巷及招商局内二处,闻年内即须开办云。

6. 光绪三十三年十一月二十日(1907年12月24日)

信义储蓄银行出售五元、十元、五十元、一百元四种债票,订明周息五厘,准十一月三十日发行。此票通行上海、镇江、汉口、武昌、扬州、清

江、北京、天津、长沙、苏州、南京、九江、芜湖、沙市、宜昌、重庆、湘潭、常德、益阳、洪江、福州、厦门、香港、广州各处，可以汇兑现银。出票无多，欲购者请从速订购可也。镇江西坞街，上海铁马路，汉口招商局河街大董家巷，北京前门外长巷下头条胡同。本银行同启

7. 光绪三十四年正月初六日（1908 年 2 月 7 日）

信义储蓄银行紧要广告

本银行自奉部批准开办以来，凡在本银行存款诸君，均经本银行按照章程付清本利，毫无延误，人所共知。本银行系为挽回利权，力谋公益起见，特此声明，为爱国同胞谨告。

8. 光绪三十四年正月初八日（1908 年 2 月 9 日）

度支部批准、农工商部注册商办信义工商储蓄银行广告

总银行开设镇江（西坞街）。分行开设上海（铁马路桥）、汉口（河街熊家巷大董家巷）、武昌（芝麻岭）、北京（前门外长巷下头条胡同）、长沙（南正街）、湘潭（十二总）、芜湖（二街）、宜昌（二牌楼）、扬州（多子街）。

商业柜台章程

在本银行存款，均照十二个月起息，与别银行发十个月息者不同。

五年以上之存款月息一分。

四年以上之存款月息九厘。

三年以上之存款月息八厘。

二年以上月息七厘。

一年以上月息六厘。

六个月者月息五厘。

三个月者月息四厘半。

存付无定期者月息三厘半。

本银行备具支解簿，以便官商富户由本人自行写发支票，在本银行付取，银两与钞票一样通行。是存款于本行之人，随时有任意发出支票之权。其未支付之银，仍在本行按日算息，洵为利便官绅富户之第一法。

凡存银于本银行者，如半年之内不来取之利，本银行即代其将利作本，为之利上生利。

储蓄总章程

凡零星存款不及半年者,按周息四厘计利。半年以上者,按周息五厘计利。如满二年全未付本利者,除照章利上生利之外,再加半厘。三年未付者,再加半厘,共计六厘,五年仍未付者,再加半厘,增至七厘为止。

特别储蓄优待章程

(甲)修学储金。凡父母为其初生之子女,每年存洋二十一元九角八分,满十七岁可付还六百元;或每月存洋一元八角七分,满十七岁亦付还六百元,作为游学之费。多少以此类推。

(乙)养老储金。无论何人为其父母,或为其本身,每年存洋二十八元五角九分,二十年后付还一千元;或每月存洋二元四角三分,满二十年亦付还一千元,为其娱老之费。多少以此类推。

(丙)婚嫁储金。凡父母为子女,自始生之年起,每年存洋十四元二角九分,满二十年可付五百元;或每月存洋一元二角一分,满二十年亦付洋六百元,为婚嫁之费。多少以此类推。

特别债票

本银行发行五元、十元、五十元、百元四种债票,全为利便仕商往来起见,故格外克己,不取汇费分文。各处分行随到随付,决无延误。如留存此票经满一年者,即以五厘行息起算。现已通行,人人称便,洵为较汇票、钞票之便利,尤有过胜者也。

9. 光绪三十四年二月十三日(1908年3月15日)

调查信义分行资本　汉口

汉口信义银行分号开办以来,民间颇称信用。现鄂督赵次帅札饬商会派员赴该分行检查资本,总理尹君寿人适在沪未回,当即电促回汉,以便将帐目呈核。

10. 光绪三十四年三月初四日(1908年4月4日)

商办信义储蓄银行添招新股广告

本银行为推广生意,挽回我国利权起见,添招新股一百万元,每股一百元正。不折不扣,按年八厘行息,半年付息一次,以交银之日起息,在各处信义银行支付。其余摊分红利,充当职员,一切应得权利,另有章程，乞就近取阅可也。售股处：镇江二马路信义银行；上海铁马路天妃宫信义银行；北京前门外长巷下头条胡同信义银行；宜昌二牌楼信义银行；汉口河街董家巷信义银行；武昌芝麻岭信义银行；湘潭十二总信义银行；芜湖二街信义银行；长沙南正街信义银行；南昌石头街信义银行。

11. 光绪三十四年三月十四日（1908年4月14日）

度支部批准农工商部注册商办信义工商储蓄银行广告①

（上略）

信义总银行设镇江（二马路）。分行开设上海（铁马路天妃宫）、汉口（河街熊家巷大董家巷）、武昌（芝麻岭）、北京（前门外长巷下头条胡同）、长沙（南正街）、湘潭（十二总）、扬州（多子街）、芜湖（二街）、宜昌（二牌楼）、南昌（石头街）、重庆（打铜街）。

12. 光绪三十四年三月二十二日（1908年4月22日）

信义银行招股启

本公司开业以来，未逾一岁，信附之众且多，流通之广且远，发达之神速，竟为预算时梦想所不及到。此虽荷蒙社会上之信用，而本公司营业上之方法，亦有可得一言者。

一、支行众多。户部、通商等官立性质之银行，其支店以本国省会及繁盛之商埠为限。本公司则除上举各处外，南洋之新加坡亦已立有分行。枝叶繁密，则所以拥护其本根者亦益力。

二、债票通行。本公司新出之债票，附以利息，尤为中国现有各银行之特色，故发行未久，即已到处流通，群相称便。

三、利息优厚。银行于存金之利息，通常以十个月作为一周年，且每年给利仅自五厘以至五厘五。本公司则以十二个月为一周年，每年给利八厘，故虽事业之宏大超过初规，而所吸收之存金随之俱厚，足以应之而有余。

前文所述之三项，犹本公司以前营业之方法。今兹所图与夫先操券之利益，则如后文。

---

① 内容和正月初八日广告大致相同，但无“特别债票”一栏，分行也有不同，以下仅录其总分行一栏。

(甲)方法

一、保固。汇丰、正金等行,照约不能至内地郡县设立支行,然其钞票固已无远不到。我同胞购票一张,即隐收一张无附利债票之实益。履霜坚冰,先惟足惘然。欲于一郡一县之地各自保存,无论势涣而力薄,且安所得如许建设之巨资?本公司窃不自量,欲于此等处分支遍设,以为内固藩篱、外塞漏卮之计划。

二、推广。华侨之散处南洋群岛及美属金山、英属澳洲、日本东京横滨等处者,总额无虑数百万人,贸易上之势力不但突过土族,且时驾西人而上之。独于银行一业,无人也稍加之意,故此次贸易遂为外国银行所垄断,而我海外之同胞且不得不永仰西人之鼻息。本公司除在新加坡已先立有分行外,拟再择世界著名之巨埠添设数处,渐次推及各岛。

(乙)利益

一、吸收内外之资本。我国固非甚贫,唯素封之家每惧其得富名,而有将银存之外国银行者。自政治学之萌芽,乃各激发其爱国心。即凡旅居海外者,亦都回而向内,而渐祛依附外人之旧习。本公司因势利导,又自誓以三事曰:资本必厚;信用必坚;秘密之道德必谨守。使资本家不至有所疑虑。则前此存金于外国银行者,且必转而存于本公司。本公司得此存金,广为运营,后益自然无量。

二、吸收内外之汇水。内国之汇水虽非直接操于外国银行之手,然钱庄、票号每有恃外国银行为流通者,则彼已以间接而分汇水之利。至于海外华侨每年所归祖国之金额,约及银二千万两上下,因我尚无自设之银行,此项汇水遂为外国银行所独享。试就总额一思之,我同胞岁所耗损者,又不知几何。若本公司之分行一经遍设,则对于内可为金融界上骤增活动之生气,对于外利用人心内向之动机,自不难尽数吸收,使祖国自有之利益仍归祖国。

右文所举,乃荦荦之大端。本公司循此途辙,渐次进行,必且突飞猛进,而为银行中之巨擘。此非敢先自夸也,实际上固必如此。虽然,本公司之目的犹不仅在利益上也。方今海禁虽开,内国之与侨氓情形意旨,彼此犹未尽晓。银行既设,一方面为我内外通金融之机关,一方面即通隐达情,而以渐联内外为一气,斯于政治上亦良有裨益也。

本公司负此宏愿,矢在必成,然子者母所生,故必以厚集母财为入手。且天下之大利,宜与天下人共之享之,不当为一公司所独专,故又必添招新股,为推广营业之权舆。或者谓成与败相对待,凡事皆然,营业岂能独违斯言也?以论他商业犹可,而独不可以论银行。盖言银行之条理,诚非一二词所能尽,专言其关于贸易者,要以汇兑、存贷为主。汇兑之及存银,他人皆先纳资,故享其利而不承其害。贷则似有间矣,然非贷者之一方有确实之保证,或价值超过贷金抵之,当决不轻相贷借。故即贷者一旦其丧信用,银行则失于此犹可抵偿于彼,而永立于不败之地。今之凡为银行股东者,及身既食其报,且以贻留子孙永永之福利,有由来也。识微见远,并世不乏同心;长袖多财,薄海谅多善贾。倘悯其负山之患,而因许其集腋之请乎,定不独本公司之享,邦人实共赖之。招股章程另详于后,兹不赘。

13. 光绪三十四年三月二十三日(1908年4月23日)

上海信义储蓄银行分派第一次官红利广告

本银行定于五月初一日起分派官利、红利,按入股之先后照付。官利照八厘周息计算,外加红利。各股东请到本银行领取为盼。

14. 光绪三十四年七月十四日(1908年8月10日)

电查信义银行捏电

农工商部致江督电:“南京端制军:据镇江商人马储、傅绍岩、吴剑丰、尹克昌、姚锡光、黄忠浩、熊希龄、杜俞等电称,‘镇江商会总理吴兆恩卷骗十二万,惟信义未经受累,竟遭诬禀验资不实,部咨准一面之词,市面震动。商等仍力筹镇定,已调验资本二十万元。先电禀,乞维持’等情。查信义资本不实,前准大咨,当将该银行注册案注销,并将册费交由尊处转给在案。兹据前情,经咨询陆军部,并电鄂督、湘抚准复,姚锡光、黄忠浩、杜俞等前电均未列名,希饬该关道将来电首列之马储、傅绍岩、吴剑丰等捏电情形确查,电复农工商部。号。”

镇江关道致江督电:“南京督宪钧鉴:奉饬查信义银行捏电一案,当传该行经理陈兆威询。据面称,‘前呈部电,系总理尹克昌所发。尹已赴京,伊不知情。该行办事有马良,并无马储其人。傅绍岩、胡〔吴〕剑丰系汉口、武昌两分行经理’等语。查此案捏电情形,除姚、黄、杜三员已由部查明,熊希龄一员由职道电询,据复实不知情。马储自系马良之误,该行告白函禀,均有马良具名,傅绍岩、吴剑丰既系该分行经理,此三人当非捏名。惟该行总理、董事凭空捏造,到道招摇,不仅此次一电为然。除奉度支部饬,展限五月,重验资本廿万元一案,另行禀复外,应请宪台转电农工商部,会商度支部彻究。翼禀复。”

15. 光绪三十四年八月二十日(1908年9月15日)

复农工商部查询信义银行要电

鄂督复电:“电悉。传询杜道俞,据称该银行创办人马良、尹克昌等人甚朴诚,办理断无虚妄。“

湘抚复电:“接部电,遣长沙县面询黄镇军忠浩,信义银行公既列名,必知其中情形。据黄镇军云,‘浩亦有股在内,行中同事皆属可靠’。”

16. 光绪三十四年九月二十五日(1908年10月19日)

信义银行分设天津之原因　天津

天津统捐局总办洪翰香观察,以该行事业关系中国公益最大,极口欢迎。因与李芙卿观察共集新股五十万元,与该行董事等决议开办天津分行,公举洪观察充驻津分行总办,并妥商各分行改良一切办法。

17. 光绪三十四年十一月初五日(1908年11月28日)

信义储蓄银行紧要广告三则

(甲)本银行股息定于明年正月发给,凡与股诸君请就近在各分行支取。(乙)本行银元票因分行众多,通行各处,舟车往来携带,最为便用。(丙)本行五年定期存款,因息大难放,今定于年底截止。凡年前来存,仍照一分行息。自明年正月起,长年存款至多八厘。另有详细章程,请到行取阅可也。此布。

18. 宣统元年正月初四日(1909年1月25日)

信义储蓄银行广告

本行开办以来,颇蒙社会诸君子欢迎,以故存款、汇兑等项,交易异常发达。今自宣统元年起,新总理李檝青观察接手,后凡有交易,当格外周到克己,以广招徕。

19. 宣统元年正月二十二日(1909 年 2 月 12 日)

信义储蓄银行存款简章

本银行旧股二十万元,又新股一百万元,实备股本一百二十万元。在度支部立案,农工商部注册。〇本银行存款利息均系月息,凡无定期存款,月息三厘半。〇存三个月者,月息四厘半。〇存半年者,月息五厘。〇存一年者,月息六厘。〇存二年者,月息七厘。〇存三年者,月息八厘。本银行另有储蓄章程,甚为完美,因限于篇幅,不及备载,望移玉铁马路桥天后宫对面本行取阅可也。

20. 宣统元年闰二月二十六日(1909 年 4 月 16 日)

信义银行催换股票催取官利广告

本行股票业已印成,请各股东速持收据来换,遂即发给戊申年官利。望各股东速来收取,是所至盼。此布。

17. 宣统元年三月十一日(1909 年 4 月 30 日)

信义银行广告

本行风波已归平静,实赖热心公益诸公维持之力,又承捕房饬捕保护,理应登报鸣谢。想社会诸君子因谣而起疑者,当亦涣然冰释矣。特此道谢。

21. 宣统元年三月二十八日(1909 年 5 月 17 日)

武汉信义银行风潮已定　湖北

信义储蓄银行在武、汉两埠设有分行三处。汉口分行一设在河街小董家巷,一设在武显庙正街。武昌分行设在芝麻岭正街。该三分行发出银元、铜元钞票,约在二十万左右。本月二十二日早晨,外间忽有谣传,谓银行将不能支持,故一时持票往兑铜元、银洋者不绝于道。汉口关道齐观察深恐肇事,立即派令夏口厅各警局及巡防队文武各官分往弹压,一面电禀鄂督,准由官钱局借拨铜元钞票共数十万,并由武昌分行自筹的款,于二十三日起在府城隍庙凭票兑钱。汉口分行亦在沈家庙、徽州会馆两处照兑。是日大雨如注,持票往兑者仍不稍息。至二十四日风潮始渐平定。近日各该分行左近,均驻有兵勇,以防意外。并由鄂督派督标中协陈士恒协戎来汉,持令弹压。而存款各户,因见只准有票之人兑钱,不准提取存款,昨亦公禀关道,请为担保。旋奉齐观察批谕云:“查该行于各码头设有分行,交易甚大,声名亦好,忽为挟嫌者造谣动众,以致钞票挤兑,一时窒于周转。本道维持商业,体恤贫民,担任兑票,以熄谣风而释群疑。钞票事静,仍然照常生理,并非倒闭。尔等存款该行,存一日有一日息,切不可趁此热闹,挤令不能开张。尔等须知,该行收款放款,不能将款存于行内,致出空息。放出尽有期限,岂能任便提取,尔等之款存于该行亦有期限,理不能不论期限强提。尔等试思之,既存款于该行,即不可故意挤该行,使自己吃亏。此理甚明,稍晓事者应知之。本道非该行东家,何能为该行担任存款,此等无理之要求,殊负本道爱保商民之热心。尔等定欲挤该行,不过尔等自己同自己作对。该行因受挤,尔等独不为存款计乎?尔等其细思之。”

昨日,本埠接有汉口来电云,匪徒扰害信义银行,该银行不动声色,措置裕如。可想见风潮之已定矣。

22. 宣统元年三月二十九日(1909年5月18日)

信义银行照常营业　湖北

武昌之信义银行钞票现经兑完,由江夏县将行门启封。汉口两行钞票亦经兑尽,均照常开市交易。惟钞票盖有驻汉红坐图章者方允照兑。或有别埠分行图章者,是在别埠行用,理应归该埠分行照兑,汉行概不收兑。

23. 宣统元年四月初三日(1909年5月21日)

信义银行广告

本银行前有开除劣伙,在外造谣惑众,现在沪、汉风潮一律平静。当市面惊恐之时,本银行不动声色,听人凭票付洋,毫无遗误,存款则一律本利清还,以昭大信。所以保中国银行之名誉,而副诸君子欢迎敝银行之盛意。此后敝行亦请诸君子勿再听浮言,反致自遭损害。谨布。

24. 宣统元年四月十九日(1909年6月6日)

信义银行停止交易

上海信义银行自被人分布传单后,颇受影响。一月以来,持票兑现者络绎不绝。闻昨已停止交易,由商务总会清理各帐,再定办法。并闻沪道蔡观察有拟将该行暂行发封之说云。

25. 宣统元年四月二十日(1909年6月7日)

上海信义银行紧要告白

本银行因振兴实业,转被罪徒扰害,周转不灵,【暂】时停歇。所有钞票、存款及往来帐目,本银行必于五日内办理,决不稍负诸公。尚希静候。

信义银行停闭续志

上海信义银行停止交易,已志昨报。兹悉该行未了之款,计活期、定期共约银十七万两,又未经收回之钞票约有六万。该行总理候选道尹克昌因无力应付,即于前日亲至道署,请蔡观察将伊看管详参,革职查抄。蔡观察以此事应请上宪核示遵办,遂即电禀度支部、农工商部暨督抚各宪酌核示遵,一面札行公共公廨,立即派差到行看守,听候商务总会核明帐目,再定办法。

26. 宣统元年四月二十一日(1909年6月8日)

信义银行停闭三志

信义银行日前被人散布谣言后,商务总会各职员即出为维持,将信义受抵镇江造纸公司房产转向荷兰银行押银五万两,兑付所出钞票。距至前日,已将所押之银全数兑罄,遂即停歇,而未收钞票尚有五万余元。沪道蔡观察以银行发行钞票,均作现洋一律通用,刻下该银行所出钞票倘不兑付,殊与中国银行前途大有关碍,因特札行公堂派捕弹压,迅将该银行进出帐簿一并封存;一面再请商会各董筹银三万两,听候由道定期兑付所出钞票。其存款、储蓄即由各户开列细帐呈报公廨,与所封帐簿逐款核对,俟钞票兑清后,再行清理。

27. 宣统元年四月二十二日(1909年6月9日)

信义银行停闭四志

已闭信义银行所出钞票,由沪道蔡观察商准商会,筹银三万两,定期收回,已纪昨报。兹闻蔡观察以该银行总理尹克昌呈请参革查办,系属空言,其所收存款、储蓄各项计有十六七万之巨,若不急议清还,恐与华商银行前途大有关碍。现查该银行既有受抵镇江造纸公司全厂机器、房屋等产,应将存储各款一并于该纸厂取偿,因特电禀江督咨部请示,一面先行出示晓谕,凡执有信义银行钞票之人,应候本道示期,择地清付现洋,其存储各户仍着各开细帐,送请公堂核对,勿得滋扰。

28. 宣统元年四月二十五日(1909 年 6 月 12 日)

信义银行停闭五志

沪道蔡观察昨日出示:"照得上海信义银行,前因周转不灵,经商务总会将该银行受抵之镇江造纸公司全厂房屋、机器等产,向荷兰银行暂押银五万两,兑付所出之通用银元票,以保信用。其余由该银行自行清理。曾经秉奉南洋大臣、两江督宪复准有案。兹本月十七日又据该银行经理尹克昌自行投案,声称前次押款已罄,而未兑之通用银元票尚有五万余元,实已力竭,径自电部秉请参革查抄,等语。即经访查该银行未兑之银元票,尚有五万余元,而所收零星储蓄一万余元、活期定期存款十六七万元尚不在内。既无的款可抵,仅请参革查抄,仍属空言搪塞。兹本道札饬会审公廨将该银行封存,一面照会商务总会设法维持,再筹现银三万两兑付上海钞票。由本道电禀南洋大臣、两江督宪并度支部,指明在该行所押之镇江造纸公司全厂房屋、机器内一并抵偿。此系专为维持信义上海钞票起见,俟商务总会筹定现款三万两,另择地方定期兑付。其储蓄、存款各户应各抄细数,呈报会审公廨,与现已封存之帐簿逐款核对,俟钞票理清,再由本道禀部,勒令该银行悉数清还。合行出示晓谕,为此示仰诸色人等知悉:如持有信义上海钞票者,听候本道定期兑付。其余储蓄、存款各户,亦即各开细数呈报公廨,听候核办。尔等须知本道为维持沪市起见,幸毋滋扰生事。"

29. 宣统元年四月二十六日(1909 年 6 月 13 日)

定期兑付信义银行上海钞票

公共公廨示谕:"为出示晓谕事。案奉上海道宪札开:'信义银行周转不灵,访查该银行未兑之银元票尚有五万余元。查通用银元票与现银无异,应请商务总会设法维持,再筹现银三万两,另择地方照票兑付。此系专为维持信义上海钞票起见。其储蓄、存款各户应令各抄细数呈报会审公堂,与现已封存之账簿逐款核对,俟钞票理清,再由本道禀部,勒令该银行悉数清还。'等因下廨。奉此,现与商务总会议定拨银三万两,择于本月三十日及五月初一、初二日三天,自下午四点起六点止,在本廨二堂兑付信义银行上海钞票。其储蓄、存款各户准其开呈细数具禀来廨,应俟钞票理清,再行核对吊存帐簿,禀请道宪设法清厘。为此示仰各色人等知悉:凡收有信义银行上海钞票者,务于上开时日持票来廨,听候核明号码无讹,即行给发,毋得观望自误。届时并应静候,挨次验明给发,毋得喧哗拥挤,致干未便。凛之毋违,切切特示。”

镇江造纸公司担任上海信义银行有限债务广告

敝公司奉农工商部札饬开办,现在机器一律到齐。因用信义银行款项十八万两,致信义不支。所有上海信义银行之欠款十六万两,应归敝公司所借之十八万两归偿,以保信用而维实业前途。(甲)钞票由道宪及商会示期照兑。(乙)存款由造纸公司筹款代还,分别定期、无定期办理。(丙)上海信义股份仍照常计息。

信义分银行停闭　镇江

镇江大马路左近信义储蓄分银行,近因沪行风潮,暂行停歇。闻所出钞票俟十日后照兑云。

30. 宣统元年五月初一日(1909 年 6 月 18 日)

第一日兑付信义银行上海钞票

本埠信义银行倒闭后,所有未兑之上海钞票,由沪道蔡观察移请商会筹垫银三万两,定期三十、初一、初二三天,在公共公廨兑付,曾经出示晓谕在案。昨日下午四时,商董虞洽卿观察会同各员,在公廨二堂照票给发现洋。因人多拥挤,致将两旁玻璃窗轧碎。虞观察恐肇事端,即商请宝谳员电知汇四捕房,派中西探捕到场弹压,并将头门暂闭,挨次照给。闻共给发洋一万余元,尚有未兑各票,定于今明两日一律兑付。

31. 宣统元年五月初二日(1909 年 6 月 19 日)

信义银行广告

敝行被害暂停,商请虞洽卿先生当官发兑钞票。此外储蓄、存款各项,由敝行照章办理,存一天有一天之息,决不稍负诸公。钞票未兑者,以后仍一律照兑。再,镇江造纸公司财产并未押与嗬囒银行。此启。

第二日兑付信义银行上海钞票

昨为兑付信义银行上海钞票之第二日,下午四时仍由商董虞洽卿观察会同各司员在公廨二堂发给。至六句钟时停止,计共给发洋一万三千元。连前日之一万七千元,已发三万元。尚余洋一万有零,定于今午一律兑付清楚。

附公共公廨示谕:"照得本廨遵奉道宪札饬兑付信义银行钞票,所有兑付事宜由商务总会派人来廨会同办理。如本廨书差人等在外兜揽兑收及需索折扣情事,准其指明禀究,严办不贷。"

32. 宣统元年五月初三日(1909年6月20日)

第三日兑付信义银行上海钞票

信义银行未经收回之上海钞票,昨日下午四时复由商董虞洽卿观察与各司员在公共公廨二堂照票兑付。至六下钟止,计共给发洋七千余元。三日总共兑付洋三万七千余元,尚有余洋存候会商办理。

信义银行恐慌之现象 汉口

汉口夏口厅出示云:"信义储蓄银行前因挤兑花票,几至倒闭。仰蒙关道宪顾念小民血汗微资,并维持银行前途,毅然担任兑票,现已陆续兑清。彼时无知痞棍,妄冀邀求担任存款,多端煽惑,借思纠众生事。经关道宪暨本厅明白晓示不能担任理由,随饬该行清算帐目,着将零星储蓄存款先行筹兑。并禀明关道宪禀请督宪,将该行总理尹克昌、李禔咨提来鄂,将各存款一律开兑清楚。函电交驰至再至三,其为尔存户人等办理此案,实已无微不至。乃昨又有生事棍徒,遍街粘贴匿名告白。种种失实,无非欲惑众滋生事端,得以于中取利,实属贻害市面,扰乱治安。除饬缉勇差役严密查拿,并移巡防营、巡警局一体严密查缉,尽法惩治,决不稍从宽贷。"

33. 宣统元年五月十九日(1909年7月6日)

上海信义银行停闭始末记

上海信义银行架空受挤,经商务总会两次代借现款兑付钞票,大局业已初定,余欠仍未了结。兹将此事始末缘由,详志如下:先是三月十五日,上海商务总会接尹克昌之函,以信义银行被钟勉之挟仇扰害,遍发传单,尚能极力支持,二十余日,人心浮动,现款则全提无存,押款则放不能收,求请商会援救,准以三十余万金之造纸厂抵押,借十五万现款,借保中国银行公同名誉。商会接函后,当经集众公议,以沪上官设商设各银号各银行钞票,行用甫在萌芽,倘信义一失信用,大局必受其影响。公议急则治标,先将信义之上海通用票设法收回,免为外人借口。邀请尹克昌及办事人朱清斋来会，面询数目及以何种的产抵款备付。据称，沪行发出通用洋银票三十万元，连日收回约二十万元，尚有十万元在外，又零星储蓄约二万元，活期定期存款约十七万余元，行中有银十七万两，已受押镇江造纸公司全厂机器财产，此项受押之产可以转押作抵，并云镇、汉二处不日有款可到，等语。旋由信义摘抄行中账目大略一纸，送到商会查核。资本项下仅收新股洋银三万八千八百元、规银二万两，此外即储蓄存款等十七八万元，未收回通用票十一万余元，均系欠人之款。人欠项下除受押之镇江纸厂计银十四万四千余两外，别无可抵之款。商会以兹事体大，关系全局，明知镇、汉尚有款到之说不足凭信，既已牵累市面，不能不先予维持。商由上海道，意见相同。爰令尹克昌、朱清斋将该银行受抵之镇江纸厂立据签交，由商会设法转抵。经尹克昌、朱清斋二人亲笔载明，情愿将上海分行受抵之镇江造纸公司地三十余亩、未完工之厂屋及公司房屋并造纸机器全副，恳由上海商董虞洽卿观察转向荷兰银行先行暂押银五万两，抵付上海分行未收之通用票及零星储蓄等款，以凭清理上海一部分之事；因造纸公司所做押款系上海分行填付，与汉口总行各埠分行不涉，俟上海清理后，若有余款，再行清理别埠，等语。缮立正式抵据交存商会。一面即由商会前议董虞洽卿观察向荷兰银行抵银五万两，兑洋应付。曾将办理情形电禀度支部、南洋商督宪，并移请上海道札派会审官宝令，会同商会司友监视收兑，转移镇关道将镇江纸厂立案查封在案。迨四月十七日，尹克昌突将信义自行停闭，并函告押款已罄，未兑之通用票尚有五万余元在外，实已力竭，自行电禀度支部、南洋大臣，请参革查抄，并自赴道县各署投到，听候看管。（未完）

30. 宣统元年五月二十日（1909年7月7日）

上海信义银行停闭始末记（续）

当时商会司友日赴该银行监视收兑，已及两旬，所收上海通用银元票已达六万三千余元，内有信义汉口通用票九百二十四元，经该行执事力言各埠牌面攸关，通融收入。人心虽已略定，镇、汉迄无款来。仅尹克昌自请参革，似近脱卸地步。四月二十一日，上海道以尹克昌自行投案，访查该银行未兑之银元票尚有五万余元，而所收零星储蓄、各项存款尚不在内,概无的款可抵,仅请参革查抄,亦属空言搪塞。移请商会维持,再筹现款三万两,以资兑付;一面电禀南洋大臣暨度支部,指明即在该行所押之镇江造纸公司全厂房屋、机器内抵偿;并札会审公廨,知照捕房派捕弹压,另择地方照票兑付,专为维持信义上海钞票;其储蓄、存款令各抄细帐,呈请会审公堂与封存之帐簿逐款核对,俟钞票理清,再行禀部勒令还清,云云。商会接到移文后,即又集众公议,续向华商各银行号筹银三万两,订期两个月为限,仍在首次受押之镇江造纸公司全厂机器、生财、房产内抵偿。如两月期满不能取赎,即将该纸厂拍卖归抵。暂由商会与上海道担任作保,专备收兑信义上海通用票之需。其储蓄、存款各户,饬照上海道电部办法,各开细数,赴廨具禀,静候另勒清还。旋由廨员出示,定期四月三十日、五月初一、初二,尽三日内在公廨兑付,晓谕执票人领洋。共兑付洋三万五千八百十八元,计用各银号、银行押借银二万四千五百两。连前押荷兰银行五万两,实共押借银七万四千五百两,兑换现洋十万四百四十元五角一分六厘,总共付出收兑通用票及洋力、票力等洋九万九千七十元四角三分六厘,尚余洋一千三百七十元一角三分。商会监兑之信义通用票,前后共收回九万九千四十二元。核之该银行报告票数,是在外未及来廨领洋之票尚有一万七千余元。又查该行三月二十五日以前自行收回之票数,实十八万四千余元,与口称约收二十万之数亦不相符。此尹克昌先后函请维持,其叠次收兑该行通用票之情形也。商会筹办此事之初,曾将各节电禀度支部、南洋大臣察核训示。四月初三日奉南洋大臣电开:"前电请派员监兑,已饬沪道照办。惟该行并无确实准备,此后断不能再准出票,务望转致遵照为要。"等因。后经廨员宝大令在该行楼上查得尚未盖印签字之空白钞票十五万元,立即提廨封储。商会查得该银行在商务印书馆定印十元钞票五万纸,计五十万元,订有合同,亦即面嘱该馆停印作废。并令朱清斋将收回钞票,连同图章三颗,一并封存,将续收钞票一律截角,免出弊端。镇江纸厂所抵银款,本由上海信义支付,此番立据转抵荷兰银行,由尹克昌、朱清斋二人于据上载明,纸厂押款应仍归上海信义还欠,他处不能移拨。查信义银行周转不灵,其原因虽由钟某传单所致,然亦由信义之滥行纸币,并无确实准备,以致偶一挤排,即难应付。诚如督抚各宪电谕,架空朦设,无异诳骗。且该行究竟曾否奉部立案，注册领照，上海商会无案可稽。上海商会对于此事，苦心孤诣，一再筹借，无非以华商银行发行钞票久为外人所指摘，该银行设在租界，若不设法维持，势必累及他项实业公司，此后纸币信用全行失败。闻上海商务总会已将此事缘由移知地方官，并禀报各部矣。

〔辑录者系复旦大学经济学院教授，校订者系复旦大学经济学院副教授〕

学术动态

“中华书局与中国近现代文化”国际学术研讨会综述

复　史

在中华书局百年诞辰之际，以“中华书局与中国近现代文化”为主题的第五届出版史国际学术研讨会于2012年6月30日至7月1日在复旦大学召开。此次研讨会由复旦大学历史系、中国近现代新闻出版博物馆、中华书局、上海辞书出版社联合举办，来自美国、日本以及中国内地和香港、台湾地区的60余位专家学者及出版人与会，如此规模的关于中华书局史专题研究的国际学术研讨会为中国学术史上的第一次。本次会议既体现了近年来中华书局及中国近现代出版史研究的广度和深度，又具有一定的学术前瞻性。

贾元苏（中华书局）、肖东发（北京大学新闻传播学院）、沈国威（日本关西大学外国语学部）、冯锦荣（香港大学中文学院）、叶隽（中国社会科学院外国文学研究所）分别作了大会报告。贾元苏的报告《中华书局股东会、董事会档案简介（1912—1958）》，通过梳理中华书局股东会、董事会档案，发掘了其独特的史料价值，介绍了中华书局股东会、董事会的产生、发展和基本情况，认为在当时的中国，中华书局是一家典型资本主义性质的企业和现代民营企业，且在陆费逵和董事会一班精英的带动下，形成了独特的企业文化。肖东发与于文（华东政法大学人文学院）合作的报告《出版文化与中华书局核心价值观》指出，中华书局在不同时期，随着时代的变化，培育不同的核心价值观，即近代出版文化下的“教育救国”核心价值观，计划经济出版文化下的“献身学术”核心价值观，市场经济出版文化下的“守正出新”核心价值观。沈国威的报告《〈中华大字典〉：迈向近代工具书的第一步》，对《中华大字典》在汉语辞典史上的地位以及汉语发展史上的作用，尤其对当时汉语受日语影响的问题作了深入探讨，指出《中华大字典》领风气之先，迈出了由字典向辞典的第一步，但同时也深受时代的限制，留下了种种遗憾。冯锦荣的报告《中华书局研究三题》，运用了最新问世的日本外务省档案，通过对新史料的揭橥，展现以往研究中所未发现的中华书局之“面相”，并指出中华书局所购置的德国制印刷机，体现了这一近代出版文化重镇对于科技发展的重视。叶隽的报告《清民之际西学东渐过程中的主体意识确立——以“少年中国学会”的留学群功用与舒新城的〈近代中国留学史〉为中心》，通过对《近代中国留学史》的考察，进而关注其中的核心人物王光祈及其主持的《少年中国》刊物，指出这一刊物虽出版时间不长，但影响力却极是不凡，而丛书的规模大小、著译者信息乃至具体操作过程，则显示出更多的文化史内涵，揭示了现代中国发展进程里的多维互动、力量博弈及其复杂成因。

围绕本次大会所设定的学术主题，与会学者就“陆费逵研究”、“名编辑研究”、“教科书问题”、“文献与传播”、“作者与书局”、“出版与文化”、“辞海专题”、“辞典与字典”、“出版与流通”、“中英文刊物”等十一个专题进行了分组讨论。学者普遍认为，新阶段的出版史研究，应当在前人的基础上开拓新视野、发掘新材料、建立新平台，这样才能做出超越前辈学者的研究成果。按照学者的发言及大会的研讨议程，以下分“书籍与期刊的生产”、“创办人、编辑与作者的角色担当”、“企业活动的运行与发展”三个方面，对论文及分组讨论内容予以综述。

(一) 书籍与期刊的生产

对于出版机构而言，“书”是一个恒久的主题，也是后人研究出版史时首先需要关注的对象。在本次讨论会上，主办方就收到了不少以“书”和“刊”为论题的文章，因而特设“教科书”及“《辞海》”两个专场以集中探讨。

“教科书”专场集中了不少近年来在民国教科书研究领域成就卓著的学者。周其厚(桂林旅游高等专科学校)的论文《中华书局的“教科书革命”》，通过对中华书局在辛亥革命后编纂新式教科书活动的观察，指出辛亥革命催生了中华书局，而中华书局高举“教科书革命”的旗帜，表现出勇于创新、与时俱进的精神，为培养儿童、陶冶国民，发展我国的文化教育事业，作出了极其重要的贡献。王天根（安徽大学新闻传播学院）和蔡丽丽（安徽大学新闻中心）合作的论文《教科书：理想还是生意？——商务印书馆与中华书局的教科书竞争》，考察了早期商务印书馆和中华书局在教科书业务上的竞争关系，认为商务印书馆和中华书局初涉教科书业务时，怀有教育救国、开启民智的理想，兼顾商业利益，但进入这一获利丰厚的领域后，加之竞争环境激烈，这些民营书局面临着文化理想和商业利益的取舍，而实现商业目标成为其更为关注的目标。区志坚（香港树仁大学历史系）与林学忠（香港城市大学）的论文，则集中探讨了教科书中所蕴含的观念问题。前者的论文《教师用书传达"共和爱国"的知识——民初中华出版汤存德编〈新制中华历史教授书〉》，探讨了辛亥革命后中华书局出版的《新制中华历史教授书》的特色，指出刚进入民初时的中华书局已注意针对教员施教而设的教科书，且此书对建构儿童成为民国"共和爱国"的国民形象、对中国传统道德价值及知识的损益方面，均有深刻的影响。后者的论文《民国时期日本的"排日教科书"批判——以中华书局教科书为例》，全面梳理了民初以来的民间"排日"思潮，指出在"二十一条"公布之后，日本在中国民间的形象已经一落千丈，虽然出版机构内部对于"如何看待日本"仍然存在着一些争议，但在各种压力之下，只能做出迎合大众的选择，体现了出版活动与大众集体观念的关系，亦反映了出版机构对于经济利益与社会影响的追求。

"《辞海》"专场，同样吸引了中外学者参与其中，畅所欲言。陈力卫（日本成城大学）的论文《〈辞海〉是如何处理日语借词的？》，回顾了早期新词表对日语词的处理，通过与《辞源》、《王云五大辞典》相比较，指出《辞海》对日语借词的处理奉行两种尺度：对外表相似日语的词，标注其来源及意义；对看似像中文的词，特别是可望文生义的词，则以西文对译的方式引进使用。他进而指出，《辞海》编纂工作的参与者，主要是中华书局的内部职工，并没有因此进行大规模的招聘活动，而这些人绝大多数没有留洋背景，但在"西学东渐"日趋深入的背景下，国人（尤其是沿海地区的知识群体）对于外域文化的了解程度，是今人所难以想象的，因此他们能够对不少外来词的"词源"进行较为清晰的辨别。对《辞海》的“生产过程”,高哲一(Robert Culp,美国巴德学院)的论文《定义现代性,编辑过去事:〈辞源〉、〈辞海〉及现代汉语词典的创生》(*Defining Modernity, Editing the Past: Ciyuan, Cihai, and the Creation of the Modern Chinese Lexicon*),同样进行了深入的分析。他在观察《辞海》及《辞源》的编纂历程及其所收录新词汇的特点之后,强调两部词典因为中国学术、文化和政治的不断发展,而多次重新定义和编辑新概念和新词汇,而随着各大出版社的进一步工业化,《辞海》所用人才主要是小知识阶层而不是文化界的领导人物,使得过往以学会活动为模型的编纂工作,逐步转变成以分工生产为模型的编纂工作。秦振庭和朱志凌(上海辞书出版社)合作的论文《“以改良吾国字典为己任”——读陆费逵〈辞海编印缘起〉》,通过对《辞海编印缘起》一文的重读,分析了《辞海》选词、释义、词目的交叉、编排、附录配置,由此揭示出文中所展现的陆费逵勇于创新的理念。徐庆凯(上海辞书出版社)提交的论文《编纂〈辞海〉的三个关键词》,通过考察中华书局对《辞海》的具体编纂方式,指出《辞海》编纂的成功有三个关键词,即借鉴、创新、超越。

除了《辞海》之外,在中华书局的百年历程中,还出版过不少具有重要价值的辞典。内田庆市(日本关西大学外国语学部)的论文《近代中国人编的英汉字典的谱系》,梳理了近代中国所编英汉字典的谱系,并以七种代表性的商务印书馆的英汉字典作专门探讨,详细阐释了其中的区别和源流。司佳(复旦大学历史系)的论文《邝其照与 1868 年〈字典集成〉初版——兼谈第一本中国人编写的英汉字典及其历史实用价值》,通过梳理邝其照 1868 年初版《字典集成》的文本写作背景,分析了其作品中“杂字”部分的语汇价值及与 1875、1887 年两个修订版本之间的关系,剖析了这第一本中国人编写的英汉字典的历史实用价值,并进一步揭示中华书局的英汉词典在近代中国人编的英汉字典的谱系中的地位。宋桔(复旦大学国际文化交流学院)的论文《浅析早期中华书局英文部编小型英汉词典》,在系统整理、考察文献编者、著录、行款、内容等方面资料的基础上,联系文献出版的历史背景与同业情况,总结出四部词典在“袖珍、新式、面向学生”方面的共同点,归纳其“面向学生的小型英汉词典”的特性,并由此分析了中华书局早期英文工具书的编纂理念与营销策略。

在教科书与辞典之外，中华书局出版的其他书籍，亦是一些学者所热衷的研究课题。邹振环（复旦大学历史系）的论文《“新文化丛书”：新知传输与新学引领》，勾勒出“新文化丛书”的策划、译作者群像，重点分析了马君武、刘伯明和李达三位译作者的作品及其影响，从新知识传输和新学术引领的角度指出，中华书局的“新文化丛书”的重装亮相，是在新文化运动倡导的民主与科学的文化背景下，这一具有文化影响力的作品，是中华书局主动地以自己独特的方式加入了新文化运动的一个明证，肯定了中华书局在近现代中国曾经是传输西方新知识的桥头堡，五四时期也曾经扮演过学术新思潮引领者的角色。他进而指出，出版史研究值得注意的是丛书研究，重要的丛书代表了一个时代，关乎出版社品牌的塑造。张剑（上海社会科学院历史研究所）的论文《中华书局科学书籍出版初探(1912—1949)》梳理了1912—1949年间出版的268种296册自然科学书籍及其作者情况，指出这些书籍的出版体现了非常明显的年代性，除了与整个中国近代社会政治等因素有关外，也与中国近代科学发展进程有密切的联系，且这些作者与中华书局的共同努力，向广大民众传输科学与科学精神，提升了民族的科学素养，也记载了中国近代科学的发展历程。

中华书局对中国古代典籍的整理与出版、中华版书籍研究是本次研讨会的重点。张荣华（复旦大学历史系）的论文《中华本〈大同书〉与稿本的原则区别》，详细对比了康有为《大同书》的稿本与中华书局版本的内容，进而揭示出两个本子之间存在着不小的差别，不仅体现在篇章分布上，更在遣词造句上相差甚大，这一发现对于了解康有为思想的演进过程具有重要意义。黄卉（北京大学中文系）的论文《20世纪中华书局戏曲文献出版综述》，勾稽了中华书局出版戏曲文献的相关资料，探讨了在20世纪戏曲研究史上，中华书局作为重要的出版机构，为保存曲学文献所做的贡献。李晓杰（复旦大学历史地理研究中心）的论文《浅议“四部备要”与“四部丛刊”——以史部地理类籍刊为中心》，首先对《四部备要》的编纂缘起、刊印可行性、主持人选、印刷细节进行了深入探究，而后针对商务印书馆和中华书局各自刊行的《四部丛刊》和《四部备要》中的史部地理类文献进行了对比分析，指出《四部丛刊》着眼于选择宋元明珍本影印而《四部备要》则偏重于实用的特点。傅德华(复旦大学历史系)的论文《日据时期中华书局版图书流播韩国研究——以〈日据时期朝鲜刊刻汉籍文献目录〉为例》,分析了中华书局版图书流播韩国的汉籍出版品的种类及特点,肯定了中华书局版汉籍文献的学术影响,并指出这一类书籍数量繁多,在日后的研究过程中有待进一步发掘与整理。

中华书局不仅出版了大量书籍,同样也发行过不少中英文刊物。对于这些期刊的整理与研究,目前还处于刚刚起步的阶段。夏天(华东政法大学外语学院)的论文《〈中华英文周报〉与民国时期外语生活》,以《中华英文周报》为中心,考察了这份英文报纸在作为生活方式和学校教育两种英语学习方面所作的努力,指出《中华英文周报》的创办目的,一是为了帮助英语学习者自学英语,二是为了丰富具备英语能力的国人的外语生活;《周报》初期的办刊宗旨、栏目设置与社会、经济发展、社会思潮紧密联系,于一刊之中可窥见当时民众的外语生活状况,并对其起到一定的引导作用;1922—1930 年之间,英语开始进入学校课程设置中,在校正规英语学习的学生人群大量增加,《周报》的时事性与实用性虽有部分保留,但主要是作为学校英语教育的一种补充,淡出之前涉及的民众英语生活中的其他领域;1944—1949 年《周报》改名为《中华英语半月刊》,主要由钱歌川担纲主编。这段时期是前一阶段的特色延续,但作为学生英语学习的教辅材料的同时,也成为适合民众自学英语的课本式杂志。张志强和肖超(南京大学信息管理学院出版科学系)合作的论文《民国时期中华书局的出版类刊物研究》,对民国时期中华书局创刊的《中华书局图书月刊》和《出版月刊》进行了初探,指出这两份刊物在介绍中华书局情况及与出版有关的知识、推荐中华书局出版的图书、提供读书指导与图书评论及销售信息等方面,起到了较好的宣传作用,能够及时为读者提供中华书局新近出版图书的信息,让读者快速了解中华书局的出版动态,体现了民国时期中华书局对图书宣传的重视,亦可以为当今的图书宣传提供有益的借鉴。蔡祝青(台湾大学中文系)的论文《试论〈中华小说界〉在民初文坛的定位》,考察了《中华小说界》的创刊背景及其主要编纂人,重点分析了《中华小说界》的文艺论说,进而指出,侦探小说实际体现出科学办案的精神,用科学的角度来描述办案过程,体现出《中华小说界》所提倡的“旨在转移风俗,针砭社会”的理念。

(二)创办人、编辑与作者的角色担当

出版机构的发展,无法离开“人”的角色担当,这里所指的“人”,不仅是出版机构中的职员,还体现在读者与出版机构的互动方面。在中华书局的百年历程中,首先需要回顾的“人”,无疑就是创始人陆费逵,没有他的另立门户、细致筹划与精明经营,就不会有后来的出版重镇。以陆费逵为中心的研究,自然是本次研讨会的核心议题之一。谢俊美(华东师范大学历史系)的论文《陆费逵与中华书局三题》,就中华书局创办的背景及名字由来、陆费逵的爱国情怀、经营理念三个方面进行了探讨,指出中华书局百年来坚守“国有国格,局有局格”的原则,不改陆费逵当年创办中华书局的初衷,始终以服务中华为其根本目的。孙树纲(陕西理工学院)的论文《陆费逵一九一九:婚姻与交游——兼及“陆费逵致胡适”考》,以“陆费逵致胡适”信函为线索,从生活史的视角梳理考察了陆费逵1919年的婚姻与交游,确定了此信函的书写确切时间,指出其五首悼亡诗实为他与原配高君隐女士婚姻生活的真实写照,且可从此信函中管窥其女子教育的若干思想及其教育思想中注重实地考察的倾向。林盼(复旦大学历史系)的论文《民国初年商务印书馆与中华书局的人员交往》,以张元济、蒋维乔的日记为主要资料,勾勒出民国初年两大出版机构之间密集的人员往来,说明了地缘、业缘关系在民初人际交往过程中所起到的重要作用,并进而揭橥张元济与陆费逵之间的关系以及张元济、蒋维乔对于中华书局的不同态度。

对于陆费逵的研究,其后人的回忆是必不可少的环节。陆费逵的侄孙陆费汉幼的文章《“中华”无君不成史——解读陆费逵的人才思想》,以自己的特殊身份集中论述了陆费逵的人才思想及其践行的事业之精神,解读了陆费逵人才思想的脉络,包括精神、方法和观点等,阐释了他的人才思想对中华书局崛起和发展的重大贡献。陆费逵外孙赵大庆(Ask.com数据分析主任)的文章《陆费逵:中国信息革命先驱》,指出陆费逵不仅是出版、教育的先驱,也是中华民族信息革命的先驱,他为建立民族信息基础设施,作出创新式的贡献。

除了陆费逵之外,舒新城也是研究中华书局的过程中所无法绕过的课题。徐俊(中华书局)的论文《书札中的雪泥鸿迹——中华书局所藏向达致舒新城书札释读》,以从未刊世的向达致舒新城书札为资料,描绘了《中西交通史》与《斯坦因考古记》等著作出版前后的人与事,并对未能实现的《西北考古译丛》计划进行了揭示,体现出丰富史料对历史研究的重要推进作用。张仲民(复旦大学历史系)的论文《社会条件与身份蜕变——五四新文化运动时期的舒新城》以舒新城为个案,阐释了地方知识分子在五四新文化运动时期所实现的身份蜕变,对他们而言,五四新文化运动不仅仅是一场新旧之争或白话文运动、思想革命,不仅仅关乎身份区隔、个人认同和民族主义,它同时也为他们提供了争夺话语权的思想资源与合法性论证,乃至获得奥援、建构自己的权力网络和社会地位的机会。谢长法(西南大学教育学部)的论文《舒新城与近代中国教育史研究》指出,在复杂的历史背景下,为了解决中国教育现实问题,舒新城对近代中国教育史的研究主要集中在三个方面,分别是对近代中国教育史史料的整理与研究、对近代中国教育史研究的整体思考与规划、对中国教育史史学观的认识,这些研究开辟了教育史专题研究的新领域,同时又扎根中国实际,总结和反思整个中国近代教育的现实问题,体现了其寻求中国教育建设和发展的方向的努力。

此外,沈颐、范源濂、金兆梓、戴文葆等中华书局不同时期的编辑,同样是研究者所关注的课题。这些人的活动时间从民初一直延续到改革开放之后,见证了中华书局的百年历程。叶舟(上海社会科学院历史研究所)的论文《中华书局创始人之一沈颐的生平与成就》,利用新收集到的沈颐的家谱等资料,参考相关文献,对其生平、家世进行了一番梳理,并阐述了其学术思想及成就,如编纂教科书、研究教育思想、推广标准国语、编纂《辞海》等。王敏(日本法政大学)的论文《汉字圈下的认知与选择——一个学者的日本生活考察报告暨对范源濂开拓的中日共同教科书模式的摸索与实践》,重点提炼日本现实生活中的实例,以生活者的视角对事例进行分析,并以范源濂为个案对其在中日教科书编写和出版上的摸索与实践进行了探讨,肯定了其在中日文化交流史上的重要贡献。李志茗(上海社会科学院历史研究所)的论文《金兆梓在中华书局的三十年》,对金兆梓的早年经历、三进中华书局、编书治史等人生经历进行了详细描述，指出金兆梓作为一名编写历史教科书的学者型编辑，有其自身的优势和特点，而他既是历史教科书编辑，又是历史研究者，出入于历史教学和历史研究两个领域之间，深知两个领域之间的区别，对于历史教科书的编撰有着无可比拟的推动作用。章宏伟（故宫博物院故宫学研究所）的论文《中华书局编外编辑戴文葆》，主要考察了戴文葆在编辑学上的贡献和成绩：他编辑实践活动的显著特点是研究与编辑合而为一；他开创了编辑史研究，揭示、唤醒了中国编辑的主体意识；他撰著的《历代编辑评传》是第一部以人物为主线的中国古代编辑史；他首倡孔子是“第一个大编辑家”，“有书籍就有编辑”说，引发了学界激烈的讨论；他通过编辑史的探讨，丰富了编辑学的研究，对新兴的编辑学理论作出了重要贡献。

另外，讨论中华书局的“人”，不能遗漏读者的作用，从某种意义上讲，作者与编辑的互动，是不少出版活动得以展开的重要因素，巴兆祥（复旦大学历史系）的论文《中华书局与〈中国古方志考〉》，即以中华书局出版的张国淦《中国古方志考》这一最有影响力的方志著作为个案，分析了此书的编纂出版原委，细致考察了其版式及编纂特色，进而指出此书的作用和影响，即为考录性方志目录提供一个基本范式，为方志研究提供基本参考，为方志辑佚提供了线索。李天飞（中华书局文学编辑室）的论文《徐悲鸿与中华书局》以徐悲鸿为例，利用中华书局所藏的徐悲鸿书札，分析了徐悲鸿的作品出版情况，尤其是探讨了他与舒新城之间的关系，说明徐悲鸿的不少创作，正是在舒新城的支持推动下才逐渐展开，而徐悲鸿向舒新城推荐齐白石，使得后者由此登上时代舞台，亦是出版史上脍炙人口的佳话。

（三）企业活动的运行与发展

除了书和人之外，对于中华书局的研究，还需要关注其具体的企业活动。中华书局的企业行为，表现在对于重要的文化人著作出版活动的重视，亦在其一系列社会活动中得以体现。

关于前者，高克勤（上海远东出版社）的论文《花开两枝——中华上编、中华书局与陈寅恪著作出版概观》，以陈寅恪著作的编辑出版为例，探讨了中华上编与中华书局当时的关系，阐述了两家出版社的编辑出版特点,从而为学界对陈寅恪著作的相关研究争论提供了启发性的解释。俞国林(中华书局)的论文《梁任公著作在中华书局出版始末》,全面回顾了八十余年来中华书局编辑出版梁启超文集的过程,尤其是探讨了民国初年与商务印书馆、世界书局有关版权的纠纷过程,新中国成立之后出版《梁启超全集》的种种坎坷,进一步凸显出文章的主题,即"出版机构以十年甚至数十年坚守一人或一书之出版抑或一丛书之陆续出版,其数量之夥、规模之大,似未有出中华书局之右者"。马军与夏和武(上海社会科学院历史研究所)合作的论文《未竟之业:中华书局上海编辑所与〈申报〉影印的规划设计》,论述了由中华书局上海编辑所主导的《申报》影印规划设计的前后经过,主要探讨了《申报》影印的内容选定、出版次序及时间、资料的搜罗与补缺、方案的设计与经费估算等,并指出此项计划虽然在1966年因故搁浅,但在1982年《申报》影印由上海书店承担时,仍然任用了上海编辑所的原班人员及采用了原来的部分规划设计,由此体现了上海编辑所的价值。

关于后者,洪九来(华东师范大学传播学院)的论文《1920年代前后商务与中华的产业竞争评议——以中华书局"民六危机"为中心的考察》,梳理了中华"民六危机"从形成到解决的完整过程,指出这不仅是观照当时出版界两大巨头之间产业竞争关系的一个视角,也是审视1920年代前后中国现代出版业整体发展机理状况的一个重要标杆,同时还讨论了商务印书馆与中华书局管理方式上的企业化与家长化、产品策略上的创新与跟进、企业属性的文化性与商业性等问题。张欣和董晓霞(浙江工业大学)合作的论文《中华书局、陆费逵与1929年西湖博览会》,通过考察中华书局在1929年首届西湖博览会期间的主要活动,肯定了中华书局所发挥的独特作用和重要贡献:负责大会宣传工作,在人员调度、工作筹划、报刊图书编辑印刷、文献整理保存方面成绩突出,推广普及了文化教育,也提高了自身知名度;而陆费逵在会前会后撰写的相关文章,为后来博览会的再次举办提供了十分宝贵的建设性指导意见。樊琳(上海市档案馆)的论文《从文化启蒙到美育启蒙——看中华书局和上海美专的文化联姻》,利用上海市档案馆最新发现的上海美术专科学校的资料,刻画了在上海美专的发展过程中,中华书局的出版活动与各种资助所起到的重要的推进作用。

此外，王有朋（上海辞书出版社）的论文《出版人的文化担当——中华书局图书馆述略》，考察了近代出版社与图书馆之间的相互关系，以张元济、舒新城等人为例，探讨了中国近代出版人在图书馆建设上的文化担当，并重点分析了中华书局图书馆的收藏特色。何明星（北京外国语大学）的论文《中国图书的世界影响——基于全球馆藏中华书局图书的书目数据分析》，在世界170多个国家约2万家图书馆的书目数据的基础上，分析了中华书局版图书在全球馆藏数量排名前100种图书的内容、出版时间以及馆藏国家分布，尝试着勾画出中国图书的世界影响地图，从而探讨了图书的传播范围与出版组织机构价值追求之间的逻辑关系。

对于中华书局的研究，不能忽视香港、台湾、新加坡等地中华书局的历史。虽然在1949年之后，外埠与内地的中华书局之间，已经没有了隶属关系，但毕竟同宗同祖，血脉相连。因此有学者指出，应该以“大中华书局”的视野，将海内外中华书局囊括进来，共同探讨。庄宪清（香港中华书局）的论文《中华书局香港印刷厂发展历程》，即在对文化产业进行宏观研究的基础上，结合中华书局香港印刷厂的发展历程，进行深入细致的剖析和研究。他指出，中华书局能够逐步发展成远东第一的印刷厂，与其所依靠的坚强的民族信念和严格的企业管理制度密不可分。高孝湛（香港中华书局）的论文《中华书局香港分支1988新起点——香港注册成立有限公司及其最初发展》，则以其亲身经历，阐述了香港中华书局的注册背景、机构情况、宗旨方针、经营思想，展现出近20年来香港商务印书馆的业务发展。

本次会议还特设了由邹振环主持、以“经验启迪与研究推进”为主题的圆桌会议，旨在提供一个学者与出版人互动的平台。湖北省文化厅副厅长王建辉、上海人民出版社总编辑王为松和复旦大学出版社社长贺圣遂，分别就中华书局百年出版的“经验启迪”问题作了精彩的发言。王建辉认为，本次研讨会对中华书局的研究有着很大的推进作用，他从中国文化进程的角度阐释了老中华书局的文化意义：一、中华书局以盈利为基础，但出版事业始终与历史发展进程相吻合，时代使命意识更胜同行；二、中华书局对历史的贡献，主要在于它提供了教育与出版相结合的经营理念，在提倡国粹的同时兼顾欧化，以出版物影响中国社会,参与文明创造;三、中华书局创始人陆费逵的文化自觉垂范后世。王为松指出,出版事业的成功与否不能只以规模、营业额来衡量,出版物的文化价值仍应成为衡量出版事业的标准。同时他还指出,在当今社会,新的书籍销售和传播方式已经出现,第三次工业革命即将到来。在机遇之下,中华书局需要抓住机遇,创新驱动,转型发展,继续做好中国出版业的领头羊。贺圣遂亦指出:中华书局、商务印书馆反映了近代中国民间商业出版发展的繁荣,是中国坊刻传统的最高峰。对于中华书局的研究理应深入,这次会议起到了很好的示范作用。

学者代表沈国威在发言中回顾了包括本次会议在内五次出版史会议的主要内容,指出本次会议以中华书局为主题,不仅有益于对中华书局本身的研究,还有助于文化界对中国近代文化发展脉络形成比较清晰的认识。周其厚和与会人员分享了自己以中华书局为研究对象撰写博士论文的心得,认为在中华书局研究中有以下三点需要注意:1.相关档案资料的整理和利用尚有大量工作要做;2.有关中华书局人物的研究目前尚显不足;3.中华书局涉及领域较为广泛,其所涉及的自然科学、印刷技术等问题是学者研究中的薄弱之处。鉴于被发掘的材料有限,中华书局与商务印书馆研究相比较为落后等问题,张仲民在发言中,着重介绍了一些较少被利用的中华书局相关史料,同时还从学术研究方法论的角度,提出了如何推进中华书局史研究的若干建议。

〔本文由复旦大学历史系博硕士研究生林盼、黄修志、赵莹、毛丽娟、王慧、包晓嫱、林秋云合写〕

“上海:海与城的交融”国际学术研讨会综述

周群华　荣　亮　顾宇辉

“上海:海与城的交融”国际学术研讨会于 2012 年 8 月 22 日—25 日在上海中国航海博物馆隆重召开,此次会议由上海中国航海博物馆主办,上海海事大学、上海海洋大学协办,也是继 2011 年“航海——文明之迹”国际学术研讨会之后的又一次学术盛会。本次大会共收到论文 40 余篇,来自日本、中国香港及大陆各地的高等院校和科研院所的 30 多位学者,围绕上海港口与城市发展史、航运经济、舟船与航海(航运)文化等主题进行了广泛的交流与讨论。

一、城以港兴:城市与港口的互动交融

上海,作为当代中国重要的港口城市,拥有六千年灿烂悠久的文化。1843 年开埠之后,上海成为中国第一大枢纽港和中外文化交融与碰撞的口岸,城以港兴,港以城荣,上海这座大都市因海与城的交融而被赋予特殊的历史使命。

复旦大学历史系戴鞍钢教授以《上海港区重心的历史变迁(1843—1937)》为题作了主旨发言。发言指出:1843 年上海对外开埠通商后,很快成为中国第一枢纽大港,并在以后的百余年间,在全国各口岸中始终居于领先地位。其间,伴随上海城市的发展,为适应世界海运业船舶吨位渐趋增大的发展主流,得助于港口建设和航道疏浚等技术领域的不断进步,上海港的区位重心发生相应变迁,呈现出与时俱进逐渐移向黄浦江下游区段相对水深岸线的鲜明特征。这种历史变迁,既是上海

港不断壮大的具体表现,也是其百余年来在国内独占鳌头以及在东亚傲然屹立的基础所在,并对近代上海城区的演进和城市的发展影响深远。从十六铺到外滩、从外滩到苏州河口以北、从浦西向浦东拓展,上海港的港区重心在不断地转移和变化之中。最后,他指出,上海港区重心的变迁是自然地理、社会历史、国际背景、科学技术诸因素综合作用的结果;在港区与城区的互动关系方面,他通过考察认为,港区和港口的拓展是上海城市发展的必要前提。

上海社会科学院经济研究所张忠民研究员在《鸦片战争前夕的上海口岸》一文中指出:海洋研究离不开口岸。口岸是海洋与海洋以及海洋与陆地间最重要的连接与依托。在中国的沿海口岸中,上海无疑具有极为重要的地位。他提出,上海的口岸地位在近代之前,有两个问题最值得重视和探究:第一,近代之前的上海口岸地位究竟是如何形成的;第二,与前相联系,到鸦片战争五口通商前夕,上海的口岸以及经济地位究竟达到了一个什么样的程度。他以历史资料记载为据,通过比对、分析的方法,对鸦片战争五口通商前的上海口岸地位进行了论述。他认为,虽然在鸦片战争前夕,上海从行政建制上看确实只是一个县城所在,但是这个县城却同时又驻有管辖东南沿海 600 余里海岸线大小 25 处海口的江南大关,以及负有苏州、松江、太仓州地方治安之责的苏松太兵备道,它们清晰地表明了近代前夕上海作为中国口岸城市的重要性所在;上海的口岸既是上海的口岸,同时还是苏州、江苏乃至江南地区的口岸、长江流域的口岸、南北洋的口岸以及中国和东南亚各国贸易的口岸,由此也形成了上海的支柱性产业,即家庭棉纺织业和沙船业;近代前夕,上海已经成为东亚主要的商业中心、南北贸易的最大商港;最终上海在开埠后,以得天独厚的地理位置优势和航运条件,迅速成为中国第一大港。

华东师范大学中国现代城市研究中心王列辉讲师在《外港与城市发展:以上海、天津、广州为例》一文中,以上海、天津为中心,考察外港在城市发展中的作用,并认为:近代开埠之前,上海港和天津港作为苏州和北京的外港,在城市的兴起和发展过程中起着非常重要的作用;近代开埠之后,吴淞和塘沽作为上海港和天津港的外港,承担着转驳货物的功能,并为上海、天津的行政区划扩大奠定了基础;今后很长一段时间内，依托洋山港和天津双港（北港区、南港区）的临港新城和滨海新区，将是上海和天津城市空间拓展的重要方向。近代上海城市的变迁和繁荣，与作为港口的黄浦江关系极为密切，而吴淞江作为黄浦江的支流，也是一个与上海港相互影响的水道系统，它同黄浦江一起，共同构成了近代上海港的体系。

河南大学黄河文明与可持续发展研究中心武强研究员在《产业与内港：近代吴淞江与上海城市经济变迁》一文中，对作为上海港内港的吴淞江的地位及其功能的嬗变进行了概述。他认为：近代上海的经济地位迅速跃升，吴淞江也由一个以防洪排涝等水利功能为主的河流，逐步转化为以航运为主，并在上海城市经济的对外联系、腹地构建中发挥着举足轻重的作用。在这一功能转化的过程中，它使得沿岸的经济社会系统重新得到整合，形成了著名的沪西工业区，并成为上海城市生活中的米粮通道，维持着城市的发展，进而以米粮业为首的一批城市产业，又积极从事于吴淞江航道的改善，因此，吴淞江在一定程度上成为上海城市组织与政府、租界与华界间复杂关系的集中作用区域。谈到吴淞江就避不过其疏浚问题，武强在文中对此亦进行了阐述。

上海市历史博物馆薛理勇研究馆员在《〈辛丑条约〉与上海浚浦局》一文中，对吴淞江疏浚问题进行了深入的分析，对上海浚浦局产生的历史背景及其功能进行了阐述。

对于历史上江海关的关址设于何处，学术界一直存有不同看法。华东师范大学历史系谢俊美教授在《清初江海关关址的演变》一文中认为：江海关初设海州（今连云港市）云台山，后移至京口云台山（今镇江市云台区）。到了雍正年间，又从镇江移至上海崇阙（今宝山区境内）。到嘉庆年间，又移至上海县城大东门临近黄浦江的一侧。此时，上海海关始被称为江海关。1843 年上海开埠，1853 年江海关被小刀会起义军焚毁，英法趁机控制了江海关。1863 年海关总税务司成立，江海关部分常关业务划归总税务司管辖（洋关），余下部分常关业务仍由江苏巡抚和两江总督管理，此时的上海海关虽仍称江海关，但已非原先的江海关。江海关关址的变迁，折射了江、海联动和上海航运交通乃至城市自身的演变。

二、航运:航船、航路和航线

1. 航运载体之舟船研究

上海因海而生,因港而兴,舟楫之利,致远以利天下。上海自古以来舟船文化就较发达,而最为突出者则为沙船。日本关西大学亚洲文化交流研究中心主任松浦章教授在《清代沙船航运业的展开》一文中认为:清朝颁布"展海令"后,允许人民进行海外活动,从而带动了中国沿海民众积极利用帆船进行海外贸易。在上海县附近,即以南市附近的黄浦江为中心,兴起了众多沙船业主。他通过《字林沪报》、《国闻报》、《申报》等报刊资料记载,对上海沙船业由兴盛到衰退的历史演进进行了分析,并认为:豆类运输不再依靠沙船,是沙船运输业最大的危机,当危机来临时,只有审时度势地进行产业转移,积极地开拓其他业务或者开辟新的业务,沙船业主方能摆脱没落的命运。

南京市博物馆祁海宁副研究馆员在《明代上海地区主要官船述略》一文中,按照今天上海市的行政区划范围,对明代这一区域内运行的漕船、兵船、驿递船等三种主要官营船只的用途、数量和相关情况进行了概括性的梳理,并以船只为切入点,透视明代上海地区经济、国防、交通运输等方面政府职能的运行状态。他通过分析论证认为,明代上海地区的官船数量众多,正常的保有量在1100艘以上;明代上海地区的官船,对于维护明王朝的稳定与安全发挥了关键作用,这点突出表现在漕船和兵船上;明代上海地区的各类官船,其航向总体上皆是向内,而不是朝外。

海军装备技术部原部长郑明少将在《郑和宝船考证依据与仿造实践探讨》一文中,对南京仿明代郑和宝船的创意与依据、设计特点、施工的主要手工技艺传承及仿古作为遗产性建筑等问题进行阐释和思考,并对下一步明代郑和宝船走向世界的扬帆航海、交流与运营作了初步设想。

2. 航路、航线研究

上海师范大学历史系黄纯艳教授通过《论宋代南海贸易体系的形

成》一文，对中国自古以来海外贸易的航路由内陆转向海路的重心转移问题进行了分析，并认为：宋代对外贸易重心转移，是以南方经济发展和经济重心南移以及造船技术和航海技术进步为基础的。南海贸易体系的形成有其显著的标志，即形成了稳定的商品结构和互补性的市场关系；形成了稳定的贸易力量，其基本力量为中国商人和阿拉伯商人以及亚洲其他地区的商人；有稳定贸易关系的市场区域。北宋朝贡体系数量构成以海路为重心、以经济贸易为主要动力的格局，成为此后朝贡体系构成和运行的基本模式。南宋时西夏、高丽、大理和西北诸政权退出宋朝朝贡体系后，境外朝贡国完全来自南海诸国。宋代以后，东亚世界关系形态发生了重大变化，不能以汉唐东亚世界的特殊形态，否定宋代以后朝贡体系以贸易为基础的整体状况。

厦门大学历史系助理教授周运中在《元明时期上海的海运业变迁》一文中认为：上海在宋末元初因海运飞速崛起，在宋元时代有盛极一时的地位。可惜明初的海禁政策导致中国海运业和海洋文化的全面衰落，兴盛千年的泉州等城一蹶不振，上海也不例外。明代中后期福建、广东等地的海外贸易最先复兴，上海的复兴趋势明显不及华南。明末到清代的上海航运业仍以北洋航线为主，上海的商人需要加入福建商人的船队才能在华南海外贸易。如果明朝不实行海禁政策，上海完全可以利用长江三角洲巨大的腹地及南京的特殊政治地位全速发展，地位或在华南之上。

上海市历史博物馆原馆长潘君祥研究馆员在《元明清三代海运漕粮制度发展轨迹和思考》一文中，对元明清三代漕粮海运虽然省力省时但却得不到充分的推高和发展的缘由进行了思考和研究。他认为，元代朝廷既积极组织官府船队的海运，也比较支持民间船只参与漕粮海运，实行一种相对包容开放的海运政策；明代并没有沿袭元代的海运制度反而实行海禁，特别是大运河开通后，漕粮海运只是间隙性地成为河运的一种补充；清代对漕粮运输和海船的管制更加严格，鲜有制度创新。

华东师范大学中国现代思想文化研究所易惠莉教授在《林乐知〈万国公报〉与中国轮船航运事业的初创(1873—1877)》一文中，对林乐知所创办的《万国公报》介绍轮船招商局和鼓吹收购美商旗昌轮船公司的史事进行了分析,认为对林乐知在《万国公报》上的言论进行研究,一方面对中国轮运业初创以及早期的发展状况和发展状况背后的故事等有更深入细致的了解,另一方面也丰富了对林乐知的研究;通过对《万国公报》的相关记载的研究,可以了解中国的轮运业如何在外资侵华的历史中生成和发展以及招商局收购美商旗昌轮船公司背后丰富的历史史实。

南京国民政府成立后,为整顿发展饱受战争摧残的交通运输事业,在1930年代曾大力推行铁路与轮船水陆联运事业。上海中国航海博物馆研究人员顾宇辉在《1930年代的水陆联运》一文中,依据交通、铁道两部公布的《交通公报》、《铁道公报》来解读相关的政策颁布及调整状况,利用上海市档案馆藏有关当时上海市轮船业的行业组织——上海市轮船商业同业公会的相关档案及各铁路公司发行的报刊,考察水陆联运政策的施受对象(各航业公司及铁路公司)应对举措,并透视水陆联运施行过程中出现的问题及政策的调试。他认为,从1933年开始到全面抗战前,全国基本形成以国有铁路为基线、以国营招商局为协办主体的水陆联运网络;通过对1930年代水陆联运的分析,对今天上海建设国际航运中心中的海铁联运等也将产生一定的借鉴意义。

20世纪初,大连和青岛相继被日本占领。大连和青岛间因此建立了密切的贸易航线,并为日本在华的统治服务,加强了日本对中国的掠夺。日本关西大学文学研究科东洋史博士研究生杨蕾在《20世纪初日本占领下的青岛与大连间的轮船航线》一文中,通过对20世纪初期的有关新闻报道、调查报告、报纸广告等资料进行分析,复原和考察了当时青岛和大连之间的轮船航线的开通和运行情况,并对1906年创办于沈阳的《盛京时报》的史料价值进行了充分的肯定。

民初的招商局借款事件是辛亥革命期间中国金融史上的一桩大事,上海市档案馆张姚俊馆员在《再论民国初年南京临时政府抵押轮船招商局资产借款事件》一文中,利用该馆编辑出版的《辛亥革命与上海——上海公共租界工部局档案选择》一书中的新刊资料,对这起借款事件,尤其是1912年2月1日招商局临时股东会,作了进一步的探讨。

上海市档案馆研究人员董婷婷在《上海市轮船商业同业公会档案

介绍》一文中，对上海市轮船业同业公会的历史沿革作了阐述，对上海市档案馆馆藏上海市轮船商业同业公会档案资料进行了梳理和介绍，并认为这批档案所具备的史料价值，对研究近代上海轮船航运业的发展、近代航业同业组织、近代航业界著名人物、民营航业与政府航政主管部门间的关系等方面均有重要的学术意义。

3. 航运灵魂：航运人物与航运文化

在晚清上海的商业结构中，沿海埠际贩运贸易至关重要，上海以其独特的地理位置，成为各地商品的消费市场和转运集散地。上海师范大学历史系高红霞教授在《清代沪闽帆船贸易与上海闽商》一文中，在1860年以前沪闽之间帆船贸易的航线、商品、沪闽帆船贸易中的闽商的地位和作用等方面进行了深入细致的分析，认为在1860年以前闽商是上海城市中与粤商并峙的最强商帮。

谈起上海的商帮自然绕不过宁波帮。宁波文物考古所原所长林士民研究员在《上海航运业与宁波帮之研究》一文中，对上海港与宁波港的大量史料进行对比研究后认为：在形成世界性城市过程中，发展航运业是支撑城市与世界文明对话的关键。上海的航运业从国内发展到国际，进一步促进了世界性的通商贸易与文化交流。宁波商帮代表人物虞洽卿、董浩云开创的航运业，为上海的发展建树了丰碑，更为上海的繁荣与持续发展带来生机。买办在中国近代航运史上有着特殊的地位，在中国近代经济发展中扮演的角色为史学界所共识。

香港大学亚洲研究中心李培德研究员在《十九世纪买办的垄断地位和延伸网络》一文中，对广东买办的兴起和其延伸发展方式进行了分析，对广东买办的人际网络及其活动区域进行了阐释，对其在活动过程中遇到的竞争环境进行了考察，对一些买办家族的历史和沿革进行了个案分析。他认为：进入20世纪，由于中国民族主义抬头，排外拒外运动兴起，买办制度在中国受到极大的冲击。与此同时，有不少外商认为要进入中国市场，不再需要假手于买办。因此，买办制度逐渐走向衰落。到了20世纪二三十年代，广东买办的优势随政治、社会和经济因素之转变而产生变化，亦逐渐走向衰落。相对于19世纪而言，洋商对买办的依赖逐渐减低，但要求却不断提高，这都造成了广东买办的消失。

海军指挥学院史滇生教授在《上海和中国近代海军》一文中,以上海这座城市为考察起点,对上海和中国近代海军的兴起关系进行了专题研究。他认为,上海是中国近代海军发祥地之一,又是中国近代海军自造舰船的主要基地,还是中国近代海军军事学术的一个重要传播地;上海作为中国近代海军活动的重要舞台,有着不可替代的地位和作用。

近代上海开埠以来,西方各种新型行业来到了中国,保险业就是其中之一。香港城市大学中国文化中心钱华导师在《近代中国外商保险业研究——以于仁保险公司为中心的考察》一文中,从宏观的角度阐述了于仁保险的发展历程,探讨了不同时期和不同环境下各发展阶段状况影响、特征以及出现这些特征的原因。在此基础上,重点分析了在华投资、外商保险业的竞争与合作、外商银行业与保险业的关系网络等经营问题。

大连海事大学航海历史与文化研究中心主任孙光圻教授在《中国历史上的航海文化》一文中,从文化人类学的角度对航海文化的定义和内涵进行重新界定,对中国航海文化的主要特征进行了概括,对中国航海文化的本源动因进行了分析,并认为:虽然中国从地理自然条件方面能成为一个海洋性国家,但是由于中国传统的固有的“以海为田”的思想,使中国在过去不可能成为海洋强国。中国大陆性的航海文化,既造就了农耕时代古代航海事业的辉煌,也导致了工业时代近代航海事业的衰落。当今的中国航海文化,应以全球和海洋作为思维之本,把航海作为中国走向世界的必由之路。

现位于上海浦东新区高桥镇中学校园内的宝山封堠碑(又被称为“永乐碑”或“御制碑”),是明成祖朱棣撰文,于永乐十年(1412 年)五月勒石立碑在宝山之上,迄今整整 600 年。上海海事大学海洋文化研究所时平教授、苏月秋博士在《明永乐宝山封堠碑研究——宝山封堠碑立碑 600 年记》一文中,深入考察了它的历史沿革、文献记述及在航运史中的学术价值。

20 世纪初期,由于西方的侵略扩张,作为通商口岸的上海和英占地的香港一跃成为重要的国际港口。作为当时主要的国际交流区域,上海、香港各自都具备成为国际航运中心的优势,但囿于制度和文化的差异,上海本身所拥有的重要软环境优势,即为国内外航运人士提供大量信息的出版优势,并没有发挥出来。香港海事博物馆总监戴伟思(Stephen Davies)在《中国航运:上海、香港及新兴航运中心的相关出版物》(*China Coasters: Shanghai, Hong Kong and the publications of a nascent international shipping world*)一文中,通过三个案例即第一部《英中航海词典》、晚清关于航运海关服务的一些出版物以及《中国航运潮汐与船舶操纵手册》,来分析比较上海和香港的不同轨迹。不同的文化,加之1940年代国内战争的混乱和新中国成立后的国策,决定了上海失去了成为国际航运中心的机遇。反观香港则乘势而上,努力经营,在21世纪初期一跃成为中国国际航运中心的引领者,对于今天上海港的建设必将有积极的借鉴意义。作者同时呼吁加强国际航运中心的文化软环境建设。

上海海事大学杨权斌教授在《上海城市精神与全球目标下的国际航运文化转型》一文中,主要从上海城市发展基于港航文化融汇与文化创新,上海城市精神彰显"海派文化"与蓝色文明进程,上海"全球城市"建设中的国际航运文化转型及其路径等三个方面,对上海建设国际航运中心的历史文化软环境建设提出建设性的建议,并呼吁上海要加强城市的文化建设,努力打造上海的城市精神,充分发挥海派文化的历史底蕴。

三、其他议题

本次研讨会,除对上述有关上海港口与城市历史变迁,以上海为中心的航船、航路、航线及航运人物、航运文化进行探讨外,对航海古籍资料的整理、历史上的"南海问题"以及风暴潮对港口建设的影响等问题亦进行了热烈的学术争鸣。

1935年,向达先生于英国牛津大学将《顺风相送》和《指南正法》抄录回国。后经向达先生校注,1961年以《两种海道针经》为名出版,世人始见我国明清两代航海针路簿之庐山真面目。《顺风相送》问世以来,世人多以此书作为依据,来研究明清之间的航海针路和历史地理沿革。海洋出版社刘义杰副总编、张荣编辑在《〈顺风相送〉校勘及编成年代小考》一文中,根据牛津大学鲍德林图书馆馆藏《顺风相送》影印件,对向氏所注《顺风相送》进行了校勘,并认为该书的编成时间应在嘉靖末、万历初的16世纪中叶,《顺风相送》等明代针路簿都是在明永乐元年尹绶编绘的海道图经的基础上,经过火长们累次校正后编成的。

广东海洋大学历史系任念文副教授在《"中国南海"范畴及其历史沿革——兼论"南海断续线"作为中国传统国界线的历史依据》一文中,对"中国南海"的历史变迁、海域界定、海疆地位和我国政府在南海上的主权行使与治理管辖等方面进行了分析后认为:"中国南海"及其"断续线"的存在,为中国传统国界线提供了充分的历史依据及国际法地位。清朝末年与民国时期在维护国家海洋国土的斗争中,以南海"断续线"标注于我国地图,既是对"中国南海"传统海疆范畴的考订与昭示,也是在顺应当时国家法的前提下的主权宣誓,更是依托当时国际法维权的具体手段。该线具有"南海断续国界线"的法理地位。

上海电机学院马克思主义学院刘炳涛讲师在《康熙三十五年上海地区的特大风暴潮及其影响》一文中认为:康熙三十五年(1696年)上海地区连续遭受两次风暴潮的袭击,其六月风暴潮的重现率达到500年一遇,仅溺亡人口即有十余万之多,其中绝大多数为濒海煮盐灶户,成为目前为止中国历史上最严重的风暴潮。然而,此次风暴潮对农业却并未带来危害,而造成当地农业致命损害的则是规模相对较小的七月风暴潮,从而表现出在不同时空生态背景下风暴潮对区域社会影响的差异性。风暴潮灾害作为上海地区最严重的自然灾害之一,其不同于一般自然灾害的摧毁力,值得当今港口建设研究者们的重视。而200年一遇的上海海塘设防标准能对沿海消减潮灾起多大庇护作用,亦是值得考量的问题。

〔作者系中国航海博物馆学术研究部研究人员〕

“史量才与《申报》的发展”学术研讨会在沪举行

2012年4月27日，“史量才与《申报》的发展”学术研讨会在上海社会科学院社联大楼报告厅举行。此次研讨会由上海市历史学会、复旦大学新闻学院、复旦大学上海史研究中心、上海师范大学人文与传播学院、静安区文史馆、社会科学报社等单位联合承办，旨在纪念《申报》创刊140周年和史量才接办《申报》100周年，进一步推动学术界对《申报》与史量才的研究。这是上海学术界第一次举办有关史量才和《申报》的研讨会。来自江苏、浙江、安徽、北京、上海等地的50余位学者参加了此次研讨会，主要围绕《申报》与史量才的办报理念和《申报》对近代上海文化发展的影响两大主题进行探讨。

大会首先安排了上海师范大学人文与传播学院院长苏智良、复旦大学新闻学院常务副院长黄瑚和上海书店出版社副社长唐晓云作主题发言。他们的发言题目分别是“《申报》与近代中国”、“从九·一八后《申报》所刊载内容看史量才政治的转向”和“《申报》出版工程的回顾与展望”。之后，大会围绕四个议题即“《申报》研究”、“史量才时期的《申报》研究”、“史量才与《申报》的文化产业”、“与史量才有关的人和事”进行专题报告会。此外，当年在申报图书馆工作过的李公朴、艾思奇、严独鹤、杨杏佛等人的子女，在会上回忆父辈与《申报》有关系的人和事的发言，披露了不少鲜人为知的内容，引起与会者的很大兴趣。

大会闭幕前，由复旦大学历史系研究馆员傅德华代表上海史量才研究专业委员会筹备组，向大会报告了该专业委员会的筹备情况，并宣布了经过协商后的该专业委员会组成人员名单：主任熊月之，副主任傅德华（常务）、苏智良、庞荣棣、杨继光、陈建云。

上海书店出版社为此次会议的召开,专门将1933年至1944年间出版的五册《申报年鉴》,重新影印成全套精装16册,摆放在会场上展示。此举为中外学术界研究《申报》及史量才提供了第一手有价值的历史文献资料,也是上海文化发展名牌项目——《申报》整理出版工程的阶段性成果。

(傅德华)

《1958—1965 中华人民共和国经济档案资料选编》概要

由中国财政经济出版社于 2011 年出版的《1958—1965 中华人民共和国经济档案资料选编》，是中国社会科学院与中央档案馆合编的大型学术专业资料丛书，是以往这两个单位编辑出版的《1949—1952 中华人民共和国经济档案资料选编》(12 卷)和《1953—1957 中华人民共和国经济档案资料选编》(9 卷)的续编。与以往两批资料相比，第三批档案资料涉及的时限更长，内容更加丰富，数量也更多。全套丛书共计 10 卷(农业卷、工业卷、固定资产投资与建筑业卷、商业卷、财政卷、金融卷、交通通讯卷、对外贸易卷、劳动就业与工资福利卷、综合卷)，约 1500 万字，是中国社会科学院和中央档案馆的科研人员和保管人员通力协作，查阅了卷以千计、字以亿计的档案资料，历时六载才编辑而成；又经过中国财政经济出版社近三年的运作方正式出版的。这套丛书的出版，为研究中华人民共和国建立初期的经济背景、经济体制变革以及经济运行提供了丰富翔实的学术资料。

本套丛书所涉及的八年，是中华人民共和国建立初期经济建设的一个重要阶段。从 1958 年开始，党和国家的工作进入了全面社会主义建设时期。这是一个史无前例的探索阶段，其间经济建设取得了巨大的成就，也出现了严重的失误，遭遇到罕见的困境，又在迅速走出困境的同时创造了一系列有效的管理经验。其中一些经验成为 20 世纪 80 年代经济体制改革的先河。

从 1958 年开始到 1960 年底基本结束的三年"大跃进"，是中国共产党领导中国人民试图摆脱苏联高度中央集权、自上而下的行政性计划管理体制，试图通过群众运动来实现经济高速增长的探索。但是，在急于求成的思想指导下,由于不切实际的高指标和不顾成本的大干快上,"大跃进"期间,一方面建成了一批重要工业项目,改善了工业布局,农村工业第一次有了迅猛发展;同时带来严重的比例失调和经济波动,造成了人力、物力的巨大浪费,环境和资源的破坏,农业的严重减产和饥荒。

经过"大跃进"的教训,我国对于以农业为基础、从全局出发处理各方面关系的认识更加深刻了。为了摆脱困境,1960 年底,党和国家对调整国民经济取得了一致意见,决定实行"调整、巩固、充实、提高"的八字方针。从 1961 年开始,我国经济体制和经济运行进入了长达五年的调整时期。其中,1961—1962 年为初步调整阶段,主要是纠正"大跃进"时期的体制偏差,强调经济管理的大权集中到中央、中央局和省(直辖市、自治区)委三级。基本建设投资不再由地方财政包干,改为中央财政专项拨款,严加控制并减少部门、地方、企业的预算外资金。在农村,将原来"一大二公"的人民公社管理体制改变为"三级所有,队为基础",一些地方实行了"包产到户"。同时,大幅度压缩基本建设,调整农业、轻工业、重工业关系,加强对农业的支持,精简"大跃进"期间迅速膨胀的国营企业职工和城市人口,关、停、并、转效益差的企业等。从 1961 年下半年起,为活跃商品流通采取了多种措施,在三类物资(包括工业品、手工业品、农副产品)管理方面有所放松,集市贸易有所恢复,对推动城乡物资交流、活跃经济起到积极作用。在工商企业,通过颁行《工业七十条》、《商业四十条》等办法,重新建立规章制度和秩序。到 1962 年底,国民经济的全面调整取得了明显效果。工业内部的比例关系以及工业与其他经济部门之间的比例关系得到调整。国家财政实现了收支平衡,略有节余。市场供应紧张的情况有所缓和,城乡人民的生活水平略有回升。

1963 年 9 月,中央工作会议确定再用三年时间,继续实行"八字方针",作为第二个五年计划到第三个五年计划之间的过渡。到了 1965 年,原定的各项调整任务顺利完成,我国国民经济开始全面好转。这时受国际战争环境紧张的影响,我国形成了国防第一、全国支援三线建设的新局面。

经过多方面的教训,我国对经济体制开始形成不同的发展思路:一